"十二五"江苏省高等学校重点教材（编号：2015-1-081）
21世纪高等院校财经管理系列实用规划教材

财务管理理论与实务
（第3版）

主　编　张思强　卞继红　陈素琴

内容简介

本书遵循应用型人才培养模式的教育目标，坚持理论与中国实践相结合原则，以资金运动及其体现的财务关系为研究对象，按照基础理论、筹资管理、投资管理、营运资金管理和收入与分配管理等内容编写而成，具有内容完整、理论实用、案例新颖以及练习方式多样化等特点，重在培养学生发现问题、分析问题和解决问题的能力。

本书适用于以应用型人才为培养目标的经济管理学科各专业财务管理课程的教学需要，也可为从事财务管理实际工作的营利与非营利组织管理人员和专业技术人员提供参考。

图书在版编目(CIP)数据

财务管理理论与实务/张思强，卞继红，陈素琴主编. —3版. —北京： 北京大学出版社，2018.1

(21世纪高等院校财经管理系列实用规划教材)

ISBN 978-7-301-29065-1

Ⅰ. ①财… Ⅱ. ①张…②卞…③陈… Ⅲ. ①财务管理—高等学校—教材 Ⅳ. ①F275

中国版本图书馆 CIP 数据核字(2017)第 328427 号

书　　　名	财务管理理论与实务 (第3版)
	CAIWU GUANLI LILUN YU SHIWU
著作责任者	张思强　卞继红　陈素琴　主编
策划编辑	王显超
责任编辑	罗丽丽　翟　源
标准书号	ISBN 978-7-301-29065-1
出版发行	北京大学出版社
地　　　址	北京市海淀区成府路205号　100871
网　　　址	http://www.pup.cn　新浪微博：@北京大学出版社
电子邮箱	编辑部 pup6@pup.cn　总编室 zpup@pup.cn
电　　　话	邮购部 62752015　发行部 62750672　编辑部 62750667
印　刷　者	北京虎彩文化传播有限公司
经　销　者	新华书店
	787毫米×1092毫米　16开本　23.75印张　558千字
	2008年8月第1版　2012年4月第2版
	2018年1月第3版　2024年2月第4次印刷
定　　　价	49.00元

未经许可，不得以任何方式复制或抄袭本书之部分或全部内容。

版权所有，侵权必究

举报电话：010-62752024　电子邮箱：fd@pup.cn

图书如有印装质量问题，请与出版部联系，电话：010-62756370

前　言

自 2017 年 5 月，本书被江苏省重点教材工作组、江苏省高教学会确立为"十二五"江苏省高等学校重点教材以来，历经两次改版修订，多次修正，教材质量如何，有待读者批评指正。

本次修正遵循财务管理人才教育规律，融入党的二十大报告精神，注重学生创新能力、自学能力、实践能力培养，强调知识点的综合应用和相互联系，符合应用型人才培养目标，具有以下 4 个特点。

（1）内容更加完整。学生学习不仅知其然，而且知其所以然。如在讲述两证券构成的投资组合风险计算公式推导时，还对相关理论进行了简要补充（如有效市场假说等），并增加了收入管理，使得利润分配有了支撑点。与法律规范相关的内容及时融入最新规制，特别是第 4、5 章根据 2024 年 7 月 1 日起施行的《中华人民共和国公司法》作了全面修改，保证了教学内容的完整性和教材内容的时效性。附录增加了 Excel 在财务管理计算、预算编制等方面的应用，有利于提高财务工作的效率，增加学生对计算机等工具课程的学习兴趣。

（2）理论更加实用。理论阐述主要包括三个方面内容：一是学生毕业后从事实际工作必需的理论知识；二是参加国内财经类各种资格证书考试必备的基本知识；三是后续课程学习必要的基础知识。

（3）案例更加新颖。除各章引例作了更新或修改外，本书还新增了 18 个微型案例。这些新增案例具有典型性，来自中国企业财务管理实践，生动有趣、短小精悍，能够帮助学生理解基本的理论和方法，启发学生的创新思维，激发学生对本课程的学习热情，加强学生的财务决策训练。

（4）练习方式更加多样化。课后练习方式包括单选题、多选题、判断题、思考题、计算题、案例分析和课程实践等，难度中等，可以补充课堂教学中的不足，从而满足不同读者的学习需求。

本书各章修订的执笔人有：张思强教授（第 1、2 章），卞继红教授（第 4、5 章），陈素琴副教授（第 3、6 章），陈爱成副教授（第 8、9 章），吕林根副教授（第 7 章），谷佩云副教授（第 10 章），全书最后由张思强教授负责审核统稿。

本书适用于以应用型人才为培养目标的经济管理学科各专业财务管理课程的教学需要，也可为从事财务管理实际工作的营利与非营利组织管理人员和专业技术人员提供参考。

由于编者学识水平有限，疏漏和不妥之处在所难免，敬请同行专家和读者不吝指正！电子邮箱：yc666888@126.com。

编　者
2024 年 2 月

目 录

第1章 总论 …………………………… 1
  1.1 财务管理的对象和内容 …………… 2
    1.1.1 财务管理的对象——资金运动及其体现的财务关系 ………… 2
    1.1.2 财务管理的内容 ……………… 3
    1.1.3 财务关系 ……………………… 4
  1.2 财务管理目标及其社会责任 ……… 8
    1.2.1 财务管理目标 ………………… 8
    1.2.2 财务管理目标与社会责任 … 13
  1.3 财务管理体制 …………………… 14
    1.3.1 企业组织形式 ……………… 14
    1.3.2 财务管理模式 ……………… 18
    1.3.3 财务管理组织 ……………… 19
    1.3.4 企业资金集中管理模式 …… 20
    1.3.5 企业财务管理与财务会计的职责 ………………………… 21
  1.4 财务管理的环节 ………………… 21
  1.5 财务管理的环境 ………………… 22
    1.5.1 政治环境 …………………… 22
    1.5.2 法律环境 …………………… 23
    1.5.3 经济环境 …………………… 23
    1.5.4 金融市场环境 ……………… 24
    1.5.5 其他外部环境 ……………… 25
  习题 …………………………………… 26

第2章 财务管理基础 ………………… 29
  2.1 利息率 …………………………… 29
    2.1.1 利息率的概念与种类 ……… 30
    2.1.2 决定利率高低的基本因素 … 32
    2.1.3 未来利率水平的测算 ……… 33
  2.2 资金时间价值 …………………… 34
    2.2.1 资金时间价值的概念 ……… 34
    2.2.2 复利终值和现值的计算 …… 36
  2.3 风险报酬 ………………………… 45
    2.3.1 风险的定义 ………………… 45
    2.3.2 风险的类型 ………………… 46
    2.3.3 风险报酬的定义 …………… 47
    2.3.4 单项投资风险与报酬的衡量 … 48
    2.3.5 组合投资的风险与报酬——以证券组合投资为例 ………… 52
  习题 …………………………………… 59

第3章 财务分析 ……………………… 66
  3.1 财务分析概述 …………………… 67
    3.1.1 财务分析的内涵、目的和内容 … 67
    3.1.2 财务分析的基础 …………… 69
    3.1.3 财务分析的方法 …………… 75
  3.2 企业偿债能力分析 ……………… 79
    3.2.1 短期偿债能力分析 ………… 79
    3.2.2 长期偿债能力分析 ………… 81
    3.2.3 影响企业偿债能力的其他因素 …………………… 84
  3.3 企业营运能力分析 ……………… 85
    3.3.1 流动资产营运能力分析 …… 86
    3.3.2 非流动资产利用效果分析 … 88
    3.3.3 总资产营运能力分析 ……… 89
  3.4 企业盈利能力分析 ……………… 89
    3.4.1 各类企业通用指标 ………… 89
    3.4.2 股份制企业专用指标 ……… 93
  3.5 企业发展能力分析 ……………… 96
    3.5.1 企业的成(增)长能力 …… 96
    3.5.2 企业市场竞争财务能力 …… 99
    3.5.3 企业的财务质量 ………… 100
    3.5.4 企业的整体发展能力分析 … 104
  3.6 企业财务状况趋势分析 ……… 104
    3.6.1 比较财务报表 …………… 105
    3.6.2 比较结构百分比财务报表 … 109
    3.6.3 比较财务比率 …………… 112
  3.7 企业财务综合分析与评价 …… 113
    3.7.1 杜邦分析法 ……………… 113
    3.7.2 帕利普财务分析体系——杜邦财务分析体系的变形与发展 ……… 119

习题 ………………………………… 120

第4章 筹资方式 ………………… 125
4.1 筹资概论 ……………………… 126
4.1.1 企业筹资的目标 …………… 126
4.1.2 筹资的种类 ………………… 127
4.1.3 企业筹资的渠道与方式 …… 128
4.1.4 资金需要量的预测 ………… 131
4.1.5 企业筹资组合 ……………… 137
4.1.6 筹资活动的业务流程 ……… 140
4.2 股权性筹资 …………………… 141
4.2.1 投入资本筹资 ……………… 141
4.2.2 发行普通股筹资 …………… 142
4.3 债权性筹资 …………………… 147
4.3.1 发行债券筹资 ……………… 148
4.3.2 长期借款筹资 ……………… 153
4.3.3 租赁筹资 …………………… 155
4.4 混合性筹资 …………………… 159
4.4.1 发行优先股筹资 …………… 159
4.4.2 发行可转换债券筹资 ……… 161
4.4.3 认股权证筹资 ……………… 163
习题 ………………………………… 164

第5章 筹资决策 ………………… 168
5.1 资本成本 ……………………… 169
5.1.1 资本成本的性质、种类和
作用 ………………………… 169
5.1.2 资本成本的测算 …………… 171
5.2 杠杆原理 ……………………… 178
5.2.1 成本习性、边际贡献和息税前
利润 ………………………… 178
5.2.2 经营杠杆 …………………… 181
5.2.3 财务杠杆 …………………… 185
5.2.4 复合杠杆 …………………… 189
5.3 资本结构 ……………………… 190
5.3.1 资本结构的含义 …………… 190
5.3.2 资本结构理论 ……………… 190
5.3.3 资本结构的影响因素 ……… 193
5.3.4 资本结构决策方法 ………… 194
习题 ………………………………… 197

第6章 投资管理 ………………… 201
6.1 投资管理概述 ………………… 202
6.1.1 企业投资的意义 …………… 202
6.1.2 企业投资的分类 …………… 202
6.1.3 投资活动的业务流程 ……… 203
6.2 项目投资 ……………………… 205
6.2.1 项目投资的特点 …………… 205
6.2.2 项目投资期 ………………… 206
6.3 项目投资的财务评价指标 …… 207
6.3.1 现金流量 …………………… 207
6.3.2 非贴现现金流量指标 ……… 212
6.3.3 贴现现金流量指标 ………… 213
6.3.4 投资决策指标的比较 ……… 219
6.4 项目投资决策 ………………… 221
6.4.1 可供使用年限相等的互斥项目
选择决策 …………………… 221
6.4.2 可供使用年限不等的互斥项目
选择决策 …………………… 224
6.4.3 资本有限量的独立选优决策 … 226
6.5 证券投资管理 ………………… 228
6.5.1 证券投资概述 ……………… 228
6.5.2 债券投资 …………………… 229
6.5.3 股票投资 …………………… 233
习题 ………………………………… 236

第7章 营运资金管理 …………… 242
7.1 营运资金概述 ………………… 243
7.1.1 营运资金的概念和特点 …… 243
7.1.2 企业资产组合 ……………… 244
7.2 现金管理 ……………………… 245
7.2.1 现金的持有动机与成本 …… 245
7.2.2 最佳现金持有量的确定 …… 246
7.2.3 现金日常管理 ……………… 250
7.3 应收款项管理 ………………… 251
7.3.1 应收款项的功能与成本 …… 251
7.3.2 信用政策 …………………… 252
7.3.3 应收款项的日常管理 ……… 255
7.4 存货管理 ……………………… 256
7.4.1 存货管理目标 ……………… 256
7.4.2 存货成本 …………………… 257
7.4.3 存货经济批量模型 ………… 258
7.4.4 存货日常控制 ……………… 260
7.5 流动负债管理 ………………… 264
7.5.1 流动负债管理的意义和要求 … 264
7.5.2 银行短期借款管理 ………… 266
7.5.3 货币市场信用管理 ………… 269
7.5.4 商业信用筹资管理 ………… 272
习题 ………………………………… 275

第8章 财务预算 ……………………… 280

8.1 全面预算 ……………………………… 281
8.1.1 预算的本质 ……………………… 281
8.1.2 全面预算的内容 ………………… 281
8.1.3 全面预算的分类 ………………… 282
8.1.4 全面预算基本业务流程 ………… 282
8.1.5 全面预算的作用 ………………… 282

8.2 财务预算的内容和地位 ……………… 284
8.2.1 财务预算的内容 ………………… 284
8.2.2 财务预算在全面预算体系中的地位 …………………………… 284

8.3 财务预算的编制方法 ………………… 284
8.3.1 固定预算与弹性预算 …………… 284
8.3.2 增量预算与零基预算 …………… 287
8.3.3 定期预算与滚动预算 …………… 289

8.4 财务预算的编制程序 ………………… 291
8.4.1 业务预算的编制 ………………… 291
8.4.2 专门决策预算的编制 …………… 296
8.4.3 财务预算的编制 ………………… 297

习题 …………………………………………… 301

第9章 财务控制 ……………………… 309

9.1 财务控制的意义和方式 ……………… 310
9.1.1 财务控制的含义和特征 ………… 310
9.1.2 财务控制的基本内容 …………… 310
9.1.3 财务控制的方式 ………………… 311

9.2 责任中心财务控制 …………………… 313
9.2.1 成本中心 ………………………… 313
9.2.2 利润中心 ………………………… 315
9.2.3 投资中心 ………………………… 316

9.3 责任预算与业绩考核 ………………… 316
9.3.1 责任预算 ………………………… 316
9.3.2 责任报告 ………………………… 319
9.3.3 业绩考核 ………………………… 320

9.4 责任结算 ……………………………… 322
9.4.1 内部转移价格 …………………… 322
9.4.2 内部转移价格的类型 …………… 323

习题 …………………………………………… 325

第10章 收入与分配管理 ………………… 331

10.1 收入管理 …………………………… 332
10.1.1 销售数量的预测分析 …………… 332
10.1.2 销售定价管理 …………………… 337

10.2 利润分配管理 ……………………… 343
10.2.1 利润的构成 ……………………… 343
10.2.2 利润分配管理的意义 …………… 345
10.2.3 利润分配的顺序 ………………… 346
10.2.4 利润分配的原则 ………………… 347
10.2.5 利润分配的影响因素 …………… 348
10.2.6 股利政策 ………………………… 350
10.2.7 股利的发放 ……………………… 353
10.2.8 股票分割与股票回购 …………… 354
10.2.9 股权流通对价 …………………… 357

习题 …………………………………………… 358

附录 资金时间价值系数表 ……………… 364

参考文献 …………………………………… 372

第 1 章 总 论

学习目标

知识要点	能力要求	关键术语
财务管理的对象与内容	(1) 理解财务管理的对象 (2) 掌握财务管理的内容 (3) 了解各种财务关系	(1) 资金；资金运动 (2) 筹资管理；投资管理；营运资金管理；收益分配管理 (3) 财务关系
财务管理目标	(1) 了解利益相关者理论 (2) 掌握财务管理的基本目标 (3) 理解财务关系的协调	(1) 利益相关者 (2) 利润最大化；每股收益最大化；股东财富最大化；企业价值最大化
财务管理体制	(1) 了解企业组织形式 (2) 理解财务管理体制 (3) 掌握财务管理的组织要求 (4) 熟悉资金管理模式	(1) 财务管理体制；财务机构；会计机构 (2) 一级核算；结算中心；财务公司；内部银行 (3) 分权制财务管理体制；集权制财务管理体制；集权与分权相结合型财务管理体制
财务管理的环节	理解财务管理的主要环节	财务预测；财务决策；财务预算；财务控制；财务分析
财务管理环境	(1) 了解财务管理的政治环境 (2) 理解财务管理的经济环境 (3) 掌握金融市场环境	(1) 政治环境；法律环境；经济环境；金融市场环境；金融机构 (2) 经济管理体制；经济结构；经济发展状况

引 例

随着财务管理在职能上的拓宽和提升，使得 CFO（chief financial officer）更容易走向台前，挑起公司的大梁。麦肯锡的一项调查显示，在英国和美国有五分之一的 CEO（chief executive officer）曾经担任过 CFO；而在其他欧洲国家和亚洲地区，该比例也为 5%～10%，英国《财务总监》杂志的一项调查表明，在财富 100 强企业的 CEO 中，有 20% 曾担任过 CFO。CFO 成为 CEO，虽然看起来只是字母上加上一"横",但其意义却截然不同。究竟是什么原因让如此之多的公司会如此信任地将"帅印"交给公司的 CFO?通过本章学习,你将会得到 CFO 之所以能够成为企业关键人物的答案。

1.1 财务管理的对象和内容

财务管理已成为现代企业管理的核心,正如美国财务学博士罗伯特·希金斯教授在其经典著作《财务管理分析》一书中所说:"不完全懂得会计和财务管理工作的经营者,就好比是一个投篮而不得分的球手。"这一形象比喻充分说明了财务管理在现代企业资源配置和价值创造中的核心作用。

1.1.1 财务管理的对象——资金运动及其体现的财务关系

1. 资金的本质

企业的生产经营活动,都是运用资源(人力资源、物力资源与货币资源)与信息等各项生产经营要素来进行的,其中包含了生产经营的业务活动和财务活动两个方面,与之相对应,企业存在两种基本的管理活动,即生产经营管理活动和财务管理活动。企业财务管理(financial management)活动涉及企业资产、资金等基本概念。

资产(assets)和资金(funds)是一组既相互联系又相互区别的概念。资产是指过去的交易、事项形成并由企业拥有或者控制的资源,该资源预期会给企业带来经济利益,包括金融资产(financial assets),如库存现金、银行存款、应收款项、应收票据、其他应收款、股权投资、债权投资和金融衍生工具形成的资产等,实物资产(real assets)如存货、固定资产、在建工程、工程物资、投资性房地产、油气资产、生产性生物资产等,无形资产(intangible assets)和其他资产(开发支出、长期待摊费用、递延所得税资产等)。具体说来,资产具有以下基本特征:①资产是由过去交易或事项所产生的。也就是说,资产必须是现实的资产。②资产是企业拥有或者控制的。③资产能够给企业带来未来经济利益。

资金是企业生产经营过程中资产价值的货币表现,其实质是再生产过程中运动着的价值。资产与资金的关系:资产表现为企业资金的占用形态,而资金则是企业资产的价值表现,资金的使用价值通过资产运营来体现,二者是同一事物的两个不同方面,统一于企业的再生产过程中。

2. 资金的运动过程及其形式

企业的生产经营活动,经过供应、生产和销售这 3 个基本阶段,一方面表现为资产形态的变化过程,另一方面表现为资产的价值运动过程,即资金的运动过程。因此,企业再生产过程是企业资产使用价值的生产和交换与价值的转移、形成和实现过程的统一。这种价值运动过程和形式如图 1.1 所示。

图 1.1 表明,资金运动不仅以资金循环形式而存在,而且伴随着再生产过程的不断进行,表现为一个周而复始的周转过程。在这个过程中,企业必然与国家、投资者、债权人、供应商、消费者、员工等利益相关者发生各种财务关系。

因此,财务管理的对象包括两个方面:一是资金运动,即如何合理配置和有效使用企

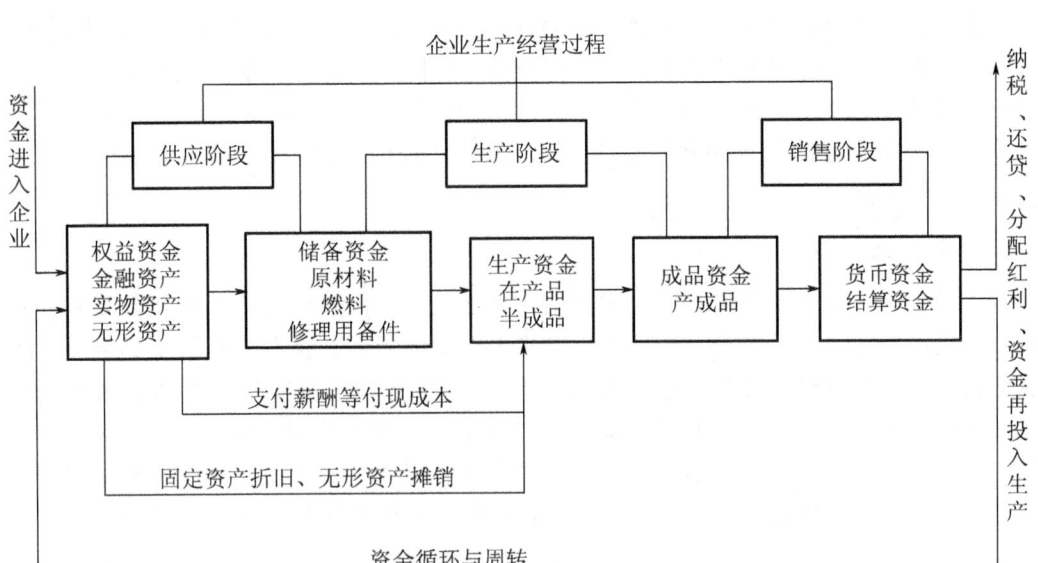

图 1.1 资金运动过程和形式示意图

业资金;二是资金运动过程中反映的财务关系,即合理设计财务制度和管理机制结构,妥善处理和协调各利益相关者的经济关系。因此,企业财务管理的对象可表述为:企业生产经营过程中的资金运动及其所体现的财务关系,是组织企业财务活动(finance activity)、处理财务关系(financial relation)的一项经济管理工作。

1.1.2 财务管理的内容

与企业的价值运动过程相统一,筹资管理(financing management)、投资管理(investing management)、营运资金管理(management of working capital)和收入分配管理(profit and dividend distribution management)便成为企业财务管理的基本内容。

1. 筹资管理

资金是企业的血液,无论在创立之时,还是在成长过程中企业都需要资金。筹资是指企业筹措和集中所需资金的过程,是企业日常经营和投资活动的基础。在市场经济条件下,企业可以通过内部筹资(留成收益、折旧)和外部筹资(吸收直接投资、发行股票、发行债券、银行借贷)等方式筹集资金,形成资金流入,而偿还借款,支付股利、利息以及支付各种筹资费用等则形成资金流出。在筹资过程中,企业一方面要预测筹资的总规模,它是制定筹资战略和进行资金规划的主要内容,也是确定筹资方式、进行筹资决策的基本依据;另一方面要选择筹资的渠道和方式或融资工具,关注融资风险,降低筹资成本,提高融资效益。

2. 投资管理

投资是指企业所筹资金的投放活动,是为了把所筹资金用于生产经营活动以获取收益,不断增加企业价值。按其投资的范围不同可分为对内投资和对外投资。对内投资是对企业内部生产经营活动的投资,如企业把资金投资于存货、应收款项、固定资产、无形资产、投资性房地产等；对外投资是企业以合法资产对其他单位或对金融资产等进行投资，如企业与其他企业联营或购买债券、股票、权证、保险产品、贵金属、金融衍生产品和其他产品（房产、外汇、钱币、邮票等）等。在投资过程中，企业必须考虑投资规模；同时，企业还必须通过投资方向和投资方式的选择，确定合理的投资结构，以提高投资效益，降低投资风险。

3. 营运资金管理

营运资金是在企业生产经营活动中占用在现金、短期投资、应收及预付款项和存货等流动资产上的资金，反映了企业短期的财务实力和偿债能力。企业营运资金的周转，表现为企业营运资金的收付。首先，企业要采购材料或商品，以便从事生产和销售活动，同时，还要支付薪酬和其他经营费用；其次，当企业把产品或商品售出后，便可取得收入，收回资金；最后，如果企业营运资金不能满足企业经营的需要，还要采取短期筹资方式来筹集所需资金。在一定时期内，营运资金周转越快，利用相同数量的营运资金，就可以生产或销售更多的产品，取得更多的收入。因此，加速营运资金周转，提高营运资金利用效率，便成为企业财务管理的主要内容之一。

4. 收入分配管理

企业通过生产经营取得经营成果，获得资金的增值。经营成果表现为企业利润，包括收入减去费用后的净额、直接计入当期利润的利得和损失等。广义地说，分配是指对收入和利润进行分割与分派的过程；而狭义的分配仅指对利润的分配。利润分配就是要解决企业获得的所得税后利润中，有多少分配给投资者，有多少作为留存收益用于企业再生产。如果利润分配过多，会影响企业再生产能力，使未来收益减少，不利于企业长期发展；如果利润分配过少，可能引起投资者不满，也不利于潜在投资者增加对企业的投入。收入与分配决策的核心是确定税后利润的分配比率。影响企业收益分配决策的因素很多，必须根据情况制定出企业最佳的分配政策。

1.1.3 财务关系

1. 利益相关者理论

企业经营的目的并非仅仅为了增加股东财富，除股东外还存在许多关乎企业生存发展的利益群体，如果没有他们的理解和支持，企业就无法生存和发展，这一利益群体就是利益相关者（stakeholder）。弗里曼对利益相关者理论作了较详细的研究，他认为，"利益相关者是能够影响一个组织目标的实现或者能够被组织实现目标过程影响的人"。这个定义不仅将影响企业目标的个人和群体看作是利益相关者，同时还将受企业目标实现过程中所采取的行动影响的个人和群体看作是利益相关者。因此，诸如国家、投资者、债权人、雇员、消费者、供应商，甚至是社区居民等都是企业的利益相关者。

正因为如此，企业被西方经济学者看成是利益相关者们追求利益而形成的契约（contract）集合体。阿尔钦和德姆塞茨（Alchian and Demsetz）从企业内部结构的角度指出，企业的本质不是雇主和雇员之间的合作关系（cooperation relationship），而是一种团队生产（team production）；詹森和麦克林（Jensen and Meckling）认为，企业是劳动、原材料、资本投入者和产品消费者之间的一组多边合约关系。与传统的股东至上（shareholder primacy）理论的主要区别在于：这一理论认为，任何一个公司的发展都离不开各种利益相关者的投入或参与。传统的股东至上主义是基于物权的认识，忽视了企业其他利益相关者的利益。而利益相关者理论认为，企业不仅要为股东利益服务，同时也要保护其他利益相关者的利益。因为股东只是负有限责任，一部分剩余风险已经转移给了债权人和其他利益相关者，而且股东所承担的风险可以通过投资组合来降低。这样利益相关者参与公司治理（corporation governance）、分享公司利益也就有了理论依据。这些观点也得到我国主流经济学家的认同。

企业及其主要利益相关者如图 1.2 所示。

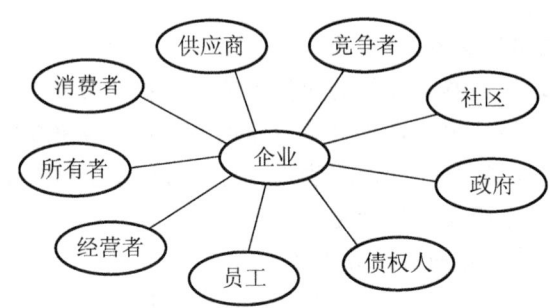

图 1.2 企业及其主要利益相关者

2. 企业的财务关系

企业的财务活动是以企业为主体来进行的。从现象上看，财务活动是钱和物的增减变动，实质上也反映出企业与内外部各利益相关者发生的经济利益关系，即企业的财务关系。企业的财务关系可概括为以下 7 个方面。

1）企业与国家之间的财务关系

国家具有维护社会正常秩序、保卫国家安全、组织和管理社会活动等职能。为履行这些社会管理职能，国家作为社会管理者，必须无偿参与企业利润的分配。企业则必须按照国家税法规定缴纳各种税款，包括所得税、流转税和其他税金。这种关系体现为一种强制和无偿的分配关系。

2）企业与所有者之间的财务关系

企业作为独立的经济实体，自主经营，自负盈亏，实现所有者资本的保值与增值。所有者以出资人的身份，参与企业的管理和税后利润分配，体现为所有权性质的投资与受资的关系。企业的所有者可以是国家、个人或法人（artificial person）单位，或它们的集合体，具体表现为独资、控股和参股的关系。

3）企业与债权人之间的财务关系

企业除利用所有者权益资金进行经营活动外，还需要借入一定数量的资金，以便扩大企业经营规模，分散经营风险，降低资金成本。企业同债权人的财务关系在性质上属于债务与债权的关系。债权人作为企业信贷资本的供给者，在平等协商的基础上与企业签订协议，除一般条款外，债权人都会约定一些限制性条款，以控制债权风险，并按合同进行监督。与企业所有者相比，债权人投资的风险相对较小，收益也较低。因此，债权人不像企业投资者那样有权直接参与企业经营管理，但在企业破产清算时享有优先求偿权。

4）企业与受资方之间的财务关系

企业与受资方的财务关系体现为所有权性质的投资与受资关系。这主要是指企业以购买股票或直接投资的方式向其他企业或经济组织投资所形成的经济关系。随着企业经营规模和经营范围的不断扩大，这种关系将会越来越广泛，越来越复杂。企业向其他单位投资，依其出资额，可形成独资、控股和参股情况，并根据其出资份额或约定参与受资方的重大决策和利润分配。企业投资的最终目的是取得收益，但预期收益能否实现，也存在一定的投资风险。

5）企业与债务人之间的财务关系

这主要是指企业以购买债券、提供商业信用等形式将资金暂时出让给政府或其他经济组织占有与使用所形成的经济关系，这种关系体现为债权与债务的关系。企业在资金暂时出让的过程中，一方面会产生直接的信用收入；另一方面也会发生相应的机会成本和坏账损失的风险，企业必须考虑两者的均衡性。

6）企业内部各部门单位之间的财务关系

这主要是指企业内部各部门单位之间在生产经营各环节中相互提供产品或劳务所形成的内部经济关系。在企业内部实行责任预算、责任考核与评价的情况下，各责任中心之间相互提供产品与劳务，并以内部转移价格进行结算。这种在企业内部形成的资金结算关系，体现了企业内部各部门单位之间的利益均衡关系。

7）企业与经营者、职工之间的财务关系

这主要是指企业向经营者、职工支付人力资本报酬过程中所形成的经济关系。经营者是企业特殊异质型的人力资本，通过贯穿生产过程的管理活动而产生经济效益。企业与经营者之间财务关系的核心是通过选择恰当的契约构造，使剩余控制权和剩余索取权尽量地对称，体现着经营者报酬与企业经营绩效相对应的分配关系，从而有效地提高资源配置效率。职工是企业的一般劳动者，他们以自身提供的劳动作为参加企业分配的依据。企业根据劳动者的劳动情况，根据效率优先、兼顾公平的原则向职工支付薪酬，并按规定提取和缴纳各种福利基金，如医疗保险金、养老保险金、失业保险金、生育保险金、工伤保险金等，体现着职工个人和企业在劳动成果上的分配关系。

3. 财务关系的协调

企业与利益相关者发生的经济利益关系中，最为重要、也最难以协调的是所有者与经营者、债权人之间的关系。

1）所有者与经营者的矛盾与协调

现代公司制企业所有权（proprietorship）与经营权（operation right）分离，经营者（manager）不持有公司股票或持部分股票，经营所得只是少部分以薪酬等形式归经营者所有，因此，必然存在委托代理问题（principal-agent problem）。股东是委托人，经营者则是代理人，他们的行为目标不完全相同。股东要求经营者增加股东财富和企业价值，经营者则可能将谋取自己的利益放在优先地位，如增加个人报酬、扩大在职消费和避免个人收益风险等。为了协调所有者与经营者的矛盾，防止经营者背离股东目标，一般有以下两种方法。

(1) 监督。经营者背离股东目标的有利条件是信息不对称(asymmetric information)。信息不对称是指某些参与人拥有或掌握比较充分的信息；而另一些非参与人则不拥有或掌握较少的信息。信息不对称可从两个角度进行划分：一是获取信息的时间不对称；二是获取信息的内容不对称。经营者掌握企业实际的经营控制权，对企业内部信息的掌握不仅时间上早于一般股东，而且内容上多于一般股东。为了协调这种矛盾，股东除要求经营者定期公布财务报告及其他相关资料外，还要尽量获取更多信息，对经理进行必要的监督，如设立监事会、聘请注册会计师审计等。但监督只能减少而不能消除经理违背股东意愿的行为，因为股东是分散的，同时受监督成本的制约，不可能得到充分的信息。可见，监督只能防范经营者违背股东意愿的行为，而不能从根本上杜绝此类问题的发生。

(2) 激励。激励就是将经营者的经营绩效与经营者所得的报酬联系起来，使经营者分享企业增加的财富，鼓励他们自觉采取符合股东目标的行为。如经营者股票期权(executive stock option)，授予经营者在规定时间内以行权价格（约定的购买价格）购买本公司股票的选择权。股票价格上升后，经营者自然获取股票涨价收益；或以每股收益、总资产报酬率、净资产收益率以及资产流动性指标等对经理的绩效进行考核，以其增长率为标准，给经理以现金、股票奖励。但激励作用与激励成本相关，报酬太低，激励作用有限；报酬太高，又会加大股东的激励成本，减少股东自身利益。可见，激励同样只能减少经营者违背股东意愿的行为，也不能从根本上解决所有者与经营者之间行为目标的矛盾。

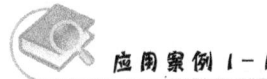

应用案例 1-1

平安马明哲年薪6 600万元的构成

【案情简介】

中国平安2007年年报显示，该公司有3名董事及高管2007年的税前薪酬超过4 000万元，董事长马明哲税前报酬为4 616.1万元，另有2 000万元奖金直接捐赠给中国宋庆龄基金会，总薪酬折合收入每天18.12万元（6 616.1万元/365天），刷新A股上市公司高管的薪酬最高纪录。对此，平安方面的解释是，造成上述管理层收入激增的主要来源有两部分：一是2004年设置的与H股股价挂钩的长期奖励计划的兑现；二是2007年业绩高速增长产生的绩效奖金。

【案例点评】

平安公司3名董事及高管2007年的税前薪酬超过4 000万元，与公司激励制度密切相关。只要激励制度科学、合理，经营者成为"打工皇帝"也无可非议，因为这有利于鼓励经营者自觉采取符合股东目标的行为。

通常情况下，企业采用监督和激励相结合的办法使经理的目标与股东目标协调起来，力求使监督成本、激励成本和经营者背离股东目标的损失之和最小。

除了所有者的激励和监督之外，外部市场竞争也能够促使经营者把股东目标作为经营的首要目标，其主要有以下表现。

(1) 人才市场评价。作为一种人力资源，经理人才的价值是由市场决定的。公司绩效好、价值大说明经营者经营有方，股东财富增加，同时经营者在人才市场上的价值也高，聘用他的公司会向他付出高报酬，其他公司也可能以高薪为条件向经营者伸出"橄榄枝"。

（2）经营者被解聘的威胁。现代公司股权的分散使个别股东很难通过投票表决来撤换不称职的经营者。同时由于经营者被授予很大的权力，他们实际上控制了公司，形成内部人控制状态，股东即使发现经营者经营企业不力、业绩欠佳也常常无能为力。20世纪80年代以来，许多大公司为机构投资者控股，养老基金、共同基金和保险公司在大企业中占有的股份，足以使他们有能力解聘经营者。由于高级经营者有被解聘的威胁，动摇了经营者稳固的地位，促使他们不断创新、努力经营，为股东目标最优化服务。

（3）公司被兼并的威胁。当公司经营不力或决策错误，导致绩效下降、股票价格下跌到较低水平时，被其他公司兼并的危险就会增加。被兼并公司的经营者在合并公司的地位一般都会下降甚至可能被解雇，这对经理利益的损害是很大的。因此，经营者为保住自己的地位和已有的权力，会竭尽全力使公司财富最大化，这与股东利益是一致的。

2）所有者与债权人的矛盾与协调

企业的资本来源于股东和债权人。债权人（creditor）作为企业债权资本的供给者，有其自身的终极目标：降低债权风险，按期收回本息。但所有者可能要求经营者将负债资本投资于比债权人预计风险更高的项目，这会增加企业的财务的风险。高风险项目成功，债权人只能按约定获取本息，额外利润被所有者独享；如果项目投资失败，债权人却可能要与所有者共同承担由此而造成的损失。当企业陷入财务困境时，债权人同样承担了资本无法收回的风险，这对债权人来说，风险与收益是不对称的。只有当企业出现财务危机，相机治理（contingent governance）的前提条件才会出现，但债权人相机治理的目标常常是保证信贷资本能够安全退出企业，这与所有者化解财务危机后实现企业持续发展并获取最大收益的目标相悖。因此，所有者和债权人之间的利益冲突难以避免。

所有者与债权人的上述矛盾，一般通过以下方式解决。

（1）限制性借款。它通过限制借款的用途、设置借款的担保条款和借款的信用条件来防止和迫使股东不能损害债权人利益。

（2）收回借款或不再借款。它是当债权人发现公司有侵蚀其债权价值的意图时，采取收回债权和不给予公司重新放款的措施来保护自身权益的行为。除债权人外，与企业经营有关的各方都与企业存在契约关系，都存在利益冲突和限制条款。企业经营者如果侵犯职工、客户、供应商和所在社区的利益，都将影响企业可持续增长目标的实现。所以说企业是在一系列矛盾与协调过程中实现股东财富与企业价值最大化的。

1.2 财务管理目标及其社会责任

1.2.1 财务管理目标

管理都是有目的的行为，财务管理也不例外。财务管理目标（perspectives in finance）

是指在特定的经济体制和财务管理环境中,通过对企业财务资源的合理配置所要达到的标准。有关财务管理目标的研究主要有两个学派:一个是新古典产权学派,主张企业的剩余索取权(residual claim right)和剩余控制权(residual rights of control)应当由出资者单方面享有;另一个是利益相关者学派,主张企业所有权应当由出资者、债权人、员工、消费者、供应商、政府等众多的利益相关者分享。与前者相对应的、代表性财务管理目标有利润最大化、股东财富最大化、每股收益最大化,与后者相对应的财务管理目标主要是企业价值最大化。

目前,人们对财务管理目标的认识尚未统一,在市场经济条件下主要有4种观点:利润最大化、每股收益最大化、股东财富最大化和企业价值最大化。

1. 利润最大化

"天下熙熙,皆为利来;天下攘攘,皆为利往。"这里所说的"利",用财务语言就是"利润"。西方经济学家以往都是以利润最大化(profit maximization)这一概念来分析和评价企业行为和业绩的。他们认为,利润代表了企业新创造的财富,利润越多,说明企业的财富增加得越多,越接近企业的目标。经济学家弗里德曼生前最富争议的观点之一,也许就是"企业的唯一目标是赚钱并向股东提供回报"。

 应用案例 1-2

美国××电脑公司投资目标

【案情简介】

20世纪80年代,美国××电脑公司投资中国大陆,与中国某企业合资开发新产品。美方经理到中国后,组织了一次高层管理人员会议。议题是:我们为什么要办公司?中方高层管理人员有的说是为了对外开放,有的说是为了促进中美经济合作,有的说是为了促进通信电子产业发展。

美国经理把美方董事长的话转告大家:办公司的目标只有一个,那就是"赚钱赚钱再赚钱"。

【案例点评】

这一案例要解决三个问题:一是政府目标能不能取代公司目标?二是公司目标等于企业财务管理目标吗?三是将"赚钱"作为财务管理目标是否恰当?

会计学家对利润有着严格的定义,即利润等于收入减去现实的成本和费用。用利润最大化来定位企业财务管理目标,简明实用,便于理解。但是,这里的"利润"如果被定义为会计上的利润,则利润最大化目标就存在以下致命的缺陷。

(1) 利润最大化是一个绝对指标,既没有考虑企业的投入与产出之间的关系,也没有计量投资者投入资本的成本(机会成本),因而难以在不同资本规模的企业之间进行比较。例如,同样获得200万元的利润,一个企业投入资本1 000万元,另一个企业投入2 000万元,哪一个更符合投资者目标呢?如果不与投入的资本额联系起来,就难以做出正确判断。

会计利润的增加不一定等于为股东创造财富,因为会计利润的确定对资本成本的考虑不全面,只扣除债务资本(debt capital)成本,而没有扣除权益资本(equity capital)成本。在财务目标选择中,会计利润的这一局限性必须予以充分考虑。而经济增加值(economic value added,EVA)是克服会计利润这一缺陷的一种有效方法。与会计利润只扣除债务资本的资本成本不同，EVA 还考虑了权益资本（equity capital）的资本成本。

（2）没有考虑利润的获取时间。投资项目收益现值的大小，不仅取决于其收益将来值总额的大小，还取决于收益获得的时点。因为早取得收益，就能早进行再投资，早获得新的收益，利润最大化目标则忽视了这一点。例如，今年获利 100 万元和明年获利 100 万元，哪一个更符合企业的目标呢？如果不考虑货币的时间价值，就难以做出正确判断。

（3）没有考虑风险问题。一般而言，收益与风险成正比。即企业在追求利润最大化的同时，必然伴随风险的增长，而利润最大化的目标没有考虑企业风险的大小。例如，两个企业各投入 1 000 万元，每年获利相等，均为 200 万元，其中，一个企业获利已全部转化为现金流，另一个企业获利则全部表现为应收款。哪一个更符合企业的目标呢？如果不考虑风险大小，就难以做出正确判断。

应用案例 1-3

合资企业的收益分配

【案情简介】

甲乙双方为一合资项目谈判，双方各出资 50%，假定每年的净收益相等，甲方提出了分配方案：前 5 年甲方获取收益的 70%，乙方得 30%；后 5 年乙方获取收益的 70%，甲方得 30%，项目到期后资产的变现价值平均分配。

【案例点评】

如果考虑资金时间价值和风险报酬，甲方提出的收益分配方案显失公平。

（4）利润最大化可能会使企业财务决策带有短期行为，即片面追求短期利润的增长，不考虑企业的可持续成长，忽视核心竞争力（core-competitiveness）的培育。所谓核心竞争力一般是指企业借以在市场竞争中取得并扩大竞争优势的决定性力量。企业的核心竞争力可能指完成某项活动所需要的优秀技能，可能指企业技术诀窍的范围和深度，也可能指那些能够产生具有很大竞争价值的生产能力的一系列具体技能的组合。

2. 每股收益最大化

每股收益最大化观点认为：应该把企业利润与投入的资本相联系，用净资产收益率（或每股税后收益）概括企业财务管理目标。因为所有者或股东是企业的出资者，他们投资的目的是取得投资收益。每股收益最大化（maximization of earnings per share）目标概念明确，可以在不同资本规模的企业或期间进行对比，揭示其盈利水平的差异。但这种观点仍然存在 3 个问题：一是没有考虑资金时间价值；二是没有考虑风险大小；三是企业财务决策容易产生短期行为。

3. 股东财富最大化

股东财富最大化（shareholder wealth maximization）是指通过财务上的合理经营，为股东带来更多的财富。对股份公司而言，股东财富由其所拥有的股票数量和股票市场价格两方面来决定，在股票数量一定的前提下，当股票价格达到最高时，股东财富也达到最大。所以，股东财富最大化又可以表现为股票价格最大化。

股东财富最大化有以下积极的方面。

(1) 评价标准客观。股东财富可以用股票市价来计量，比较容易量化，便于考核和奖惩。

(2) 科学地考虑了资金的时间价值和风险价值因素。因为资金时间价值的高低和公司面临风险的大小会对股票价格产生重要影响。

(3) 一定程度上能够克服企业在追求利润上的短期行为，有利于促进企业培育核心竞争力。因为不仅目前的利润影响股票价格，预期未来的利润对企业股票价格产生的影响可能更大，对投资者而言，买股票即是买未来，而未来的利润是由企业核心竞争力决定的。

股东财富最大化也存在以下一些缺点。

(1) 它只适用于上市公司，对非上市公司很难适用。即使是西方发达国家，非上市公司在企业数量上总是占多数。因此，股东财富最大化没有广泛性，兼容能力也小。

(2) 股东财富最大化要求金融市场遵循有效市场假说（efficient market hypothesis）。这一假说的要点是：①在市场上的每个人都是理性的经济人，他们每天都在进行基本分析，以公司未来的获利性来评价公司的股票价格，把未来价值折算成今天的现值，并谨慎地在风险与收益之间进行权衡取舍；②股票的价格反映了这些理性人的供求的平衡，认为股价被高估的人与认为股价被低估的人正好相等，假如有人发现这两者不等，即存在套利的可能性，他们立即会用买进或卖出股票的办法使股价迅速变动到能够使二者相等为止；③股票的价格也能充分反映该资产的所有可获得的信息，即"信息有效"，当信息变动时，股票的价格就一定会随之变动。一个利好消息或利空消息刚刚传出时，股票的价格就开始异动，当它已经路人皆知时，股票的价格也已经涨或跌到适当的价位了。当然，"有效市场假说"只是一种理论假说，实际上，并非每个人总是理性的，也并非在每一时点上的信息都是有效的。

(3) 对于上市企业，虽可通过股票价格的变动揭示企业价值，但股价是多种因素影响的结果，特别在即期市场上，如庄家操纵形成的股价不一定能够直接揭示企业的获利能力，只有长期趋势才能做到这一点。

(4) 为了控股或稳定购销关系，现代企业不少采用环形持股的方式，相互持股。法人股东对股票市价的敏感程度远不及个人股东，对股票价值的大小没有足够的兴趣。

4. 企业价值最大化

企业价值最大化（business value maximization）是指通过一系列合同或契约关系将企业各利益主体联系在一起，采用最优的财务政策，充分考虑资金的时间价值和风险与报酬之间的关系，在保证企业长期稳定发展的基础上，使企业总价值达到最大。其基本思想是将企业长期稳定发展摆在首位，强调在企业价值增长中满足各相关利益主体的利益，承担起应有的社会责任，才能更好地实现企业价值（经济价值和社会价值）最大化这一财务管理目标。现代财务管理理论认为，以企业价值最大化作为企业的理财目标是现代企业发展的必然要求，是企业财务目标的最优选择，也是衡量企业财务行为和财务决策的合理标准。

如何衡量企业价值？目前有许多计量模式，其中贴现现金流量法最为流行。依据贴现现金流量法计算原理，任何资产的内在价值都等于预期未来现金流量以适当的贴现率折现的价值，计算的基本模式为：

$$V = \sum_{t=1}^{n} \text{NCF}_t \frac{1}{(1+i)^t}$$

其中：V——企业价值，它可以是总价值也可以是某一时期的价值；t——企业取得现金流量的具体时间；n——企业取得现金流量的持续时间，当计算企业总价值时n取∞（假设企业持续经营）；NCF_t——企业第t年获得的净现金流量；i——每年所获现金流量进行贴现时所用的贴现率。

由上述公式可知，企业价值（V）与企业预期净现金流量（NCF_t）成正比，而与企业所承担的风险（i）大小成反比（企业所承担风险越大、投资者要求的报酬率越高、贴现率i取值越大），并且企业价值（V）随着企业持续经营时间（n）的增大而增大。该模式既考虑了风险（i）与收益（NCF_t）均衡问题，又考虑了企业取得现金流量的持续时间（n）问题。因此，现金流量法计量模式反映了企业价值是由企业每年获得的净现金流量（NCF_t）、每年所获现金流量进行贴现时所用的贴现率（i）、企业取得现金流量的持续时间（n）3个因素决定的。相应地，我们可得出实现企业价值最大化的3大常规途径，即资金成本最小化、现金净流量最大化、生命周期永久化。

企业价值最大化目标具有以下优点。

（1）该目标考虑了资金的时间价值和投资的风险价值，有利于企业统筹安排长短期规划、合理选择投资方案、有效筹措资金、合理确定股利政策等。

（2）该目标反映了对企业资产保值、增值的要求。企业价值越大表现为企业的市场价值越大，利益相关者的认可度越高，企业资产保值、增值的能力和潜力就越大。

（3）该目标有利于克服管理上的片面性和短期行为。企业价值最大化是一个动态指标，它促使企业在生命周期内追求价值的持续增长，具有长期性、可持续发展性。

（4）该目标有利于社会资源的合理配置。社会资金通常流向企业价值最大化的企业或行业，有利于实现社会整体效益最大化。

（5）该目标体现了共同富裕的中国特色社会主义的本质要求。党的二十大报告指出，中国式现代化是全体人民共同富裕的现代化。企业价值最大化兼顾股东、债权人、员工、政府等企业相关者利益。企业追求价值最大化，就是把利益相关者的共同"蛋糕"做大，从而实现利益相关者共同富裕的目标。企业只有坚持合作共赢的理念，才能促进企业可持续成长。

但不可否认，企业价值最大化目标也存在缺点，主要是企业价值量化的难度较大。虽然通过专门评价（如资产评估）可以确定其价值，但评估过程受净现金流量（NCF_t）、贴现率（i）、企业取得现金流量的持续时间（n）3个主观因素影响使估价不易客观，从而影响企业价值的准确性与客观性。因此，企业价值最大化目标一直是理论与实务界争论的焦点问题之一，但并不妨碍其对财务管理活动所起的导向作用。

应用案例 1-4

股东当前利益与企业长远价值的权衡

【案情简介】

20×5年，××科技有限公司的股权结构发生了重大变更，由原本的三位创始人股东，变更为只保留一个创始人股东。总经理（公司三位创始人股东之一）坚持认为应将企业取得的利益用于扩大再生产，以提高企业的持续发展能力,实现长远利益的最大化。而另两位股东却认为应按持股比例分红,使股东实现当前利益。由此产生的激烈的争执,导致了总经理被迫离职,并不得不出让其持有的 1/3 股份。然而三天后,事情出人意料地发生了戏剧性变化。分布在各地与公司有业务关系的 200 多位供应商、分销商自发云集在××科技有限公司总部,强烈要求原总经理重新任职,并声称如果原总经理不能复职就与该公司断绝业务联系。形势由此完全逆转。股权收购、总经理变更的风波最终以原总经理重新执掌公司管理权力,另两位创始人股东则出让其持有的合计 2/3 的股份并退出公司而告终。究竟是什么原因导致三位创始人股东之间的意见分歧? 200 多位供应商、分销商又是出于什么动机才自发聚集在一起并一致要求原总经理重新回来任职呢?

【案例点评】

从表面上看,创始人股东之间产生冲突的直接原因是对收益分配政策上的分歧,但从本质上看,这种分歧其实反映了三个创始人股东对公司财务管理目标的不同理解。双方的分歧在于究竟是应当以股东当期现实利益最大化为目标,还是以企业长远价值最大化为目标。从供应商和分销商对总经理留任的关注程度上看,此时他们实质上是关注公司能否持续稳定发展并与它们保持以往稳定的业务关系。可以说,企业长期价值对包括供应商与分销商在内的利益相关者的长远价值最大化至关重要。

尽管财务管理目标存在多样化理论,但无论利润最大化,还是企业价值最大化等财务管理目标,都是以股东财富最大化为基础的。

1.2.2 财务管理目标与社会责任

《公司法》第二十条规定,公司从事经营活动,应当充分考虑公司职工、消费者等利益相关者的利益以及生态环境保护等社会公共利益,承担社会责任。社会责任(social responsibility)是指企业在经营发展过程中应当履行的社会职责和义务,主要包括安全生产、产品或服务质量、环境保护、资源节约、促进就业、员工权益保护等。企业价值最大化目标与社会责任目标是基本一致的,社会责任被许多企业视为发展机遇。这是因为,为了实现企业价值最大化目标:①企业生产的产品质量必须符合社会需要,这不仅可以满足消费者的需求,而且也实现了企业产品的价值,增加企业现金流量。只有这样,才能向国家缴纳更多的税款,向股东分配更多的红利,并向管理者和员工发放更高的薪酬。②企业必须不断引进与开发新技术,拓展企业经营规模,增强企业可持续增长能力,这样就会扩大就业机会,促进员工素质的提高。③企业必须承担环境保护、员工个人发展、消费者权益保护和社区义务的责任,以提升企业的社会认同度,包括国内认同度和国际认同度。如果企业财务管理目标定位不当,片面追求利润最大化或股东财富最大化,可能导致企业社会责任意识缺失,如造成环境污染、违背商业道德、不关注社会公益事业、不重视企业持续发展等问题。因此,企业应当重视履行社会责任,提升企业发展质量,切实做到经济效益与社会效益、短期利益与长远利益、自身发展与社会发展相互协调,实现企业与员工、企业与社会、企业与环境的健康和谐发展。

🔑 特别提示

企业至少应当关注在履行社会责任方面的下列风险:第一,安全生产措施不到位,责任不落实,可能导致企业发生安全事故;第二,产品质量低劣,侵害消费者利益,可能导致企业巨额赔偿、形象受损,甚至破产;第三,环境保护投入不足,资源耗费大,造成环境污染或资源枯竭,可能导致企业巨额赔偿、缺乏发展后劲,甚至停业;第四,促进就业和员工权益保护不够，可能导致员工积极性受挫，影响企业发展和社会稳定。
（引自《企业内部控制应用指引第4号——社会责任》第三条）

1.3 财务管理体制

建立什么样的财务管理体制，主要取决于企业规模和企业组织形式。因此，了解企业的组织形式，有助于确立企业科学的财务管理体制，促进企业财务管理活动的顺利开展。

1.3.1 企业组织形式

1. 独资企业

独资企业（solo proprietorship）在西方又称为个人业主制，是指由一个人独自出资创办的企业，其全部资产和债务由出资者自己所有和偿还。

我国的个人独资企业是指按照《中华人民共和国个人独资企业法》在中国境内设立，由一个自然人投资，财产为投资者个人所有，投资人以其个人全部财产对企业债务承担无限责任（unlimited liability）的经济实体。

1) 独资企业的特征

（1）企业由一个自然人投资设立。个人独资企业在投资主体上具有唯一性，这是区别于合伙和公司等多元投资主体企业的基本属性。

（2）企业财产为投资人个人所有。个人独资企业的投资人是企业财产（包括企业成立时投资人投入的初始出资财产与企业存续期间积累的财产）的唯一所有者。

（3）投资人以其个人全部财产对企业债务承担无限责任。个人独资企业债务等于投资人个人债务，投资人以其个人全部财产而不是仅以其投入该企业的财产对债务负责，即承担无限责任。

（4）个人独资企业不具有法人资格（legal personality），只是自然人进行商业活动的一种特殊形态。

2) 独资企业的优点

（1）企业建立比较容易、成本低，不必准备正式的营运章程，受政府管制较少，是创办费用最低的企业组织形式。

（2）非缴纳公司所得税的主体，不必考虑企业盈余怎样分配，出资者只需按全部盈余额缴纳个人所得税。

（3）有利于全民创业目标的实现。全民创业这一名词并不是中国首先倡导的，早在20世纪的欧美国家就已经非常盛行，只是那时欧美国家更多的使用self-employment、entrepreneurship等词来描述这一创业行为，意思是自我雇佣或自主创业。全民创业是我国近年来应创新型经济发展和促进就业增加的需要而提出的一项关乎国计民生的政策措施，旨在缓解我国现阶段及未来较长一段时期出现的就业形势严峻问题，并为我国经济增长注入创新元素和新鲜血液。

3) 独资企业的缺点

（1）出资者对债务负有无限清偿的责任，个人资产和企业资产没有界限。

（2）企业存续期受限于业主本人的生命期。

（3）筹资较困难，对债权人缺少吸引力，股权没有流通市场。

2. 合伙企业

合伙企业（partnership）是指自然人、法人和其他组织依照法律设立的普通合伙企业和有限合伙企业。普通合伙企业由普通合伙人组成，合伙人对合伙企业债务承担无限连带责任；有限合伙企业由普通合伙人和有限合伙人组成，普通合伙人对合伙企业债务承担无限连带责任，有限合伙人以其认缴的出资额为限对合伙企业债务承担有限责任。《中华人民共和国合伙企业法》规定，国有独资公司、国有企业、上市公司以及公益性的事业单位、社会团体不得成为普通合伙人。

1）合伙企业的特征

（1）不具备法人资格。合伙企业的非法人性，使得它与具有法人资格的市场主体相区别；合伙企业的营利性，使得它与其他具有合伙形式但不以营利为目的的社会组织相区别；合伙企业的组织性，使得它与一般民事合伙区别开来，从而成为市场经济活动的主体和多种法律关系的主体。

（2）全体合伙人订立书面合伙协议。合伙企业是由全体合伙人根据其共同意志而自愿组成的经济组织。该组织的设立、经营、变更、解散等一系列行为都必须符合一定的行为规则，而合伙协议就是合伙企业的行为规则。合伙协议必须是书面的。如果没有合伙协议，合伙企业就不能成立，其运作也就无从谈起。

（3）合伙人共同出资、合伙经营、共享收益、共担风险。合伙企业的资本是由全体合伙人共同出资构成的。共同出资的特点决定了合伙人原则上均享有平等地参与执行合伙事务的权利，合伙人对执行合伙事务享有同等的权利。按照合伙协议的约定或者经全体合伙人决定，可以委托一个或者数个合伙人对外代表合伙企业，执行合伙事务。

共同出资的特点也决定了合伙经营的收益和风险，由合伙人共享、共担。《中华人民共和国合伙企业法》规定，合伙企业的利润分配、亏损分担，按照合伙协议的约定办理；合伙协议未约定或者约定不明确的，由合伙人协商决定；协商不成的，由合伙人按照实缴出资比例分配、分担；无法确定出资比例的，由合伙人平均分配、分担。合伙协议不得约定将全部利润分配给部分合伙人或者由部分合伙人承担全部亏损。

（4）全体合伙人对合伙企业的债务承担无限连带清偿责任。即当合伙企业财产不足清偿合伙企业债务时，各合伙人对于不足的部分承担连带清偿责任。这样的规定可以使合伙人能够谨慎、勤勉地执行合伙企业的事务，使合伙企业的债权人的合法权益能够得到保障和实现。这一特征是合伙企业与其他企业组织形式最主要的区别。

2）合伙企业的优点

（1）合伙企业的资本来源比独资企业广泛，它可以充分发挥企业和合伙人个人的力量，这样可以增强企业资金实力，使得其规模相对扩大。

（2）合伙人共同承担合伙企业的经营风险和责任，因而其风险和责任相对于独资企业要分散一些。

(3) 法律对于合伙企业不作为一个统一的纳税单位征收所得税,因此,合伙人只需将从合伙企业分得的利润与其他个人收入汇总缴纳个人所得税即可。

(4) 由于法律对合伙关系的干预和限制较少,因此,合伙企业在经营管理上具有较大的自主性和灵活性,每个合伙人都有权参与企业的经营管理工作,这点与股东对公司的管理权利不同。

3) 合伙企业的缺点

(1) 相对于公司而言,合伙企业的资金来源和企业信用能力有限,不能发行股票和债券,这使得合伙企业的规模不可能太大。

(2) 合伙人的责任比公司股东的责任大得多,合伙人之间的连带责任使合伙人需要对其他合伙人的经营行为负责,加重了合伙人的风险。

(3) 由于合伙企业具有浓重的人合性,任何一个合伙人破产、死亡或退伙都有可能导致合伙企业解散,因而其存续期限不可能很长。

应用案例1-5

韦恩与乔布斯的分手

【案情简介】

苹果电脑公司创立之初,由韦恩、乔布斯和沃·尼克三人合伙经营,分别持有10%、45%、45%的股份。公司成立不久,乔布斯就接到一个50台电脑的订单。他和沃·尼克开始风风火火地干起来。然而,韦恩发现,乔布斯以公司的名义借了5 000美元现金和赊购价值15 000美元的零部件。韦恩担心万一公司倒闭,债务也会压到他的身上。经过慎重考虑,他决定向乔布斯提出退股要求。乔布斯想也没想,就答应了,并用800美元买下他的10%股份。

乔布斯的苹果电脑公司成立不久,很快步入正轨,并于1980年成功上市。按那时的股份估价,韦恩转让给乔布斯的股份价值应该在15亿美元左右,乔布斯创造的这个纪录,恐怕难再有人打破。

(辽宁晚报,2011.10.23.)

【案例点评】

合伙人之间的连带责任使韦恩需要对乔布斯和沃·尼克的经营行为负责,加大了韦恩的风险,这是合伙企业的缺点。但风险不仅意味着威胁,也可能代表机会,关键是如何控制合伙风险。

3. 公司制企业

公司制企业(limited corporation)是指依照公司法设立的有限责任公司(limited liability company)和股份有限公司(stock limited corporation)。

有限责任公司指根据公司法规定登记注册,由两个以上、五十个以下的股东共同出资,每个股东以其所认缴的出资额对公司承担有限责任,公司以其全部资产对其债务承担责任的经济组织。我国的有限责任公司包括国有独资公司以及其他有限责任公司。

股份有限公司全部注册资本由等额股份构成并通过发行股票(或股权证)筹集资本,公司以其全部资产对公司债务承担有限责任的企业法人。《公司法》第九十二条,承认一人股份有限公司的法律地位。

1) 公司制企业的特征

(1) 独立的法人实体。公司(corporation)一经宣告成立,法律即赋予其独立的法人地位，具有法人资格，主要体现在：公司的成立有严格的法律程序。《公司法》规定，设立股份公司应当有 5 人以上为发起人；公司有法定的资本数额，能够独立支配和管理财产。

(2) 持续经营、生命无限。股东投入的资本长期为公司支配和使用。股东无权直接从公司财产中抽回属于自己的那份投资，更不能直接处置公司的资产。股东只能通过转让其所拥有的股份收回投资。其资本的长期稳定性决定了公司能够独立于股东而持续、无限期地存在下去。

(3) 对债务承担有限责任。股份有限公司的股东对公司经营所引起的债务仅承担有限责任（limited liability），一般以注册资本为清偿债务的最大限度，股东个人财产不能用以清偿公司债务，降低了股东的投资风险。

(4) 所有权和经营权分离。公司的所有权属于全体股东，并由股东大会行使权利，经营权归董事会和管理部门。公司的最高权力机构是股东大会，股东大会行使财产所有权，董事会行使经营决策权，管理部门行使经营管理权，监事会行使监督控制权。

2) 公司制企业的优点

(1) 公司是资本联合而形成的经济组织。公司是由许多投资者投资，为营利而设立的一种经济组织，具有广泛的筹集资金的能力。

(2) 公司具有法人资格。也就是赋予公司法律上的人格（与自然人相对），使公司像一个自然人一样，以自己的名义从事经营活动，享有权利，并承担义务，从而使公司在市场上成为竞争主体。

(3) 公司股东承担有限责任。这是指公司一旦出现了债务，这种债务仅是公司的债务，由公司这个拟人化的实体对债权人负责，而公司股东不直接对债权人负责；公司的股东对公司债务仅以其出资额为限，承担间接、有限的责任，这就为股东分散了投资风险，使股东在投资中不致影响投资外的个人财产，所以这种责任形式对潜在投资者具有一定的吸引力。但《公司法》第二十三条也规定，公司股东滥用公司法人独立地位和股东有限责任，逃避债务，严重损害公司债权人利益的，应当对公司债务承担连带责任。股东利用其控制的两个以上公司实施前款规定行为的，各公司应当对任一公司的债务承担连带责任。只有一个股东的公司，股东不能证明公司财产独立于股东自己的财产的，应当对公司债务承担连带责任。

(4) 公司以营利为目的。这是公司和非营利组织的根本区别，也是反映公司基本属性的一个特征。因为投资者投资于公司是有一定经济利益追求的，希望从公司取得经济回报。从宏观经济来说，公司资产的增值也是 GDP 增长的主要源泉。

(5) 公司实行所有权与经营权分离的企业制度。在有相当规模的公司中，投资者入股仅仅是为了投资的收益，而不是为了自己去经营；为了公司的发展，他们委托专业的经营者负责经营。所以，公司中的基本关系是投资者出资，从公司获取股利，经营者受托为股东从事经营，对股东负责。

(6) 公司依照法律设立和运行，是规范化程度较高的企业组织形式。公司的发起设立、对内对外关系、内部治理结构、合并分立等，都是依照法律规范来办理，公司是一种企业形式与法律形式相结合的体现。

(7) 公司是永续存在的企业组织形式。这就是说，公司投资者的股权可以转让，投资者可以流动，但公司仍然可以作为一个独立的实体而存在，公司仍然可以正常地从事经营活动，公司的存在并不取决于其投资人具体是谁。

3）公司制企业的缺点

（1）组建程序复杂，费用较高。

（2）政府对公司的限制较多。

（3）保密性较差。

在上述3种企业组织形式中，公司制企业最具优势，从而成为现代企业组织的一种典型形态。因此，现代财务管理学主要以公司制企业这种组织形式为研究对象。

1.3.2 财务管理模式

如前所述，财务关系的具体内容和表现形式是多种多样的，但关键是如何正确处理好各财务层级责、权、利关系，财务权力集中与分散的关系等。各种财务关系的处理必须有一定的规则，当这种规则制度化时，就形成了财务管理体制。

对于现代企业来说，企业内部财务关系的处理必须通过建立适当的财务管理体制方能有效进行，其原因主要来自两个方面：一是企业经营规模的不断扩大。随着社会经济的发展，企业的经营规模具有不断扩大的趋势，企业内部的财务关系也纵横交错，越来越复杂；二是管理幅度限制。受到管理者精力及其素质的限制，管理的有效幅度是有限的。因此，随着企业规模的扩大，企业内部的部门划分和层级划分将越来越细，越来越多。怎样协调各部门、各层次之间的财务关系，对企业财务目标的实现关系重大。建立企业内部财务管理体制的基本原则，应该是在划清各部门之间、各层次之间经济责任的基础上，实行责、权、利结合。

财务管理体制的核心在于对集权与分权的有效选择，因此，企业财务管理体制主要具有以下基本模式。

1）集权制财务管理模式

集权制财务管理体制是指企业的各种财务决策权均集中于企业总部，企业总部集中控制和管理企业内部的经营与财务，并作出相应的财务决策，各所属单位必须严格执行。

集权制财务管理体制的主要优点是：①财务管理效率较高，企业总部通过安排统一的财务政策，能够较好地控制所属单位的财务行为，使决策统一化、制度化得到有力保障；②有利于实现资源共享，企业总部较易调动内部财务资源，实行内部调拨价格，促进财务资源的合理配置，降低资金成本；③有利于发挥企业总部财务专家的作用，采取避税措施及防范汇率风险，降低公司财务风险和经营风险。

集权制财务管理体制的缺点主要有：①所属单位只负责短期财务规划和日常经营管理，财务管理权限高度集中于企业总部，容易挫伤所属单位经营者的主动性、积极性，抑制所属单位的灵活性和创造性；②企业总部远离基层经营现场，也可能因信息掌握不完整造成决策效率低下甚至失误。

但我国大多数企业已经实现了会计核算的电算化，而且集中式的财务管理软件或者网络财务软件正在得到大力推广，这些手段无疑加快了所属单位间信息传递的速度，使得企业总部的管理人员能够通过网络及时了解所属单位的财务状况，为其进行科学的财务决策提供了技术保障。同时，管理层素质较高，实施纵向一体化战略的企业，要求所属单位保持密切的联系，也有必要采用集权制财务管理体制。

2）分权制财务管理模式

分权制财务管理体制是指大部分的重大决策权集中在所属单位，企业总部对所属单位以间接管理方式为主的财务管理体制。分权制财务管理体制适用于经营规模和资产规模较大的企业和企业集团。

分权制财务管理体制的优点是：①各所属单位在人、财、物方面有决定权，可以调动所属单位各层次管理者的积极性；②各所属单位管理人员身在基层，市场信息反应灵敏，有利于针对本单位实际做出财务决策，增加创利机会；③使最高层管理人员将有限的时间和精力集中于企业最重要的战略决策问题上。

分权制的缺点主要有：①难以统一指挥和协调，所属单位可能因追求自身利益而忽视甚至损害企业整体利益，可能导致企业资金成本增大、费用失控；②弱化企业总部财务调控功能，不能及时发现所属单位面临的风险，从而加大企业经营风险和财务风险；③如果所属单位经营者缺乏全局观念和整体意识，可能造成所属单位"内部控制人"问题。

3）集权与分权相结合型的财务管理模式

集权与分权相结合型财务管理体制的实质是集权下的分权，企业以发展战略和经营目标为核心，对各所属单位在所有重大财务问题的决策与执行上实行高度集权，各所属单位财务经理及其财务管理职能部门作为财务决策的执行者及日常管理者，执行企业统一的会计制度及会计政策，对日常财务管理活动有较大的自主权。

集权与分权相结合型财务管理体制的核心内容是企业总部应做到制度统一、资金集中、信息集成和人员委派。集权内容主要有：集中制度制定权，筹资、融资权，投资权，用资、担保权，固定资产购置权，财务机构设置权，收益分配权；分权内容主要有：分散经营自主权，人员管理权，业务定价权，费用开支的审批权等。

因此，集权与分权相结合型财务管理体制，吸收了集权型和分权型财务管理体制各自的优点，避免了各自的缺点，从而具有较大的优越性。

1.3.3 财务管理组织

财务管理组织是借助于一定的指挥系统，对全体财务人员的行为加以协调，以人为中心，重视对人的管理，通过协调财务人员的行为才能实现财务活动的协调，保证资金运动按预定方向发展，最终实现财务管理目标。这与传统的财务管理组织只重视物的管理，而忽视人的管理，具有显著的区别。

根据以上分析，现代企业财务管理组织必须满足以下3个基本要求。

（1）应有明确的财务管理目标。财务管理目标是财务管理组织行动的指南，在企业目标体系中处于支配地位。只有确定了财务管理目标之后，财务管理组织才能有目的地运行。所以，明确的财务目标既是财务管理组织运行的基本前提，也是财务管理组织运行是否有效的评价标准。

（2）应有合理的责权划分。对财务管理的职责和权力，必须做出合理的划分；否则，财务管理组织的运行将处于混乱状态。划清职责，就是要有一定的分工，并在此基础上明确每个工作岗位所承担的责任。职责划分是否合理的标准包括：设岗与工作内容是否吻合、岗位之间是否衔接、全部工作责任是否全部落实，以及岗位的人员配置与所承担工作责任是否适应等；权力划分是否合理的标准包括：各岗位的财务权力与财务责任是否对应、上下级之间财务权力划分是否清楚，以及各平行工作岗位之间的财务权力是否有冲突等。财务责任划分不合理，将会导致部分财务责任不能落实或不能很好完成；财务权力划分不合理，则会导致权力与责任的不对应或权力矛盾，从而影响财务管理组织的正常运行。

（3）建立科学的激励约束机制。作为现代企业制度典型代表的公司制企业，以所有权与经营权相分离的产权结构为特征，形成了股东（股东会）—董事会—经理这样一种内部层级管理制度。其中，财务管理层次的特征是：股东作为出资人，拥有对财务事项的最终决策权，处于第一层次；董事会作为出资人的代表及代理人，负责公司重大财务事项的决策和管理，处于第二层次；总经理作为受托管理公司的代理人，按照与董事会签订的合同规定的职责权限，行使经营权，处于第三层次；财务经理及其财务管理职能部门作为财务决策的执行者及日常管理者，处于第四层次。因此，建立哪种财务激励约束机制，使各层次代理人有尽责尽力的激励与行为约束，也就构成了建立现代企业财务管理的一个重要问题。

1.3.4 企业资金集中管理模式

财务管理的对象是企业资金运动及由此而引起的财务关系。因此，财务管理组织的核心之一就是企业资金管理模式。资金管理模式的选择，实质上是集权还是分权财务管理体制的体现，这是由行业特点、资金运行规律和企业规模大小等因素决定的。现行资金集中管理主要有以下模式。

（1）一级核算模式。在小型企业中，通常采取一级核算模式。财务管理权集中于厂部，厂部统一安排各项资金、处理财务收支、核算成本和盈亏；二级单位（班组或车间）一般只负责管理、登记所使用的财产、物资，记录直接开支的费用，不负责管理资金，不核算成本和盈亏，不进行收支结算。其现金使用通常采用两种方式：第一，统收统支方式，即企业的一切现金收入都集中在厂部财务部门，各分支机构或分厂不单独设立账号，一切现金支出都通过厂部财务部门付出，现金收支的批准权高度集中。统收统支方式有利于企业现金收支平衡，提高资金的周转效率，减少资金沉淀，降低资金成本；但该方式不利于调动分支机构或分厂开源节流的积极性，影响分支机构或分厂经营的灵活性。第二，拨付备用金方式，即厂部按照一定的期限统拨给所属分支机构或分厂供其使用的一定数额的现金。各分支机构或分厂发生现金支出后，持原始凭证到厂部财务部门报销以补足备用金。拨付备用金方式与统收统支方式相比具有一定的灵活性。

（2）结算中心模式和内部银行管理模式。具有较多责任中心的企业单位或企业集团财务管理应当尝试内部结算中心模式和内部银行管理模式。第一，结算中心通常是企业单位内部设立的，办理内部各成员现金收付和往来结算业务的专门机构。结算中心通常设于财务部门内，是一个独立运行的职能机构。结算中心帮助企业集中管理各分、子公司的现金收入和支出。分、子公司收到现金后直接转账存入结算中心在银行开立的账户。当需要现金的时候，再进行统一的拨付，有助于企业监控现金的流向。第二，内部银行是将社会银行的基本职能与管理方式引入企业内部管理机制而建立起的一种内部资金管理机构，它将

"企业管理""金融信贷"和"财务管理"融为一体,一般是将企业的自有资金和商业银行的信贷资金统筹运作,在内部银行统一调剂、融通运用。通过吸纳企业下属各单位闲散资金,调剂余缺,减少资金占用,活化与加速资金周转速度,提高资金使用效率、效益。

(3) 财务公司管理模式。有条件的企业集团(enterprise group),还应当探索财务公司(finance companies)组织管理模式。我国的财务公司是指依据《公司法》和《企业集团财务公司管理办法》设立的,为企业集团成员单位技术改造、新产品开发及产品销售提供金融服务,以中长期金融业务为主的非银行机构,它经过人民银行审核批准才能设立。其主要职责是开展集团内部资金集中结算,同时为集团成员企业提供包括存贷款、融资租赁、担保、信用证、债券承销、财务顾问等在内的全方位金融服务。集团设立财务公司是把一种市场化的企业关系或银企关系引入到集团资金管理中,使得集团各子公司具有完全独立的财权,可以自行经营自身的资金,对资金行使决策权。另外集团对各子司的资金控制是通过财务公司进行的,财务公司对集团各子公司进行专门约束,且这种约束是建立在各自具有独立的经济利益基础上的。集团公司经营者(或高决策机构)不再直接干预子公司的资金使用和取得。

1.3.5 企业财务管理与财务会计的职责

财务管理的内容包括筹资管理、投资管理、营运资金管理和利润分配管理等,是从企业价值的角度审视公司经营和金融市场运作内在规律的科学;而企业财务会计主要反映企业的财务状况、经营成果和现金流量,并对企业经营活动和财务收支进行监督,包括填制记账凭证、登记账簿、编制报表等会计程序和方法,强调真实、完整和稳健。因此,财务管理与财务会计的主要职责存在显著差异,财务机构和会计机构应分别设置、分别规定职责范围,才能明确财务和会计各自的工作内容,各司其职,而不至顾此失彼,削弱任何一个方面的工作。大中型企业应在总经理领导下设置财务副总经理或财务总监(chief finahcial officer,CFO)来主管财务与会计工作,下设财务处(科)和会计处(科)等具体管理机构,分别由财务主管(treasurer)和会计主管(controller)担任主管人员,其下再根据工作内容设置若干专业科、室。

(1) 企业财务管理机构的主要职责有:①筹资管理;②固定资产投资管理;③营运资金管理;④证券投资与管理;⑤利润分配管理;⑥财务预测、财务计划和财务分析等。

(2) 企业财务会计机构的主要职责有:①按照企业会计准则的要求编制对外会计报表;②按照内部管理的要求编制内部会计报表;③进行成本核算工作;④负责纳税的计算和申报;⑤执行内部控制制度,保护企业财产;⑥办理审核报销等其他有关会计核算工作。

1.4 财务管理的环节

财务管理的环节是指财务管理的工作步骤和一般程序。企业财务管理一般包括以下环节。

1. 财务预测

财务预测(financial forecast)是企业根据财务活动的历史资料(如财务分析),考虑现实条件与要求，运用特定方法对企业未来的财务活动和财务成果做出科学的预计或测算。财务预测是编制财务预算的前提，是进行财务决策的基础。

2. 财务决策

财务决策（financial decision）是企业财务人员按照企业财务管理目标，采用专门方法对各种备选方案进行比较分析，并从中选出最优方案的过程。正确的决策可使企业起死回生，错误的决策可导致企业毁于一旦，所以财务决策是企业财务管理的核心，其成功与否直接关系到企业的兴衰成败。

3. 财务预算

财务预算（financial budgets）是指企业运用科学的技术手段和数量方法，对未来财务活动的内容及指标进行综合平衡与协调的具体规划。财务预算是以财务决策确立的方案和财务预测提供的信息为基础编制的，是财务预测和财务决策的具体化，是财务控制和财务分析的依据，贯穿企业财务活动的全过程。

4. 财务控制

财务控制（financial control）是在财务管理过程中，利用有关信息和特定手段，对企业财务活动所施加的影响和进行的调节。实行财务控制是落实财务预算、保证预算实现的有效措施，也是责任绩效考评与奖惩的重要依据。其中，成本控制是企业财务控制的重要内容。

5. 财务分析

财务分析（financial analysis）是根据企业核算资料，运用特定方法，对企业财务活动过程及其结果进行分析和评价的一项工作。财务分析既是本期财务活动的总结，也是下期财务预测的前提，具有承上启下的作用。通过财务分析，可以掌握企业财务预算的完成情况，评价财务状况，研究和掌握企业财务活动的规律，改善财务预测、财务决策、财务预算和财务控制，提高企业财务管理水平。

1.5 财务管理的环境

财务管理环境是对企业财务活动产生影响作用的各种内外部客观情况和条件，是企业赖以生存和发展的"土壤"。研究财务管理环境，在于弄清企业财务管理所处的环境状况和将来的发展趋势，把握开展财务活动的有利条件，提高财务决策对环境的适应性、应变性和对环境变化的预见性，充分发挥财务管理的职能，实现财务目标。

1.5.1 政治环境

一个国家的政治环境（political environment）会对企业的财务管理决策产生至关重要的影响，和平稳定的政治环境有利于企业的中、长期财务规划和资金安排。政治环境主要包括：社会安定程度、政府制定的各种经济政策的稳定性及政府机构的管理水平、办事效率、清正廉洁状况等。对此，党的二十大报告提出，转变政府职能，优化政府职责体系和组织结构，推进机构、职能、权限、程序、责任法定化，提高行政效率和公信力。

1.5.2 法律环境

财务管理的法律环境（legal environment）是指国家制定的企业财务管理所应遵守的各种法律、规定和制度。党的二十大报告提出，必须更好发挥法治固根本、稳预期、利长远的保障作用，在法治轨道上全面建设社会主义现代化国家。市场经济是法治经济，企业的一切经济活动总是在一定法律规范范围内进行的。一方面，法律提出了企业从事一切经济业务所必须遵守的规范，从而对企业的经济行为进行约束；另一方面，法律也为企业合法从事各项经济活动提供了保护。不同组织形式的企业所适用的法律不完全相同。因此，不同组织形式的企业在进行财务管理时，必须熟悉法律环境对财务管理的影响，从而做出相应的财务决策。

1.5.3 经济环境

财务管理作为一种微观管理活动，与其所处的经济管理体制、经济结构、经济发展状况、宏观经济调控政策等经济环境密切相关。

1. 经济管理体制

经济管理体制（system of economic administration），是指在一定的社会制度下，生产关系的具体形式以及组织、管理和调节国民经济的体系、制度、方式和方法的总称，分为宏观经济管理体制和微观经济管理体制两类。宏观经济管理体制是指整个国家宏观经济的基本经济制度；而微观经济管理体制是指一国的企业体制及企业与政府、企业与所有者的关系。宏观经济体制对企业财务行为的影响主要体现在，企业必须服从和服务于宏观经济管理体制，在财务管理的目标、财务主体、财务管理的手段与方法等方面与宏观经济管理体制的要求相一致；微观经济管理体制对企业财务行为的影响与宏观经济体制相联系，主要体现在如何处理企业与政府、企业与所有者之间的财务关系。

2. 经济结构

经济结构（economical structure）是一个内涵非常广泛的概念，是一个由许多系统构成的多层次、多因素的复合体。影响经济结构形成的因素很多，最主要的是社会对最终产品的需求，而科学技术进步对经济结构的变化也有重要影响。就经济结构的组成而言，它会涉及产业结构、分配结构、就业结构、供给结构、需求结构等。经济结构对企业财务行为的影响主要体现在产业结构上。一方面，产业结构会在一定程度上影响甚至决定财务管理的性质，不同产业所要求的资金规模或投资规模不同，所要求的资本结构也不一样；另一方面，产业结构的调整和变动要求财务管理做出相应的调整和变动，否则企业日常财务运作艰难，财务目标难以实现。

3. 经济发展状况

任何国家的经济发展都不可能呈长期的快速增长之势，而总是表现为"波浪式前进，螺旋式上升"的状态。企业的财务战略主要包括：当经济发展处于繁荣时期，经济发展速度较快，市场需求旺盛，销售额大幅度上升。企业增加投资，扩充厂房设备，继续增加存货，提高新产品价格，加大营销力度，增加劳动力等；当经济发展处于衰退时期，经济发展速度缓慢，甚至出现负增长，企业的产量和销售量下降，投资锐减，资金时而紧缺、时而闲置，财务运作出现较大困难，财务对策包括：停止扩张，出售多余设备，停止不利产品生产，停止长期采购，削减存货，停止扩招雇员等；当经济处于萧条时期，企业财务对策主要有：保持市场份额（宁让利润，不让市场），提升投资标准，压缩管理费用，削减存货，裁减雇员，放弃次要利益等。

另外，经济发展中的通货膨胀也会给企业财务管理带来较大的不利影响，主要表现在：资金占用额迅速增加；利率上升，企业筹资成本加大；证券价格下跌，筹资难度增加；利润虚增、资金流失。企业防范通货膨胀的措施主要有：在通货膨胀初期，企业可以进行实物投资实现资本保值；与客户签订长期购货合同，以减少物价上涨损失；增加长期负债，保持资本成本稳定；在通货膨胀持续期间，企业可以采用严格的信用政策，减少债权等。

4. 宏观经济调控政策

政府具有对宏观经济发展进行调控的职能。在一定时期，政府为了协调经济发展，往往通过财税、金融等手段对国民经济总运行机制及子系统提出一些具体的政策措施。这些宏观经济调控政策对企业财务管理的影响是直接的，企业必须按国家政策办事，否则将寸步难行。例如，国家采取收缩的调控政策时，会导致企业的现金流入减少，现金流出增加、资金紧张、投资压缩；反之，当国家采取扩张的调控政策时，企业财务管理则会出现与之相反的情形。

1.5.4 金融市场环境

金融市场（financial market）是在经济运行过程中，资金供求双方运用各种金融工具调节资金盈余活动的场所。金融市场在一国的经济发展中被称为融通资金的"媒介器"、资金供求的"调节器"和经济发展的"润滑剂"。

1. 金融市场与企业财务活动

企业从事投资活动所需要的资金，除了所有者直接投入以外，也主要从金融市场取得。金融政策的变化必然影响企业的筹资与投资。所以，金融市场环境是企业最主要的财务管理环境因素，它对企业财务活动主要有以下影响。

（1）金融市场为企业筹资和投资提供重要场所。当企业需要资金时，可以在金融市场上选择合适的方式筹资；而当企业有闲置资金时，又可以在市场上选择合适的投资方式，为其资金增值寻找投资场所。

（2）金融市场为企业的长短期资金相互转化提供方便。企业可通过金融市场将长期资金（如股票、债券）变现转为短期资金，也可以通过金融市场购进股票、债券等将短期资金转化为长期资金。

（3）金融市场为企业财务管理提供重要信息。金融市场的利率变动反映资金的供求状况，有价证券市场的行情反映投资人对企业经营状况和盈利水平的评价。

另外，金融市场的发育程度、金融机构的组织体制及运作方式、金融工具的丰富程度、市场参与者对报酬率的要求、金融政策导向等，都会对企业财务管理产生重大影响。

因此，企业财务管理人员必须熟悉金融市场的各种类型和管理规则，有效地利用金融市场来组织资金的筹措和进行资本投资等活动；同时还要遵守国家对于金融市场的宏观调控和指导，利用金融市场的积极作用，规避其消极作用。

应用案例 1-6

美国老太太和中国老太太

【案情简介】

这是一个 20 世纪 80 年代广泛流传于中国内地的故事。

美国老太太在刚刚结婚时就迫不及待地向银行贷款买房子，为的是使将出生的孩子居有定所，享受生活。然后依靠收入逐月还款，生活没有太大压力，60 岁时还清了贷款。

中国老太太刚结婚时也想买房子，为了实现梦想，她和孩子们住在简易的工棚里，把工资大部分存进银行，剩下一点点钱维持生计。由于房价不断上涨，有时她的积蓄增长甚至赶不上房价增长，勤俭节约一直到 60 岁时终于买到了房子。

【案例点评】

人们常常想到中国老太太理财观念落后，但如果结合当时中国的金融市场环境，主要是银行对个人买房不提供信贷，我们就不难理解中国老太太的做法了。针对我国目前的金融环境，你知道缺钱买房时应该怎么做吗？

2. 我国主要的金融机构

（1）中央银行（central bank）。中央银行是国家最高的货币金融管理组织机构，在各国金融体系中居于主导地位。国家赋予其制定和执行货币政策，对国民经济进行宏观调控，对其他金融机构乃至金融业进行监督管理权限，地位非常特殊。中国人民银行是我国的中央银行，在国务院领导下，制定和执行货币政策，防范和化解金融风险，维护金融稳定。中央银行是"发行货币的银行"，对调节货币供应量、稳定币值有重要作用。中央银行是"银行的银行"，它集中保管银行的准备金，并对它们发放贷款，充当"最后贷款者"。中央银行是"国家的银行"，它是国家货币政策的制订者和执行者，也是政府干预经济的工具；同时为国家提供金融服务，代理国库，代理发行政府债券，为政府筹集资金；代表政府参加国际金融组织和各种国际金融活动。

（2）政策性银行（policy bank）。政策性银行指那些一般由政府创立、参股或保证的，不以营利为目的，专门为贯彻、配合政府社会经济政策或意图，在特定的业务领域内，直接或间接地从事政策性融资活动，充当政府发展经济、促进社会进步、进行宏观经济管理工具的金融机构。我国目前有 3 家政策性银行：国家开发银行（1994 年 3 月 17 日）、中国农业发展银行（1994 年 11 月 8 日）、中国进出口银行（1994 年 7 月 1 日）。

（3）商业银行（commercial bank）。商业银行是以经营存款、放款、办理转账结算为主要业务，以营利为主要经营目标的金融企业。

（4）非银行金融机构（nonbank institution）。我国现有的非银行金融机构主要有保险公司、农村信用合作社、邮政储蓄机构、财务公司、投资银行、典当行、租赁公司等。

1.5.5 其他外部环境

地理、自然、社会环境是企业所处社会的地理位置、气候特征、人口特征、民族习惯等条件的总称，它们对企业财务管理工作也会产生一定影响。

习 题

1. 单项选择题

（1）甲、乙两企业均投入 500 万元的资本，本年获利均为 40 万元，但甲企业的获利已经全部转化为现金，而乙企业则全部是应收账款。如果在分析时得出两个企业收益水平相同的结论，得出此结论的原因是（　　）。

A. 没有考虑利润的取得时间

B. 没有考虑利润获得所承担风险的大小

C. 没有考虑所获利润和投入资本的关系

D. 没有考虑剩余产品的创造能力

（2）在某上市公司财务目标研讨会上，张经理主张"贯彻合作共赢的价值理念，做大企业的财富蛋糕"；李经理认为"既然企业的绩效按年度考核，财务目标就应当集中体现当年利润指标"；王经理提出"应将企业长期稳定的发展放在首位，以便创造更多的价值"；赵经理强调"力争使公司股票价格提高，让社会对公司评价更高"。上述观点基于企业价值最大化目标提出的是（　　）。

A. 张经理　　　　B. 李经理　　　　C. 王经理　　　　D. 赵经理

（3）假定甲公司向乙公司赊销产品，并持有丙公司债券和丁公司的股票，且向戊公司支付公司债利息。假定不考虑其他条件，从甲公司的角度看，下列各项中属于本企业与债权人之间财务关系的是（　　）。

A. 甲公司与乙公司之间的关系　　　　B. 甲公司与丙公司之间的关系

C. 甲公司与丁公司之间的关系　　　　D. 甲公司与戊公司之间的关系

（4）某上市公司针对经常出现中小股东质询管理层的情况，采取措施协调所有者与经营者的矛盾。下列各项中，不能实现上述目的的是（　　）。

A. 解聘总经理　　　　　　　　　　B. 强化内部人控制

C. 加强对经营者的监督　　　　　　D. 将经营者的报酬与其绩效挂钩

（5）企业允许经营者以约定的价格购买一定数量的本企业股票，股票的市场价格高于约定价格的部分就是经营者所得的报酬，这种措施属于协调所有者与经营者利益冲突的（　　）。

A. 解聘　　　　　B. 接收　　　　　C. 股票期权　　　　D. 绩效股

（6）企业财务管理体制是明确企业各财务层级财务权限、责任和利益的制度，其核心问题是（　　）。

A. 如何进行财务决策　　　　　　　B. 如何进行财务分析

C. 如何配置财务管理权限　　　　　D. 如何实施财务控制

（7）企业财务管理体制明确的是（　　）。

A. 企业治理结构的权限、责任和利益

B. 企业各财务层级财务权限、责任和利益

C. 企业股东会、董事会权限、责任和利益

D. 企业监事会权限、责任和利益

（8）某企业集团经过多年的发展，已初步形成从原料供应、生产制造到物流服务上下游密切关联的产业集群，当前集团总部管理层的素质较高，集团内部信息化管理的基础较好。据此判断，该集团最适宜的财务管理体制类型是（　　）。

A. 集权型　　　　B. 分权型　　　　C. 自主型　　　　D. 集权与分权相结合型

（9）下列各项中，不属于财务管理经济环境构成要素的是（　　）。

A. 经济周期　　　　　　　　　　　B. 通货膨胀水平

C. 宏观经济政策　　　　　　　　　D. 公司治理结构

（10）企业所采用的财务管理战略在不同的经济周期中各有不同。在经济繁荣期，不应该选择的财务

管理战略是（   ）。

A. 扩充厂房设备　　　　　　　　B. 继续增加存货

C. 裁减雇员　　　　　　　　　　D. 提高产品价格

2. 多项选择题

(1) 企业资金的特点有（   ）。

A. 处于再生产过程中　　　　　　B. 必须以货币形态存在

C. 以货币或实物形态存在　　　　D. 体现为资产的价值

(2) 利润最大化目标的主要缺点有（   ）。

A. 没有考虑资金的时间价值

B. 没有考虑资金的风险价值

C. 是一个绝对值指标，未能考虑投入和产出之间的关系

D. 容易引起企业的短期行为

(3) 以每股收益最大化作为企业财务管理的目标，它所存在的问题有（   ）。

A. 没有把企业的利润与投资者投入的资本联系起来

B. 没有把企业获取的利润与所承担的风险联系起来

C. 没有考虑资金时间价值因素

D. 不利于企业之间收益水平的比较

E. 容易诱发企业经营中的短期行为

(4) 与独资企业和合伙企业相比，公司制企业的特点有（   ）。

A. 以出资额为限，承担有限责任　　B. 股东权益资金的转让比较困难

C. 公司收益重复纳税　　　　　　　D. 更容易筹集资金

(5) 下列企业组织形式中，会导致双重课税的有（   ）。

A. 个人独资企业　　　　　　　　　B. 合伙企业

C. 有限责任公司　　　　　　　　　D. 股份有限公司

(6) 某企业集团选择集权与分权相结合的财务管理体制，下列各项中，通常应当集权的有（   ）。

A. 收益分配权　　　　　　　　　　B. 财务机构设置权

C. 对外担保权　　　　　　　　　　D. 子公司业务定价权

(7) 下列应对通货膨胀风险的各项策略中，正确的有（   ）。

A. 进行长期投资　　　　　　　　　B. 签订长期购货合同

C. 取得长期借款　　　　　　　　　D. 签订长期销货合同

(8) 通货膨胀对企业财务活动的影响是多方面的，主要表现在（   ）。

A. 增加企业的资金需求

B. 引起企业利润虚增

C. 加大企业的权益资金成本

D. 增加企业的筹资困难

(9) 法律环境是指企业与外部发生经济关系时应遵守的有关法律、法规和规章制度，主要包括（   ）。

A. 经济合同法　　　　　　　　　　B. 税法

C. 企业财务通则　　　　　　　　　D. 内部控制基本规范

(10) 下列属于企业需要承担的社会责任有（   ）。

A. 按时足额发放劳动报酬，提供安全健康的工作环境

B. 主动偿债，不无故拖欠

C. 确保产品质量，保障消费安全

D. 及时支付股利，确保股东的利益

3. 判断题

(1) 企业财务管理的目标就是利润最大化。（　）

(2) 按照现代企业制度的要求，企业财务管理体制必须以财务制度为核心。（　）

(3) 企业内部银行是一种经营部分银行业务的非银行金融机构，需要经过中国人民银行审核批准才能设立。（　）

(4) 企业财务管理中对财务关系的协调包括处理好相关的人际关系。（　）

(5) 企业价值最大化是指与企业利益相关的所有者、债权人和经营者的利益最大化。（　）

(6) 利润最大化、每股收益最大化、企业价值最大化等各种财务管理目标，都是以股东财富最大化为基础的。（　）

(7) 就上市公司而言，将股东财富最大化作为财务管理目标的缺点之一是不容易被量化。（　）

(8) 公司制企业可能存在股东和债权人之间的利益冲突，解决这一冲突的方式有收回借款。（　）

(9) 解聘是通过市场约束经营者的措施。（　）

(10) 企业的社会责任是企业在谋求所有者权益最大化之外所承担的维护和增进社会利益的义务，一般划分为企业对社会公益的责任和对债权人的责任两大类。（　）

4. 思考题

(1) 如何协调所有者与经营者、债权人之间的矛盾？

(2) 财务管理目标的主流观点，包括利润最大化、股东财富最大化和企业价值最大化等，各有什么优点和缺点？

(3) 财务与会计有什么区别和联系？

(4) 为什么说金融市场环境是企业主要的财务管理环境？

5. 案例分析

瓦伦汀商店企业组织形式的选择

马里奥·瓦伦汀拥有一家经营得十分成功的汽车经销商店——瓦伦汀商店。25年来，瓦伦汀一直坚持独资经营，身兼所有者和管理者两职。现在他已经70岁了，打算从管理岗位上退下来，但是他希望汽车经销商店仍能掌握在家族手中，他的长远目标是将这份产业留给自己的子孙。

瓦伦汀在考虑是否应该将他的商店转为公司制经营。如果他将商店改组为股份公司，那么他就可以给自己的每一位子孙留数目合适的股份。另外，他可以将商店整个留给子孙们，让他们进行合伙经营。为了能够选择正确的企业组织形式，瓦伦汀制定了以下目标。

(1) 所有权。瓦伦汀希望他的两个儿子各拥有25％的股份，五个孙子各拥有10％的股份。

(2) 存续能力。瓦伦汀希望即使发生子孙死亡或放弃所有权的情况也不会影响经营的存续性。

(3) 管理。当瓦伦汀退休后，他希望将产业交给一位长期服务于商店的雇员——乔·汉兹来管理。虽然瓦伦汀希望家族保持产业的所有权，但他并不相信他的家族成员有足够的时间和经验来完成日常的管理工作。事实上，瓦伦汀认为他有两个孙子根本不具备经济头脑，所以他并不希望他们参与管理工作。

(4) 所得税。瓦伦汀希望产业采取的组织形式可以尽可能减少他的子孙们应缴纳的所得税。他希望每年的经营所得都可以尽可能多地分配给商店的所有人。

(5) 所有者的债务。瓦伦汀知道经营汽车会出现诸如对顾客汽车修理不当而发生车祸之类的意外事故，这要求商店有大量的资金。虽然商店已投了保，但瓦伦汀还是希望确保在商店发生损失时子孙们的个人财产不受任何影响。

[问题探讨]

(1) 根据你掌握的知识，你认为该企业应采用公司制还是合伙制？

(2) 公司制或合伙制对企业财务管理有什么影响？

6. 课程实践

选择一家上市公司，根据资料设计该公司资金管理模式。

第 2 章 财务管理基础

学习目标

知识要点	能力要求	关键术语
利息率	(1) 了解利息率的概念与种类 (2) 理解决定利率高低的基本因素 (3) 掌握未来利率水平的测算	(1) 基准利率和套算利率；实际利率和名义利率；固定利率与浮动利率；市场利率和官定利率 (2) 纯利率；通货膨胀预期补偿；违约风险报酬；流动性风险报酬；期限风险报酬
资金时间价值	(1) 理解资金的时间价值的概念 (2) 掌握资金时间价值的计算方法	(1) 资金时间价值 (2) 复利终值；复利现值；年金 (3) 贴现率
风险报酬	(1) 理解风险报酬的概念 (2) 掌握风险及风险报酬的计量方法	(1) 风险报酬 (2) 方差；标准差；标准离差率 (3) 企业风险；经营风险；财务风险 (4) 期望值；投资报酬率 (5) 无风险报酬率；风险报酬率
证券组合投资	(1) 理解证券组合投资理论 (2) 掌握证券组合投资风险报酬的计量	(1) 投资组合 (2) 系统性风险；非系统性风险 (3) 证券组合投资的风险与风险报酬

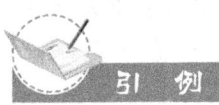

引 例

假如有一位 20 岁的年轻人，从现在开始投资一项事业，年投资报酬率 20%，每年投资 14 000 元，如此持续 40 年后，他能累积多少财富？通过本章学习，你将会得到现在看起来"难以置信"的答案。

2.1 利 息 率

利息率是国家对金额市场进行宏观调控的一种主要手段，也是企业进行财务决策的基本依据。

2.1.1 利息率的概念与种类

在市场经济中,利息是与信用相伴随的一个经济范畴。信用作为一种借贷行为,借款者除要按规定的时间偿还本金外,还要为使用的资金支付一定代价,即利息。因此,利息是资金所有者因贷出货币的使用权而从借款者那里取得的一种报酬。利息率(interest rate)是指借贷期内所形成的利息额与所贷资金额的比率,简称利率,是资金的增值同投入资金的价值之比。从资金流通的借贷关系来看,利率也是一个特定时期运用资金这一资源的交易价格。也就是说,资金作为一种特殊商品,在资金市场上的买卖,是以利率作为价格标准的,资金的融通实质上是资金通过利率这个价格体系在市场机制作用下实行再分配。因此,利率在资金的分配及个人和企业做出财务决策的过程中起重要作用。在发达的市场经济条件下,资金从高收益项目到低收益项目的依次分配,是由市场机制通过资金的价格——利率的差异来决定的。

在利率这个大系统中,按照不同的标准可划分出多种多样的利率类别,下面介绍主要的利率类别。

1. 根据利率之间的变动关系分类

根据利率之间的变动关系分类,可把利率分成基准利率和套算利率。

(1) 基准利率是指金融市场上具有普遍参照作用的利率,其他利率水平或金融资产价格均可根据这一基准利率水平来确定。在利率市场化条件下,融资者衡量融资成本,投资者计算投资收益,客观上都要求有一个普遍公认的基准利率水平作为参考。所以,基准利率是利率市场化机制形成的核心,在西方通常是中央银行的再贴现率,在中国是中国人民银行对专业银行贷款的利率。目前正在逐步调整为以国债利率作为基准利率。

特别提示

2007年1月4日,中国基准利率雏形亮相,这个由全国银行间同业拆借中心发布的"上海银行间同业拆放利率"(简称"Shibor")正式运行。Shibor,以位于上海的全国银行间同业拆借中心为技术平台计算、发布并命名,是由信用等级较高的银行组成报价团自主报出的人民币同业拆出利率计算确定的算术平均利率,是单利、无担保、批发性利率。目前,对社会公布的Shibor品种包括隔夜、1周、2周、1个月、3个月、6个月、9个月及1年。Shibor的形成机制与在国际市场上普遍作为基准利率的Libor(伦敦同业拆放利率)的形成机制非常接近。Shibor的推出将理清目前国内零乱的利率体系,对整个宏观基准面、股市、金融衍生品、债券价格都起到风向标的作用。

(2) 套算利率是指在基准利率确定后,各金融机构根据基准利率和借贷款项的特点而换算出的利率。在我国,中国人民银行对商业银行贷款利率是基准利率;商业银行贷给企业或个人的利率是套算利率。例如,某金融机构规定,贷款给AAA级、AA级、A级企业的利率,应分别在基准利率基础上加0.25%、0.5%和1%,若基准利率是7%,则AAA级、AA级和A级企业的贷款利率应分别是7.25%、7.5%和8%,这便是套算利率。

2. 根据债权人取得的报酬情况分类

按债权人取得的报酬情况分类,可把利率分成实际利率和名义利率。

(1) 实际利率。实际利率是指在物价不变从而货币购买力不变情况下的利率，或是指在物价有变化时，扣除通货膨胀补偿以后的利率。

(2) 名义利率。名义利率是指包括通货膨胀补偿的利率。因为物价不断上涨是一种普遍的趋势。例如，1992—2002年，中国的年均通货膨胀率为5.3%，美国的年均通货膨胀率为2.6%。所以，名义利率一般都高于实际利率，二者之间的关系可以用概略的计算公式表示为：

$$名义利率 = 实际利率 + 物价变动率$$

但通货膨胀不仅使本金贬值，也会使利息贬值，所以，名义利率还应向上调整。这样名义利率的公式可写成：

$$名义利率 = (1+实际利率)(1+物价变动率) - 1$$

$$实际利率 = \frac{1+名义利率}{1+物价变动率} - 1$$

市场上各种利率都是名义利率，实际利率不易直接观察到。通常是利用上述公式，根据名义利率和物价变动率推算出实际利率。

🔑 特别提示

著名的经济学家欧文·费雪第一个揭示了物价变动率预期与利率之间的这种关系，即当物价变动率预期上升时，利率也将上升。

通俗的解释：假如银行储蓄利率有5%，某人的存款在一年后就多了5%。这只是理想情况下的假设。如果当年物价变动率+3%，那他只多了2%的部分；如果物价变动率是6%，那他一年前100元能买到的东西现在要106元了，而100元存了一年只有105元，他反而买不起这东西了！

3. 根据在借贷期内是否不断调整分类

根据在借贷期内是否不断调整分类，可把利率分成固定利率与浮动利率。

(1) 固定利率。在贷款合同期内，不论市场利率如何变动，借款人都按照固定的利率支付利息，不需要"随行就市"。过去，利率都是指固定利率，因为这种利率对借贷双方确定成本和收益十分方便，但近几十年来，世界各国都存在不同程度的通货膨胀，实行固定利率会使债权人利益受到损害。

(2) 浮动利率。浮动利率是指在借贷期内可以调整的利率。根据借贷双方的协定，由一方在规定的时间依据某种基准利率进行调整。采用浮动利率可为债权人减少损失，但这种利率的计算手续繁杂，工作量比较大。

4. 根据利率变动与市场的关系分类

根据利率变动与市场的关系分类，可把利率分成市场利率和官定利率。

(1) 市场利率。市场利率是指根据资金市场上的供求关系，随市场规律而自由变动的利率。在市场机制发挥作用的情况下，由于自由竞争，信贷资金的供求会逐渐趋于平衡，经济学家将这种状态的市场利率称为"均衡利率"。

(2) 官定利率。官定利率是与市场利率对应的，所谓官定利率是指由货币当局规定的利率。货币当局可以是中央银行，也可以是具有实际金融管理职能的政府部门。官定利率是国家进行宏观调控的一种手段。

我国的利率属于官定利率,由国务院统一制定,中国人民银行统一管理。发达的市场经济国家,以市场利率为主,同时有官定利率,但一般官定利率与市场利率无显著脱节现象。

2.1.2 决定利率高低的基本因素

在现代经济中,影响利率水平的高低主要包括以下因素。

1. 社会平均资金利润率的高低

社会平均资金利润率(average social profit rate on funds)是社会生产过程中各部门之间竞争的结果,是社会各部门整体利润相对于整个社会生产的一种平均化和均衡化。计算公式为:

$$社会平均资金利润率=\frac{全社会利润总额}{社会总资本}$$

马克思认为,利息是货币资本家从职能资本家那里分割来的一部分利润,而利润是剩余价值的转化形式。因此,利润本身就成为利息的最高限,达到这个界限,职能资本家能获得的利润为零,也就是说,职能资本家获取的剩余价值已全部转化为利息,这就抑制了职能资本家对负债资本的需求,使得利率下降。但利息也不可能降为零,因为如果利息为零,货币资本家就不会贷出资本。因此,利率的变化范围在零与平均利润率之间。

2. 借贷资本的供求关系

货币市场与一般意义上的商品市场一样,资金供求关系也遵循一般经济规律,即供求决定价格。一般情况下,当资金供不应求时,利率上升,当资金供过于求时,利率下降;同时,利率也反作用于资金供求,利率上升对资金的需求起抑制作用,利率下降,会使资金需求增加。所以,资金供求关系是确定利率水平的一个基本因素。

3. 通货膨胀预期

在预期通货膨胀率上升期间,利率水平就会有很强的上升趋势;反之,利率水平会趋于下降。因为物价上涨引起的通货膨胀,对于资金的供给方来说,不仅会造成实际利率下降,而且还可能造成借贷资金本金的贬值。因此,在存在较高通货膨胀或通货膨胀预期的条件下,资金需求方要获得足够的资金来源,就必须提高合同利率(名义利率)。

4. 货币政策

货币政策指中央银行为实现既定的经济目标(稳定物价,促进经济增长,实现充分就业和平衡国际收支),运用各种工具调节货币供给和利率,进而影响宏观经济的方针和措施的总和。利息率政策是宏观货币政策的主要措施,政府为了干预经济,可通过变动利息率的办法来间接调节通货。在萧条时期,降低利息率,扩大货币供应,刺激经济增长。在膨胀时期,提高利息率,减少货币供应,抑制经济的过快增长。

5. 财政政策

财政政策是指根据稳定经济的需要,通过财政支出与税收政策来调节总需求。增加政府支出，可以刺激总需求，从而增加国民收入，扩大投资规模，提高利率水平；反之，则抑制总需求，从而减少国民收入，缩减投资规模，降低利率水平。而税收对国民收入则是一种收缩性力量，在既定收入水平下，政府增加税收直接使人们的实际收入下降，减少储蓄和投资，也减少货币需求，当货币供应量不变时利率下降。因此，税收增减往往与国民收入和利率水平呈反方向变化。

6. 国际利率水平

融入全球化体系以后，我国的利率变动也不可避免地受国际经济因素的影响。因为国内利率水平的高低直接影响本国资金在国际的移动，进而对本国的国际收支状况产生影响。当国际利率水平较低而国内利率水平较高时，会使外国货币资本流入国内，从而有利于国际收支状况的改善；反之，当国际利率水平较高，而国内利率水平较低时，会使本国的资金外流，不利于本国的国际收支平衡。同时，国际利率水平与国内利率水平之间的悬殊太大，不仅会对国际收支产生影响，而且还会影响本国通货的对外价值，直接影响本国的对外贸易。所以，为了平衡国际的收支，往往参照国际利率水平来调整国内利率水平，以减少国际收支逆差或顺差。

2.1.3 未来利率水平的测算

决定利率高低的基本因素，只是从理论上解释利率为什么会发生变动。那么，企业究竟应该怎样测算特定条件下未来的利率水平呢？这就必须分析利率的构成。一般情况下，资金的利率由3部分构成：纯利率、通货膨胀预期补偿和风险报酬。其中风险报酬又分为违约风险报酬、流动性风险报酬和期限风险报酬3种。这样，利率的一般计算公式就变为：

利率(指名义利率)＝纯利率＋通货膨胀预期补偿＋违约风险报酬＋
流动性风险报酬＋期限风险报酬

1. 纯利率

纯利率（real risk-free rate of interest）是指在不考虑通货膨胀和风险的前提下由供求关系所决定的一个均衡点利率。纯利率的前提条件有两个：一是没有通货膨胀；二是没有风险。纯利率不是一成不变的，它随资金供求的变化而不断变化。精确地测定纯利率是非常困难的，在实际工作中，通常以无通货膨胀情况下的无风险证券（如国库券）的利率来代表纯利率。

2. 通货膨胀预期补偿

通货膨胀会降低货币的实际购买力，资金的供应者在通货膨胀预期情况下，必然要求为弥补其购买力损失而在纯利率的基础上加上通货膨胀预期补偿（inflation compensation）。所以，无风险证券的利率，除纯利率之外还应加上通货膨胀因素，以补偿通货膨胀所遭受的损失。例如，政府发行的短期无风险证券（如国库券）的利率就是由这两部分内容组成的，其计算公式为：

短期无风险证券利率＝纯利率＋通货膨胀补偿

3. 违约风险报酬

违约风险，是指证券发行人在证券到期时无法还本付息而使投资者遭受损失的风险，它通常针对债券而言。违约风险反映了借款人按期支付本金、利息的信用程度，因此又称信用风险。为了弥补违约风险，必须提高利率；否则，借款人就无法借到资金，投资人也不会进行投资。国库券等证券由政府发行，可以看作没有违约风险，其利率一般较低。公司债券的违约风险则要根据企业信用程度来定，企业的信用程度可分为若干等级，等级越高，信用越好，违约风险越低，利率水平也越低；等级越低，信用不好，违约风险高，利率水平自然也高。

4. 流动性风险报酬

流动性是指某项资产迅速转化为现金的可能性。流动性风险报酬是指为了弥补因债务人资产流动性不足而带来的风险，由债权人要求附加的利率。如果一项资产能迅速转化为现金，说明其变现能力强，流动性好，流动性风险小；反之，则说明其变现能力弱，流动性不好，流动性风险大。政府债券、大公司的股票与债券，由于信用好，能够上市交易，变现能力强，所以流动性风险小，而一些不知名的中小企业发行的证券，上市交易比较困难，流动性风险就比较大。

5. 期限风险报酬

期限风险报酬是指为了弥补因利率变动偿债期限长而带来的利率变动风险。一项负债，到期日越长，债权人承受的不确定因素就越多，承担的利率变动风险也就越大。为弥补这种风险，债权人必然要求提高利率水平。例如，银行提供的住房贷款，5 年期贷款利率就比 1 年期贷款利率高。当然，在利率剧烈波动的情况下，也可能出现短期利率贷款高于长期利率的情况，但这种偶然情况并不影响上述基本结论。

2.2 资金时间价值

资金时间价值是企业财务管理的重要基础观念，也是经济活动中客观存在的重要经济现象。企业财务管理活动的诸多领域（如筹资决策、投资决策、股票和债券的估价、融资租赁等）都是以资金时间价值理论和方法为基础的。

2.2.1 资金时间价值的概念

资金时间价值（time value of money），是指资金在生产和流通过程中随着时间推移而产生的增值。人们常说的"今天的一元钱大于明天的一元钱""时间就是金钱"等，就是指资金在生产经营及其循环、周转过程中，随着时间的延长而产生的增值。

【例 2-1】某人有 10 000 元存入银行，年纯利率 6%，存款月息 50 元，日息 1.67 元，换言之，今天的 10 000 元等于明天的 10 001.67 元，或者说今天的一元等于明天的 1.000 167 元，这增加了的 1.67 元或 0.000 167 元就是资金时间价值。

由此可见，资金时间价值应从以下 6 个方面进行理解。

（1）资金本身不会自行增值，只有将资金作为资本投放到营运过程中，才会实现资金增值，即体现出资金时间价值。比如，一笔货币资金，如果把它锁在保险柜里，在不考虑通货膨胀或银根紧缩因素的前提下，无论经过多长时间之后取出，都是同等数量的一笔货币资金，其数额丝毫没有改变，如果把这笔货币资金作为资本投入到生产经营过程之中，就会实现资金增值。

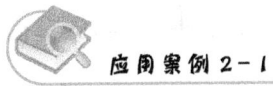应用案例2-1

等量资本为什么不能获取等量收益？

【案情简介】

一个国王远行前，交给三个仆人每人一锭银子，吩咐他们去做生意，等他回来时再相见。国王回来时，第一个仆人告诉国王赚了10锭，国王奖励他10座城邑。第二个仆人告诉国王赚了5锭，国王奖励他5座城邑。第三个仆人报告说："主人，你给我的一锭银子，我一直包在手巾里存着，我怕丢失，一直没有拿出来。"于是国王命令将第三个仆人的一锭银子也赏给第一个仆人。

【案例点评】

这个案例告诉我们，资金本身不会自行增值，只有将资金作为资本投放到营运过程中，才会实现资金增值，即体现出资金时间价值。前两个仆人赚了银锭，同时受到国王的奖励，而第三个仆人没有将资金投入运营，还受到惩罚。"马太效应"告诉我们，贫困不是市场的产物，而是不公平的后果，富人对经济资源配置的控制力是产生贫困的重要原因。而本例中三个仆人拥有相同的资源和控制力，因此，第三个仆人对自己的受罚难辞其咎。

（2）从实质上看，资金的时间价值是劳动者创造的剩余价值的一部分。根据马克思主义政治经济学观点，资金运动全过程可简括为：

$$G—W\cdots P\cdots—W'—G'$$

即在一个资金运动周期内，投入资本 G 经过使用，实现了资本增值：

$$G' = G + \Delta G$$

其增值部分 ΔG 即为劳动者创造的剩余价值。因此，资金时间价值是资金所有者让渡资金使用权而参与剩余价值分配的一种形式。

（3）资金时间价值表现为没有风险没有通货膨胀情况下的纯利率。根据马克思主义原理，部门之间的竞争使得利润平均化，这样，投资于不同行业的资金会获得大体相当的投资报酬率或社会平均的资金利润率。在确定货币时间价值时，应以社会平均的资金利润率或平均投资报酬率为基础。当然，在市场经济条件下，投资都或多或少地带有风险，通货膨胀又是客观存在的经济现象，因此，社会平均资金利润率除包含时间价值以外，还包括风险报酬和通货膨胀贴水。在计算时间价值时，后两部分不应包括在内。也就是说，资金时间价值是指在没有风险和通货膨胀情况下的社会平均资金利润率。

（4）资金的时间价值表现在数量方面，与时间长短成正比例关系。因此，资金时间价值可以表述为：资金通过投资与再投资，一定时间后所实现的增值部分。且这些增值，作为剩余价值的一部分，是随着时间的延长而增加的。

(5) 时间价值应按复利方法计算。马克思认为，在利润不断资本化的条件下，资本的积累要用复利方法计算，因此，资本将按几何级数增长。

(6) 时间价值表现形式。衡量资金时间价值的尺度有两种：其一为绝对尺度，即利息、利润或收益；其二为相对尺度，即利率、利润率或收益率。

① 相对数即时间价值率，即扣除风险报酬和通货膨胀贴水后的资本利润率或平均报酬率。

② 绝对数即时间价值额，即一定数额的资金与时间价值的乘积。

为便于理解和计算，常以贴现率、收益率、资本化率等代表资金时间价值进行运算，以简化其数量描述。

2.2.2 复利终值和现值的计算

在投资决策中，我们把投资项目视为一个完整的现金流出流入系统，投入的资金、花费的成本、获得的收益，都可以看成是以现金形式体现的该系统的现金流出或流入。这种在项目整个寿命期内各时间点上的现金流出或流入称为现金流量。流出系统的现金称现金流出（cash out flow），流入系统的现金称现金流入（cash in flow），现金流入与现金流出之差称为净现金流量（net cash flow）。

现金流量包括3大要素：流量、流向、时间点。其中，流量表示资金数额，流向指项目的现金流入或流出，时间点指现金流入或流出所发生的时间，如图2.1所示。

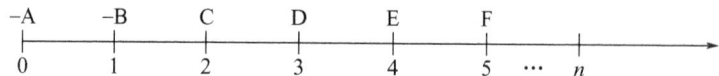

图2.1 现金流量要素示意图

图2.1数轴下方阿拉伯数字为现金流量发生的时间点，0为第1年年初数，1为第1年年末数或第二年年初数，2、3、4…以此类推，数轴上方的英文大写字母代表现金流量的大小，正、负数为现金流量的方向，正数为现金流入，负数为现金流出。

1. 单利

1) 单利终值

单利（single interest）计算仅对本金计算利息，而对每期的利息不再计息，从而每期的利息是固定不变的一种计算方法，即通常所说的"利不生利"的计息方法。所谓终值（future value），是指n期以后包括本金P和利息I_n在内的未来价值，又称本利和。

其利息I_n计算公式为：

$$I_n = P \cdot i \cdot n$$

而n期末的单利本利和F等于本金加上利息，即：

$$F = P + I_n = P(1 + i \cdot n)$$

在计算本利和F时，要注意式中n和i反映的时期要一致。

【例2-2】有一笔50 000元的借款，借期5年，按每年8%的单利率计息，试求到期时应归还的本利和。

【解】用单利法计算，其现金流量如图 2.2 所示。
$$F=P(1+i \cdot n)=50\,000\times(1+8\%\times5)=70\,000(元)$$
即到期应归还的本利和为 70 000 元，其中利息 20 000 元。

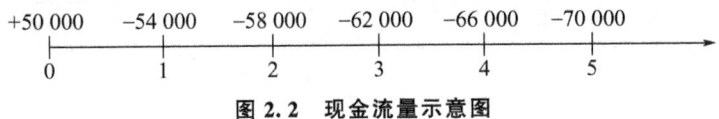

图 2.2 现金流量示意图

2) 单利现值

所谓现值（present value），又叫本金，是指一定量未来的货币按一定利率折算的现在价值。其计算公式为：
$$P=F/(1+i \cdot n)$$

【例 2-3】若某人 10 年后需 50 000 元支付债务，他现在应一次存入银行多少元（假设银行存款利率 10%）？

【解】
$$P=\frac{F}{(1+i \cdot n)}=\frac{50\,000}{(1+10\%\times10)}=25\,000(元)$$

2. 复利

1) 一次收付款项的终值与现值

(1) 复利终值。利息和利率是衡量资金时间价值的尺度，故计算资金时间价值即是选择恰当的利率计算利息的方法。复利（compound interest）克服了单利法存在的缺点，其基本思路是：将前一期的本金与利息之和（本利和）作为下一期的本金来计算下一期的利息，即通常所说的"利上加利""利生利""利滚利"的方法。本金 100 元，利率为 20% 时的单利与复利值比较，如图 2.3 所示。

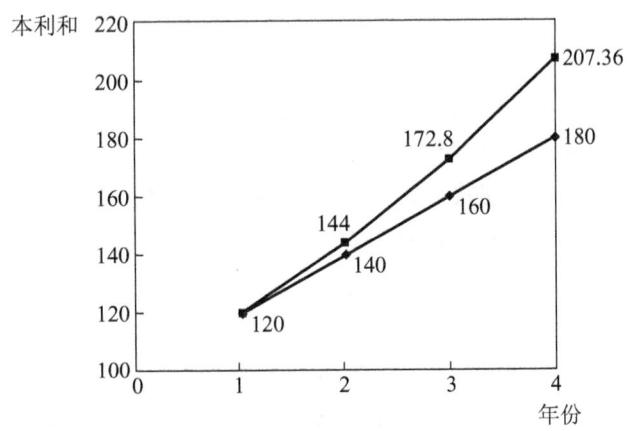

图 2.3 单利与复利终值比较示意图

注：─◆─表示单利；─■─表示复利。

复利终值计算公式为：
$$F=P(1+i)^n$$

式中 $(1+i)^n$ 称为"一次性收付款项终值系数"简称"复利终值系数"（future value interest factor），用符号记作 $(F/P,i,n)$。复利终值系数可以通过查阅"一元复利终值系数表"直接获得。

本利和计算公式推导过程见表 2-1。

表 2-1 本利和计算公式推导过程

计息期数	期初本金	期末利息	期末本利和
1	P	Pi	$F_1=P+Pi=P(1+i)$
2	$P(1+i)$	$P(1+i)i$	$F_2=P(1+i)+P(1+i)i=P(1+i)^2$
3	$P(1+i)^2$	$P(1+i)^2 i$	$F_3=P(1+i)^2+P(1+i)^2 i=P(1+i)^3$
…	…	…	…
$n-1$	$P(1+i)^{n-2}$	$P(1+i)^{n-2}i$	$F_{n-1}=P(1+i)^{n-2}i=P(1+i)^{n-1}$
n	$P(1+i)^{n-1}$	$P(1+i)^{n-1}i$	$F_n=P(1+i)^{n-1}+P(1+i)^{n-1}i=P(1+i)^n$

【例 2-4】(承例 2-2) 按每年 8% 的复利率计息,试求到期时应归还的本利和。

【解】 $F=P(1+i)^n=50\,000(1+8\%)^5=50\,000\times1.469\,3=73\,465(元)$

应用案例 2-2

曼 哈 顿 岛

【案情简介】

1626 年,荷属美洲新尼德兰省总督彼得·米纽特 (Peter Minuit) 花了大约 24 美元从印第安人手中买下了曼哈顿岛。以今天纽约的地产价格与 24 美元相比,彼得·米纽特无疑占了一个大便宜。

但是,如果转换一下思路,彼得·米纽特也许并没有占到便宜。假设当时彼得·米纽特拿着这 24 美元去投资,按照 6.7%(美国两个多世纪股市投资实际年收益率均值)的投资收益计算,到 2022 年(共 396 年),这 24 美元将变成 3.414 万亿美元。那么,是什么神奇的力量让资产实现了如此巨大的指数级增长呢?

【案例点评】

爱因斯坦说过,"宇宙间最大的能量是复利,世界的第八大奇迹是复利"。一个不大的基数,以一个即使很微小的量增长,假以时日,都将膨胀为一个庞大的天文数字。

(2) 复利现值。复利现值是复利终值的逆运算,指未来某一时点的资金流量按复利计算的现在价值,或者说是为取得将来某一时点一定数额的本利和现在所需要的本金。复利现值的计算可由复利终值的计算公式导出:

$$P=F(1+i)^{-n}=F\frac{1}{(1+i)^n}$$

在上述公式中,$\frac{1}{(1+i)^n}$ 称为"一次性收付款项现值系数",简称"复利现值系数"(present-value interest factor) 或"贴现系数",用符号记作 $(P/F, i, n)$。复利现值系数可以通过查阅"一元复利现值系数表"直接获得。

【例 2-5】若计划在 3 年以后得到 400 元,年利息率为 8%,现在应存入银行多少元?

【解】 $P=F\frac{1}{(1+i)^n}=400\times\frac{1}{(1+8\%)^3}=317.6(元)$

2) 年金的终值与现值

年金 (annuity) 是指一定时期内,每隔相同的时间,收入或支出相同金额的系列款项。例如，折旧、租金、等额分期付款、养老金、保险费、零存整取等都属于年金问题。按照支付的时间和收付的次数划分，年金有以下几类：普通年金、即付年金、递延年金和永续年金。

(1) 普通年金的终值与现值。

① 普通年金终值的计算。普通年金（ordinary annuity）是指各期期末收付的年金，又称后付年金。普通年金的收付形式如图 2.4 所示。横轴代表时期的延续，并用阿拉伯数字标出各时点的顺序号；横轴上方与各时点对应的 A 表示各时点收付的金额。故对普通年金终值的计算可用图 2.4 进行说明。

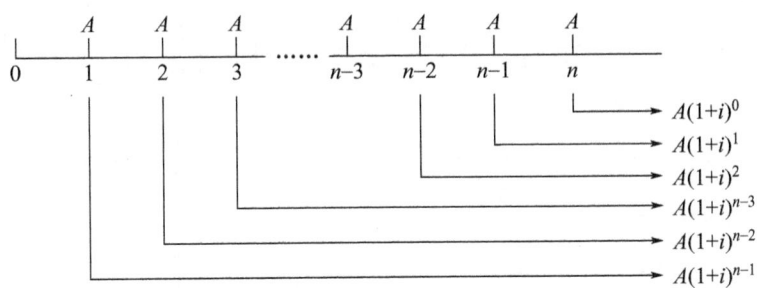

图 2.4　普通年金终值计算示意图

由图 2.4 可知，普通年金终值的计算公式推导过程如下。

$$F_A = A(1+i)^0 + A(1+i)^1 + A(1+i)^2 + \cdots + A(1+i)^{n-2} + A(1+i)^{n-1} \quad (1)$$

将式（1）两边同乘 $(1+i)$：

$$F_A(1+i) = A(1+i)^1 + A(1+i)^2 + \cdots + A(1+i)^{n-1} + A(1+i)^n \quad (2)$$

式(2)-式(1)：

$$F_A(1+i) - F_A = A(1+i)^n - A(1+i)^0 = A[(1+i)^n - 1] \quad (3)$$

即：

$$F_A[(1+i)-1] = A[(1+i)^n - 1]$$

年金终值的计算公式为：

$$F_A = A \frac{(1+i)^n - 1}{i}$$

式中的分式 $\frac{(1+i)^n-1}{i}$ 称作"年金终值系数"（future-value interest factor for an annuity），记作 $(F/A, i, n)$，可以通过查阅"一元年金终值系数表"获得数值。

【例 2-6】承本章导言提出的案例。

【解】 $F_A = 14\,000 \times \frac{(1+20\%)^{40}-1}{20\%} = 14\,000 \times 7\,343.9 = 10\,281.46$（万元）

1 亿元！难道不是一个惊人的答案吗？但计算过程和计算结果告诉你，这个答案没有错。

【例 2-7】某企业有一笔 5 年后到期的借款，到期值为 1 000 万元，若存款年复利率为 10%，则为偿还该项借款每年等额形成的存款准备金为多少？

【解】 $A = F \frac{i}{(1+i)^n - 1} = 1\,000 \times \frac{10\%}{(1+10\%)^5 - 1} = 1\,000 \times 0.163\,8 = 163.8$（万元）

式中 $\dfrac{i}{(1+i)^n-1}$ 称为"偿债基金系数",可通过年金终值系数的倒数推算出来。即偿债基金系数为 $1/\dfrac{(1+i)^n-1}{i}=\dfrac{i}{(1+i)^n-1}$。

② 普通年金现值的计算。普通年金的现值是指一定时期内每期期末等额收支款项的复利现值之和。普通年金现值计算可用图2.5来说明,用 P_A 表示,其计算公式为

$$P_A=A\frac{1}{(1+i)^1}+A\frac{1}{(1+i)^2}+\cdots+A\frac{1}{(1+i)^{n-2}}+A\frac{1}{(1+i)^{n-1}}+A\frac{1}{(1+i)^n} \quad (1)$$

(1)式两边同乘以 $(1+i)$,得:

$$P_A(1+i)=A+A\frac{1}{(1+i)^1}+A\frac{1}{(1+i)^2}+\cdots+A\frac{1}{(1+i)^{n-2}}+A\frac{1}{(1+i)^{n-1}} \quad (2)$$

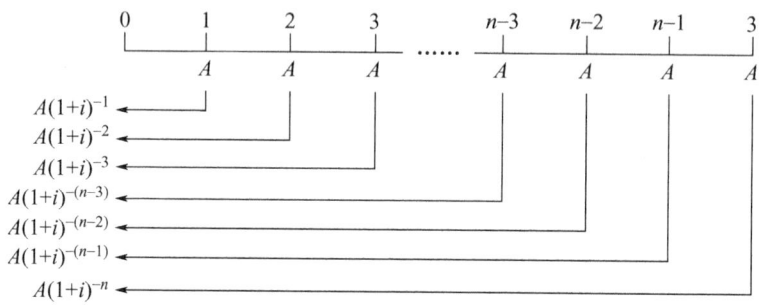

图 2.5 普通年金现值计算图

式(2)-式(1)得:

$$P_A(1+i)-P_A=A-A\frac{1}{(1+i)^n}$$

整理上式可得:

$$P_A=A\frac{1-(1+i)^{-n}}{i}=A\frac{(1+i)^n-1}{i(1+i)^n}$$

式中 $\dfrac{1-(1+i)^{-n}}{i}$ 或 $\dfrac{(1+i)^n-1}{i(1+i)^n}$ 称作"年金现值系数"(present-value interest factor for an annuity),记作 $(P/A,i,n)$,可以通过查阅"一元年金现值系数表"获得数值。

【例2-8】某人出国3年,请你代付房租,每年租金10 000元,设银行存款利率10%,他现在应当给你在银行存入多少钱?

【解】根据题意已知 $i=10\%$,$n=3$,$A=10\,000$,则

$$P_A=A\frac{(1+i)^n-1}{i(1+i)^n}=10\,000\times A\frac{(1+10\%)^3-1}{10\%(1+10\%)^3}=10\,000\times 2.486\,8=24\,868(元)$$

验算

第一年末:$24\,868(1+10\%)^1-10\,000=27\,355-10\,000=17\,355(元)$

第二年末:$17\,355(1+10\%)^1-10\,000=19\,091-10\,000=9\,091(元)$

第三年末:$9\,091(1+10\%)^1-10\,000=10\,000-10\,000=0(元)$

【例2-9】某企业现在借得1 000万元贷款,在10年内以年利率10%等额偿还,则每年应付的金额为多少?

本例已知年金现值 $P_A=1\,000$ 万元，$i=10\%$，$n=10$，求 A。

【解】根据年金现值的计算公式可得：

$$A=P\frac{i}{1-(1+i)^{-n}}=1\,000\times\frac{10\%}{1-(1+10\%)^{-10}}=1\,000\times 0.162\,7=162.7(万元)$$

式中 $\frac{i}{1-(1+i)^{-n}}$ 称为投资回收系数，可通过年金现值系数的倒数计算出来。即投资回收系数为 $1/\frac{(1+i)^n-1}{i(1+i)^n}$。

(2) 即付年金的终值与现值。即付年金（annuity due）是指从第一期起，在一定时期内每期期初等额收付的系列款项，又称先付年金。它与普通年金的区别仅在于付款时间点的不同。

n 期即付年金和 n 期普通年金的关系如图 2.6 所示。

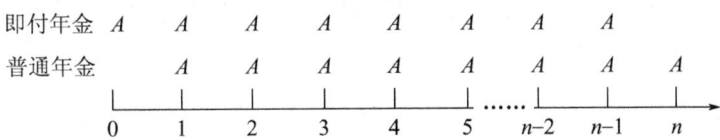

图 2.6 n 期即付年金和 n 期普通年金的关系图

① 即付年金终值的计算。即付年金终值是其最后一期期末的本利和，是各期收付款项的复利终值之和。

从图 2.6 可以看出，n 期即付年金和 n 期普通年金终值时间点相同，都为 n，且即付年金与 n 期普通年金的收、付款次数相同，但即付年金的付款时间比普通年金早一期，即 n 期即付年金终值比 n 期普通年金的终值多计算一期利息。因此，在 n 期普通年金终值的基础上乘以 $(1+i)$ 就是 n 期即付年金的终值。其计算公式为：

$$F=A\frac{(1+i)^n-1}{i}(1+i)=A\left[\frac{(1+i)^{n+1}-1}{i}-1\right]$$

式中 $\frac{(1+i)^{n+1}-1}{i}-1$ 称作"即付年金终值系数"，它是在普通年金终值系数的基础上，期数加 1，系数减 1 所得的结果。通常记为 $[(F/A,i,n+1)-1]$。这样，通过查阅"一元年金终值表"得到 $(n+1)$ 期的值，然后减去 1 即可得对应的即付年金的终值系数。

【例 2-10】某公司决定连续 5 年于每年年初存入 200 万元作为住房基金，银行存款利率为 10%。则该公司在第 5 年末能一次取出款项的本利和为：

$$F=A[(F/A,i,n+1)-1]=200\times[(F/A,10\%,5+1)-1]=1\,343.12(万元)$$

② 即付年金现值的计算。如前所述，n 期即付年金与 n 期普通年金收、付款次数相同，但由于其收、付款时间不同，n 期即付年金现值比 n 期普通年金现值少折现一期，因此，在 n 期普通年金现值的基础上乘以 $(1+i)$，便可求出 n 期即付年金的现值。其计算公式为：

$$P=A\left[\frac{1-(1+i)^{-n}}{i}\right](1+i)=A\left[\frac{1-(1+i)^{-(n-1)}}{i}+1\right]$$

$$=A\left[\frac{(1+i)^{n-1}-1}{i(1+i)^{n-1}}+1\right]$$

式中 $\frac{(1+i)^{n-1}-1}{i(1+i)^{n-1}}+1$ 称作"即付年金现值系数",它是在普通年金系数的基础上,期数减 1,系数加 1 所得的结果。通常记为 $[(P/A,i,n-1)+1]$。这样,通过查阅"一元年金现值表"得 $(n-1)$ 期的现值系数,然后加 1,便可得出对应的即付年金现值系数。

【例 2-11】 某公司决定连续 5 年租用一设备,于每年年初支付租金 10 000 元,年利率为 10%。问这些租金的现值为多少?

【解】 $P = A\left[\dfrac{1-(1+i)^{-(n-1)}}{i}+1\right] = 10\,000 \times [(P/A, 10\%, 5-1)+1]$
$= 10\,000 \times 4.17 = 41\,700(元)$

(3) 递延年金和永续年金的现值。

① 递延年金现值的计算。递延年金 (annuity deferred) 是指第一次收付款发生时间与第一期无关,而是隔若干期(假设为 m 期,$m \geqslant 1$ 且 m 为整数)后才开始发生的每期期末系列等额收付款项。它是普通年金的特殊形式,凡不是从第一期开始的年金都是递延年金。递延年金与普通年金的关系如图 2.7 所示。

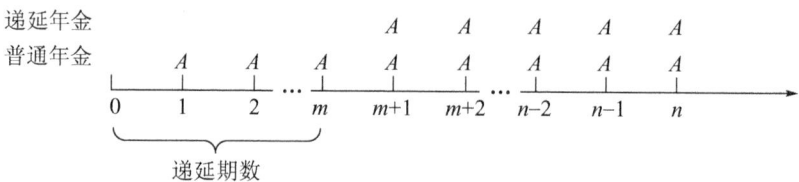

图 2.7 递延年金与普通年金关系示意图

递延年金的终值计算与普通年金终值计算的原理和方法无异,这里不作介绍。递延年金的现值的计算公式为:

$$P = A\left[\dfrac{(1+i)^n-1}{i(1+i)^n} - \dfrac{(1+i)^m-1}{i(1+i)^m}\right]$$
$$= A[(P/A,i,n)-(P/A,i,m)] \qquad (1)$$

或
$$P = A\dfrac{(1+i)^{n-m}-1}{i(1+i)^{n-m}} \times \dfrac{1}{(1+i)^m}$$
$$= A(P/A,i,n-m)(P/F,i,m) \qquad (2)$$

上述 (1) 式是先计算出 n 期的普通年金现值,然后减去前 m 期的普通年金现值,即得递延年金的现值;公式 (2) 是先将此递延年金视为 $(n-m)$ 期普通年金,求出在第 m 期的现值,然后再折算为第 0 期的现值。

【例 2-12】 某人在年初存入一笔资金,存满 5 年后每年年末取出 10 万元,至第 10 年末取完,银行存款利率为 10%。则此人应在最初一次存入银行多少万元?

【解】 $P = A[(P/A, i, n) - (P/A, i, m)]$
$= 10[(P/A, 10\%, 10) - (P/A, 10\%, 5)]$
$= 10 \times (6.144\,6 - 3.790\,8) = 23.538(万元)$

② 永续年金现值的计算。永续年金 (indefinte annuity) 是指无限期等额收付的特殊年金,可视为普通年金的特殊形式,即期限趋于无穷的普通年金。

由于永续年金持续期无限,没有终止的时间,因此没有终值,只有现值。通过普通年金现值计算可推导出永续年金现值的计算公式为:

$$P = A\frac{1}{(1+i)^1} + A\frac{1}{(1+i)^2} + \cdots + A\frac{1}{(1+i)^{n-2}} + A\frac{1}{(1+i)^{n-1}} + A\frac{1}{(1+i)^n}$$

这是一个等比数列,依等比数列求和公式得:

$$P = A\frac{1 - \frac{1}{(1+i)^n}}{i}$$

当 $n \to \infty$ 时,上式变为:

$$P = \frac{A}{i}$$

【例 2-13】 某人持有的某公司优先股,每年每股股利为 5 元,若此人想长期持有,在利率为 5% 的情况下,对该项股票投资进行估价。

这是一个求永续年金现值的问题,即假设该优先股每年股利固定且持续较长时期,计算出这些股利的现值之和,即为该股票的估价。

【解】 $P = A/i = 5/5\% = 100(元)$

永续年金现值的计算公式也告诉我们,城市的地价高于农村地价的主要原因是相同面积地块的年收益,城市高于农村。

3)贴现率和期间的推算

(1)贴现率的推算。对于一次性收付款项,根据其复利终值(或现值)的计算公式可得贴现率(discount rate)的计算公式为:

$$F = P(1+i)^n$$

或

$$P = F(1+i)^{-n}$$

$$i = (F/P)^{1/n} - 1$$

因此,若已知 F、P、n,不用查表便可直接计算出一次性收付款项的贴现率 i。

【例 2-14】 某人将 1 000 元存入银行,按复利计算,10 年后可获本利和为 2 594 元,问银行存款的利率为多少?

【解】 $i = (F/P)^{1/n} - 1 = (2\,594/1\,000)^{1/10} - 1 = 10\%$

永续年金贴现率 i 的计算也很方便。若 P、A 已知,根据公式 $P = A/i$,变形即得 i 的计算公式为:

$$i = A/P$$

普通年金贴现率的推算比较复杂,无法直接套用公式,而必须利用有关的系数表,有时还会牵涉到内插法的运用。

因为 $P = A(P/A, i, n)$,所以 $(P/A, i, n) = P/A$。

因为 $F = A(F/A, i, n)$,所以 $(F/A, i, n) = F/A$。

根据已知的 P、A 和 n,可求出 P/A 的值。通过查年金现值系数表,有可能在表中找到等于 P/A 的系数值,只要读出该系数所在列的 i 值,即为所求的 i。

同理,根据已知的 F、A 和 n,可求出 F/A 的值。通过查年金终值系数表,可求出 i 的值。必要时可采用内插法。

下面详细介绍利用年金终值系数表计算 i 的步骤。

① 计算出 F/A 的值,设其为 $F/A = \alpha$。

② 查普通年金终值系数表。沿着已知 n 所在的行横向查找,若恰好能找到某一系数

值等于α，则该系数值所在的列相对应的利率便为所求的i值。

③ 若无法找到恰好等于α的系数值，就应在表中n行上找与α最接近的两个左右临界的系数值，设为$α_1$、$α_2$（$α_1>α>α_2$），读出$α_1$、$α_2$所对应的临界利率，然后进一步运用内插法，如图2.8所示。

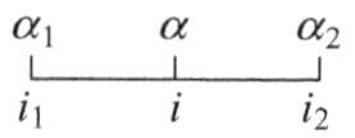

$$\underbrace{α_1 \quad α \quad α_2}_{i_1 \quad i \quad i_2}$$

图2.8　内插法折现率（利息率）推算示意图

④ 在内插法下，假定利率i同相关的系数在较小范围内线性相关，因而可根据临界系数$α_1$、$α_2$和临界利率i_1、i_2计算出i，其公式为：

$$i = i_1 + \frac{α - α_1}{α_2 - α_1} \cdot (i_2 - i_1)$$

【例2-15】某公司于第一年年初获得一笔贷款，合同规定：公司可在第10年年末一次性还本付息合计为10 000万元，也可每年年末还本付息额为800万元，连续10年还清。问借款利率为多少？

【解】根据题意，已知F=10 000，A=800，n=10，则：

$$(F/A, i, 10) = F/A = 10\ 000/800 = 12.5$$

查n=10的普通年金终值系数表。在n=10一行上无法找到恰好α（α=12.50）的系数值，于是在该行上找大于和小于12.5的临界系数值，分别为$α_1$=12.006<12.5，$α_2$=12.578>12.50。同时读出临界利率为i_1=4%，i_2=5%。则：

$$4\% + \frac{12.5 - 12.006}{12.578 - 12.006} \times (5\% - 4\%) = 4\% + \frac{0.494}{0.572} \times 1\% = 4.864\%$$

对于即付年金利率i的推算，同样可遵照上述方法。先求出F/A的值，令α=F/A+1，然后沿（n+1）所在的行横向在普通年金终值系数表中查找，若恰好找到等于α，则该系数值所在列所对应的利率便为所求的i，否则便查找临界系数值和对应的临界利率，应用内插法求出利率i。

（2）期间的推算。期间n的推算，其原理和步骤同贴现率i的推算相类似。现以普通年金为例，说明在F、A和i已知的情况下，推算期间n的基本步骤。

① 计算出F/A的值，设其为α。

② 查普通年金终值系数表。沿着已知i所在的列纵向查找，若能找到恰好等于α的系数值，则该系数所在行的n值即为所求的期间值。

③ 若找不到恰好为α的系数值，则在该列查找最为接近α值的上下临界系数$α_1$、$α_2$以及对应的临界期间n_1、n_2，然后应用内插法求n，如图2.9所示，计算公式为：

$$n = n_1 + \frac{α - α_1}{α_2 - α_1} \cdot (n_2 - n_1)$$

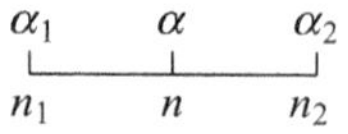

$$\underbrace{α_1 \quad α \quad α_2}_{n_1 \quad n \quad n_2}$$

图2.9　内插法推算期间示意图

【例 2-16】 某企业拟购买一台柴油机，更新目前的汽油机。柴油机价格较汽油机高出 2 000 元，但每年可节约燃料费用 500 元。若利率为 10%，求柴油机应至少使用多少年对企业而言才有利？

【解】 根据题意，已知 $P=2\,000$，$A=500$，$i=10\%$，则：
$$(P/A, 10\%, n) = P/A = 2\,000/500 = 4$$

查普通年金现值系数表。在 $i=10\%$ 的列上纵向查找，无法找到恰好为 α（$\alpha=4$）的系数值，于是查找大于和小于 4 的临界系数值 $\alpha_1=4.355\,3>4$，$\alpha_2=3.790\,8<4$，对应的临界期间为 $n_1=6$，$n_2=5$。则：

$$n = n_1 + \frac{\alpha-\alpha_1}{\alpha_2-\alpha_1} \cdot (n_2-n_1)$$
$$= 5 + \frac{4-3.790\,8}{4.355\,3-3.790\,8} \times (6-5) \approx 5.4(年)$$

或
$$= 6 - \frac{4.355\,3-4}{4.355\,3-3.790\,8} \times (5-6) \approx 5.4(年)$$

🔑 特别提示

72 法则是一种基于复利方法计算资金翻倍的快捷方法，即 72 除以年复利率乘以 100，可得到使资金价值翻一倍的年数。例如，年复利率为 12%，则资金价值增一倍的年数为 72/12=6 年。但 72 法则计算的结果只是估计值，与准确值之间会有一定的偏差。

4）时间价值计算中的几个特殊问题

(1) 不等额现金流量现值（present value of an uneven stream）的计算。年金是指每次收入或付出的款项相等的现金流量。但在财务管理中，经常会遇到不等额现金流量现值的计算问题，这时就需要分别对每笔现金流量进行贴现，然后再汇总它们的现值之和。

(2) 年金和不等额现金流量混合情况下的现值。在年金和不等额现金流量混合的情况下，能用年金公式计算现值的部分使用年金公式计算，不能用年金公式计算的部分使用复利公式计算，然后把它们加总，便得出年金和不等额现金流量混合情况下的现值。

(3) 计息期（interest bearing period）短于一年的时间价值的计算。终值和现值通常是按年来计算，但在有些时候，也会遇到计息期短于一年的情况。例如，债券利息一般每半年支付一次，这就出现了以半年、一季度、一个月甚至以天数为期间的计息期。当计息期短于一年，而使用的利率又是年利率时，计息期和计息率均应按下式进行换算：

$$r = i/m \qquad t = m \times n$$

式中：r 为期利率；i 为年利率；m 为每年计息次数；n 为年数；t 为换算后的计息期数。

2.3 风险报酬

2.3.1 风险的定义

资金时间价值是指在没有风险和通货膨胀情况下的纯利率，在阐述资金时间价值时，我们假定没有风险，而事实上风险是客观存在的。当人们事先采取某种行为的后果是不确定的，就叫有风险。

经济学所称的风险包括以下含义。

(1) 如果企业的一项行动有多种可能的结果，其将来的财务后果是不肯定的，就叫有风险；如果这项行动只有一种后果，就叫没有风险；例如，现在用一笔款项购买一年期国债，可以确知一年后将得到的本利和，几乎没有风险。这种情况在企业投资中是很罕见的。国债的风险固然小，但是报酬也很低，很难称之为真正意义上的投资。

(2) 风险是指决策者面临这样一种确定性状态，即能够事先知道事件最终出现的可能状态，并且可以根据经验知识或历史数据比较准确地预知每种可能状态出现的可能性大小，即知道整个事件发生的概率分布。而在不确定性状态下，决策者是不能预知事件发生最终结果的可能状态以及相应的可能性大小即概率分布的。

(3) 风险是"一定条件"的风险。如在什么时间、买哪一种或哪几种股票等，各买多少，风险是不一样的。这些问题一旦决定下来，风险大小你就无法改变了。这就是说，特定投资的风险大小是客观的，投资者是否去冒风险及冒多大风险，是可以选择的，是主观决定的。

(4) 风险的大小随时间延续而变化，是"一定时期内"的风险。如人们对投资项目的成本，事先的预计可能不很准确，越接近完工预计越准确。随着时间的延续，事件的不确定性在缩小，事件完成，其结果也就完全肯定了。因此，风险大小与时间长短呈同方向变化。

(5) 风险可能给投资人带来超出预期的收益，也可能带来超出预期的损失。美国财务会计准则委员会（Financial Accounting Standards Board，FASB）在1981年曾把风险定义为"对企业未来成果的不可预测性的一种表达方式"。未来成果既包括利得又包括损失。而且，与意外收益相比，投资人更关心意外损失。因此人们研究风险主要从不利的方面来考察风险，经常把风险看成是不利事件发生的可能性。从财务的角度来说，风险主要指无法达到预期报酬的可能性。

(6) 无论对风险怎样进行定义，风险与损失（lose）总是有密切联系的，但两者存在显著差异，风险带来预期的损失或收益都只是"可能性"，即"可能或潜在的损失"，并不等于损失本身。损失是一个事后概念，而风险是一个事前概念。在事件发生以前，风险就已经产生或存在，但损失并不是必然发生，只是潜在的可能性。一旦损失实际发生，风险就不复存在了，因为不确定性已经转化为确定性了。

(7) 风险与危险（danger）是两个既相互联系又有区别的概念。危险一般是指损失事件更易于发生的环境。区别风险和危险的重要意义在于：首先确定风险管理的对策，风险不等于危险，因为风险可能给投资人带来超出预期的收益，也可能带来超出预期的损失，因此，对风险不能消极地防御，而应积极地加以利用；其次，既然危险是影响风险的环境性因素，是导致风险增加的原因，通过控制和消除这些危险因素就可以降低风险水平。

2.3.2 风险的类型

企业面临的风险主要有两种分类方法。

1. 按风险是否可以分散分类

按风险是否可以分散分类，分为市场风险和企业特有风险。

(1) 市场风险（market risk）是指影响所有企业的风险。它由企业的外部因素引起，涉及所有的投资对象，企业无法控制、无法分散。因此，市场风险又称系统风险或不可分散风险，如战争、自然灾害、利率的变化、经济周期的变化等。党的二十大报告中提出，我国发展进入战略机遇和风险挑战并存、不确定难预料因素增多的时期，各种"黑天鹅"、"灰犀牛"事件随时可能发生。企业必须提高市场风险的预防和应对能力。

(2) 企业特有风险 (unsystematic risk or company-specific risk) 是指个别企业的特有事件造成的风险。它是随机发生的，只与个别企业和个别投资项目有关，不涉及所有企业和所有项目，可以分散。因此，这种风险又称非系统风险和可分散风险，如新产品开发失败、市场占有率下降、工人罢工等。

2. 按企业风险形成的原因不同分类

按企业风险形成的原因不同分类，可分为经营风险和财务风险。

(1) 经营风险 (operating risk) 是指由于企业生产经营条件的变化对企业收益带来的不确定性，又称商业风险。这些生产经营条件的变化可能来自企业内部，也可能来自企业外部，如顾客购买力发生变化、竞争对手增加、宏观政策变化、产品生产方向不对路、生产组织不合理等。这些内外因素，使企业的生产经营活动产生不确定性，最终引起收益变化。

(2) 财务风险 (finance risk)，又称筹资风险，是指由于举债而给企业财务成果带来的不确定性。企业借款，虽可以解决企业资金短缺的困难，并改变企业的资本结构，但还本付息具有刚性，且借入资金所获得的利润是否大于应支付的利息，具有不确定性，因此负债经营就有财务风险。在全部资金来源中，借入资金所占的比重越高，企业还本付息的负担就越重，财务风险程度也就越大，反之，风险程度也就越小。因此，确定合理的资金结构，提高企业资金盈利能力，是降低财务风险的基本策略。

2.3.3 风险报酬的定义

一般而言，投资者都厌恶风险，并力求回避风险。但为什么还有人进行风险性投资呢？这是因为风险投资可得到额外报酬——风险报酬。

风险报酬 (risk premium) 或风险溢价是指投资者因承担风险而获得的超过无风险报酬 (纯利率＋通货膨胀补偿) 的那部分额外报酬。而风险报酬率 (risk premium rate) 即为投资者因承担风险而获得的超过无风险报酬率的那部分额外报酬率，即风险报酬与原投资额的比率。在财务管理中，风险报酬通常采用相对数，即风险报酬率来加以计量。

如果不考虑通货膨胀因素，投资报酬率就是时间价值率与风险报酬率之和。通过风险报酬率这一概念也可以看到，单纯的风险分析并没有多大意义，只有将风险与报酬联系起来，风险分析才具有实际意义。

 应用案例 2-3

诺贝尔基金会的启示

【案情简介】

世界闻名的诺贝尔基金会每年颁布奖项必须支付高达 500 万美元以上的奖金。人们不禁要问：诺贝尔基金会的基金到底有多少？事实上，诺贝尔基金会的成功，除了诺贝尔本人在 100 年前捐献一笔庞大的基金外,更重要的原因是诺贝尔基金会理财有方。诺贝尔基金会成立于1896年,负责管理由诺贝尔捐献的980万美元资产。由于该基金会成立的目的是用于支付奖金,管理上不允许出现任何的差错。因此,基金会成立初期,其章程明确规定基金的投资范围,应限制在安全且收益固定的项目上,如银行存款与公债。这种保本重于收益、安全至上的投资原则,的确是稳重的做法。但牺牲更大收益的结果是:随着每年奖金的发放与基金运作的支出,历经50多年后,到1953年该基金会的资产只剩下300多万美元。眼看基金的资产将消耗殆尽,诺贝尔基金会的理事们及时觉醒,意识到投资收益对财富积累的重要性,于是在1953年更改基金管理章程,将原来只存放银行与购买公债的无风险投资观变为以投资股票、房地产为主的风险投资观。资产管理观念的改变,扭转了基金会的命运。1993年基金会的总资产滚动至2亿多美元。为什么诺贝尔基金能生出这么多钱呢?

【案例点评】

投资股票、房地产的风险显然高于银行存款与购买公债的风险,但高风险投资却可得到额外的报酬——风险报酬。

2.3.4 单项投资风险与报酬的衡量

为了衡量风险,需要使用概率与数理统计方法。

1. 随机事件及其概率分布

随机事件(random event),是指在一定条件下,可能发生也可能不发生,既可能出现这种结果也可能出现那种结果的事件。所以,一项风险投资决策活动可以看成随机事件。

概率(probability)是衡量随机事件发生可能性及其各种结果发生可能性大小的数值。例如,抛硬币国徽向上、向下的概率各为50%=0.5,从一副扑克牌中抽一张10,概率为4/54,抽一张黑桃10的概率1/54。

将随机事件各种结果及其可能发生的概率进行连续描述,称为概率分布(probability distribution)。概率分布必须符合以下两个条件。

(1) 所有的概率即 P_i 都在0和1之间,即 $0 \leqslant P_i \leqslant 1$。通常,把必然发生的事件的概率定为1,把不可能发生的事件的概率定为0,而一般随机事件的概率是介于0与1之间的一个数。概率越大则表示该事件发生的可能性越大。

(2) 所有结果的概率之和应等于1,即 $\sum P_i = 1$。

【例2-17】甲公司有两个投资机会,A投资机会是一个高科技项目,如果经济繁荣并且该项目获得成功,能够取得较大的市场占有率,预期报酬率较高,否则收益很小甚至亏本。B项目是一个老产品且是生活必需品,销售前景可以比较准确的预测。假设未来的经济情况只有3种可能:繁荣、正常、衰退,有关的概率分布和必要收益率见表2-2。

表2-2 A、B项目概率分布和必要收益率

经济情况	发生概率	A项目预期报酬率/(%)	B项目预期报酬率/(%)
繁荣	0.3	90	20
正常	0.4	15	15
衰退	0.3	-60	10
合计	1.0		

2. 期望值

期望值（expected value）是随机事件各种结果（数值）及其发生概率的加权平均值，它是反映集中趋势的一种量度。它不是人们通常所说的"希望得到的收益率"，也不是在实际上最有希望或最有可能获得的收益率。它代表着随机事件最合理的（平均）期望结果，或者是随机变量的重心。

依全概率公式，期望值为：

$$\overline{E} = \sum_{i=1}^{n} x_i p_i$$

式中：$\overline{E}$ 表示期望值；x_i 表示第 i 种结果的数值；p_i 表示第 i 种结果发生的概率。

例 2-17 中 A、B 两项目的期望报酬率：

A 的期望报酬率 $\overline{E}_A = 0.3 \times 90\% + 0.4 \times 15\% + 0.3 \times (-60\%) = 15\%$

B 的期望报酬率 $\overline{E}_B = 0.3 \times 20\% + 0.4 \times 15\% + 0.3 \times 10\% = 15\%$

两者的期望报酬率相同，但其概率分布不同。A 项目的报酬率的离散程度大，变动范围为 -60%~90%；B 项目的报酬率比较集中，变动范围为 10%~20%。这说明两个项目的期望报酬率相同，但风险不同，A 项目风险大，B 项目风险小。为了定量地衡量风险大小，还要使用数理统计学中衡量概率分布离散程度的指标。

3. 标准离差

标准离差（standard deviation，简称标准差）是用来衡量概率分布离散程度或各种结果与期望值的偏离程度的一个数值。标准离差等于方差（variance）开平方。计算公式为

$$\delta = \sqrt{\sum_{i=1}^{n} (R_i - \overline{R})^2 P_i}$$

式中：δ 为期望报酬率的标准离差；R_i 为第 i 种可能结果的报酬率；$\overline{R}$ 为期望报酬率；P_i 为第 i 种可能结果的概率；n 为可能结果的个数。

为了解释标准差，先看一个简单的例示：

【例 2-18】假设面临以下两种选择。甲种选择：抛一硬币，若国徽向上，赢 1 元；若国徽向下，输 1 元。乙种选择：抛一硬币，若国徽向上，赢 1 000 元；若国徽向下，输 1 000 元。

假定硬币是标准的，所以抛扔硬币时国徽向上、向下的概率都是 50%。

先计算两种收入的期望值：

选择甲，收入的期望值 $\overline{R}_甲 = 1 \times 50\% + (-1) \times 50\% = 0(元)$

选择乙，收入的期望值 $\overline{R}_乙 = 1\,000 \times 50\% + (-1\,000) \times 50\% = 0(元)$

可见，两种选择的收入期望值是一样的，都是 0 元。这意味着，不管选哪种，只要有足够多的次数来尝试，既不会输钱，也不会赢钱。但在实际生活中，机遇也许只有一次，所以尽管两种选择的期望值相同，它们所代表的风险程度却是不同的。甲种选择，输赢只有 1 元钱，也就是说实际结果与期望值只差 1 元。乙种选择，输赢有 1 000 元，实际结果与期望值之差为 1 000 元。显然，乙种选择比甲种选择风险要大得多。甲乙选择的标准离差计算为：

$$\delta_{甲} = \sqrt{\sum_{i=1}^{n}(R_i - \overline{R})^2 P_i} = \sqrt{0.5 \times (1-0)^2 + 0.5 \times (-1-0)^2} = 1(元)$$

$$\delta_{乙} = \sqrt{\sum_{i=1}^{n}(R_i - \overline{R})^2 P_i} = \sqrt{0.5 \times (1\,000-0)^2 + 0.5 \times (-1\,000-0)^2} = 1\,000(元)$$

标准离差越小，说明离散程度越小，风险也就越小；反之标准离差越大，则风险越大。本例中乙种选择比甲种选择收益的标准差大，所以乙种选择比甲种选择收益的风险也大。

现在计算例 2—17 中 A、B 项目的标准离差：

$$\delta_A = \sqrt{\sum_{i=1}^{n}(R_i - \overline{R})^2 P_i}$$
$$= \sqrt{0.3 \times (90\% - 15\%)^2 + 0.4 \times (15\% - 15\%)^2 + 0.3 \times (-60\% - 15\%)^2}$$
$$= 58.09\%$$

$$\delta_B = \sqrt{\sum_{i=1}^{n}(R_i - \overline{R})^2 P_i}$$
$$= \sqrt{0.3 \times (20\% - 15\%)^2 + 0.4 \times (15\% - 15\%)^2 + 0.3 \times (10\% - 15\%)^2}$$
$$= 3.87\%$$

从上述计算可见，A 项目的标准离差 58.09%，大于 B 项目的标准离差 3.87%，它定量地说明 A 项目的风险（系统性风险与公司特有风险之和）大于 B 项目。

4. 计算标准离差率（变异系数）

标准离差率（coefficient of variation，又称变异系数）是标准差与期望值的比值，说明风险占期望值的比例。或者说，每获得一单位期望收益要冒多大风险。当两个事件期望值相同时，仅比较两事件的标准离差即可知道哪个事件的风险大，当其期望值不相等时，则需用标准离差率来比较不同事件的风险大小。通常用 V 来表示，即：

$$V = \frac{\delta}{\overline{R}} \times 100\%$$

现在计算例 2—17 中 A、B 项目的标准离差率为：

$$V_A = \frac{58.09\%}{15\%} \times 100\% = 387.27\%$$

$$V_B = \frac{3.87\%}{15\%} \times 100\% = 25.8\%$$

这说明在上述条件下，A 项目的风险大于 B 项目。

再以抛硬币为例，甲种选择：国徽向上，赢 4 元；国徽向下，输 2 元；乙种选择：国徽向上，赢 8 元；国徽向下，输 4 元。仍设国徽向上、向下的概率均为 50%，则：

$$\overline{R}_{甲} = 50\% \times 4 + 50\% \times (-2) = 1(元)$$

$$\delta_{甲} = \sqrt{\sum_{i=1}^{n}(R_i - \overline{R}_{甲})^2 P_i} = \sqrt{0.5 \times (4-1)^2 + 0.5 \times (-2-1)^2} = 3(元)$$

$$V_{甲} = 3/1 = 300\%$$

$$\overline{R}_{乙} = 50\% \times 8 + 50\% \times (-4) = 2(元)$$

$$\delta_乙 = \sqrt{\sum_{i=1}^{n}(R_i - \overline{R_乙})^2 P_i}$$

$$= \sqrt{0.5 \times (8-2)^2 + 0.5 \times (-4-2)^2} = 6(元)$$

$$V_乙 = 6/2 = 300\%$$

虽然乙种选择比甲种选择收益的标准差要大，但前者比后者的期望收益也大，两者的标准离差率相等，所以两种选择的风险一样大。显然，标准差、标准离差率衡量的投资风险，既包括系统性风险，又包括非系统性风险。

5．计算风险报酬率

1）风险和报酬的基本关系

各投资项目的风险大小是不同的，在投资报酬率期望值相同的情况下，人们都会选择风险小的投资。也就是说，高风险的投资项目必须有高报酬，否则就没有人投资；低报酬的投资项目必须低风险，否则也没有人投资。因此，风险和报酬的基本关系是风险越大投资者要求的报酬率或必要报酬率越高，这是市场竞争的结果。风险和必要报酬率的关系为：

必要报酬率 R = 无风险报酬率 R_f + 风险报酬率 R_r

风险和报酬的基本关系见图 2.10。

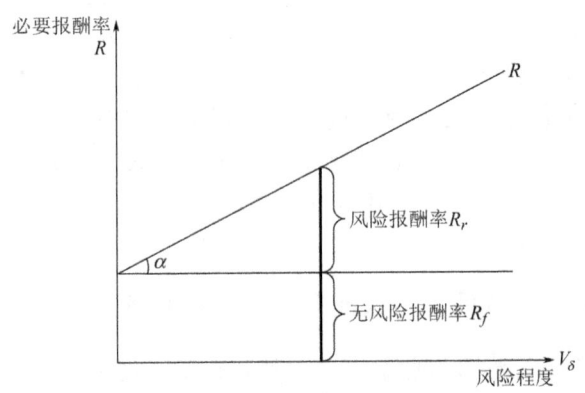

图 2.10 风险和报酬的基本关系图

图 2.10 中，无风险报酬率，是投资者要求的投资报酬率或必要报酬率底线；风险报酬率，它与风险大小有关，是风险的函数；若 b 为风险报酬系数（等于 $\tan\alpha$，表示单位风险所获得的收益），R_r 为风险报酬率，V_δ 为风险程度，可用变异系数或标准差衡量，根据图 2.10，可得：

$$b = \frac{R_r}{V_\delta}$$

所以：

$$R_r = b \times V_\delta$$

由于投资者要求的必要报酬率 R 等于无风险报酬率 R_f 和风险报酬率 R_r 之和，所以：

$$R = R_f + R_r = R_f + b \times V_\delta$$

假设例 2-17 中的 A、B 两项目，我们选定 B 项目进行投资，已知风险报酬系数 b 为 0.10，国债收益率 R_f 为 6%，前面已计算出其风险程度（变异系数）V_δ 为 25.8%，则 B 项目的必要报酬率为：

$$R = 6\% + 0.10 \times 25.8\% = 8.58\%$$

2）风险报酬系数的确定

敢于冒险的决策者，往往把风险报酬系数定得低一些；反之，稳健的决策者，常常把风险报酬系数定得高一些。

6. 对风险的态度

不同的人对风险的态度是不一样的，假定一个投资者面临两种选择：政府债券和公司股票。按照人们对风险的态度可划分为以下 3 类。

第一类人叫避险者。这类人希望风险最小化。例如，若公司股票回报率的期望值与政府债券的回报率相等，那么这类人会投资于政府债券，而不会投资于公司股票。

第二类人叫冒险者。他们愿意承担风险，若公司股票回报率的期望值与政府债券的回报率相等，但公司股票回报的标准差大，这类人会投资于公司股票，而不是政府债券。

第三类人叫风险中立者。他们只看回报率的期望值，不管风险大小。若公司股票回报率的期望值与政府债券的回报率相等，这类人投资哪个都无所谓。

应该指出，人们对风险的态度不是一成不变的，有时力图避险，有时冒险，有时对风险无所谓。世界上没有不冒险的人，货币投入量是决定人们对风险态度的一个重要因素。如例 2-18 投硬币的例子。甲种选择输赢只有一元钱，多数人会冒这类险，试一试自己的运气。例如，人们愿意花一两块钱买一张彩票。若中奖，可得数百万元奖金；若没有中奖，损失很小。而乙种选择输赢有 1 000 元，多数人不会冒这个险。因此，人们在面临小额货币投入时是冒险者，在面临巨额货币投入时是避险者，即冒小险，避大险。

2.3.5 组合投资的风险与报酬——以证券组合投资为例

大多数可用于投资的证券具有收益不确定性，也就是说有风险。因此，投资者在进行证券投资时，"不把鸡蛋放在一个篮子里"，而是同时持有多种证券，这种同时投资多种证券的方法叫证券投资组合，简称为证券组合或投资组合（portfolio investment）。然而，这种组合并非是若干个证券商品简单随意的拼凑，它应体现出投资者的意愿和所受的约束，是经过精心选择和科学搭配的，并可随时调整，使其不偏离投资者的预定目标，也就是在投资收益与风险的权衡中做出的最佳组合。所以，允许进行证券投资的银行、共同基金、保险公司和其他金融机构一般都持有多种有价证券，即使个人投资者，一般也持有证券组合，而不是仅投资于一家公司的股票或债券。

1. 证券组合的风险

证券投资组合同样面临两种性质完全不同的风险，即可分散风险和不可分散风险。

1）可分散风险（diversifiable risk）

可分散风险又称非系统风险或公司特有风险，它是指某些因素给个别证券带来经济损失的可能性，这种风险只影响个别证券或板块，为"微观风险"。非系统风险与公司相关，它是由个别公司的一些重要事件引起的，它可通过证券持有的多样化来分散。即多买几家公司的股票，其中某些公司的股票报酬上升，另一些股票的报酬下降，从而将风险降低。因而，这种风险称为可分散风险。

现代资产组合理论证明，证券组合的风险随着其所含的证券数量的增加而降低。根据单个证券的风险计算公式，两种证券构成的投资组合风险为：

$$\delta_P^2 = \sum_{i=1}^{n}(R_{Pi}-\overline{R}_P)^2 P_{Pi} = E(R_{Pi}-\overline{R}_P)^2$$

式中，δ_P^2 为证券投资组合 P 的收益率方差；R_{Pi} 为证券投资组合 P 在 i 状态下的收益率；$\overline{R}_P$ 为证券投资组合 P 的期望收益率，P_{Pi} 为证券投资组合 P 发生 i 状态的概率。

我们考虑两种证券组合的风险。假设 R_{1i}、R_{2i} 分别为证券 1 和证券 2 在第 i 状态下的投资收益率，$\overline{R}_1$、$\overline{R}_2$ 分别为两者的期望收益率，W_1 和 W_2 表示两种证券在投资组合中所占的比重。那么由这两种证券构成的证券投资组合的风险为：

$$\begin{aligned}\delta_P^2 &= E(R_{Pi}-\overline{R}_P)^2\\&= E[(W_1 R_{1i}+W_2 R_{2i})-(W_1 \overline{R}_1+W_2 \overline{R}_2)]^2\\&= E[W_1(R_{1i}-\overline{R}_1)+W_2(R_{2i}-\overline{R}_2)]^2\\&= W_1^2 \delta_1^2+W_2^2 \delta_2^2+2W_1 W_2 E[(R_{1i}-\overline{R}_1)(R_{2i}-\overline{R}_2)]\end{aligned}$$

根据协方差计算公式

$$E[(R_{1i}-\overline{R}_1)(R_{2i}-\overline{R}_2)]=\text{Cov}(R_1,R_2)=r_{1,2}\delta_1\delta_2$$

所以 $\delta_P^2=W_1^2\delta_1^2+W_2^2\delta_2^2+2W_1W_2 r_{1,2}\delta_1\delta_2$

式中，δ_P^2 表示证券资产组合的方差，它衡量的是证券组合的风险；W_1 和 W_2 表示组合中两项资产分别所占的价值比例；δ_1、δ_2 分别表示组合中两项资产收益的标准差；$r_{1,2}$ 反映两项资产收益率的相关程度，称为相关系数（coefficient of correlation）。理论上，相关系数介于区间 $[-1,1]$ 内。当相关系数为 1 时，表示两种证券收益率完全正相关，一种证券收益率变化方向和变化幅度与另一种证券的变化方向和变化幅度完全相同，反之亦然；当相关系数为 -1 时，表示两种证券收益率完全负相关，一种证券收益率的变动幅度与另一种证券收益率变动幅度完全相同，但变化方向相反；当相关系数为 0 时，表示没有相关性，一种证券收益率的变动与其他证券收益率的变动无关。就股票收益率而言，大部分股票收益率都是正相关，但不是完全正相关，收益率相关系数为 0.5～0.7。

当 $r_{1,2}$ 等于 $+1$ 时，$\delta_P^2=(W_1\delta_1+W_2\delta_2)^2$，即 δ_P^2 达到最大，证券组合的风险等于组合中各项资产风险的加权平均值。换句话说，当两项资产的收益率完全正相关时，两项资产的风险完全不能相互抵消，所以这样的组合不能降低任何风险。当 $r_{1,2}$ 等于 -1 时，$\delta_P^2=(W_1\delta_1-W_2\delta_2)^2$，即 δ_P^2 达到最小，甚至可能是零。因此，当两项资产的收益率完全负相关时，两项资产的风险可以充分地相互抵销，甚至完全消除。因此，这样的组合能够最大限度地降低风险。现举例说明如下。

【例 2-19】 假设 x 股票和 y 股票构成一组证券组合总体，每种股票在证券组合中各占 50%，当两种股票相关系数为 1、-1 时，他们的收益率和风险情况分别计算如下。

(1) 完全负相关（$r_{xy}=-1.0$）时，两种股票的收益率和风险见表 2-3。

表2-3 完全负相关（$r_{xy}=-1.0$）的两种股票以及由它们构成的证券组合收益与风险

经济环境	概率	x股票	y股票	xy组合收益
A	0.1	50%	-10%	20%
B	0.25	-10%	50%	20%
C	0.35	60%	-20%	20%
D	0.1	-20%	60%	20%
E	0.2	20%	20%	20%
期望收益率		25.5%	14.5%	20%
标准差（δ）		31.7%	31.7%	0

根据单项资产风险与报酬计算方法：

x股票期望收益率$=50\%\times0.1+(-10\%)\times0.25+60\%\times0.35+(-20\%)\times0.1+20\%\times0.2=25.5\%$

y股票期望收益率$=(-10\%)\times0.1+50\%\times0.25+(-20\%)\times0.35+60\%\times0.1+20\%\times0.2=14.5\%$

x股票收益标准差$=$

$\sqrt{0.1(50\%-25.5\%)^2+0.25(-10\%-25.5\%)^2+0.35(60\%-25.5\%)^2+0.1(-20\%-25.5\%)^2+0.2(20\%-25.5\%)^2}=31.7\%$

y股票收益标准差$=$

$\sqrt{0.1(-10\%-14.5\%)^2+0.25(50\%-14.5\%)^2+0.35(-20\%-14.5\%)^2+0.1(60\%-14.5\%)^2+0.2(20\%-14.5\%)^2}=31.7\%$

根据两种证券构成的投资组合风险计算方法

xy组合收益标准差 $\delta_P=$

$\sqrt{0.1(20\%-20\%)^2+0.25(20\%-20\%)^2+0.35(20\%-20\%)^2+0.1(20\%-20\%)^2+0.2(20\%-20\%)^2}=0$

根据表2-3的资料，如果分别持有两种股票，都有很大风险，但如果把它们组合成一个证券组合，则没有风险。这是因为它们报酬率的变化正好按照相同幅度、反方向变动——当x股票的收益下降时，y股票的收益正好同幅度上升，反之亦然。

（2）完全正相关（$r_{xy}=1.0$）时，两种股票的收益率和风险见表2-4。

表2-4 完全正相关（$r_{xy}=+1.0$）的两种股票以及由它们构成的证券组合收益与风险

经济环境	概率	x股票	y股票	xy组合收益
A	0.1	50%	50%	50%
B	0.25	-10%	-10%	-10%
C	0.35	60%	60%	60%
D	0.1	-20%	-20%	-20%
E	0.2	20%	20%	20%
期望收益率		25.5%	25.5%	25.5%
标准差（δ）		31.7%	31.7%	31.7%

根据表2-4的资料，如果x股票与y股票完全正相关，即一个变量的增加值永远等于另一个变量的增加值，把它们组合成一个证券组合，组合风险不减少也不增加。

2) 不可分散风险（nondiversifiable risk）

不可分散风险是指某些因素给市场上所有的证券带来经济损失的可能性，即"谁也跑不了"，为"宏观风险"。这种风险无法通过投资组合消除，故称不可分散风险。但这种风险对不同企业、不同产品也有不同影响。例如，例 2-17 中甲公司 A 项目和 B 项目在经济情况或市场发生变化时，两个项目受到的影响程度是不同的。A 项目所受到的影响程度大于 B 项目。

不可分散风险的程度，通常用 β 系数（beta coefficient）来计量。β 系数能够衡量出某种证券或证券组合相对于整个证券市场的风险的变动程度。

β 系数的定义式为：

$$\beta_i = \frac{\mathrm{cov}(R_i, R_m)}{\delta_m^2} = \frac{r_{i,m}\delta_i\delta_m}{\delta_m^2} = r_{i,m} \times \frac{\delta_i}{\delta_m}$$

式中，$r_{i,m}$ 表示第 i 项证券的收益率与市场组合收益率的相关系数；δ_i 是该项证券收益率的标准差，反映该证券的风险大小；δ_m 是市场组合收益率的标准差，反映市场组合的风险；三个指标的乘积表示该证券收益率与市场组合收益率的协方差。根据上式，β 值的大小取决于：该证券与整个证券市场的相关性；它自身的标准差；整个市场的标准差。

如果某种证券的风险情况与整个证券市场的风险情况一致，则这种证券的 β 系数等于 1；如果某种证券的 β 系数大于 1，说明其风险大于整个市场的风险；如果某种证券的 β 系数小于 1，说明其风险小于整个市场的风险；如果某种股票的 β 系数等于 0，说明其风险与整个市场无关或没有系统性风险（这是一种理论假设，客观上不存在这样的证券）。在实际操作中，β 系数的重要性在于它代表了一种证券对于未来市场变化的敏感度，某种证券的 β 系数较大，说明该证券在证券市场发生变化时，其价格上下波动剧烈，也就是通常所说的风险较大。

为了分析方便，现代投资学将整个市场的风险定为 1，以此衡量某一证券对市场风险的敏感度。例如，悦达股份的 β 系数值为 1.43，表明市场指数收益率变动为 1% 时，悦达股份的收益率变动为 1.43%。β 系数越大，系统风险越大；β 系数越小，系统风险越小。如果投资者对收益有较高的期望，同时也有能力并愿意为之承担较大的风险，就可以在证券市场上选择那些有较大 β 系数的证券加到其证券组合中；反之，则可以选择市场上具有较小 β 系数的证券。β 系数一般不需投资者自己计算，而由一些投资服务机构定期计算并公布。表 2-5 列示了我国几家上市公司 20×7 年 11 月 30 日—20×7 年 12 月 7 日的 β 系数。

表 2-5　20×7 年 11 月 30 日—20×7 年 12 月 7 日几家上市公司的 β 系数表

股票代码	股票名称	β 系数
600806	昆明机床	1.911
000751	锌业股份	1.808
600782	新钢股份	1.74
002039	黔源电力	0.048
000887	ST 中鼎	0.1078
000925	S*ST 海纳	0.1202

（资料来源：http://www.jajx.com/modules/tinyd5/index.php?id=6.）

证券组合的 β 系数是单个证券 β 系数的加权平均,权数为各种证券在证券组合中所占的比重。其计算公式为:

$$\beta_p = \sum_{i=1}^{n} W_i \beta_i$$

式中:β_p 为证券组合的 β 系数;W_i 为证券组合中第 i 种证券所占的比重;β_i 为第 i 种证券的 β 系数;n 为证券组合中各种证券的数量。

至此,可把上面的分析总结如下。

(1) 一种证券的风险由两部分组成,它们是可分散风险和不可分散风险。这可以用图 2.11 加以说明。

(2) 可分散风险可通过证券组合来削减,而大部分投资者正是这样做的。从图 2.11 中可以看到,可分散风险随证券组合中各类证券数量的增加而逐渐减小。

(3) 证券的不可分散风险由市场变动而产生,它对所有证券都有影响,不能通过证券组合而消除。

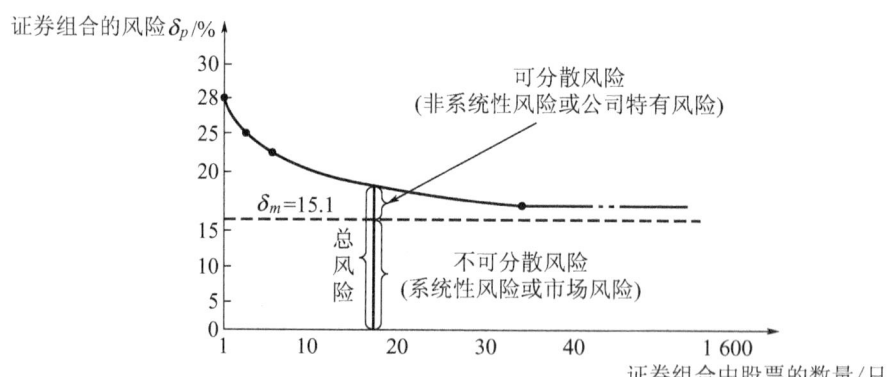

图 2.11 证券风险构成图

2. 证券组合的风险报酬

证券组合的风险报酬是投资者因承担不可分散风险而要求的、超过无风险报酬的那部分额外报酬。与单项投资不同,证券组合投资要求补偿的风险只是不可分散风险,而不要求对可分散风险进行补偿。如果可分散风险的补偿存在,善于科学地进行投资组合的投资者将购买这部分股票,并抬高其价格,其最后的必要报酬率只反映不可分散的风险。证券组合的风险报酬的计算公式为:

$$R_p = \beta_p (R_m - R_f)$$

式中:R_p 为证券组合的风险报酬率;β_p 为证券组合的 β 系数;R_m 为所有证券的平均报酬率,也就是由市场上所有证券组成的证券组合的报酬率,简称市场报酬率;R_f 为无风险报酬率,一般用国库券的利息率来衡量。

【例 2-20】强盛公司持有由 A、B、C 三种股票构成的证券组合,它们的 β 系数分别是 2.0、1.0 和 0.5,它们在证券组合中所占的比重分别为 50%、40% 和 10%,股票的市场平均报酬率为 12%,无风险报酬率为 8%,试确定这种证券组合的风险报酬率。

(1) 确定证券组合的 β 系数为:

$$\beta_p = \sum_{i=1}^{n} W_i \beta_i = 50\% \times 2.0 + 40\% \times 1.0 + 10\% \times 0.5 = 1.45$$

(2) 计算该证券组合的风险报酬率为:
$$R_p = \beta_p(R_m - R_f) = 1.45 \times (12\% - 8\%) = 5.8\%$$

从以上计算可以看出,调整各种证券在证券组合中的比重 W_i 可改变证券组合的风险,进而改变风险报酬率。

3. 风险和报酬的关系

在证券投资学和财务管理学中,有许多模型论述风险和报酬的关系,其中一个最重要的模型为资本资产定价模型(capital asset pricing model,CAPM)。资本资产定价模型主要研究证券市场中资产的必要报酬率与系统风险之间的关系,以及均衡价格是如何形成的。这一模型为:

$$R_p = R_f + \beta_p(R_m - R_f)$$

式中:R_p 为第 i 种证券组合的必要报酬率;R_f 为无风险报酬率;β_p 为 i 种证券组合的 β 系数;R_m 为所有证券的市场平均报酬率。因此,$(R_m - R_f)$ 为市场所有证券的平均风险报酬率。

资本资产定价模型之所以不考虑非系统风险,是因为如果存在非系统风险,精明的投资者会通过多元化投资分散风险,使之最小化。

【例 2-21】华林公司由 n 种股票构成的 A 证券组合,β 系数为 2,无风险利率为 12%,市场上所有股票的平均报酬率为 20%,那么,华林公司 A 证券组合的必要报酬率应为:

$$R_p = R_f + \beta_p(R_m - R_f) = 12\% + 2 \times (20\% - 12\%) = 28\%$$

也就是说,华林公司 A 证券组合的报酬率达到或超过 28% 时,投资者方愿意进行投资。

资本资产定价模型的图示形式称为证券市场线(securities market line,SML),它主要用来说明投资组合报酬率与系统风险程度 β 系数之间的关系,反映了投资者回避风险的程度。证券市场线 SML 是必要报酬率为纵坐标、β 值为横坐标的坐标系中的一条直线,体现了高风险高收益的原则。根据例 2-21 绘制证券市场线,如图 2.12 所示。

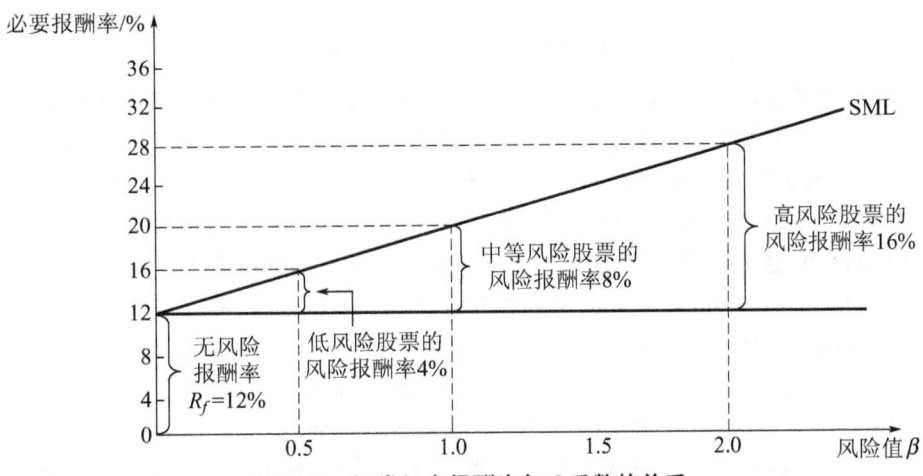

图 2.12 证券组合报酬率与 β 系数的关系

从图 2.12 可看到，无风险报酬率为 12%，β 系数不同的股票有不同的风险报酬率，当 $\beta=0.5$ 时，风险报酬率为 4%；当 $\beta=1.0$ 时，风险报酬率为 8%；当 $\beta=2.0$ 时，风险报酬率为 16%。也就是说，β 值越高，要求的风险报酬率也就越高，在无风险报酬率不变的情况下，必要报酬率也就越高。

当然，证券市场线和必要报酬率在图中的位置会随着一些因素的变化而变化，现结合例 2-21 分述如下。

(1) 通货膨胀的影响（见图 2.13）。市场上的无风险利率由两方面构成：①无通货膨胀的报酬率又叫纯利率（R_0），这是真正的时间价值部分；②通货膨胀贴水（IP），它等于预期的通货膨胀率。这样，无风险报酬率 $R_f=R_0+IP$。在图 2.12 中，$R_f=12\%$，假设包括 6% 的纯利率和 6% 的通货膨胀贴水，则：

$$R_f=R_0+IP=6\%+6\%=12\%$$

如果预期通货膨胀率由 6% 上升到 8%，这将使 R_f 从 12% 上升到 14%。这种变化如图 2.13 的证券市场线 SML_1 和 SML_2 所示。R_f 的增加也会引起股票必要报酬率的增加，例如，市场上低风险（$\beta=0.5$）股票的必要报酬率从 16% 上升到 18%。

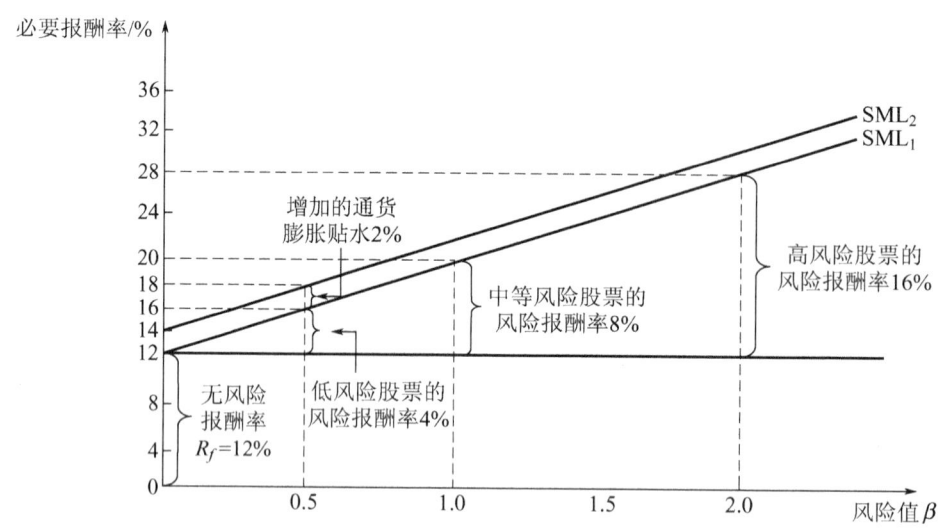

图 2.13　通货膨胀与证券报酬

(2) 风险回避程度的变化（见图 2.14）。证券市场线 SML 斜率越大，投资者越回避风险。当风险回避增加时，投资者要求的风险报酬率也增加，SML 的斜率也增加。

图 2.14 说明了风险回避增加的情况，当 β 系数由 0.5 变为 1 时，市场风险报酬率从 4% 上升到 8%，必要报酬率 R 也从 16% 上升到 20%。而风险回避程度对风险较大的证券必要报酬率的影响更为明显。例如，当例 2-21 中 $\beta=0.5$ 的股票必要报酬率只增加了 1 个百分点，如从 16% 上升到 17%，此时根据公式 $R_p=R_f+\beta_p(R_m-R_f)$，得到：$17\%=12\%+0.5\times(R_m-12\%)$，即 $R_m=22\%$。所以，当 $\beta=1.0$ 时股票必要报酬率增加了 2 个百分点，即从 20% 上升到 22%；当 $\beta=2.0$ 时股票必要报酬率增加了 4 个百分点，即从 28% 上升到 32%。如图 2.14 所示的证券市场线 SML_3 所示。

(3) 股票 β 系数的变化。随着时间的推移，不仅证券市场线在变化，β 系数也在不断变化。β 系数的变化会使公司股票的必要报酬率发生变化。假设华林公司 A 证券组合从

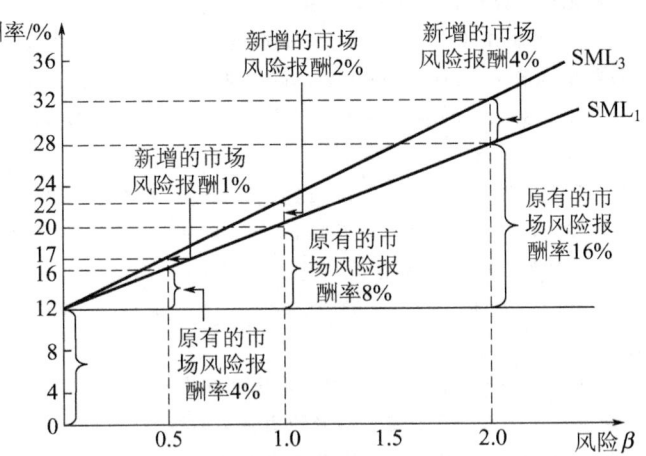

图 2.14　风险回避与证券报酬

$\beta=2.0$ 降为 1.0，那么，其必要报酬率为：

$$R_p=R_f+\beta_p(R_m-R_f)=12\%+1.0\times(20\%-12\%)=20\%$$

反之，如果华林公司股票的 β 系数从 2.0 上升到 3，那么，其必要报酬率为：

$$R_p=R_f+\beta_p(R_m-R_f)=12\%+3\times(20\%-12\%)=36\%$$

 习　题

1. 单项选择题

(1) 甲方案在 3 年中每年年初付款 500 元，乙方案在 3 年中每年年末付款 500 元，若利率为 10%，则两个方案第三年年末时的终值相差（　　）元。

A. 105　　　　B. 165.50　　　　C. 665.50　　　　D. 505

(2) 有一项年金，前 2 年无流入，后 5 年每年年初流入 300 万元，假设年利率为 10%，其现值为（　　）万元。

A. 987.29　　　B. 854.11　　　C. 1 033.85　　　D. 523.21

(3) 有甲、乙两台设备可供选用，甲设备的年使用费比乙设备低 2 000 元，但价格比乙设备高 8 000 元。若资本成本为 10%，甲设备的使用期应长于（　　）年，选用甲设备才是有利的。

A. 4　　　　　B. 5　　　　　C. 4.6　　　　　D. 5.4

(4) 当股票投资必要收益率等于无风险投资收益率时，β 系数应（　　）。

A. 大于 1　　　B. 等于 1　　　C. 小于 1　　　D. 等于 0

(5) 若通货膨胀率为 3%，商业银行的大额存单利率为 5%，该项投资的实际年报酬率应为（　　）。

A. 2%　　　　B. 1.94%　　　C. 2.13%　　　D. 8.15%

(6) 某公司向银行借入 12 000 元，借款期为 3 年，每年的还本付息额为 4 600 元，$(P/A,7\%,3)=2.624\ 3$，$(P/A,8\%,3)=2.577\ 1$，则借款利率为（　　）。

A. 6.53%　　　B. 7.32%　　　C. 7.68%　　　D. 8.25%

(7) 某公司拟于 5 年后一次还清所欠债务 100 000 元，假定银行利息率为 10%，5 年 10% 的年金终值系数为 6.105 1，5 年 10% 的年金现值系数为 3.790 8，则应从现在起每年年末等额存入银行的偿债基金为（　　）元。

A. 16 379.75　　B. 26 379.66　　C. 379 080　　　D. 610 510

(8) 企业进行多元化证券投资，其目的之一是（　　）。
A. 追求风险　　B. 消除风险　　C. 降低风险　　D. 接受风险

(9) 某企业于每半年末存入银行 10 000 元，假定年利息率为 6%，每年复利两次。已知 $(F/A, 3\%, 5)=5.309\ 1$，$(F/A, 3\%, 10)=11.464$，$(F/A, 6\%, 5)=5.637\ 1$，$(F/A, 6\%, 10)=13.181$，则第 5 年末的本利和为（　　）元。
A. 53 091　　B. 56 371　　C. 114 640　　D. 131 810

(10) 已知 $(P/A, 8\%, 5)=3.992\ 7$，$(P/A, 8\%, 6)=4.622\ 9$，$(P/A, 8\%, 7)=5.206\ 4$，则 6 年期、折现率为 8% 的预付年金现值系数是（　　）。
A. 2.992 7　　B. 4.206 4　　C. 4.992 7　　D. 6.206 4

2. 多项选择题

(1) 对于资金的时间价值来说，下列（　　）表述是正确的。
A. 资金的时间价值不可能由时间创造，而只能由劳动创造
B. 只有把货币作为资金投入生产经营才能产生时间价值，即时间价值是在生产经营中产生的
C. 时间价值的相对数是扣除风险报酬和通货膨胀贴水后的平均利润率
D. 时间价值的绝对数是资金在生产经营过程中带来的真实增值额

(2) 某项目从现在开始投资，两年内没有回报，从第三年开始每年获利额为 A，获利年限为 5 年，则该项目利润的现值为（　　）。
A. $A(P/A, i, 5)(P/F, i, 3)$　　B. $A(P/A, i, 5)(P/F, i, 2)$
C. $A(P/A, i, 7)-A(P/A, i, 2)$　　D. $A(P/A, i, 7)-A(P/A, i, 3)$

(3) 计息期为大于等于 2 的整数，下列表述正确的有（　　）。
A. 当利率大于零，计息期一定的情况下，年金现值系数一定都大于 1
B. 当利率大于零，计息期一定的情况下，年金终值系数一定都大于 1
C. 当利率大于零，计息期一定的情况下，复利终值系数一定都大于 1
D. 当利率大于零，计息期一定的情况下，复利现值系数一定都小于 1

(4) 在选择资产时，下列说法正确的有（　　）。
A. 当预期收益率相同时，风险回避者会选择风险小的
B. 如果风险相同，对于风险回避者而言，将无法选择
C. 如果风险不同，对于风险中立者而言，将选择预期收益大的
D. 当预期收益率相同时，风险追求者会选择风险大的

(5) 下列关于项目评价的"投资人要求的报酬率"的表述中，正确的有（　　）。
A. 它因项目的系统风险大小不同而异
B. 它因不同时期无风险报酬率高低不同而异
C. 它受企业负债比率和债务成本高低的影响
D. 当项目的期望报酬率超过投资人要求的报酬率时，股东财富将会增加

(6) 在下列各项中，能够影响特定投资组合 β 系数的有（　　）。
A. 该组合中所有单项资产在组合中所占比重
B. 该组合中所有单项资产各自的 β 系数
C. 市场投资组合的无风险收益率
D. 该组合的无风险收益率

(7) 下列关于 β 值和标准差的表述中，正确的有（　　）。
A. β 值测度系统风险，而标准差测度非系统风险
B. β 值测度系统风险，而标准差测度整体风险
C. β 值测度财务风险，而标准差测度经营风险

D. β值只反映市场风险，而标准差还反映特有风险

(8) 以下关于投资风险的表述，正确的有（　　）。
A. 一种股票的风险由两部分组成，它们是系统风险和非系统风险
B. 非系统风险可以通过证券投资组合来分散
C. 股票的系统风险不能通过证券组合来分散
D. 不可分散风险可通过β系数来测量

(9) 下列有关证券投资风险的表述中，正确的有（　　）。
A. 证券投资组合的风险有公司特别风险和市场风险两种
B. 公司特别风险是不可分散风险
C. 股票的市场风险不能通过证券投资组合加以分散
D. 当投资组合中股票的种类特别多时，非系统性风险几乎可全部分散掉

(10) 关于风险报酬，下列表述中正确的有（　　）。
A. 风险报酬有风险报酬额和风险报酬率两种表示方法
B. 风险越大，获得的风险报酬应该越高
C. 风险报酬额是指投资者因冒风险进行投资所获得的超过时间价值的那部分额外报酬
D. 风险报酬率是风险报酬与原投资额的比率

3. 判断题

(1) 利率是转让资金所有权的价格。（　　）
(2) 两个投资方案比较，标准离差率越大，说明风险越大。（　　）
(3) β系数反映的是某种股票的全部风险。若某种股票的β系数为1，则当市场收益率上涨1%时，该种股票的收益率的上升值为市场收益率的1倍，即2%。（　　）
(4) 企业投资时应尽量选择风险小的投资项目，因为风险小的投资对企业有利。（　　）
(5) 当代证券组合理论认为不同股票的投资组合可以降低风险，股票的种类越多，风险越小，包括全部股票的投资组合风险为零。（　　）
(6) 世界能源状况发生变化时，投资者可以通过证券投资组合降低非系统风险。（　　）
(7) 根据财务管理的理论，必要投资收益等于期望投资收益、无风险收益和风险收益之和。（　　）
(8) 必要收益率与投资者认识到的风险有关，如果某项资产的风险较低，那么投资者对该项资产要求的必要收益率就较高。（　　）
(9) 即使投资比例不变，各项资产的期望收益率不变，但如果组合中各项资产之间的相关系数发生改变，投资组合的期望收益率就有可能改变。（　　）
(10) 证券市场线反映股票的必要收益率与β值线性相关，而且证券市场线无论对于单个证券还是投资组合都是成立的。（　　）

4. 计算题

(1) ① 甲企业欲在5年后购买某设备，设备款为50 000元。从现在起每年末存入银行8 600元，银行复利率为4%。问甲企业5年后能否用银行存款购买该设备？
② 同上题，甲企业每年末至少应存入多少钱，才能在5年后购买该设备？

(2) 某公司购置一套设备，供应商提出两种付款方案：①从现在起每年年初支付10万元，连续支付10次，共100万元；②从第5年开始，每年年初支付12万元，连续支付10次，共120万元。假设该公司资金成本率为10%，你认为该公司应选择哪个方案？

(3) 某公司持有由甲、乙、丙三种股票构成的证券组合，三种股票的β系数分别是2.0、1.3和0.7，它们的投资额分别是60万元、30万元和10万元。股票市场平均收益率为10%，无风险利率为5%。假定资本资产定价模型成立。

要求：

① 计算证券组合的预期收益率；

② 若公司为了降低风险，出售部分甲股票，使甲、乙、丙三种股票在证券组合中的投资额分别变为 10 万元、30 万元和 60 万元，其余条件不变。试计算此时的风险收益率和预期收益率。

(4) 两个投资项目投资额均为 5000 万元，其收益及其概率分布见表 2-6：

表 2-6 两个投资项目的收益及概率分布

市场情况	概率	甲项目收益/万元	乙项目收益/万元
好	0.3	6 000	8 000
一般	0.5	2 000	2 000
差	0.2	500	−500

要求：

① 计算两个项目的标准离差率；

② 评价两个项目的优劣。

5. 思考题

(1) 资金时间价值与风险价值有什么本质区别？

(2) 一元复利终值系数与一元复利现值系数之间，普通年金终值系数、先付年金终值系数、偿付基金系数、递延年金终值系数之间，普通年金现值系数、先付年金现值系数、投资回收系数、递延年金现值系数之间各是什么关系？

(3) 单项资产的风险和报酬与证券投资组合的风险和报酬有什么不同？

(4) 资本资产定价模型是如何表达风险与报酬之间关系的？

6. 案例分析

任正非首度"破墙"谈转型：多元化必摧毁华为

一向以神秘、狼性著称的华为公司正渐渐走向开放。

2014 年 6 月 16 日，华为创始人、CEO 任正非创立华为公司以来第一次接受国内媒体专访，也被业界视为华为走向开放的一部分。

对于外界关注的资本问题，任正非坚称华为不会上市。"如果大量资本进入华为，就会多元化，就会摧毁华为二十多年来还没有全理顺的管理。"

2013 年财报显示，华为 65% 的收入来自海外市场，中国市场实现销售收入 840 亿元，同比增长 14.2%。未来，中国市场将成为华为业务增长的重心，或许，这也是任正非向国内媒体敞开心扉的重要原因。

在国际市场，尽管在美国频频受挫，但华为正在不断加大投入，也获得更多的份额。

上周，华为对外宣布，未来 5 年计划在欧洲扩招 5 500 名员工，与阿尔卡特-朗讯、爱立信等竞争对手在欧洲市场展开角逐。该公司提供的数据显示，2013 年，华为在欧洲的销售收入达 52.3 亿美元，同比增长 25%。此外，2009—2013 年，华为在欧洲研发投入的年复合增长率平均达到 28%。

对于欧洲市场，任正非可谓信心满满。作为华为对英国 20 亿美元投资和采购承诺的一部分，华为将在英国设立新的研发中心，至 2017 年高端研究人员将增加至 300 名，总研发投入约 2 亿美元。

被问及华为最强大的对手是哪家公司，任正非毫不犹豫地回答，"我们的竞争对手，就是我们自己。在华为公司的前进过程中，没有什么能阻挡我们，能够阻挡我们的就是内部腐败。所以，我们最大的竞争者是自己。"

他再次强调，华为不片面追求企业规模，华为的发展不缺资金，因此不会进入资本市场，绝对不上市。"一旦进入资本市场，华为必然面临股东的压力，被迫要多元化。"任正非指出，多元化必然会摧毁华为,所以华为要防止多元化。

思考题:

(1) 根据案例,分析华为公司财务管理的目标。

(2) 任正非指出,"多元化必然会摧毁华为,所以华为要防止多元化",这与证券投资组合理论有矛盾吗?

根据《每日经济新闻》改写(陶力. 上海报道,2014.6.18.)

7. 课程实践

假设在你就读高校所在城市贷款购置一套价值 180 万元的自有住房,首付 30%,根据现有年龄你的贷款期限最长为 30 年,目前你及家人月收入 25 000 元左右,住房公积金月缴存额 6 000 元,请设计按揭贷款归还计划。

8. 附录

EXCEL 在时间价值计算中的应用

1. 复利终值、复利现值的计算

1) 复利终值计算具体步骤

(1) 打开 Excel 2010。

(2) 插入函数"其他函数",选择类别"财务",选择函数"FV"打开,如图 2.15 所示。

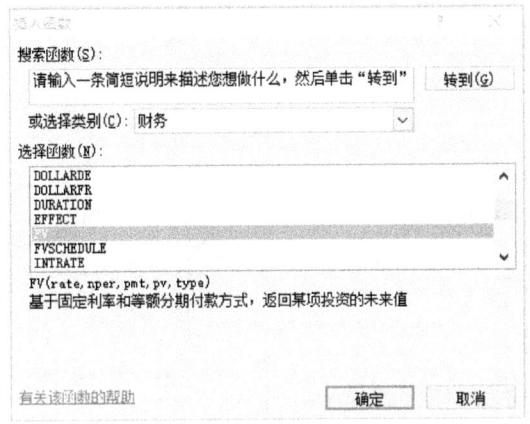

图 2.15 选择函数"FV"

(3) 以例 2-5 为例,在 Rate 栏输入"0.08",Nper 栏输入"5",Pv 栏输入"50 000",Type 栏输入"1",可直接得到计算结果"-73 466.40 384",如图 2.16 所示。

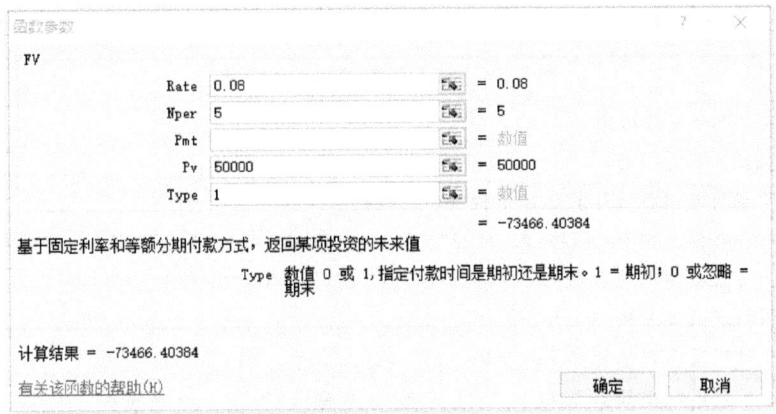

图 2.16 输入参数得到计算结果

2) 复利现值计算具体步骤

(1) 打开 Excel 2010。

(2) 插入函数"其他函数",选择类别"财务",选择函数"PV"打开,如图 2.17 所示。

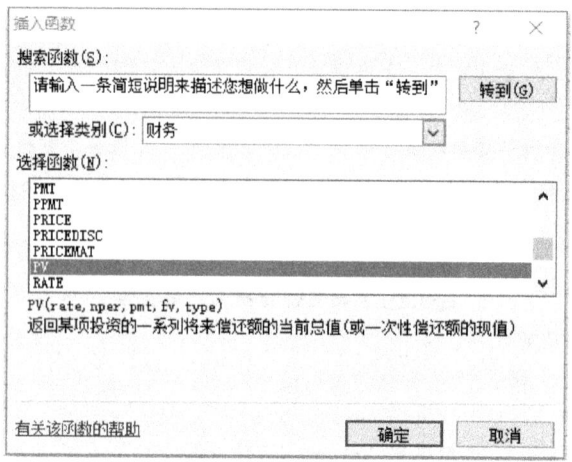

图 2.17 选择函数"PV"

(3) 以例 2-5 为例,在 Rate 栏输入"0.08",Nper 栏输入"3",Fv 栏输入"400",Type 栏输入"1",可直接得到计算结果"-317.532 896 4",如图 2.18 所示。

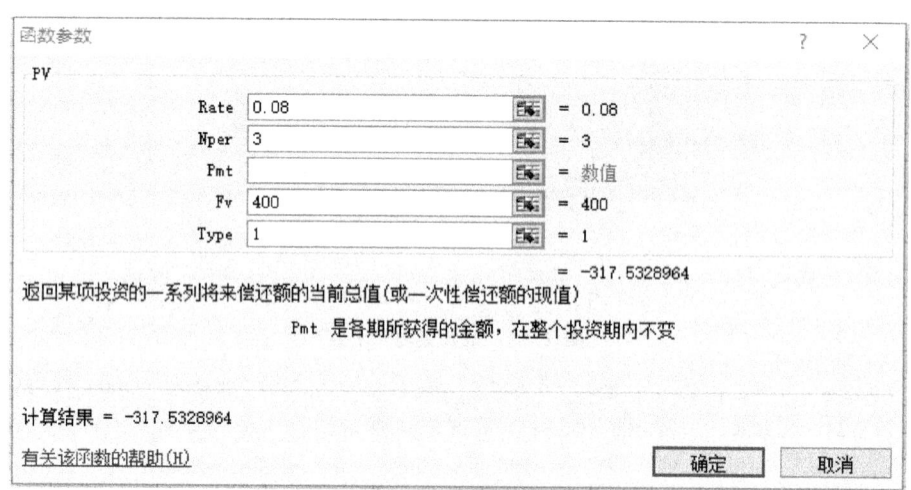

图 2.18 输入参数得到计算结果

2. 年金终值、年金现值的计算

1) 年金终值计算具体步骤

(1)、(2) 步骤同复利终值计算具体步骤 (1)、(2)。

(3) 以例 2-6 为例,在 Rate 栏输入"0.2",Nper 栏输入"40",Pmt 栏输入"14 000",Type 栏输入"0"或忽略,可直接得到计算结果"-102 814 009.8",如图 2.19 所示。

2) 年金现值计算具体步骤

(1)、(2) 步骤同复利现值计算具体步骤 (1)、(2)。

(3) 以例 2-6 为例,在 Rate 栏输入"0.1",Nper 栏输入"3",Pmt 栏输入"10 000",Type 栏输入"0"或忽略,可直接得到计算结果"-24 868.519 91",如图 2.20 所示。

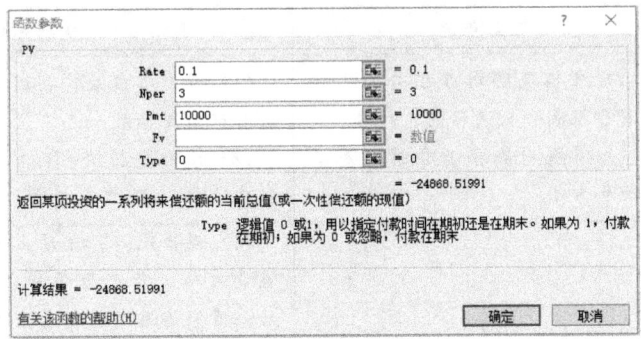

图 2.19　输入参数得到计算结果

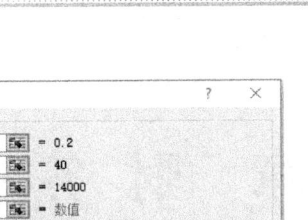

图 2.20　输入参数得到计算结果

3. 期间的推算

期间的推算具体包括以下几个步骤。

(1) 打开 Excel 2010。

(2) 插入函数"其他函数",选择类别"财务",选择函数"NPER"打开。

(3) 以例 2-16 为例,在 Rate 栏输入"0.1",Pmt 栏输入"500",Fv 栏输入"-2 000",Type 栏输入"0"或忽略,可直接得到计算结果"5.359 612 424"年,如图 2.21 所示。

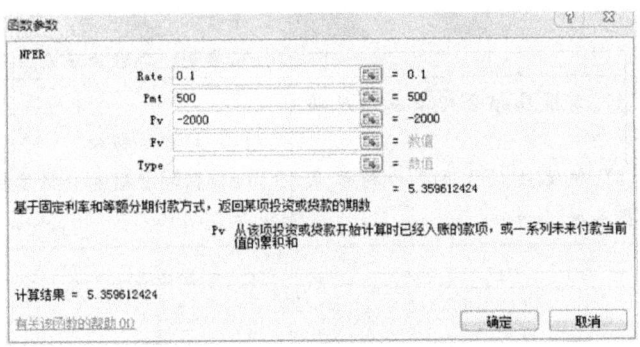

图 2.21　输入参数得到计算结果

特别要注意的是,Pmt 和 Pv 的数值符号一正一负,表明现金流动方向相反。

第3章 财务分析

学习目标

知识要点	能力要求	关键术语
财务报告分析	（1）准确理解财务报告的内容和财务报表分析的目的、内容 （2）掌握财务报告分析的基本原理和方法	（1）资产负债表；利润表；现金流量表；所有者权益变动表 （2）比较分析法；比率分析法（效率比率、相关比率）；因素分析法；差额分析法
财务效率分析	（1）熟悉企业财务效率分析的基本目的和内容 （2）掌握企业财务效率分析的基本指标的计算和评价方法	（1）现金比率；流动比率；速动比率；现金流量比率；资产负债率；产权比率；权益乘数；债务偿还期；利息保障倍数；现金利息保障倍数 （2）总资产周转率；固定资产周转率；流动资产周转率；存货周转率；应收账款周转率 （3）销售利润率；销售净利率；资产利润率；总资产报酬率；净资产收益率；每股盈余；市盈率；每股现金流量 （4）营业收入增长率；利润增长率；总资产增长率；股东权益增长率；经营现金流量增长率；经济增加值增长率；市场竞争率；资产质量；利润质量；现金流量质量
财务状况综合分析	（1）掌握杜邦分析法基本原理和方法 （2）理解帕利普财务分析体系的基本原理	（1）杜邦分析法 （2）帕利普财务分析体系

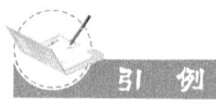

引 例

KM公司是一家以中药材及中药饮品制造和销售为主的公司，近几年市场销量不断上涨，公司经济实力不断增强。公司高级管理层有人建议董事长适时投资物业租售行业，这样既可以提高公司的投资收益率，又可以分散投资风险。孙芳是公司的财务副经理，董事长要求孙芳在一周内对公司的财务状况作出全面分析，并写一份分析报告给董事长，以便其根据本公司各方面的财务状况做出正确的财务决策。

请问：

为完成该分析报告，孙芳应搜集哪些主要资料？

孙芳应从哪些方面、分别通过哪些指标对本公司的财务状况进行分析？

孙芳可以采用什么方法分析本公司的财务状况？如何分析？

学完本章，相信你也能完成孙芳的财务分析工作。

3.1 财务分析概述

3.1.1 财务分析的内涵、目的和内容

1. 财务分析的内涵

财务分析（financial analysis）以企业的财务报告及其他相关资料为基础，对企业的财务状况和经营成果进行评价和剖析，反映企业在运营过程中的利弊得失和发展趋势，从而为改进企业财务管理和优化资源配置提供重要的财务信息。

财务分析的依据或基础以财务信息为主，其他相关信息为辅。财务分析的对象是企业的筹资、投资、经营和分配等财务活动。财务分析的内容包括会计分析、财务效率分析和财务综合分析。财务分析的目的是为企业有关各方的经营决策、投资决策、管理控制及监督管理等提供准确的信息或依据。

2. 财务分析的目的

财务分析的主体是多元的，企业的经营者、所有者、债权人、中介机构、监管部门、其他利益相关者等都是企业财务分析的主体，都可从各自的目的出发对企业进行财务分析。

1) 企业经营者进行财务分析的目的

企业的经营者受托于企业所有者，对企业进行有效的经营管理。经营者对企业现时的财务状况、盈利能力和未来持续发展能力都非常关注，其进行财务分析的主要目的在于通过财务分析所提供的信息，监控企业的经营活动和财务状况的变化，以便尽早发现问题，从而采取改进措施。

根据《企业内部控制应用指引第14号——财务报告》，企业经营者进行企业财务分析主要包括以下内容和目的。

（1）企业应当分析企业的资产分布、负债水平和所有者权益结构，通过资产负债率、流动比率、资产周转率等指标，分析企业的偿债能力和营运能力，分析企业净资产的增减变化，了解和掌握企业规模和净资产的不断变化过程。

（2）企业应当分析各项收入、费用的构成及其增减变动情况，通过净资产收益率、每股收益等指标，分析企业的盈利能力和发展能力，了解和掌握当期利润增减变化的原因和未来发展趋势。

（3）企业应当分析经营活动、投资活动、筹资活动现金流量的运转情况，重点关注现金流量能否保证生产经营过程的正常运行，防止现金短缺或闲置。

2) 债权人进行财务分析的目的

债权人即企业负债资金的出资者。债权人为企业提供资金所能获得的报酬是固定的，

无论企业的业绩多么优秀，债权人的报酬只能限定为固定的利息或者商业销售的毛利，但如果企业发生经营亏损或经营困难，没有足够的偿付能力，债权人就可能无法收回全部或部分本金，由此可见，债权人的风险和报酬经常是不对称的，这就决定了债权人非常关注其贷款的安全性，这也是债权人进行财务分析的主要目的。

债权人为了保证其债权的安全，非常关注债务人的现有资源以及未来现金流量的可靠性、及时性和稳定性。债权人的分析集中于评价企业控制现金流量的能力和在多变的经济环境下保持稳定的财务基础的能力。由于债务的期限长短不同，债权人进行财务分析所关注的重点也有所不同。对于短期债权人来说，主要关心企业当前的财务状况、短期资产的流动性以及资金周转状况；而长期债权人侧重分析企业未来现金流量和评价企业未来的盈利能力。另外，所有债权人都比较重视对企业资本结构的分析，因为资本结构决定企业的财务风险，从而影响债权人的债权安全性。

3）所有者进行财务分析的目的

所有者将资金投入企业后，拥有对企业的剩余权益，即只有在企业的债权人和优先股股东等的求偿权得到满足之后，所有者才享有剩余财产的分配权。在持续经营情况下，企业只有在负担完债务利息和优先股股利后，才能给所有者分配股利。在企业繁荣时期，所有者可以比债权人或优先股股东获得更多的收益；而在企业衰退时期，所有者要首先承担损失。由此可见，企业所有者要承担更大的风险，这就决定其对企业进行财务分析的主要目的是分析企业的盈利能力和风险状况，以便据此评估企业价值和股票价值，进行有效的投资决策。企业价值是企业未来各年预期收益以适当的折现率进行折现的现值之和。企业未来各年的预期收益取决于其盈利能力，折现率则受风险大小的影响，风险越大折现率应越高。所以所有者的财务分析内容更加全面，包括对企业盈利能力、资产管理水平、财务风险、竞争能力和发展前景等方面的分析与评价。

4）政府部门进行财务分析的目的

政府部门如财政、税务、统计部门及监管机构，也经常需要对企业进行财务分析。政府部门对企业进行财务分析的主要目的是了解宏观经济的运行情况和企业对相关法律法规的执行情况，以便为相关政策的制定提供决策依据。

5）审计人员进行财务分析的目的

财务分析是审计人员获取审计证据时运用的一种具体审计程序，审计人员通过分析不同财务数据之间以及财务数据与非财务数据之间的内在关系，可以对财务信息做出评价，从而把握审计重点和方向。审计人员对企业进行财务分析的主要目的是提高其审计的效率和质量，以便正确地发表审计意见，降低审计风险。在审计过程中恰当地运用财务分析程序，可以有效地识别重大错报风险领域，确定审计的方向、范围，提高审计的效率和效果；相反在审计过程中，若不运用或不重视运用财务分析程序，审计人员就可能会无的放矢，陷入对大量凭证、账簿的检查之中，结果事倍功半，发现不了财务报表中的重大错报，导致出具不恰当的审计意见，甚至出现审计失败。

3. 财务分析的内容

传统的财务分析有基于会计的财务分析和基于财务的财务分析两类。基于会计的财务分析是会计报表的继续或利用，也叫财务报表分析或财务报告分析，是以会计学中的会计报表信息为基本出发点,运用会计分析方法对影响会计报表的因素进行分析和调整,为财务比率分析奠定基础,其分析的侧重点在于对影响会计报表信息的因素变动的分析;基于财务的财务分析是以财务学或财务管理目标为基本出发点,以反映企业财务活动与经营成果的财务报告与内部报告为基本分析依据,以专门的财务分析程序与方法,准确分析企业单位的盈利能力、营运能力、偿债能力和发展能力等状况,其分析的侧重点在于对公司的财务效率或能力的分析、证券市场分析等。

现代财务分析是基于会计的财务分析和基于财务的财务分析的结合,其内容通常包括财务分析基础:财务分析理论、财务分析信息、财务分析方法和程序。会计分析:资产负债表分析、利润表分析、现金流量表分析和所有者权益变动表分析。财务效率分析:盈利能力、营运能力、偿债能力和发展能力等分析。财务综合分析与应用:杜邦综合分析、帕利普财务分析、企业绩效评价、企业价值评估、企业财务危机预警等。

由于篇幅限制,在阐述财务分析的基本理论和方法的基础上,本章重点讲述财务效率分析、财务趋势分析和财务综合分析。

3.1.2 财务分析的基础

财务报告是企业向政府部门、投资者、债权人等与本企业有利害关系的组织或个人提供的,反映企业在一定时期内的财务状况、经营成果以及影响企业未来经营发展的重要经济事项的书面文件。企业的财务报告主要包括资产负债表、利润表、现金流量表、所有者权益变动表、其他附表以及财务状况说明书。这些报表及财务状况说明书集中、概括地反映了企业的财务状况、经营成果和现金流量情况等财务信息,对其进行财务分析,可以更加系统地揭示企业的偿债能力、运营能力、盈利能力等财务状况。下面主要介绍常用的4种基本会计报表:资产负债表、利润表、现金流量表和所有者权益变动表。

1. 财务报表主表

财务报表主表通常包括资产负债表、利润表、现金流量表、所有者(或股东)权益变动表。

1) 资产负债表

资产负债表(balance sheet)是反映企业一定日期财务状况的会计报表。它以"资产=负债+所有者权益"这一会计等式为依据,按照一定的分类标准和次序反映企业在某一个时点上资产、负债及所有者权益的基本状况。资产负债表的结构见表3-1。

表 3-1 资产负债表

编制单位:KM公司　　　　　20×5年12月31日　　　　　　　　　单位:万元

资产	年末余额	年初余额	负债和股东权益	年末余额	年初余额
流动资产:			流动负债:		
货币资金	1 581 834	998 527	短期借款	462 000	342 000
应收票据及应收账款	289 899	245 031	应付票据及应付账款	164 562	179 090
预付款项	55 965	59 723	预收账款	94 758	102 082

续表

资产	年末余额	年初余额	负债和股东权益	年末余额	年初余额
其他应收款	10 840	5 813	应付职工薪酬	4 380	3 032
存货	979 470	736 866	应交税费	38 782	31 350
其他流动资产	26 763	19 400	其他应付款	72 986	47 247
流动资产合计	2 944 771	2 065 360	一年内到期的非流动负债	450	20 000
非流动资产：			其他流动负债	550 000	100 000
可供出售金融资产	0	0	流动负债合计	1 387 918	824 801
持有至到期投资	0	0	非流动负债：		
长期应收款	0	0	长期借款	27	450
长期股权投资	40 700	33 333	应付债券	488 544	249 625
投资性房地产	67 900	52 500	递延收益	49 659	40 922
固定资产	479 035	431 054	递延所得税负债	532	261
在建工程	17 316	45 408	非流动负债合计	538 761	291 258
无形资产	105 238	107 197	负债合计	1 926 679	1 116 059
商誉	30 473	22 359	股东权益：		
长期待摊费用	6 750	6 214	股本	439 743	219 871
递延所得税资产	12 593	6 962	其他权益工具（优先股）	296 770	296 770
其他非流动资产	105 746	17 544	资本公积	365 728	475 663
			其他综合收益	1 307	−44
			盈余公积	114 517	87 640
			未分配利润	658 448	591 696
			归属于母公司股东权益合计	1 876 513	1 671 597
			少数股东权益	7 331	276
非流动资产合计	865 751	722 572	股东权益合计	1 883 844	1 671 873
资产总计	3 810 523	2 787 932	负债和股东权益总计	3 810 523	2 787 932

从资产负债表的结构来看，它主要包括资产、负债和股东权益3大类项目。资产负债表的左方反映企业的资产状况，资产按其流动性不同从大到小来分项列示，顺次为流动资产、非流动资产。非流动资产主要包括：可供出售金融资产、持有至到期投资、长期股权投资、投资性房地产、固定资产、无形资产和其他非流动资产等。资产负债表的右方反映企业的负债和股东权益的状况，它说明了企业资金的来源情况，即有多少资金来源于债权人，有多少资金来源于企业所有者的投资及企业生产经营过程的积累。

第3章 财务分析

资产负债表是进行财务分析的一种重要财务报表,它提供了企业的资产结构、资产流动性、资金来源状况、负债水平以及负债结构等财务信息。通过对资产负债表的分析,可以了解企业的偿债能力、资金营运能力等财务状况,为债权人、投资者以及企业管理者提供决策依据。

2) 利润表

利润表(income statement)也称损益表,是反映企业在一定期间生产经营成果的财务报表。利润表是以"利润=收入-费用"这一会计等式为依据编制而成的。通过利润表可以考核企业利润计划的完成情况,分析企业的获利能力及利润增减变化的原因,预测企业利润的发展趋势,为投资者及企业管理者等各方面提供财务信息。在利润表中,通常按照利润的构成项目来分别列示,其结构见表3-2。

表3-2 利润表(简表)

编制单位:KM公司　　　　20×5年度　　　　　　　　　　　　　　　单位:万元

项　目	本期发生额	上期发生额
一、营业总收入	1 806 683	1 594 919
减:营业成本	1 294 727	1 176 822
税金及附加	19 669	10 289
销售费用	49 931	42 642
管理费用	60 671	49 701
研发费用	10 388	9 588
财务费用	44 899	43 495
其中:利息费用	58 892	68 289
利息收入	13 993	10 000
资产减值损失	11 730	2 045
加:其他收益		
投资收益(损失以"-"号填列)	7 215	5 304
其中:对联营企业和合营企业的投资收益	7 215	5 304
公允价值变动收益(损失以"-"号填列)	0	0
二、营业利润(亏损以"-"号填列)	321 793	266 642
加:营业外收入	3 851	5 485
减:营业外支出	1 379	1 404
其中:非流动资产处置损失	50	2
三、利润总额(亏损总额以"-"号填列)	324 264	270 722
减:所得税费用	48 618	42 133
四、净利润(净亏损以"-"号填列)	275 646	228 589
五、其他综合收益的税后净额		
六、综合收益总额		
七、每股收益:		
(一)基本每股收益	0.62	1.05
(二)稀释每股收益	0.62	1.05

企业的收入主要包括营业收入、投资收益及营业外收入。费用支出主要包括营业成本、税金及附加、销售费用、管理费用、研发费用、财务费用、投资损失以及营业外支出等。总收入减去总费用就是利润总额。企业的利润按收入与费用的不同配比,可以分为3个层次:营业利润、利润总额(税前利润)和净利润。营业利润是营业收入扣除营业成本、税金及附加、销售费用、管理费用、财务费用、资产减值损失等,加上投资收益、公允价值变动收益等以后的利润,主要反映企业的经营和投资所得;营业利润加上营业外收入减去营业外支出就是利润总额,是计算所得税的基础;利润总额扣除应纳的所得税后就是企业的净利润,这是企业所有者可以分享的实际收益。

3)现金流量表

现金流量表(cash flow statement)是以现金(cash)及现金等价物(cash equivalent)为基础编制的财务状况变动表,是企业对外报送的一种重要会计报表。它为会计报表使用者提供企业一定会计期间内现金和现金等价物流入和流出的信息,以便报表使用者了解和评价企业获取现金和现金等价物的能力,并据以预测企业未来的现金流量。现金流量表的结构见表3-3。

表3-3 现金流量表

编制单位:KM公司　　　　　　20×5年度　　　　　　　　　　　　　单位:万元

项　目	本期发生额	上期发生额
一、经营活动产生的现金流量		
销售商品、提供劳务收到的现金	1 937 246	1 783 079
收到的其他与经营活动有关的现金	30 732	46 899
经营活动现金流入小计	1 967 978	1 829 979
购买商品、接受劳务支付的现金	1 661 551	1 518 034
支付给职工以及为职工支付的现金	51 553	38 260
支付的各项税费	140 399	110 190
支付的其他与经营活动有关的现金	63 589	50 274
经营活动现金流出小计	1 917 092	1 716 758
经营活动产生的现金流量净额	50 886	113 220
二、投资活动产生的现金流量		
收回投资所收到的现金	—	—
取得投资收益所收到的现金	1 200	1 200
处置固定资产、无形资产和其他长期资产所收回的现金净额	24	10
投资活动现金流入小计	1 224	1 210
购建固定资产、无形资产和其他长期资产所支付的现金	137 474	68 206
投资所支付的现金		

续表

项　目	本期发生额	上期发生额
取得子公司及其他营业单位支付的现金净额	7 852	9 892
支付的其他与投资活动有关的现金	250	—
投资活动现金流出小计	145 576	78 099
投资活动产生的现金流量净额	−144 351	−76 889
三、筹资活动产生的现金流量		
吸收投资收到的现金	6 660	300 000
其中：子公司吸收少数股东投资收到的现金	6 660	—
取得借款收到的现金	610 950	372 000
发行债券收到的现金	790 000	100 000
筹资活动现金流入小计	1 407 610	772 000
偿还债务支付的现金	615 525	549 408
分配股利、利润或偿付利息所支付的现金	111 997	104 640
支付其他与筹资活动有关的现金	4 149	3 820
筹资活动现金流出小计	731 671	657 868
筹资活动产生的现金流量净额	675 939	114 132
四、汇率变动对现金及现金等价物的影响		
五、现金及现金等价物净增加额	582 474	150 464
加：期初现金及现金等价物余额	996 989	846 525
六、期末现金及现金等价物余额	1 579 463	996 989

根据《企业会计准则》的要求，企业应在年末（或半年）编制年（或半年）报时编报现金流量表。为了正确地分析现金流量表，必须要明确现金流量表中这样几个重要的概念：现金、现金等价物、现金流量。现金流量表中的现金是指企业的库存现金以及可以随时用于支付的存款，包括库存现金、银行存款和其他货币资金。但是，应注意的是，银行存款和其他货币资金中不能随时用于支付的存款不应作为现金，而应作为投资，如不能随时支取的定期存款等。现金等价物是指企业持有的期限短、流动性强、易于转换为已知金额现金、价值变动风险很小的短期投资。现金等价物虽然不是现金，但其支付能力与现金差别不大，可以视为现金。一项投资被确认为现金等价物必须同时具备4个条件：期限短、流动性强、易于转换为已知金额现金、价值变动风险很小。其中，期限短一般是指从购买日起，3个月内到期。现金流量是某一段时期内企业现金流入和流出的数量，主要包括经营活动产生的现金流量、投资活动产生的现金量和筹资活动产生的现金流量3类。

4）所有者权益变动表

所有者（股东）权益变动表（statement of owners equity）反映一定时期内所有者权益各项目的增减变动情况的报表。所有者（股东）权益变动表格式见表3-4。

表 3-4 所有者（股东）权益变动表

编制单位：KM公司　　　　　　　　　　20×5年度　　　　　　　　　　单位：万元

项目	本年金额							上年金额
	归属于母公司的所有者权益					少数股东权益	股东权益合计	（略）
	股本	其中：优先股	资本公积	盈余公积	未分配利润			
一、上年末余额	219 871	296 770	475 663	87 640	591 696	276	1 671 873	
加：会计政策变更								
前期差错更正								
二、本年年初余额	219 871	296 770	475 663	876 40	591 696	276	1 671 873	
三、本年增减变动额	219 871		-109 936	26 877	66 752	7 055	211 971	
（一）综合收益总额					275 673	-28	276 997	
（二）所有者投入和减少资本						6 660	6 660	
1. 股东投入的普通股						6 660	6 660	
2. 股份支付计入股东权益的金额								
3. 其他								
（三）利润分配				26 877	-98 986		-72 109	
1. 提取盈余公积				26 877	-26 877			
2. 对股东的分配					-70 359		-70 359	
3. 其他					-1 750		-1 750	
（四）股东权益的内部结转	219 871		-109 936		-109 936			
1. 资本公积转增股本	109 936		-109 936					
2. 盈余公积转增股本								
3. 盈余公积弥补亏损								
4. 设定受益计划变动额结转留存收益								
5. 其他	109 936				-109 936			
（五）专项储备								
（六）其他						423	423	
四、本年年末余额	439 743	296 770	365 728	114 517	658 448	7 331	1 883 844	

 **特别提示**

企业编制、对外提供和分析利用财务报告，至少应当关注下列风险：第一，编制报告违反会计法律法规和国家统一的会计准则制度，可能导致企业承担法律责任和声誉受损。第二，提供虚假报告，误导报告使用者，造成决策失误，干扰市场秩序。第三，不能有效利用报告，难以及时发现企业经营管理中存在的问题，可能导致企业的经营风险失控。(《企业内部控制应用指引第14号——财务报告》第三条)

2. 财务报表信息的局限性

财务报表是财务分析最主要的信息基础，财务报表信息质量直接影响账务分析的质量。要提高财务分析的准确性，必须首先提高财务报表信息的质量。然而，现行的财务报表信息仍存在诸多局限性。

(1) 报表信息的时效性问题。财务报表中的数据均是企业过去经济活动的结果和总结，用于预测未来发展趋势，只有参考价值，并非绝对合理。另外，财务报表通常是按月或按年编制的，且报表的形成或报出时间与报表内容反映的时间之间又存在一定的距离，故财务报表信息并不能反映分析时企业的真实情况，尤其在当今市场竞争激烈、情况瞬息万变的时代，应更加注意报表时间上的局限性。

(2) 报表信息的客观性问题。一方面，财务报表即使按会计准则编制，也不一定能准确反映企业的客观实际。如：报表信息未按通货膨胀状况进行调整；某些资产以成本计价，并不能代表其现在的真实价值；一些支出在记账时存在灵活性，既可以作为当期费用，也可以作为资本项目在以后年度摊销；还有些资产可能以估计值入账，但未必客观。另一方面，在企业形成其财务报表之前，信息提供者往往对信息使用者所关注的财务状况及对信息的偏好进行分析和研究，并尽力满足信息使用者对企业财务状况和经营成果信息的期望。其结果极有可能使信息使用者所看到的报表信息与企业实际状况不完全一致，从而误导信息使用者的决策。

(3) 报表信息内容的全面性问题。财务报表由于制度原因、保密原因或规范原因等，不能提供详尽的因素分析所需数据，如各成本项目数据，材料或人工消耗数据等；财务报表不能反映企业未来将要发生的事项，只是对历史情况的反映；目前的财务报表尚不能完整反映企业的人力资源信息、社会责任信息等。综上所述，财务报表提供的信息是有限的，对报表使用者来说，可能许多信息在报表或附注中根本找不到。

(4) 财务报表的计量问题。财务报表都是以货币计量的，不能反映企业经营中的非货币性事项，如产量、质量、劳动力及设备状况等，这些要素对分析企业的经营和财务状况也是非常重要的。

3.1.3 财务分析的方法

1. 比较分析法

比较分析法（method of comparative analysis）是对两个或几个相关的可比数据进行对比，揭示差异和矛盾的一种分析方法。比较分析法按比较对象不同可分为以下几种。

(1) 与本企业历史比，即不同时期指标对比，也称"纵向比较"或"趋势分析"。

(2) 与同类公司比，即与行业平均数或竞争对手比较，也称"横向比较"。

(3) 与计划预算比，即实际执行结果与计划指标对比，也称"预算差异分析"。

运用比较分析法应注意比较标准的科学性。运用比较分析，需要选用一定的标准与之对比，以便于对企业的财务状况做出评价。通常而言，科学合理的对比标准有：预定目标（如预算指标、设计指标、定额指标等）；历史标准（如上期实际、上年同期实际、历史先进水平及有典型意义时期的实际水平等）；行业标准（如主管部门或行业协会颁布的技术标准、国内外同类企业的先进水平、国内外同类企业的平均水平等）；公认标准。

2. 比率分析法

比率分析法（ratio analysis method）是通过计算各种比率指标来确定经济活动变动程度的分析方法。比率是相对数，采用这种方法，能够把某些条件下的不可比指标变为可以比较的指标，以利于分析。比率指标主要有构成比率、效率比率和相关比率3类。

1）构成比率

构成比率又称结构比率，是指某项财务指标的各组成部分数值占总体数值的百分比，反映部分与总体的关系。其计算公式为：

$$构成比率 = 某项目数值 / 总体数值 \times 100\%$$

比如，企业资产中流动资产、固定资产和无形资产等占资产总额的百分比（资产构成比率）；企业负债中流动负债和长期负债占负债总额的百分比（负债构成比率）等。利用构成比率，可以考察总体中某个部分的形成和安排是否合理，以便协调各项财务活动。

2）效率比率

效率比率是某项财务活动中所费与所得的比率，反映投入与产出的关系。利用效率比率指标，可以进行得失比较，考察经营成果，评价经济效益。比如，将利润项目与销售成本、销售收入、资本金等项目加以对比，可计算出成本利润率、销售利润率及资本金利润率等指标，可以从不同层次观察比较企业获利能力的高低及其增减变化情况。

3）相关比率

相关比率是以某个项目和与其有关但又不同的项目加以对比所得的比率，反映经济活动的相互关系。利用相关比率指标，可以考察企业有联系的相关业务安排得是否合理，以保障运营活动顺利进行。比如，将流动资产与流动负债加以对比，计算出流动比率，据以判断企业的短期偿债能力。

比率分析法的计算简便，计算结果也比较容易判断，而且可以使某些指标在不同规模的企业之间进行比较。

采用比率分析法时应注意以下几点。

(1) 对比项目的相关性。计算比率的分子和分母必须具有相关性。在构成比率指标中部分指标必须是总体指标这个大系统的一个小系统；在效率比率指标中，投入与产出必须有因果关系；在相关比率指标中，两个对比指标也要有内在联系，才能评价有关经济活动之间是否协调，安排是否合理。

(2) 对比口径的一致性。计算比率的分子和分母必须在计算时间、范围等方面保持口径一致。

第3章 财务分析

3. 因素分析法

因素分析法是依据分析指标与其影响因素的关系，从数量上确定各因素对分析指标影响方向和影响程度的一种方法。因素分析法既可以全面分析各因素对某一经济指标的影响，又可以单独分析某个因素对经济指标的影响，在财务分析中应用颇为广泛。

因素分析法具体有两种：连环替代法和差额分析法。

1) 连环替代法

连环替代法是将分析指标分解为各个可以计量的因素，并根据各个因素之间的依存关系，顺次用各因素的比较值（通常即实际值）替代基准值（通常为标准值或计划值），将替换后的指标值减去替换前的指标值，其差即为该因素对指标值的影响。采用连环替代法包括以下程序。

设某项经济指标 E 是由 A、B、C 3个因素组成的。在分析时，若是用实际指标与计划指标进行对比，则计划指标与实际指标的计算公式如下：

计划指标　　　　　　　　$E_0 = A_0 \times B_0 \times C_0$
实际指标　　　　　　　　$E_1 = A_1 \times B_1 \times C_1$
分析对象为　　　　　　　$E_1 - E_0$ 的差额

采用连环替代法测定各因素变动对指标 E 的影响程度时，各项计划指标、实际指标及替代指标的计算公式如下：

计划指标　　　　　　　　$E_0 = A_0 \times B_0 \times C_0$　　　　　　　　(1)
第一次替代 A　　　　　　$E_2 = A_1 \times B_0 \times C_0$　　　　　　　　(2)
第二次替代 B　　　　　　$E_3 = A_1 \times B_1 \times C_0$　　　　　　　　(3)
第三次替代（实际指标）C　$E_1 = A_1 \times B_1 \times C_1$　　　　　　　　(4)

各因素变动对指标 E 的影响数额的计算公式为

由于 A 因素变动的影响 = (2) - (1) = $E_2 - E_0$
由于 B 因素变动的影响 = (3) - (2) = $E_3 - E_2$
由于 C 因素变动的影响 = (4) - (3) = $E_1 - E_3$

将上述3个因素的影响结果相加，即为各因素变动对指标 E 的影响程度，它与分析对象应相等。

【例3-1】KM公司 20×4 和 20×5 年某材料消耗的有关资料见表3-5，设该公司只有一种产品耗用该材料。

表3-5　KM公司某材料消耗资料

项　目	产品产量 （件）	材料单耗 （公斤/件）	材料单价 （元/公斤）	材料成本 （元）
20×4年	2 000	20	8	320 000
20×5年	2 500	18	10	450 000
差异	+500	-2	+2	+130 000

要求：用连环替代法定量分析说明KM公司该项材料成本总额变动（+130 000）的原因。

【解】(1) 20×4 年材料成本：2 000×20×8＝320 000

(2) 第一次替代：2 500×20×8＝400 000

(3) 第二次替代：2 500×18×8＝360 000

(4) 20×5 年材料成本＝2 500×18×10＝450 000

产量变动对材料成本的影响：(2)－(1)＝80 000

单耗变动对材料成本的影响：(3)－(2)＝－40 000

单价变动对材料成本的影响：(4)－(3)＝90 000

合　计　　　　　　　　　　　　　　　130 000

由上述计算结果可见，KM 公司 20×5 年该项材料成本总额提高 130 000 元，是由耗用该材料的产品产量提高、单耗下降和材料单价提高共同引起的。

2) 差额分析法

差额分析法是连环替代法的简化形式，是直接利用各因素比较值（或实际值）与基准值之间的差额，计算各因素对指标的影响。即某因素差异对指标值的影响，是用该因素比较值（或实际值）与基准值的差，乘以该因素之前各因素的比较值（或实际值），再乘以该因素之后各因素的基准值。

【例 3-2】仍然用例 3-1 的资料。要求：用差额分析法定量分析说明 KM 公司该项材料成本总额变动的原因。

【解】20×4 年材料成本＝20 00×20×8＝320 000

20×5 年材料成本＝2 500×18×10＝450 000

材料成本差异＝450 000－320 000＝130 000

产量变动对材料成本的影响＝(2 500－2 000)×20×8＝80 000

单耗变动对材料成本的影响＝2 500×(18－20)×8＝－40 000

单价变动对材料成本的影响＝2 500×18×(10－8)＝90 000

合计　　　　　　　　　　　　　130 000

注意：差额分析法只能用于各因素之间纯粹的乘积关系。

采用因素分析法时，必须注意以下问题。

(1) 因素分解的关联性。构成经济指标的因素，必须客观上存在因果关系，并能够反映形成该指标差异的内在构成原因，否则并无应用价值。

(2) 因素替代的顺序性。确定替代因素时，必须根据各因素的依存关系，遵循一定的顺序并依次替代，不可随意颠倒，否则就会得出错误的分析结果。

(3) 顺序替代的连环性。因素分析法在计算每一因素变动的影响时，都是在前一次替换计算的基础上进行，并采用连环比较的方法，确定因素变化的影响结果。

(4) 计算结果的假定性。因素分析法计算的各因素的影响数，会因替代顺序不同而产生差异，其计算结果难免带有假定性，即不可能使每个因素的分析结果都绝对准确。所以，分析时应力求使这种假定符合逻辑，具有实际经济意义。计算分析某一因素变化对指标值的影响时，通常假定该因素之前的各因素保持其实际值不变，该因素之后的各因素保持其基准值不变。

3.2 企业偿债能力分析

偿债能力是指企业偿还各种到期债务本息的能力。偿债能力分析是企业财务分析的一个重要方面,通过这种分析可以揭示企业的财务风险。企业财务管理人员、企业债权人及投资者都十分重视企业的偿债能力分析。偿债能力分析主要分为短期偿债能力分析和长期偿债能力分析。

3.2.1 短期偿债能力分析

短期偿债能力 (solvency of current liability) 是指企业一年内或超过一年的一个营业周期内的还债能力,即指企业偿付流动负债的能力。流动负债是将在一年内或超过一年的一个营业周期内需要偿付的债务,这部分负债对企业的财务风险影响较大,如果不能及时偿还,就可能使企业面临倒闭的危险。在资产负债表中,流动负债与流动资产形成一种对应关系。一般来说,流动负债需以流动资产来偿付,特别是,通常它需要以现金来直接偿还。因此,可以通过分析企业流动负债与流动资产之间的关系来判断企业的短期偿债能力。通常,评价企业短期偿债能力的财务比率主要有现金比率、流动比率、速动比率和现金流量比率等。

1. 现金比率

现金比率 (cash ratio) 通过计算企业现金以及现金等价资产总量与当前流动负债的比率,来衡量企业资产的流动性,反映出企业在不依靠存货销售及应收款的情况下,支付当前债务的能力。其计算公式为:

$$现金比率 = \frac{货币资金 + 交易性金融资产}{流动负债}$$

现金比率一般认为 20% 以上为好。但这一比率过高,就意味着企业流动资产未能得到合理运用,而现金类资产获利能力低,这类资产金额太高会导致企业机会成本增加。运用上述公式时需要注意,现金比率不考虑现金收到以及现金支付的时间。

2. 流动比率

流动比率 (current ratio) 是企业流动资产与流动负债的比值,表明企业每一元流动负债有多少流动资产作为偿还保证。其计算公式为:

$$流动比率 = \frac{流动资产}{流动负债}$$

流动资产主要包括货币资金、交易性金融资产、应收及预付款项、存货、一年内到期的非流动资产、其他流动资产等,一般用资产负债表中期末(或期初)的流动资产总额来表示;流动负债主要包括短期借款、交易性金融负债、应付及预收款项、各种应交款项、一年内即将到期的非流动负债等,通常也用资产负债表中期末(或期初)的流动负债总额来表示。

一般情况下流动比率越高,反映企业短期偿债能力越强,债权人的权益越有保证。国际上通常认为流动比率的下限为 1,而流动比率等于 2 时较为适当,它表明企业的财务状况比较稳定可靠，除了满足日常生产经营的流动资金需要外，还有足够的财力偿付到期短期债务。如果流动比率过低，则表示企业可能捉襟见肘，难以如期偿还债务。但流动比率也不可以过高，过高则表明企业流动资产占用较多，会影响企业的资金使用效率和企业的筹资成本，进而影响企业的获利能力。

【例 3-3】 根据表 3-1 中 KM 公司资产负债表，该公司流动比率为：

20×5 年年末流动比率＝2 944 771/1 387 918＝2.12

20×5 年年初流动比率＝2 065 360/824 801＝2.50

这表明 KM 公司 20×5 年年末每有 1 元的流动负债，就有 2.12 元的流动资产做保障，20×5 年年初每有 1 元的流动负债，就有 2.5 元的流动资产做保障，表明 KM 公司 20×5 年短期偿债能力有所下降。

对流动比率的分析应结合不同的行业特点，有的行业流动比率较高，有的行业流动比率较低，不可一概而论。对流动比率的分析，还应结合企业流动资产结构及各项流动资产的实际变现能力等因素，有时流动比率较高，但其短期偿债能力未必很强，因为可能是存货积压或滞销的结果，而且，企业也很容易伪造这个比率，以粉饰其偿债能力。如年终时故意将借款还清，下年初再借入，这样就可以人为地提高流动比率。假设某一公司有流动资产 20 万元、流动负债 10 万元，则流动比率为 2∶1；如果该公司在年终编制会计报表时，故意还清 5 万元短期借款，待下年初再借入，则该公司流动资产就变成了 15 万元，流动负债就变成了 5 万元，流动比率为 3，流动比率提高，粉饰了短期偿债能力。因此，利用流动比率来评价企业短期偿债能力存在一定的片面性。

3. 速动比率

速动比率又称酸性试验比率（acid test ratio），是企业速动资产与流动负债的比值。速动资产是流动资产减去变现能力较差且不稳定的存货、预付账款、一年内到期的非流动资产和其他流动资产等之后的余额。速动比率能够比流动比率更加准确、可靠地评价企业资产的流动性及其偿债能力。其计算公式为：

$$速动比率 = \frac{速动资产}{流动负债}$$

速动资产＝货币资金＋交易性金融资产＋应收账款＋应收票据

＝流动资产－存货－预付账款－一年内到期的非流动资产－其他流动资产

因为预付账款、一年内到期的非流动资产和其他流动资产等非速动资产项目的金额往往较小，所以实际工作中计算速动比率时经常不扣除，粗略地直接用流动资产减去存货计算速动资产。但应注意，同一次分析比较中计算口径必须一致。

一般情况下，速动比率越高，说明企业的短期偿债能力越强，国际上通常认为，速动比率为 1∶1 比较合适。

【例 3-4】 根据表 3-1 中的有关数据，计算 KM 公司的速动比率为：

20×5 年年末速动比率＝(2 944 771－979 470－55 965－26 763)/1 387 918＝1.36

或　　　　　　　　　＝(2 944 771－979 470)/1 387 918＝1.42

20×5 年年初速动比率＝(2 065 360－736 866－59 723－19 400)/824 801＝1.51

或　　　　　　　　　＝(2 065 360－736 866)/824 801＝1.61

KM 公司 20×5 年年末的速动比率为 1.36，20×5 年年初的速动比率为 1.51，均大于

1，该公司速动比率较高，说明该公司的财务风险较小，但20×5年年末速动比率比年初有所下降，应引起重视。在实际分析时，应该根据企业性质和其他因素来综合判断，不可一概而论。通常影响速动比率可信度的重要因素是应收账款的变现能力，如果企业的应收账款中有较大部分不易收回，可能会成为坏账，那么速动比率就不能真实地反映企业的偿债能力。

4. 现金流量比率

现金流量比率（cash flow ratio）是企业一定时期经营活动现金净流量与流动负债的比值，它可以从现金流量角度来反映企业当期偿付短期负债的能力。其计算公式为：

$$现金流量比率 = \frac{经营活动现金净流量}{流动负债}$$

上式中经营活动的现金净流量是指分析期的经营流动现金净流量，流动负债是指分析期平均（或期末）的流动负债额。

现金流量比率越高，说明企业短期偿债能力越强；反之，现金流量比率越低，说明企业短期偿债能力越差。

【例3-5】根据表3-1和表3-3的资料，KM公司的现金流量比率为：

20×5年现金流量比率＝50 886/1 387 918＝0.037

20×4年现金流量比率＝113 220/824 801＝0.137

由上述计算可见，KM公司20×5年现金流量比率为0.037，20×4年的现金流量比率为0.137，说明该公司短期偿债能力有所下降，主要是由于该公司流动负债大幅度提高，同时其经营活动现金净流量大幅降低引起的。

值得注意的是，这里的经营活动所产生的现金流量是过去一个会计年度的经营成果，而流动负债则是未来一个会计年度需要偿还的债务，二者的会计期间不同。因此，这个指标是在假设企业各年的经营活动现金净流量比较均衡的基础上的，所以使用这一财务比率时，需要考虑未来一个会计年度影响经营活动现金净流量变动的因素，从而分析现金流量的变化对现金流量比率及企业短期偿债能力的影响。

3.2.2 长期偿债能力分析

长期偿债能力（solvency of long-term liability）是指企业超过一年以上或企业整个经营期内的还债能力，即企业偿还全部债务的能力。企业的长期债权人不仅关心企业的短期偿债能力，更关心企业的长期偿债能力。因此，在对企业进行短期偿债能力分析的同时，还需分析企业的长期偿债能力，以便债权人和投资者全面了解企业的偿债能力及财务风险。反映企业长期偿债能力的财务比率主要有资产负债率、产权比率、权益乘数、债务偿还期、利息保障倍数、现金利息保障倍数等。

1. 资产负债率

资产负债率（asset-liability ratio）是企业负债总额占资产总额的百分比，也称为负债比率或举债经营比率，它反映企业的资产总额中有多少是通过举债而得到的。其计算公式为：

$$资产负债率 = \frac{负债总额}{资产总额} \times 100\%$$

资产负债率反映企业偿还债务的综合能力,该比率越低,企业偿还债务的能力越强;反之,偿还债务的能力越弱。

【例3-6】 根据表3-1的有关数据计算KM公司的资产负债率为:

20×5年年末资产负债率=1 926 679/3 810 523×100%=50.56%

20×5年年初资产负债率=1 116 059/2 787 932×100%=40.03%

KM公司20×5年年末的资产负债率50.56%,20×5年年初的资产负债率为40.03%,说明该公司20×5年的资产负债率有所提高,偿债能力有所下降。

对于资产负债率,企业的债权人、股东和企业经营者往往从以下不同的角度来评价。

(1)企业的债权人最关心的是其贷给企业资金的安全性。如果该比率过高,说明在企业的全部资产中,股东提供的资本所占比重太低,这样,企业的财务风险就主要由债权人承担,其贷款的安全也缺乏可靠的保障,所以债权人总是希望企业的负债比率低一些。

(2)企业股东最关心的是投资收益的高低,企业借入的资金与股东投入的资金在生产经营中可以发挥同样的作用,如果企业负债所支付的利率低于总资产报酬率,股东就可以利用举债经营取得更多的投资收益。因此,股东所关心的往往是总资产报酬率是否超过了负债利息率。如果总资产报酬率超过负债利息率,股东一般希望资产负债率高一些,这样有利于提高股东权益报酬率;反之,如果总资产报酬率低于负债利息率,股东一般希望资产负债率低一些,这样有利于降低财务风险。

(3)企业经营者既要考虑企业的盈利,又要顾及企业所承担的财务风险。资产负债率作为财务杠杆不仅反映了企业的长期财务状况,也反映了企业管理部门的进取精神。如果企业不利用举债经营或者负债比率很小,则说明企业经营者比较保守,对前途信心不足,利用债权人资本进行经营活动的能力较差。但是,负债也必须有一定的限度,负债比率过高,企业的财务风险将增大,一旦资产负债率超过1,则说明企业资不抵债,有濒临倒闭的危险。

资产负债率为多少才合理,并没有一个统一的标准。不同行业、不同类型的企业及企业生产经营所处的不同阶段都是有较大的差异的。一般处于高速成长期的企业,其资产负债率可能会高一些,这样所有者会得到更多的杠杆利益。但是,企业财务管理人员在确定企业的资产负债率时,一定要审时度势,充分考虑企业内部各种因素和企业外部的市场环境,在收益与风险之间权衡利弊得失,然后才能做出正确的财务决策。

2. 产权比率

产权比率(debt to equity ratio)是负债总额与股东权益总额的比值,也称负债股权比率。其计算公式为:

$$产权比率=\frac{负债总额}{股东权益总额}$$

产权比率反映了债权人所提供的资金与股东所提供资金的对比关系,因此它可以揭示企业的财务风险以及股东权益对债务的保障程度。该比率越低,说明企业长期财务状况越好,债权人贷款的安全性越高,企业财务风险越小。

【例3-7】 根据表3-1的有关数据,KM公司的产权比率为:

20×5年年末产权比率=1 926 679/1 883 844=1.02

20×5年年初产权比率=1 116 059/1 671 873=0.67

KM 公司 20×5 年年末的产权比率为 1.02，20×5 年年初的产权比率为 0.67，说明该公司 20×5 年的产权比率有所提高，偿债能力有所降低。

3. 权益乘数

权益乘数（equity multiplier）指资产总额是股东权益总额的倍数。权益乘数表明每一元股东权益拥有的总资产额，该乘数越大，说明股东投入的资本在资产中所占的比重越小，企业债务偿还的保证程度越小。其计算公式为：

$$权益乘数 = \frac{资产总额}{股东权益总额}$$

【例 3-8】根据表 3-1 的有关数据，KM 公司的权益乘数为：

20×5 年年末权益乘数 = 3 810 523/1 883 844 = 2.02

20×5 年年初权益乘数 = 2 787 932/1 671 873 = 1.67

KM 公司 20×5 年年末权益乘数为 2.02，20×5 年年初的权益乘数为 1.67，说明该公司股东投入的资本在资产中所占比重有所下降，企业债务偿还的保证程度减少了，企业经营所承担的财务风险增加了。

4. 债务偿还期

债务偿还期是负债总额与经营活动现金净流量的比值，反映用企业经营活动产生的现金净流量偿还全部债务所需的时间。这里的负债总额通常用分析期期末的负债总额，经营活动现金净流量指分析期实现的经营活动现金净流量。其计算公式为：

$$债务偿还期 = \frac{负债总额}{经营活动现金净流量}$$

一般认为，经营活动产生的现金流量是企业偿债资金的最主要来源，投资活动和筹资活动所产生的现金流量，虽然在必要时也可用于偿还债务，但不能将其视为经常性的现金流量。所以，债务偿还期就可以衡量企业通过经营活动所获得的现金偿还债务的能力。债务偿还期越短，企业偿还债务的能力越强。

【例 3-9】根据表 3-1 和表 3-3 的有关数据，KM 公司 20×5 年的债务偿还期为：

债务偿还期 = 1 926 679/50 886 = 37.86（年）

5. 利息保障倍数

利息保障倍数也叫已获利息倍数，是指企业负担所得税和负担利息之前的利润是利息费用的倍数。

利息保障倍数 = 息税前利润/利息支出 =（利润总额＋利息费用）/利息支出

注意：分子上的利息费用仅指财务费用中的利息，分母中的利息支出指企业同期负担的全部利息，既包括财务费用中的利息，也包括资本化的利息等。

【例 3-10】设 KM 公司 20×5 年利润总额 324 264 万元，费用化利息 58 892 万元，资本化利息为 0，则：

$$利息保障倍数 = \frac{326\ 264 + 58\ 892}{58\ 892} = 6.54$$

这里的息税前利润和利息费用都是按权责发生制计算的，所以利息保障倍数其实反映的是企业负担利息的能力，并非企业实际偿还利息的能力。利息保障倍数越高，企业负担利息的能力越强。

6. 现金利息保障倍数

现金利息保障倍数（cash interest coverage ratio）是指支付利息和所得税之前的经营活动现金净流量是利息费用的倍数。现金利息保障倍数可用于分析企业用经营所得现金来偿付债务利息支出的能力。其计算公式为：

$$现金利息保障倍数 = \frac{经营活动现金净流量 + 现金利息支出 + 付现所得税}{现金利息支出}$$

从上式可知，现金利息保障倍数是企业一定时期经营活动所取得的现金为支付利息支出的倍数，它更明确地反映了企业实际偿付利息支出的能力。现金利息保障倍数越大，反映企业偿还负债利息的能力越强；反之，现金利息保障倍数越小，反映企业偿还负债利息的能力则越弱。

【例 3-11】根据表 3-3 的有关数据，假设 KM 公司 20×5 年上缴所得税支付现金为 53 625 万元，偿还利息支付现金为 41 638 万元，则 KM 公司 20×5 年的现金利息保障倍数为：

$$现金利息保障倍数 = \frac{50\ 886 + 53\ 625 + 41\ 638}{41\ 638} \approx 3.51$$

现金利息保障倍数究竟达到多少时，才说明企业偿付利息的能力强，并没有一个统一的标准，通常要根据历年的经验和行业特点来判断。

3.2.3 影响企业偿债能力的其他因素

上述的财务比率是分析企业偿债能力的主要指标，分析者可以比较最近几年的有关财务比率来判断企业偿债能力的变化趋势，也可以比较某一企业与同行业其他企业的财务比率，来判断该企业的偿债能力强弱。但是，在分析企业偿债能力时，除了使用上述指标以外，还应考虑到以下因素对企业偿债能力的影响，这些因素既可以影响企业的短期偿债能力，也可以影响企业的长期偿债能力。

1. 担保责任

在经济活动中，企业可能会以本企业的资产为其他企业提供法律担保，如为其他企业的银行借款担保、为其他企业履行有关经济合同提供法律担保等。这种担保责任（guarantee obligation），在被担保人没有履行合同时，就有可能会成为企业的负债，增加企业的债务负担，但这些担保责任在会计报表中并未得到反映，因此，在进行财务分析时，必须考虑企业是否有巨额的法律担保责任。

> **特别提示**
>
> 企业办理担保业务至少应当关注下列风险：第一，对担保申请人的资信状况调查不深，审批不严或越权审批，可能导致企业担保决策失误或遭受欺诈；第二，对被担保人出现财务困难或经营陷入困境等状况监控不力，应对措施不当，可能导致企业承担法律责任；第三，担保过程中存在舞弊行为，可能导致经办审批等相关人员涉案或企业利益受损。
>
> （《企业内部控制应用指引第 12 号——担保业务》第三条）

2. 经营租赁活动

企业在生产经营活动中，可以通过财产租赁的方式解决急需的设备。通常财产租赁有两种形式：融资租赁（financial leasing）和经营租赁（operating lease）。采用融资租赁方式，租入的固定资产都作为企业的固定资产入账，租赁费用作为企业的长期负债入账，这在计算前面有关的财务比率中都已经计算在内。但是，经营租赁资产，其租赁费用并未包含在负债之中，如果经营租赁的业务量较大、期限较长或者具有经常性，则其租金虽然不包含在负债之中，但对企业的偿债能力也会产生较大的影响。在进行财务分析时，也应考虑这一因素。

3. 可动用的银行贷款指标

可动用的银行贷款指标是指银行已经批准而企业尚未办理贷款手续的银行贷款限额。这种贷款指标可以随时使用，增加企业的现金，这样可以提高企业的支付能力，缓解目前的财务困难。

4. 未决诉讼

企业生产经营过程中经常会有一些资产负债表日尚未判决的案件即未决诉讼（pending litigation），未决诉讼一旦判决败诉，便有可能增加企业的负债，从而影响企业的偿债能力。

5. 分阶段付款承诺

建造合同、长期资产购置合同中的分阶段付款，也是一种具有法定义务的承诺，应视同负债。

另外，准备很快变现的非流动资产、企业的流动资产利用效率、企业偿债的声誉等也会影响企业的短期偿债能力。

3.3 企业营运能力分析

企业营运能力指企业资产的利用效率与效益。企业营运能力是基于外部市场环境的约束，通过企业内部人力资源和生产资料的配置组合而对财务目标实现所产生作用的大小，反映了企业资金周转的状况，对此进行分析，可以了解企业的营业状况及经营管理水平。资金周转状况好，说明企业的经营管理水平高，资金利用效率高。企业营运能力分析常用的指标主要有资产周转率和资产周转天数等。

资产周转率（次数）是一定时期资产周转额与该项资产平均占用额的比值。资产周转额是指一定量的资产在一定时期所完成的工作量的大小，不同的资产，其周转额的具体含义不完全一样。资产平均占用额一般可用其期初余额加期末余额除以2进行粗略计算。占用额随生产的季节性变化影响较大的资产，其平均占用额可先按月平均，然后再按季、按年平均。

资产周转天数是某项资产周转一次所需要的天数，可用计算期天数除以资产周转率来计算。资产周转率越大，周转天数越小，反映企业资产营运能力越强，资产利用效率越高。下面分别介绍企业总资产、固定资产、流动资产及存货和应收账款周转率与周转天数的计算分析。

3.3.1 流动资产营运能力分析

流动资产营运能力指企业全部流动资产及各部分主要流动资产的利用效率。反映流动资产营运能力的指标主要有流动资产周转率、存货周转率和应收账款周转率等。

1. 流动资产周转率

流动资产周转率（current assets turnover ratio）是营业收入与流动资产平均余额的比值，它反映的是全部流动资产的利用效率。其计算公式为：

$$流动资产周转率 = \frac{营业收入净额}{流动资产平均余额}$$

$$流动资产平均余额 = \frac{流动资产期初余额 + 流动资产期末余额}{2}$$

公式中的营业收入净额，指扣除销售退回、销售折扣和折让后的营业收入额。

流动资产周转率表明在一个会计年度内企业流动资产周转的次数，它反映了流动资产周转的速度。该指标越高，说明企业流动资产的利用效率越好。

【例3-12】 根据表3-1和表3-2的有关数据，KM公司20×5年的流动资产周转率为：

$$流动资产周转率 = 1\,806\,683 / [(2\,944\,771 + 2\,065\,360) \div 2] = 0.72(次)$$

$$流动资产周转天数 = 360 / 0.72 = 500(天)$$

流动资产周转率是分析流动资产周转情况的一个综合指标，流动资产周转得快，可以节约流动资金，提高资金的利用效率。但是究竟流动资产周转率为多少才合理，并没有一个确定的标准。对流动资产周转率的分析，一般应比较企业历年的数据并结合行业特点进行分析。

2. 存货周转率

存货周转率（inventory turnover ratio）是企业一定时期的销售成本与存货资金平均占用额的比值。其计算公式为：

$$存货周转率 = \frac{销售成本}{存货平均占用额}$$

$$存货平均占用额 = \frac{期初存货余额 + 期末存货余额}{2}$$

公式中的销售成本一般可用利润表中的营业成本，存货平均占用额是期初存货（扣除跌价准备前的）余额与期末存货（扣除跌价准备前的）余额的平均数，可以根据资产负债表及其补充资料计算得出。如果企业生产经营活动具有很强的季节性，则年度内各季度的销售成本与存货都会有较大幅度的波动，因此，平均存货应该按季度或月份余额来计算，先计算出各月份或各季度的平均存货，然后再计算全年的平均存货。

存货周转状况也可以用存货周转天数来表示。其计算公式为：

$$存货周转天数 = \frac{计算期天数}{存货周转率}$$

存货周转天数表示存货周转一次所需要的时间，天数越短，说明存货周转得越快。

【例3-13】 根据表3-1的有关数据，KM公司20×5年存货跌价准备期末和期初余额分别为 1 516 万元、1 013 万元，KM 公司 20×5 年的存货周转率为：

存货周转率＝1 294 727/[(979 470＋1 516＋736 866＋1 013)÷2]≈1.51(次)

存货周转天数＝360÷1.51≈238.41(天)

存货周转率说明了一定时期内企业存货周转的次数，可以用来反映企业存货的变现速度，衡量企业的销售能力及存货是否过量。存货周转率反映了企业的销售效率和存货使用效率。在正常情况下，如果企业经营顺利，存货周转率越高，说明存货周转得越快，企业的销售能力越强，当经营规模一定的情况下，营运资金占用在存货上的金额也会越少。但是，存货周转率过高，也可能说明企业管理方面存在一些问题，如存货水平太低，甚至经常缺货，或者采购次数过于频繁，批量太小，采购成本上升等。存货周转率过低，常常是库存管理不力，销售状况不好，造成存货积压，说明企业在产品销售方面存在一定的问题，应当采取积极的销售策略，但也可能是企业调整了经营方针，因某种原因增大库存的结果，因此，对存货周转率的分析，要深入调查企业库存的构成，结合实际情况做出判断。

应用案例 3-1

销售利润率高就好吗？

对一个企业来说，销售净利率高不是坏事，但别忘了另外一个变量——资产周转率。大家都会想销售利润率，而看不到资产周转率。销售利润率高不一定能赚大钱，资产周转率同样重要。沃尔玛是经销商，一元钱的成本投进去，周转一次 2% 的毛利并不高，但是它一元钱资产一年周转 24 次。一元钱资本一年的毛利为四角八分钱。这是沃尔玛盈利的原因之一。

3. 应收款项周转率

应收款项周转率（accounts receivable turnover）是企业一定时期赊销收入净额与应收票据及应收账款之和平均余额的比率，也叫应收款项周转次数。它反映了企业应收票据及应收账款的周转速度。应收款项周转速度的快慢也可以用周转天数表示，应收款项周转天数（accounts receivable collection period）也叫平均收账期，是应收票据及应收账款周转一次所需要的时间。应收款项周转率和周转天数的计算公式分别为：

$$应收款项周转率=\frac{赊销收入净额}{应收款项平均占用额}$$

$$应收款项平均占用额=\frac{期初应收款项＋期末应收款项}{2}$$

$$应收款项周转天数=\frac{计算期天数}{应收款项周转率}$$

公式中赊销收入净额是指销售收入扣除了销货退回、销货折扣、折让及现销收入后的赊销净额，但实际工作中赊销收入属于企业的商业秘密，资料很难准确取得，经常直接用销售收入净额（即利润表中的营业收入）代替赊销收入净额。应收款项平均占用额是期初和期末扣除坏账准备前的应收款项余额的平均数。

【例 3-14】根据表 3-1 和表 3-2 的有关数据，假设 KM 公司 20×5 年年末和年初的坏账准备余额分别为 11 019 万元、5 739 万元，KM 公司 20×5 年的应收款项周转率和平均收账期为：

应收款项周转率＝1 806 683/[(245 031＋11 019＋289 899＋5 739)÷2]≈6.55(次/年)
平均收账期＝360/6.55≈54.96(天)

在当前市场经济条件下，商业信用被广泛应用，应收款项成为企业的重要流动资产之一。应收款项周转率和周转天数是评价应收款项流动性大小的一个重要财务比率，可以用来分析企业应收票据及应收账款的变现速度和管理效率。应收款项周转率越高，平均收账期越短，说明企业催收账款的速度越快，可以减少坏账损失，而且资产的流动性强，企业的短期偿债能力也会增强，在一定程度上可以弥补流动比率低的不利影响。但是，如果应收款项周转率过高，平均收账期过短，可能是企业奉行了比较严格的信用政策、信用标准和收款条件过于苛刻的结果。这样会限制企业销售量的扩大，从而会影响企业的盈利水平。这种情况往往表现为存货周转率同时偏低。如果企业的应收款项周转率过低，平均收账期过长，则说明企业催收账款的效率太低，或者信用政策十分宽松，这样会影响企业资金利用效率和资金的正常周转。

3.3.2 非流动资产利用效果分析

非流动资产利用效果经常可以用固定资产周转率和无形资产周转率来反映。

1. 固定资产周转率

固定资产收入率，也称固定资产利用率，是企业一定时期实现的营业收入占其固定资产平均净值的百分比。其计算公式为：

$$固定资产周转率 = \frac{营业收入净额}{固定资产平均额}$$

$$固定资产平均额 = \frac{期初固定资产额 + 期末固定资产额}{2}$$

固定资产额可以用固定资产原值或固定资产净值，同一次比较中计算口径必须一致，固定资产净值是固定资产原值扣除累计折旧的差额。

这项比率主要用于分析厂房、设备等固定资产的利用效果，该比率越高，说明固定资产的利用效果越好，管理水平越高。如果固定资产周转率与同行业平均水平相比偏低，说明企业的固定资产利用效果较差，可能会影响企业的获利能力。

【例3-15】根据表3-1和表3-2的有关数据，KM公司20×5年的固定资产收入率为：

固定资产周转率＝1 806 683/[(479 403＋431 422)÷2]≈3.97%
或　　　　　　　＝1 806 683/[(604 945＋531 855)÷2]≈3.18%

2. 无形资产周转率

当前知识经济环境下，无形资产在企业（尤其是高科技企业）资产中所占比率越来越高，无形资产的利用效率直接影响企业的运营效率，通过无形资产周转率反映。其计算公式为：

$$无形资产周转率 = \frac{营业收入净额}{无形资产平均余额}$$

无形资产周转率越高，说明无形资产的利用效果越好；反之，无形资产利用效果较差。

3.3.3 总资产营运能力分析

企业的总资产营运能力指企业全部资产的利用效率（或效益）。总资产营运能力通常用总资产周转率（或总资产收入率）反映。

总资产周转率（total assets turnover），也称总资产利用率，是企业营业收入与资产平均总额的比率。其计算公式为：

$$总资产周转率 = \frac{营业收入净额}{资产平均总额}$$

公式中的营业收入净额，指扣除销售退回、销售折扣和折让后的营业收入，资产平均总额通常用分析期期初和期末的资产平均占用额表示。如果这个比率较低，说明企业利用其资产进行经营的效率较差，会影响企业的获利能力，企业应该采取措施提高营业收入或处置闲置资产，从而提高总资产利用效率。

【例3-16】根据表3-1和表3-2的有关数据，KM公司20×5年的总资产周转率为：

总资产周转率 = 1 806 683/[(3 810 523 + 2 787 932)÷2]

≈0.55（次）

3.4 企业盈利能力分析

企业生产经营的直接目的就是不断追求资金增值，获利能力就是企业资金增值的能力，通常表现为企业收益数额的大小和水平的高低。获利不仅关系到企业所有者的利益，也是企业偿还债务的一个重要资金来源。因此，企业的债权人、所有者以及管理者都十分关心企业的获利能力。获利能力分析是企业财务分析的重要组成部分，也是评价企业经营管理水平的重要依据。企业的各项经营活动都会影响到企业的盈利，但是，对企业获利能力的分析，一般只分析企业正常的经营活动的盈利能力，不涉及非正常的经营活动。这是因为一些非正常的、特殊的经营活动，虽然也会给企业带来收益，但它不是经常的和持久的，不能将其作为企业的一种获利能力加以评价。

评价企业获利能力通用的财务比率主要有销售利润率、成本费用利润率、总资产报酬率、股东权益报酬率等；评价股份有限公司盈利能力的专用指标主要有每股利润、每股现金流量、每股股利、股利支付率、每股净资产、市盈率等。

3.4.1 各类企业通用指标

1. 销售利润率

销售利润率（profit ratio of sales）是企业一定时期实现的利润占销售收入净额的百分比。根据计算销售利润率所用的利润不同，销售利润率可分为销售毛利率、销售营业利润率、销售总利润率和销售净利润率。下面主要介绍销售毛利率、销售营业利润率和销售净利润率。

1）销售毛利率

销售（营业）毛利率是企业一定时期实现的销售（营业）毛利占销售（营业）收入净额的百分比。其计算公式为：

$$销售毛利率 = \frac{销售毛利}{销售收入净额} \times 100\%$$

$$= \frac{销售收入 - 销售成本}{销售收入净额} \times 100\% = 1 - 销售成本率$$

公式中，销售毛利是企业销售收入净额与销售成本的差额，销售收入净额是指产品销售收入扣除销售退回、销售折扣与折让后的净额。如果企业没有其他业务收支，可以用利润表中的营业收入、营业成本分别代表销售收入净额、销售成本。销售毛利率反映了企业的销售毛利与销售收入净额的比例关系，毛利率越大，说明在销售收入净额中销售成本所占比重越小，企业通过销售获取利润的能力越强。

【例 3-17】根据表 3-2 的有关数据，假设 KM 公司没有其他业务收支，该公司 20×5 年的销售毛利率为：

销售毛利率 = (1 806 683 - 1 294 727)/1 806 683 × 100% = 28.34%

KM 公司 20×4 年的销售毛利率为：

销售毛利率 = (1 594 919 - 1 176 822)/1 594 919 × 100% = 26.21%

从计算可知，KM 公司 20×5 年的销售毛利率为 28.34%，比 20×4 年的销售毛利率 26.21% 有所提高，主要是销售成本率有所下降所致。

2）销售营业利润率

销售营业利润率是企业一定时期所实现的营业利润占销售（或营业）收入净额的百分比。其计算公式为：

$$销售营业利润率 = \frac{营业利润}{销售收入净额} \times 100\%$$

销售营业利润率越高，表明企业的日常经营和投资业务的盈利能力越强、未来的发展潜力越大。

【例 3-18】根据表 3-2 的有关数据，KM 公司 20×5 年的销售营业利润率为：

销售营业利润率 = 321 793/1 806 683 × 100% = 17.81%

KM 公司 20×4 年的销售营业利润率为：

销售营业利润率 = 266 642/1 594 919 × 100% = 16.72%

从计算结果可见，KM 公司 20×5 年的销售营业利润率为 17.81%，比 20×4 年略有提高。

3）销售净利率

销售净利率（profit margin on sales）是企业净利润占销售（或营业）收入净额的百分比。其计算公式为：

$$销售净利率 = \frac{净利润}{销售收入净额} \times 100\%$$

销售净利率表明企业每一元销售净收入可实现的净利润是多少，反映了企业通过经营获取利润的能力。该比率越高，说明企业通过扩大销售获取收益的能力越强。

【例 3-19】根据表 3-2 的有关数据，KM 公司 20×5 年的销售净利率为：

销售净利率 = 275 646/1 806 683 × 100% = 15.26%

KM 公司 20×4 年的销售净利率为：
$$销售净利率 = 228\ 589/1\ 594\ 919 \times 100\% = 14.33\%$$

从计算可知，KM 公司 20×5 年的销售净利率为 15.26%，20×4 年的销售净利率为 14.33%，表明其经营获利能力略有提高。评价企业的销售净利率时，应比较企业历年的指标，从而判断企业销售净利率的变化趋势。同时，销售净利率的分析还应该结合不同行业的具体情况进行分析。

2. 成本费用利润率

成本费用利润率（ratio of profits to cost）是指企业一定时期实现的利润占成本费用的百分比。根据计算成本费用利润率所用的利润和成本费用内涵的不同，可将成本费用利润率分为成本费用营业利润率、成本费用总利率和成本费用净利率等。下面主要介绍成本费用净利率。

成本费用净利率是企业一定时期实现的净利润占成本费用总额的百分比。其计算公式为：

$$成本费用净利率 = \frac{净利润}{成本费用总额} \times 100\%$$

成本费用净利率反映企业生产经营过程中所消耗的每百元成本费用所提供的净利润的多少。成本费用是企业为了取得利润而付出的代价，主要包括营业成本、销售费用、营业税金及附加、管理费用、研发费用、财务费用、资产减值损失和所得税等。该比率越高，说明企业为获取收益而付出的代价越小，企业的获利能力越强。因此，通过该比率不仅可以评价获利能力的高低，也可以评价企业对成本费用的控制能力和经营管理水平。

【例 3-20】根据表 3-2 的有关数据，KM 公司 20×5 年的成本费用利润率计算为：
$$成本费用总额 = 1\ 492\ 105 + 1\ 379 + 48\ 618 = 1\ 542\ 102(元)$$
$$成本费用净利率 = 275\ 646 \div 1\ 542\ 102 \times 100\% = 17.87\%$$

KM 公司 20×4 年的成本费用利润率计算为：
$$成本费用总额 = 1\ 333\ 582 + 1\ 404 + 42\ 133 = 1\ 377\ 119(元)$$
$$成本费用净利率 = 228\ 589 \div 1\ 377\ 119 \times 100\% = 16.60\%$$

KM 公司 20×5 年的成本费用净利率为 17.87%，比 20×4 年的成本费用净利率 16.60% 有所提高。说明该公司每获取一元的净利润所耗费的代价降低了。

3. 资产利润率

资产利润率，也称资产收益率，是企业在一定时期内所实现的利润占资产平均总额的百分比。根据资产利润率计算中所用的利润内涵的不同，可将资产利润率分为总资产报酬率和资产净利率等。

1）总资产报酬率

总资产报酬率（return on asset，ROA），也称息税前资产利润率（basic earning power ratio），是指企业一定时期实现的息税前利润占资产平均占用额的百分比。其计算公式为：

$$总资产报酬率 = \frac{息税前利润}{资产平均占用额} \times 100\%$$

式中的息税前利润通常指企业支付利息和所得税之前的利润,可以用利润表中的利润总额加上财务费用中的利息费用进行计算,资产平均占用额一般用期初资产总额与期末资产总额的平均值进行计算。

【例 3-21】 根据表 3-1 和表 3-2 的有关数据,假设 KM 公司 20×5 年的利息费用为 58 497 万元,KM 公司 20×5 年的总资产报酬率计算为:

总资产报酬率 = (324 264 + 58 892) ÷ [(3 810 523 + 2 787 932) ÷ 2] × 100% = 11.60%

计算结果表明,20×5 年 KM 公司每百元资产占用额可以产生 11.60 元的息税前利润。

2) 资产净利率

资产净利率(profit margin on total assets)是指企业一定时期实现的净利润占资产平均占用额的百分比。其计算公式为:

$$资产净利率 = \frac{净利润}{资产平均占用额} \times 100\%$$

式中的净利润通常指利润表中的净利润,资产平均占用额一般用期初资产总额与期末资产总额的平均值来表示。

资产净利率可以分解为资产周转率与销售净利率的乘积。其计算公式为:

$$资产净利率 = 销售净利率 \times 资产周转率$$

由此可见,资产净利率主要取决于总资产周转率与销售净利率这两个因素。企业的销售净利率越大,资产周转速度越快,则资产净利率越高。因此,提高资产净利率可以从两个方面入手,一方面加强资产管理,提高资产利用率;另一方面加强销售管理,增加销售收入,节约成本费用,提高利润水平。

【例 3-22】 根据表 3-1 和表 3-2 的有关数据,KM 公司 20×5 年的资产净利率为:

资产净利率 = 275 646 / [(3 810 523 + 2 787 932) ÷ 2] × 100% = 8.35%

计算结果表明,20×5 年 KM 公司每百元资产占用额可以产生 8.35 元的净利润。

资产净利率主要用来衡量企业利用资产获取利润的能力,它反映了企业总资产的利用效率。该比率越高,说明该企业的获利能力越强。

在日益激烈的市场竞争环境下,资本通过市场竞争会流向利润率较高的行业,这样会使各行业的资产净利率趋于平均化。但这并不否定个别企业因其先进的技术、良好的商业信誉而获得高于同行业平均水平的资产净利率。在分析企业的资产净利率时,通常要与该企业前期、与同行业平均水平和先进水平进行比较,这样才能科学判断企业资产利用效率,及时发现企业经营管理中存在的问题,调整企业的经营方针,加强经营管理,挖掘潜力,增收节支,提高资产的利用效率。

4. 净资产收益率

净资产收益率(return on common equity),也称股东权益报酬率、净值报酬率、所有者权益报酬率或自有资金收益率等,它是企业一定时期所实现的净利润占净资产(或股东权益)平均总额的百分比。其计算公式为:

$$净资产收益率 = \frac{净利润}{净资产平均总额} \times 100\%$$

$$净资产平均总额 = \frac{期初净资产总额 + 期末净资产总额}{2}$$

【例3-23】根据表3-1和表3-2的有关数据,KM公司20×5年的净资产收益率为:
净资产收益率=275 646/[(1 883 844+1 671 873)÷2]×100%=15.50%

净资产收益率是评价企业资本经营盈利能力的一个重要财务比率,它反映了企业股东投资获取报酬的高低。该比率越高,说明企业资本经营的盈利能力越强。

净资产收益率也可用下式计算:
$$净资产收益率=资产净利率\times 平均权益乘数$$

另外,因为

$$\begin{aligned}净资产收益率&=\left[\frac{息税前利润-利息}{股权资本}\right]\times(1-所得税税率)\\&=\left[\frac{(股权资本+负债资本)\times 总资产报酬率-负债资本\times 平均负债利率}{股权资本}\right]\\&\quad\times(1-所得税税率)\\&=\left[\frac{(股权资本\times 总资产报酬率+负债资本\times 总资产报酬率)-负债资本\times 平均负债利率}{股权资本}\right]\\&\quad\times(1-所得税税率)\\&=\left[\frac{股权资本\times 总资产报酬率+负债资本\times(总资产报酬率-平均负债利率)}{股权资本}\right]\\&\quad\times(1-所得税税率)\end{aligned}$$

所以,负债结构及与净资产收益率的这种关系,也可用资本经营营利能力公式表示为:

$$净资产收益率=\left[总资产报酬率+\frac{负债资本}{股权资本}\times(总资产报酬率-平均负债利率)\right]\times(1-所得税税率)$$

式中:总资产报酬率是指息税前总资产报酬率,因为总资产带来的不仅有利息、所得税,还有净利润。

上述两个公式表明,影响净资产收益率的因素主要有资产净利率、总资产报酬率、负债利息率、企业资本结构(平均权益乘数、负债/净资产)和所得税税率等,但所得税率是企业无法控制的,因此,企业提高净资产收益率可以有两种途径:一是在企业资本结构和所得税率一定的情况下,通过增收节支,提高资产利用效率即提高资产报酬率或资产净利率,来提高净资产收益率;二是在总资产报酬率大于负债利息率的情况下,可以通过调整企业资本结构,适当增大权益乘数或提高净资产负债率,来提高净资产收益率。第一种途径不会增加企业的财务风险,而第二种途径会导致企业的财务风险增大。所以通过第二种途径提高企业净资产收益率时一定要注意把握好度,注意结合企业的财务风险控制能力。

3.4.2 股份制企业专用指标

1. 每股盈余与市盈率

1)每股盈余

每股盈余(earnings per share),也称每股利润或每股收益,每股盈余是股份公司一定时期实现的税后净利润扣除优先股股利后的余额，除以发行在外的普通股平均股数。其计算公式为：

$$每股盈余 = \frac{净利润 - 优先股股利}{发行在外的普通股平均股数}$$

发行在外的普通股平均股数可按股份公司实际发行在外的普通股股数及其实际发行在外的时间（月数或天数）加权平均计算。

$$发行在外的普通股平均股数 = 期初发行在外的普通股股数 + 当期新发行普通股股数 \times \frac{已发行时间}{报告期时间} - 当期回购普通股股数 \times \frac{已回购时间}{报告期时间}$$

每股盈余反映股份制企业普通股股东持有每一股普通股所能享有的企业利润或需要承担的企业亏损额，是衡量股份制企业盈利能力时最常用的财务分析指标。每股盈余越高，一般说明股东能够分享的收益越多。

【例3-24】根据表3-1和表3-2的资料，KM公司20×5年年初发行在外流通的普通股股数为219 871万股，20×5年2月25号分别将资本公积和未分配利润转增股本，共转增219 871万股，该公司20×5年实现净利275 646万元，分配优先股股利为22 500万元，则KM公司20×5年的每股盈余为：

20×5年每股盈余 = (275 646 - 22 500) ÷ (219 871 + 219 871 × 309 ÷ 365) ≈ 0.623(元/股)

计算结果表明，KM公司20×5年的每股盈余为0.623元。

虽然每股盈余可以很直观地反映股份公司的每股收益状况以及股东的报酬，但是它是一个绝对指标，在具体分析股份公司盈利能力时，还应结合流通在外的股数。如果某一股份公司采用股本扩张的政策，大量配股或以股票股利的形式分配股利，这样必然会摊薄每股盈余，使每股盈余减小。

2）市盈率

每股盈余只反映股份公司发行在外的普通股每股收益的大小，没有与股票的投资成本联系起来，分析者还应注意到每股股价的高低。如果甲乙两个公司的每股盈余都是0.84元，但是乙公司股价为20元，而甲公司的股价为10元，则投资于甲乙两公司的风险和报酬很显然是不同的。因此，投资者不能只片面地分析每股盈余，而要结合股价来分析公司的获利能力和风险。每股收益与股票价格相结合进行分析的常用指标主要是市盈率。

市盈率（price/earnings ratio），也称价格盈余比率，是指普通股每股市价是每股盈余的倍数。其计算公式为：

$$市盈率 = \frac{普通股每股市价}{普通股每股盈余}$$

市盈率是反映股份公司获利能力的常用财务比率之一，是投资者做出投资决策的主要参考因素，投资者一般都非常关注这个比率。一般来说，市盈率高，说明投资者对该公司的发展前景看好，愿意出较高的价格购买该公司股票，所以一些成长性较好的高科技公司，其股票的市盈率通常要高一些。但是，也应注意，如果某一种股票的市盈率过高，则也意味着这种股票具有较高的投资风险。

【例3-25】假定20×5年年末，KM公司的股票价格为每股10元，则其市盈率为：

市盈率 = 10 ÷ 0.623 ≈ 16.05

2. 每股股利与股利支付率

1) 每股股利

每股股利（dividend per share）是股份公司每年发放的普通股现金股利总额与其年末发行在外的普通股股数之比，它反映了普通股获得的现金股利的多少。其计算公式为：

$$每股股利 = \frac{现金股利总额 - 优先股股利}{发行在外的普通股股数}$$

每股股利的高低，不仅取决于公司每股盈余的大小，还取决于公司的股利政策和现金是否充裕。倾向于分配现金股利的投资者，应当比较分析历年的每股股利，从而了解公司的股利政策。

【例 3-26】 假设 KM 公司根据 20×5 年的收益情况，准备发放的现金股利总额为 70 359 万元，20×5 年年末发行在外的普通股股数为 439 743 万股。则该公司 20×5 年的每股股利为：

$$每股股利 = (70\,359 - 22\,500) \div 439\,743 \approx 0.11 (元/股)$$

2) 股利支付率

股利支付率（payout ratio），也称股利发放率，是普通股每股股利占每股收益的百分比。它表明股份公司的净收益中有多少用于股利的分派。其计算分式为：

$$股利支付率 = \frac{每股股利}{每股收益} \times 100\%$$

【例 3-27】 根据前述 KM 公司 20×5 年度每股收益和每股股利的资料，则该公司的股利支付率为：

$$股利支付率 = 0.11/0.623 \times 100\% \approx 17.47\%$$

若股份公司当期发行在外的普通股股数没有变化，并且没有优先股，则股利支付率的计算公式为：

$$股利支付率 = \frac{现金股利总额}{净利润} \times 100\%$$

股利支付率主要取决于公司的股利政策，没有一个具体的标准来判断股利发放率是大好还是小好。一般而言，如果一家公司的现金比较充裕，并且目前没有更好的投资项目，则可能会倾向于发放现金股利，股利支付率往往较高；反之，如果公司有较好的投资项目，或现金比较紧缺，则可能会少发现金股利，而将资金用于投资，股利支付率通常较低。

3. 每股净资产与市净率

1) 每股净资产

每股净资产（book value per share），也称每股账面价值，是股份公司年末的股东权益总额与其年末发行在外的普通股股数之比。其计算公式为：

$$每股净资产 = \frac{股东权益总额 - 优先股股本}{发行在外的普通股股数}$$

每股净资产越高，表明普通股股东每持有一股股票所能分享的股东权益额越大。每股净资产多大比较合适，并没有一个统一的标准，但是，投资者可以通过比较分析公司历年的每股净资产的变动趋势，来了解公司的发展趋势和获利能力。

【例 3-28】 根据表 3-1 的有关数据，KM 公司 20×5 年年末的每股净资产为：

每股净资产=(1 883 844－296 770)/439 743≈3.61

KM 公司 20×4 年年末的每股净资产为：

每股净资产=(1 671 873－296 770)/219 871≈6.25

计算结果表明，KM 公司 20×5 年年末的每股净资产有所降低，这主要是公司高比例送股所致。

2) 市净率

市净率（market/book ratio）是指股份公司期末每股市价是每股净资产的倍数。其计算公式为：

$$市净率 = \frac{每股市价}{每股净资产}$$

市净率越高，说明投资者对公司单位净资产愿意付出的价格越高，反映投资者对股份公司的未来发展前景越看好。

4. 每股现金流量

注重股利分配的投资者不仅仅关心股份公司每股收益的高低，同时还要关注其每股现金流量的多少。因为虽然每股收益与股利分配有密切的关系，但是它不是决定股利分配的唯一因素。如果某一公司的每股收益很高，但是缺乏现金，那么也无法分配现金股利。因此，每股现金流量是影响股份公司股利支付能力的主要财务指标之一。

每股现金流量（cash flow per share）是股份公司一定时期所实现的经营活动现金净流量扣除优先股股利后的余额，与其发行在外的普通股平均股数的比值。其计算公式为：

$$每股现金流量 = \frac{经营活动现金净流量－优先股股利}{发行在外的普通股平均股数}$$

式中的普通股平均股数应按普通股实际发行在外的时间加权平均计算。若股份公司的每股收益、未来投资机会和筹资能力一定，每股现金流量越高，说明公司支付现金股利的能力越强；反之，每股现金流量越低，公司支付现金股利的能力越弱。

【例 3-29】根据表 3-1 和表 3-3 的资料，KM 公司每股面值为 1 元，该公司 20×5 年 2 月 25 号分别将资本公积和未分配利润转增股本，共转增 219 871 万股，该公司 20×5 年年初发行在外的普通股股数为 219 871 万股，20×5 年分配优先股股利为 22 500 万元。则 KM 公司 20×5 年的每股现金流量为：

每股现金流量=(50 886－22 500)÷(219 871＋219 871×309÷365)≈0.07(元/股)

3.5 企业发展能力分析

企业发展能力是指企业未来生产经营活动的发展趋势和发展潜能。企业的发展能力除受企业的偿债能力、营运能力和盈利能力大小及其变化趋势影响外，主要取决于企业的成长能力、市场竞争能力和财务质量。

3.5.1 企业的成（增）长能力

企业的成长能力指企业不断发展壮大的能力。企业成长能力主要是通过自身的生产经营活动，不断扩大积累而形成的，主要依托于不断增长的销售收入、不断增加的资金投入和不断创造的利润等。一个增长能力强的企业，能不断为股东创造财富，不断增加企业价值。反映企业成长能力的财务指标主要有营业收入增长率，利润增长率、资产增长率、股东权益增长率和经济增加值增长率等。

1. 营业收入增长率

营业收入增长率表示企业营业收入的增减变动程度，是衡量企业经营状况和市场占有能力、预测企业经营业务拓展趋势的重要指标。其计算公式为：

$$营业收入增长率=\frac{本期营业收入-上期营业收入}{上期营业收入}\times 100\%$$

营业收入增长率越高，表明企业营业收入增长速度越快，市场前景越好，分析时应结合企业上期的收入大小，不能简单地以增长率大小进行评价。

2. 利润增长率

利润增长率是反映企业盈利增长情况的财务比率。根据需要其中的利润可以是营业利润，也可以是利润总额，或者是净利润。其计算公式为：

$$利润增长率=\frac{本期利润额-上期利润额}{上期利润额}\times 100\%$$

利润增长率越高，表明企业的盈利增长的越快，可持续增长能力越强，企业发展潜力越大。但由于利润指标受会计政策的影响较大，人为因素较多，企业的利润有时会出现大起大落的情况，因此，分析时要注意阅读财务报表附注，了解企业采用的会计原则和会计处理方法，并观察该指标连续几期的数值，再进行评价。

3. 总资产增长率

总资产增长率是从企业资产总规模扩张方面衡量企业成长能力的财务比率。其计算公式为：

$$总资产增长率=\frac{期末资产总额-期初资产总额}{期初资产总额}\times 100\%$$

总资产增长率越高，表明企业资产规模扩张的速度越快。该指标的大小应与企业资产的使用效率和资金结构变化结合起来分析。如果资产规模快速扩大，而其使用效益却没有同步增长，说明企业可能存在盲目扩大生产经营规模的现象。

4. 股东权益增长率

股东权益增长率是从企业股权资本的扩张方面，衡量企业增长能力的财务比率。其计算公式为：

$$股东权益增长率=\frac{期末股东权益-期初股东权益}{期初股东权益}\times 100\%$$

股东权益增长率越高，表明企业股东权益增长得越快。为正确判断和预测企业股东权益规模的发展趋势和发展水平，应将企业不同时期的股东权益增长率进行比较。一个持续增长型企业，其股东权益应不断增长，如果股东权益时增时减，则反映企业发展不稳定，同时也说明企业并不具备良好的发展能力。

5. 经营现金净流量增长率

经营现金净流量增长率是从企业经营活动产生的现金流量净额的扩大方面，衡量企业增长能力的财务比率。其计算公式为：

经营现金净流量增长率 = $\dfrac{\text{本期的经营活动现金流量净额} - \text{上期的经营活动现金流量净额}}{\text{上期的经营活动现金流量净额}} \times 100\%$

经营现金净流量增长率越高，表明企业经营活动现金流量净额增长得越快。为正确判断和预测企业经营活动现金流量规模的变化趋势与发展水平，最好将企业连续几个不同时期的经营现金净流量增长率进行比较。如果经营现金净流量增长率波动明显，则反映企业经营现金净流量的增长不稳定，同时也说明企业经营风险较大，不具备良好的成长能力。

【例3-30】根据表3-1、表3-2和表3-3的资料，可计算KM公司20×5年的收入、利润、资产、股东权益及经营现金净流量增长率，计算结果见表3-6。

表3-6　KM公司20×5年各项增长率指标　　　　　　　　　　单位：%

年份	营业收入增长率	净利润增长率	资产增长率	股东权益增长率	经营现金净流量增长率
20×5	13.28	20.59	36.68	12.68	-55.06

由上述计算结果可见，KM公司20×5年净利润增长率大于收入增长率，说明企业销售规模扩大的同时，成本控制效果也比较明显；资产增长率明显大于营业收入增长率，说明其资产增长的同时，资产的使用效率却在降低；资产增长率明显大于股东权益增长率，说明企业经营规模的扩大，主要靠负债增长实现的；营业收入增长率大于零，而经营现金净流量增长率却小于零，说明企业营业收入增长的同时，经营活动现金净流量却大幅度降低，因此企业的财务风险加大，初步判断企业的成长能力并不是很强。

值得注意的是，仅仅计算和分析企业某个时期的收入增长率、利润增长率、资产增长率、股东权益增长率及经营现金净流量增长率是不全面的，应将一个企业连续3～5年的各种增长率分别进行纵向比较，并将各种增长率的变化状况相结合，才能正确评价企业的整体成长性。

6. 经济增加值（EVA）增长率

经济增加值增长率也叫经济增加值改善率，是指本期经济增加值增长额占基期经济增加值的百分比。

经济增加值增长率 = $\dfrac{\text{本期经济增加值} - \text{上期经济增加值}}{\text{上期经济增加值}} \times 100\%$

经济增加值（economic value added）是指税后净营业利润扣除全部投入资本（包括股权和债务）成本后的所得，即企业所有成本被扣除后的剩余收入。经济增加值的一般计算原理中并未给出公认的会计调整范围，本书以国资委2012年发布的《中央企业负责人经营业绩考核办法》中规定的经济增加值计算方法为准。

　　经济增加值 = 税后净营业利润 - 资本成本
　　　　　　 = 税后净营业利润 - 调整后投入资本×平均资本成本率

税后净营业利润 = 净利润 + （利息支出 + 研发费用调整项 - 非经常性收益调整项）×（1 - 所得税率）

调整后投入资本 = 平均所有者权益 + 平均负债合计 - 平均无息流动负债 - 平均在建工程

平均资本成本率 = 负债（税后）成本率×负债比重 + 股权资本成本率×股权资本比重

股权资本成本率通常用资本资产定价模型计算。

经济增加值增长率越高,通常说明企业的成长能力、发展能力越强。在 EVA 激励制度下,管理人员为自身谋取更多利益的唯一途径就是为股东创造更大的财富,管理人员创造的 EVA 越多,得到的奖励就越多,而且不设临界值和上限,从而调动他们的积极性。

3.5.2 企业市场竞争财务能力

企业的市场竞争财务能力是指在竞争性的市场中,一个企业所具有的能够比其他企业更有效地向市场提供产品和服务,并获得盈利和自身发展的财务能力。主要可以通过基本业务利润率、研发费用(支出)比率、员工培训费用比率、广告费用比率和产品市场占有率等指标来反映。

1. 基本业务利润率

基本业务利润率是指企业一定时期实现的基本(或主营)业务利润占基本(或主营)业务收入的百分比。

$$基本业务利润率 = \frac{基本业务利润}{基本业务收入} \times 100\%$$

基本业务利润率反映企业基本业务的成本控制能力和获利能力,基本业务利润率越高,说明企业基本业务或主营业务的成本控制能力越强,获利空间越大,市场竞争能力往往也越强。

2. 研发费用比率

研发费用比率是指企业一定时期耗费的研发费用(或支出)占其同期实现的营业收入的百分比。

$$研发费用比率 = \frac{研发费用}{营业收入} \times 100\%$$

研发费用比率越高,说明企业越重视新产品的研制和开发,企业的市场竞争能力往往越强。

3. 员工培训费用比率

员工培训费用比率是指企业一定时期耗费的员工培训费用占其营业收入的百分比。

$$员工培训费用比率 = \frac{员工培训费用}{营业收入} \times 100\%$$

员工培训费用比率越高,说明企业越重视员工的培训和知识的更新,企业的生产和管理效率越高,市场竞争能力往往越强。

4. 广告费用比率

广告费用比率是指企业一定时期发生的广告费用占其营业收入的百分比。

$$广告费用比率 = \frac{广告费用}{营业收入} \times 100\%$$

广告费用比率越高,说明企业越重视产品的推广和销售,市场竞争能力往往越强。

5. 产品市场占有率

产品市场占有率是指在一定地区本企业某种商品销售收入占该种商品市场总销售收入

的百分比。

$$产品市场占有率=\frac{本企业某种商品销售收入}{该种商品市场总销售收入}\times 100\%$$

产品市场占有率越高,尤其是企业主要产品的市场占有率越高,企业的市场竞争能力往往越强。

【例 3-31】 假设 KM 公司 20×5 年基本业务收入 1 742 218 万元、基本业务利润 458 746 万元;营业收入 1 806 683 万元,研发费用 7 700 万元,员工培训费用 959 万元,基本业务产品国内市场全部企业总销售收入 21185636 万元。

则该公司 20×5 年基本业务利润比重 = 458 746÷1 742 218×100% = 26.33%

研发费用比率 = 7 700÷1 806 683×100% ≈ 0.43%

员工培训费用比率 = 959÷1 806 683×100% ≈ 0.053%

基本业务产品国内市场占用 = 1 742 218÷21 185 636×100% ≈ 8.22%

上述各指标应与当期同行业其他企业或行业最好水平或行业平均指标值进行比较,才能对本企业的市场竞争能力做出评价。

3.5.3 企业的财务质量

党的二十大报告提出"经济高质量发展取得新突破"的目标任务,构成国民经济基础的企业同样要高质量发展,财务质量也从一个侧面反映了企业的成长质量。企业的财务质量包括企业的资产质量、收入质量、利润质量、股东权益质量及现金流质量等方面。

1. 资产质量

企业的资产质量首先可以通过资产收入率(或资产周转率)反映,资产收入率越高,说明企业的资产利用效率越高,企业的资产质量越好。企业的资产质量还可以通过经营资产比重、固定资产成新率、不良资产比重、资产现金回收率等指标反映。

1) 经营资产比重

经营资产比重是企业经营资产额占资产总额的百分比。

$$经营资产比重=\frac{经营资产额}{资产总额}\times 100\%$$

经营资产是指占用于企业自身生产经营活动上的资产。与其对应的是非经营资产,是指被其他企业占用(如:部分债权或投资类资产)的资产、已转化为本企业今后的费用(如长期待摊费用、开发支出、递延所得税资产等)、已无助于企业自身经营的资产。

经营资产比重越大,往往说明企业自身的生产经营能力越强,资产质量越好。

2) 固定资产成新率

固定资产成新率是指企业固定资产净值占原值的百分比。

$$固定资产成新率=\frac{固定资产净值}{固定资产原值}\times 100\%$$

固定资产成新率越高,说明企业的固定资产越新、企业生产技术越先进,固定资产的生产、加工能力越强,资产质量越好。

3) 资产现金回收率

资产现金回收率是指一定时期实现的经营活动现金净流量占资产平均余额的百分比,

反映企业利用资产获取现金的能力。

$$资产现金回收率 = \frac{经营流动现金流量净额}{资产平均占用额} \times 100\%$$

资产现金回收率越高,说明企业利用资产获取现金的能力越强,资产质量往往也越好。

4) 不良资产比率

不良资产比率是指不良资产额占资产总(余)额的百分比。不良资产主要包括各种资产减值(或跌价)准备、应提未提应摊未摊的潜亏挂账、尚未处理的资产损失等。

$$不良资产比率 = \frac{资产减值准备余额 + 应提未提应摊未摊的潜亏挂账 + 未处理资产损失}{资产总额 + 资产减值准备余额} \times 100\%$$

不良资产比率越高,企业的资产质量往往越差。

【例 3-32】 根据表 3-1、表 3-2 和表 3-3 的资料,设 KM 公司 20×5 年年末和年初的经营资产分别为 3 218 858 万元、2 378 775 万元,则其 20×5 年的资产质量指标计算结果见表 3-7。

表 3-7 KM 公司 20×5 年资产质量指标   单位:%

年份	经营资产比重		固定资产成新率		资产现金回收率
	年初	年末	年初	年末	年度
20×5	85.32	84.47	81.12	79.25	1.54

由表 3-7 可见,KM 公司 20×5 年年末其经营资产比重、固定资产成新率均有所下降,反映其资产的生产经营能力略有降低,资产质量有所下降。

2. 收入质量

企业的收入质量可以从收入的构成和收入的获现能力两方面来反映。

1) 主营业务收入比重

主营业务收入比重是指企业一定时期实现的主营业务收入占其营业收入总额(或总收入)的百分比。

$$主营业务收入比重 = \frac{主营业务收入}{营业收入(或总收入)} \times 100\%$$

主营业务收入指企业的主要(或基本)经营业务取得的收入,营业收入通常就是企业利润表中反映的营业收入,总收入包括主营业务收入、其他(或附营)业务收入、营业外收入等。对于上式中的分母,同一次分析比较中计算口径必须一致。

主营业务收入比重越高,说明企业主要经营业务(或基本业务)规模越大,主业越突出,收入质量越好。

2) 销售收现率

销售收现率是企业一定时期销售商品、提供劳务收到的现金与同期营业收入的比值。

$$销售收现率 = \frac{销售商品提供劳务收到的现金}{营业收入(含税)} \times 100\%$$

式中销售商品提供劳务收到的现金通常包括收到的增值税销项税额,为使分子分母计算口径一致,分母中最好用含税的营业收入。

销售收现率越高,反映企业销售商品获取现金的能力越强,在不影响销售规模的情况下,销售收现率越高越好。

【例3-33】根据表3-2和表3-3的资料,设KM公司20×5年实现的主营业务收入为1 799 417万元,增值税率为17%,则其20×5年的收入质量指标计算结果见表3-8。

表3-8　KM公司20×5年收入质量指标　　　　　　　　　　　单位:%

年份	主营业务收入比重	销售收现率
20×5	1 799 417÷1 806 683×100%≈99.60%	1 937 246÷[1 806 683×(1+17%)]×100%≈91.65%

应用案例3-2

销售收入现金含量揭示企业销售状况

长安汽车(股票代码:00625)是一家主要从事微型汽车及发动机的开发制造和销售的上市公司。产品包括各种型号的长安牌微型厢货车、微型货车、奥拓微型轿车以及用于微型汽车的江陵牌汽车发动机。

随着中国汽车消费的迅速崛起,公司的销售形势持续向好。我们用"销售商品、提供劳务收到现金/主营业务收入"这个主营收入现金含量指标对长安汽车的销售进行分析(见表3-9),发现该指标自1999年起逐年走高,更为可贵的是,企业的主营业务收入也逐年增长。因此,分析者可以大致得出结论,该企业销售收入回笼现金情况良好,并且还不断地收回前期的应收账款,营业收入的质量越来越高。通常情况下,营业收入与营业收入现金含量两个指标联袂走高的经济含义是企业的销售环境和内部管理都处于非常良好的状况。这样的公司,在2002年的证券市场上成为资金追捧的对象就不奇怪了。

表3-9　长安汽车1999—2001年每元主营业务收入现金含量表

指　　标	1999年	2000年	2001年
每元主营业务收入现金含量	0.86	1.081	1.287

3. 利润质量

利润质量也叫收益质量,可以用盈利现金比率、净收益营运指数来反映。

1) 盈利现金比率

盈利现金比率指企业一定时期实现的经营现金净流量与净利润比值。

$$盈利现金比率 = \frac{经营现金净流量}{净利润}$$

盈利现金比率越高,说明收益的现金保障越大,利润质量越好。

2) 净收益营运指数(或经营净收益比重)

净收益营运指数指一定时期实现的经营净收益占净利润的百分比。

$$净收益营运指数 = \frac{经营净收益}{净利润}$$

$$经营净收益 = 净利润 - 非经营净收益$$
$$= 净利润 - (投资净收益 + 营业外收支净额) \times (1 - 所得税率)$$

净收益营运指数越高,说明企业经营活动实现的净收益占其净利润总额的百分比越大,利润的可靠性越好,企业的收益质量往往越高。

【例3-34】根据表3-2和表3-3的资料，设KM公司20×5年所得税率为25%，则其20×5年的利润质量指标计算结果见表3-10。

经营净收益=275 646－(7 215＋3 851－1 379)(1－25%)≈268 380.75

表3-10 KM公司20×5年利润质量指标

年份	盈利现金比率	净收益营运指数
20×5	50 886÷275 646≈0.18	268 380.75÷275 646≈0.97

4. 股东权益质量

股东权益质量又叫净资产质量，股东权益质量可以用净资产收益率、净资产现金回收率、留存收益比重等指标反映。净资产收益率越高，反映企业利用股东权益的获利能力越强，股东权益质量越好。

1) 净资产现金回收率

净资产现金回收率是企业一定时期实现的经营现金净流量与股东权益平均余额的比率。

$$净资产现金回收率=\frac{经营活动现金净流量}{股东权益平均余额}\times 100\%$$

净资产现金回收率越高，说明企业净资产的获现能力越强，在不影响净资产收益率的情况下，股东权益的质量越好。

2) 留存收益比重

留存收益比重是指企业留存收益占股东权益的百分比。

$$留存收益比重=\frac{留存收益}{股东权益}\times 100\%$$

留存收益比重越大，说明企业股权资本总额中，企业内部积累形成的股权资本越多，股权资本的可靠性越高，成本越小，股权资本的质量越好。

【例3-35】根据表3-1和表3-3的资料，其20×5年的股东权益质量指标计算结果见表3-11。

表3-11 KM公司20×5年股东权益质量指标

年份	净资产现金回收率	留存收益比重	
		年末	年初
20×5	3%	41.03%	40.63%

由表3-11可见，KM公司20×5年年末的留存收益比重略有提高，说明其股东权益质量略有好转。

5. 现金流量质量

现金流量质量可以通过经营现金流入比重、现金营运指数来反映。

1) 经营现金流入比重

经营现金流入比重是指企业一定时期经营活动实现的现金流入量占其现金流入总量的

百分比。

$$经营现金流入比重 = \frac{经营现金流入量}{现金流入总量} \times 100\%$$

经营现金流入比重越大,说明企业现金流入的可靠性越高,现金流量的质量越好。

2) 现金营运指数

现金营运指数指企业一定时期实现的经营现金流量净额与同期企业经营现金流入量的比值。

$$现金营运指数 = \frac{经营活动现金净流量}{经营活动现金流入量}$$

现金营运指数越高,说明企业经营活动的现金净流入率越高,不影响企业销售规模的情况下,现金流量质量越好。

【例3-36】根据表3-3的资料,其20×5年的现金流量质量指标计算结果见表3-12。

表3-12 KM公司20×5年现金流量质量指标

年份	经营现金流入比重	现金营运指数
20×5	1 967 978÷(1 967 978+1 224+1 407 610)×100%≈58.28%	50 886÷1 967 978≈0.026

3.5.4 企业的整体发展能力分析

分析企业的发展能力,除了对企业的各方面财务效率、增长能力、市场竞争能力和财务质量状况及其变动趋势进行深入分析以外,还要分析企业的整体发展能力。

企业整体发展能力分析包括以下基本思路。

(1) 分别计算企业连续3~5年的营运能力、盈利能力、偿债能力、增长能力、市场竞争能力及财务质量的各项财务指标值。

(2) 分别将上述各指标本期实际值与以前不同时期同一指标数值进行比较,分析企业各方面财务效率、财务质量、市场竞争能力及增长能力的变化趋势。

(3) 分别将上述各指标本期实际值与同行业平均水平(或行业最好水平)进行比较,分析企业各方面财务效率、财务质量、市场竞争能力及增长能力的高低。

(4) 分析比较企业各方面财务指标之间的内在关系,判断企业各方面财务效率、财务质量、市场竞争能力变化及增长的效益性和协调性。

(5) 根据以上分析结果,运用一定的分析标准,判断企业的整体发展能力。

一般而言,只有一个企业的各方面财务效率、财务质量、市场竞争能力及增长能力等保持同步增长,且不低于行业平均水平,才可以判断这个企业具有良好的整体发展能力。

3.6 企业财务状况趋势分析

企业财务状况趋势分析主要是通过比较企业连续几个会计期间的财务报表或财务比率,来了解企业财务状况变化的趋势,并以此来预测企业未来的财务状况,判断企业的发展前景。一般来说,进行企业财务状况的趋势分析,主要应用比较财务报表、比较结构百分比财务报表和比较财务比率等方法。

3.6.1 比较财务报表

比较财务报表是将同一企业连续几期的同一张会计报表各项目的金额平行列示在一起,通过比较企业连续几期财务报表各项目的数据,分析其增减变化的幅度、趋势及原因,从而判断企业财务状况的变动趋势。这种方法选择的期数越多,分析结果的准确性越高。需要特别强调的是,在进行比较分析时,必须考虑各期数据的可比性。因为会计准则的修订等特殊原因,某一时期的某项财务数据可能变化较大,缺乏可比性,因此,在分析过程中应该排除非可比因素,使各期财务数据具有可比性。

比较财务报表具体包括:比较资产负债表、比较利润表和比较现金流量表等,下面重点阐述比较资产负债表和比较利润表的分析原理。

1. 比较资产负债表

比较资产负债表即将企业连续几年的资产负债表列示在同一张表中,通过计算分析资产负债表各项目的变动状况,从而分析企业财务状况变动趋势及原因。

【例 3-37】KM 公司近三年的比较资产负债表编制见表 3-13。

表 3-13 比较资产负债表

编制单位:KM公司　　　　20×3 年—20×5 年

资　产	20×5 年年末/万元	20×4 年年末/万元	20×3 年年末/万元	20×5 与 20×4 年比变动/(%)	20×4 与 20×3 年比变动/(%)
流动资产:					
货币资金	1 581 834	998 527	849 705	58.42	17.51
应收票据	34 859	22 026	16 602	58.26	32.67
应收账款	255 040	223 005	170 535	14.37	30.77
预付款项	55 965	59 723	32 295	-6.29	84.93
应收利息	3 015	492	107	512.80	359.81
其他应收款	7 825	5 321	8 619	47.06	-38.26
存货	979 470	736 866	378 591	32.92	94.63
其他流动资产	26 763	19 400	7 822	37.95	148.02
流动资产合计	2 944 771	2 065 360	1 464 276	42.58	41.05
非流动资产:					
长期股权投资	40 700	33 333	28 587	22.10	16.60
投资性房地产	67 900	52 500	53 479	29.33	-1.83
固定资产	479 035	431 054	384 884	11.13	12.00
在建工程	17 316	45 408	76 745	-61.87	-40.83

续表

资　　产	20×5年年末/万元	20×4年年末/万元	20×3年年末/万元	20×5与20×4年比变动/(%)	20×4与20×3年比变动/(%)
无形资产	105 238	107 197	180 269	−1.83	−40.53
商誉	30 473	22 359	17 294	36.29	29.29
长期待摊费用	6 750	6 214	5 411	8.63	14.84
递延所得税资产	12 593	6 962	5 155	80.88	35.05
其他非流动资产	105 746	17 544	9 039	502.75	94.09
非流动资产合计	865 751	722 572	760 863	19.82	−5.03
资产总计	3 810 523	2 787 932	2 225 139	36.68	25.29
负债和股东权益					
流动负债：					
短期借款	462 000	342 000	229 408	35.09	49.08
应付票据	20 130	40 000	—	−49.68	
应付账款	144 432	139 090	97 588	3.84	42.53
预收账款	94 758	102 082	46 247	−7.17	120.73
应付职工薪酬	4 380	3 032	2 651	44.46	14.37
应交税费	38 782	31 350	22 828	23.71	37.33
应付利息	28 141	9 922	11 425	183.62	−13.16
其他应付款	44 845	37 325	15 698	20.15	137.77
一年内到期的非流动负债	450	20 000	87 489	−97.75	−77.14
其他流动负债	550 000	100 000	200 000	450.00	−50.00
流动负债合计	1 387 918	824 801	713 333	68.27	15.63
非流动负债：					
长期借款	27	450	20 450	−94.00	−97.80
应付债券	488 544	249 625	249 375	95.71	0.10
长期递延收益	49 659	40 922	38 942	21.35	71.95
递延所得税负债	532	261	—	103.83	
非流动负债合计	538 761	291 258	308 767	84.98	−5.67
负债合计	1 926 679	1 116 059	1 022 100	72.63	9.19
股东权益：					
股本	439 743	219 871	219 871	100.00	0.00

续表

资　产	20×5年年末/万元	20×4年年末/万元	20×3年年末/万元	20×5与20×4年比变动/(%)	20×4与20×3年比变动/(%)
其他权益工具（优先股）	296 770	296 770		0	
资本公积	365 728	475 663	474 977	−23.11	0.14
其他综合收益	1307	−44	−686		
盈余公积	114 517	87 640	64 560	30.67	35.75
未分配利润	658 448	591 696	443 355	11.28	33.46
归属于母公司股东权益合计	1 876 513	1 671 597	1 202 764	12.26	38.98
少数股东权益	7 331	276	275	2 556.16	0.36
股东权益合计	1 883 844	1 671 873	1 203 039	12.68	38.97
负债和股东权益总计	3 810 523	2 787 932	2 225 139	36.68	25.29

由上述比较资产负债表可见，KM公司20×5年与20×4年相比资产增长36.68%，20×4年与20×3年相比资产增长25.29%，说明该公司经营规模在逐年扩大，呈增长趋势。

(1) 从资产占用状况看，20×5年公司资产增长是由流动资产与非流动资产共同增长引起的，流动资产的增长是由除预付款项以外的各项流动资产增长引起的，最主要是货币资产、存货、应收账款等的增长，非流动资产的增长主要是由长期股权投资、投资性房地产、固定资产、商誉、递延所得税资产、其他非流动资产等项目的增长引起的；20×4年资产的增长主要是由流动资产的增长引起的。

(2) 从资金来源状况看，20×5年和20×4年公司资金总额的增长是均由负债和股东权益共同增长引起的，20×5年主要是负债增长引起的，20×4年主要是股东权益增长引起的。

该公司20×5年负债的增长是由流动负债和非流动负债共同增长引起的，流动负债增长主要是由短期借款、应付账款、应交税费、其他流动负债等项目增长引起的；非流动负债的增长主要是由应付债券、长期递延收益等项目增长引起的。20×4年负债增长主要是由流动负债增长引起的，流动负债的增长是由短期借款、应付票据、应付账款、预收账款、应交税费、其他应付款等项目增长引起的；非流动负债的降低主要是由长期借款下降引起的。

近两年该公司股东权益均呈增长趋势，20×5年股东权益的增长主要是由股本、盈余公积、未分配利润增长引起的，20×4年股东权益的增长主要是由盈余公积、未分配利润增长引起的。

2．比较利润表

比较利润表即将企业连续几年的利润表列示在同一张表中，通过计算分析利润表各项目的变动状况，从而分析企业经营成果的变化趋势及原因。

【例3-38】KM公司近三年的比较利润表编制见表3-14。

表 3-14 比较利润表

编制单位：KM公司　　　　20×3年—20×5年

项　目	20×5年/万元	20×4年/万元	20×3年/万元	20×5与20×4年比变动/(%)	20×4与20×3年比变动/(%)
一、营业收入	1 806 683	1 594 919	1 335 873	13.28	19.39
二、营业成本	1 492 105	1 333 582	1 122 810	11.89	18.77
其中：营业成本	1 294 727	1 176 822	987 269	10.02	19.20
营业税金及附加	19 669	10 289	9 535	91.17	7.91
销售费用	49 931	42 642	38 305	17.09	11.32
管理费用	71 149	58 289	50 706	22.06	14.95
财务费用	44 899	43 495	35 580	3.23	22.25
资产减值损失	11 730	2 045	1 416	473.59	44.42
加：公允价值变动收益（损失以"—"号填列）	0	0	0	0.00	0.00
投资收益（损失以"—"号填列）	7 215	5 304	4 871	36.03	8.89
其中：对联营企业和合营企业的投资收益	7 215	5 304	4 870	36.03	8.91
三、营业利润（亏损以"—"号填列）	321 793	266 642	217 934	20.68	22.35
加：营业外收入	3 851	5 485	4 639	−29.79	18.24
减：营业外支出	1 379	1 404	1 172	−1.78	19.80
其中：非流动资产处置损失	50	2	42	2 400.00	−95.24
四、利润总额（亏损总额以"—"号填列）	324 264	270 722	221 401	19.78	22.28
减：所得税费用	48 618	42 133	33 360	15.39	26.30
五、净利润（净亏损以"—"号填列）	275 646	228 589	188 041	20.59	21.56
归属于母公司所有者的净利润	275 673	228 588	187 982	20.60	21.60

续表

项　目	20×5年/万元	20×4年/万元	20×3年/万元	20×5与20×4年比变动/(%)	20×4与20×3年比变动/(%)
少数股东损益	−28	1	60	−2 900.00	−98.33
六、每股收益：					
（一）基本每股收益	0.62	1.05	0.83	−40.95	26.51
（二）稀释每股收益	0.62	1.05	0.83	−40.95	26.51

由比较利润表可见，KM公司近两年营业收入增长率分别为13.28%、19.39%，说明企业的经营规模呈增长趋势，近两年该公司的净利润、利润总额、营业利润增长率均在21%左右，说明公司销售规模扩大的同时，成本控制在加强，收益水平也在提高。

具体看，KM公司20×5年成本费用增长明显大于收入增长的主要有营业税金及附加、资产减值损失、管理费用和销售费用；成本控制效果比较明显的主要是营业成本、财务费用和营业外支出。20×4年成本控制效果比较好的主要是营业税金及附加、销售费用、管理费用。

3.6.2　比较结构百分比财务报表

比较结构百分比财务报表是将同一企业不同时期的同一张结构百分比报表列示在一起形成的财务报表。结构百分比财务报表是将财务报表中的数据用百分比来表示，即在每一张报表中列示各项目占总体的百分比。

比较财务报表只能反映资产负债表、利润表、现金流量表等各项目金额的变动状况，不能反映企业财务报表中资产、负债、所有者权益、利润总额、净利润、现金净流量等各主要项目的构成状况的变化。比较结构百分比财务报表是在比较财务报表的基础上发展而来的。比较财务报表是比较各期报表中的绝对金额，而比较百分比财务报表则是通过比较财务报表中各项目占总体的构成比例的变化，分析企业财务状况及经营成果的发展趋势。可见，这种方法比比较财务报表更加直观地反映了企业的发展趋势。比较结构百分比财务报表包括：比较结构百分比资产负债表、比较结构百分比利润表和比较结构百分比现金流量表等。

1. 比较结构百分比资产负债表

比较结构百分比资产负债表即将企业连续几年的结构百分比资产负债表列示在同一张表中，通过比较可以分析企业流动资产、固定资产等各项资产在总资产中所占的比重，即企业资产结构的变动状况、分析企业负债、所有者权益占资金总额即企业资金结构的变动状况，从而分析企业财务状况变动趋势及原因。

【例3-39】　KM公司近三年简化的比较结构百分比资产负债表编制见表3-15。

表 3-15 简化的比较结构百分比资产负债表

编制单位：KM公司　　　20×3年—20×5年

资　产	20×5年年末/(%)	20×4年年末/(%)	20×3年年末/(%)
流动资产：			
货币资金	41.51	35.82	38.19
应收账款	6.69	8.00	7.66
存货	25.70	26.43	17.01
流动资产合计	77.28	74.08	65.81
非流动资产：			
固定资产	12.57	15.46	17.30
在建工程	0.45	1.63	3.45
无形资产	2.76	3.85	8.10
非流动资产合计	22.72	25.92	34.19
资产总计	100.00	100.00	100.00
负债和股东权益			
流动负债：			
短期借款	12.12	12.27	10.31
应付账款	3.79	4.99	4.39
预收账款	2.49	3.66	2.08
一年内到期的非流动负债	0.01	0.72	3.93
其他流动负债	14.43	3.59	8.99
流动负债合计	36.42	29.58	32.06
非流动负债：			
长期借款	0.00	0.02	0.92
应付债券	12.82	8.95	11.21
非流动负债合计	14.14	10.45	13.88
负债合计	50.56	40.03	45.93
股东权益：			
股本	11.54	7.89	9.88
资本公积	9.60	17.06	21.35
盈余公积	3.01	3.14	2.90
未分配利润	17.28	21.22	19.92
股东权益合计	49.44	59.97	54.07
负债和股东权益总计	100.00	100.00	100.00

由表 3-15 可见，从资产结构看：KM 公司近三年流动资产在总资产中所占比重有所提高，非流动资产所占比重有所降低，说明企业资产的流动性在不断增强。20×5 年流动资产比重的提高，主要是货币资金比重上升引起的，20×4 年流动资产比重提高，主要是存货比重上升引起的。近两年非流动资产占资产总额比重的降低，是固定资产、在建工程、无形资产等项目所占比重共同下降引起的。

从资金结构看：KM 公司近三年负债占资金总额的比重先降后升，股东权益占资金总额的比重先升后降，说明该公司的资金结构波动明显，财务状况不稳定。20×5 年负债比重的提高是由流动负债和非流动负债比重共同提高引起的，20×4 年负债比重的降低是由流动负债和非流动负债比重共同下降引起的；20×5 年股东权益比重的降低主要是由资本公积和未分配利润比重降低引起的，20×4 年股东权益比重的提高主要是由盈余公积和未分配利润比重提高引起的。

2. 比较结构百分比利润表

比较结构百分比利润表是将企业连续几年的结构百分比利润表列示在同一张表中，通过比较结构百分比利润表，可以分析企业各项收入、成本费用及利润占营业收入总额的百分比的变动状况，可以进一步深入分析企业盈利能力变动的趋势和原因。

【例 3-40】 KM 公司近三年的比较结构百分比利润表编制见表 3-16。

表 3-16 比较结构百分比利润表

编制单位：KM 公司　　　　　　20×3 年—20×5 年

项　　目	20×5 年/（%）	20×4 年/（%）	20×3 年/（%）
一、营业收入	100.00	100.00	100.00
二、营业成本	82.59	83.61	84.05
其中：营业成本	71.66	73.79	73.90
营业税金及附加	1.09	0.65	0.71
销售费用	2.76	2.67	2.87
管理费用	3.94	3.65	3.80
财务费用	2.49	2.73	2.66
资产减值损失	0.65	0.13	0.11
加：公允价值变动收益（损失以"—"号填列）	0.00	0.00	0.00
投资收益（损失以"—"号填列）	0.40	0.33	0.36
其中：对联营企业和合营企业的投资收益	0.40	0.33	0.36
三、营业利润（亏损以"—"号填列）	17.81	16.72	16.31

续表

项　目	20×5年/（%）	20×4年/（%）	20×3年/（%）
加：营业外收入	0.21	0.34	0.35
减：营业外支出	0.08	0.09	0.09
其中：非流动资产处置损失	0.00	0.00	0.00
四、利润总额（亏损总额以"－"号填列）	17.95	16.97	16.57
减：所得税费用	2.69	2.64	2.50
五、净利润（净亏损以"－"号填列）	15.26	14.33	14.08

由表3-16可见，KM公司近三年营业利润、利润总额、净利润占营业收入的比重均有所提高，说明企业的盈利能力不断增强。20×5年公司盈利能力增强主要是营业成本、财务费用占营业收入的比重降低引起的，20×4年公司盈利能力增强主要是营业税金及附加、销售费用、管理费用占营业收入的比重降低引起的。

3.6.3　比较财务比率

比较财务比率就是将同一企业连续几期的同一财务比率进行对比，从而分析企业财务状况的发展趋势。这种方法实际上是比率分析法与比较分析法的结合。与前面两种方法相比，这种方法更加直观地反映了企业财务状况的变动趋势。

通过比较财务比率，可以分析企业流动比率、速动比率、资产负债率等偿债能力比率的变化状况，从而可以反映企业偿债能力的变动趋势；可以分析企业应收账款周转率、存货周转率、流动资产周转率、固定资产周转率及总资产周转率的变动状况，从而可以反映企业采购、生产、各类商品、产品的销售及收账速度的变化状况，反映企业资产的利用效率的变动趋势及原因；可以分析企业销售利润率、成本利润率、总资产报酬率、净资产收益率等获利能力指标的变化状况，从而可以反映企业获利能力的变化趋势及变动原因。综上所述，通过比较财务比率，可以深入分析企业生产经营各环节可能存在的问题，并提出切实可行的改进措施。

【例3-41】　KM公司近三年的部分主要财务指标汇编见表3-17。

表3-17　KM公司20×3—20×5年主要财务指标

指　标	20×3年	20×4年	20×5年
流动比率（年末）	2.05	2.50	2.12
现金流量比率	0.19	0.14	0.04
资产负债率（年末）/（%）	45.93	40.03	50.56
总资产周转率	0.66	0.64	0.55
固定资产收入率/（%）	414.28	390.94	396.71

续表

指标	20×3年	20×4年	20×5年
流动资产周转率	1.02	0.90	0.72
销售净利率/(%)	14.08	14.33	15.26
总资产报酬率/(%)	13.02	12.75	11.60
净资产收益率/(%)	16.63	15.90	15.50
每股收益/(元/股)	0.83	1.05	0.62

由表3-17可见，KM公司近三年流动比率先升后降，现金流量比率逐年降低，资产负债率先降后升，总体呈上升趋势，说明公司的财务状况不稳定，初步判断其偿债能力呈下降趋势。KM公司近三年固定资产收入率有所波动，流动资产周转率和总资产周转率逐年降低，总体看公司资产利用效率呈下降趋势。KM公司近三年销售净利率不断提高，说明企业的销售获利能力呈上升趋势；但其资产报酬率和净资产收益率不断降低，说明企业的资产经营和资本经营盈利能力呈下降趋势。

比较财务报表、比较百分比财务报表及比较财务比率，既可用于同一企业不同时期财务状况的纵向比较，分析本企业偿债能力、营运能力、获利能力等的变动趋势，也可以用于本企业与同行业其他企业之间或与同行业平均数之间的横向比较，分析本企业与同行业其他企业财务状况的差异及其原因。

以上对财务趋势分析主要采用的是列表的方式（即列表法）进行分析的，实际工作中，根据需要也可以采用趋势分析图的形式（即图解法）进行财务趋势分析。

3.7 企业财务综合分析与评价

综合分析是对各种财务指标进行系统的、综合的、深入的分析，从而对企业的财务状况做出全面的、合理的评价。常见的财务综合分析方法主要有杜邦分析法和帕利普财务分析体系等。

3.7.1 杜邦分析法

利用趋势分析法，虽然可以了解企业各方面财务状况的变动趋势，但是无法揭示企业各种财务比率之间的相互关系，不能反映企业各方面财务状况之间的关系。实际上，企业的财务状况是一个完整的系统，内部各种因素都是相互依存、相互作用的，任何一个因素的变动都会引起企业整体财务状况的改变。因此，财务分析者在进行财务状况综合分析时，必须深入了解影响企业财务状况的各项因素及其相互之间的关系，这样才能比较全面地揭示企业财务状况的全貌。

1. 杜邦分析法的基本原理

杜邦分析（du pont analysis）法是利用几种主要的财务比率之间的关系来综合分析企业的财务状况。因这种分析法是由美国杜邦公司首先提出的，故称杜邦分析法。这种分析法一般用杜邦分析系统图来表示。图3.1是KM公司20×5年的杜邦分析系统图。

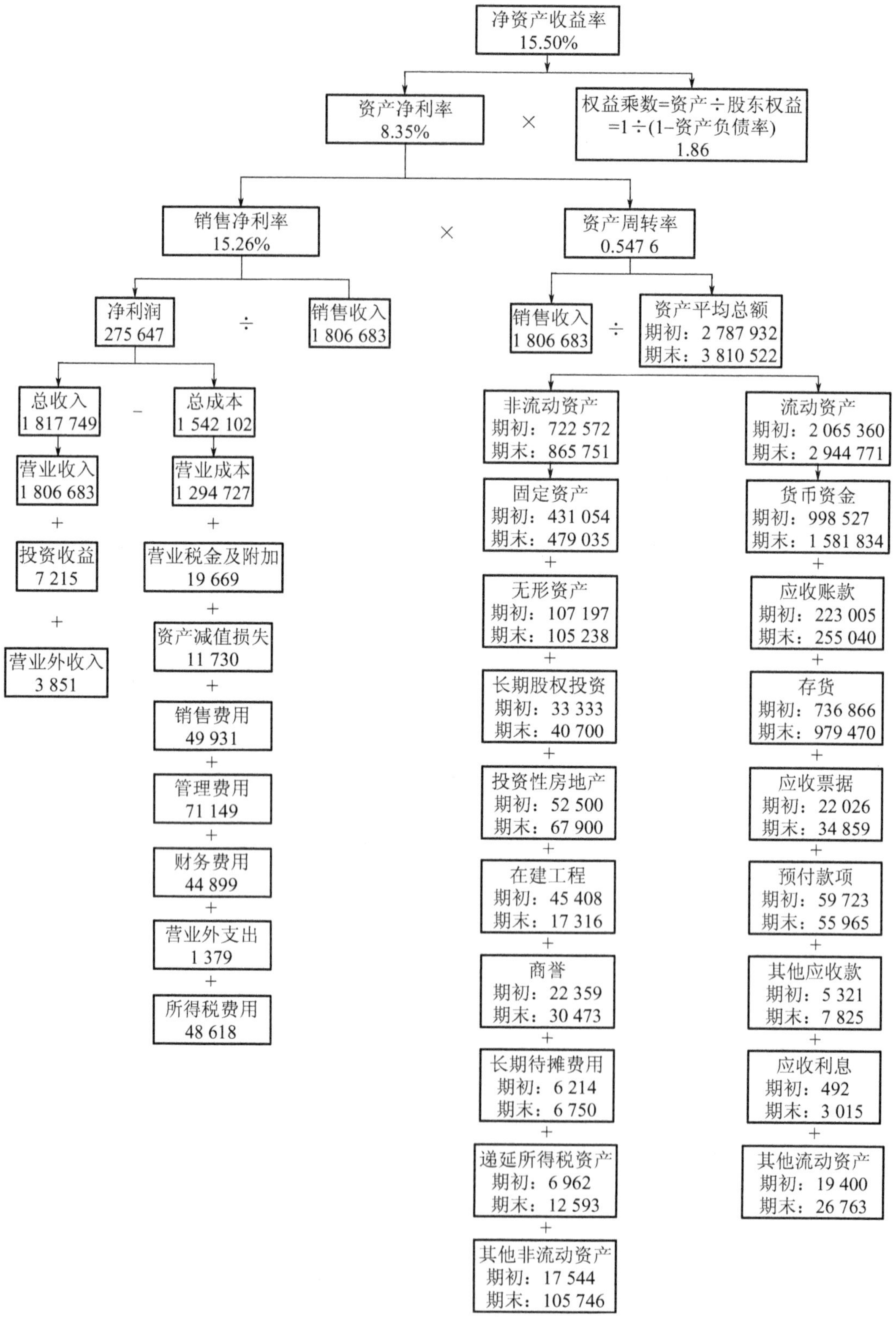

图 3.1 KM 公司 20×5 年杜邦分析图

杜邦分析系统主要反映了以下几种主要的财务比率关系。

(1) 净资产收益率与资产净利率及权益乘数之间的关系：

$$净资产收益率 = 资产净利率 \times 权益乘数 = 资产净利率 \times \frac{1}{1-资产负债率}$$

(2) 资产净利率与销售净利率及总资产周转率之间的关系：

$$资产净利率 = 销售净利率 \times 总资产周转率$$

(3) 销售净利率与净利润及销售收入之间的关系：

$$销售净利率 = \frac{净利润}{销售收入}$$

(4) 总资产周转率与销售收入及资产总额之间的关系：

$$总资产周转率 = \frac{销售收入}{总资产平均占用额}$$

杜邦分析系统在揭示上述几种关系之后，再将净利润、总资产进行层层分解，这样就可以全面、系统地揭示出企业的财务状况以及该系统内各个因素之间的相互关系。杜邦分析是对企业财务状况进行的综合分析。它通过几种主要的财务指标之间的关系，直观、明了地反映出企业的财务状况。从杜邦分析系统可以了解到以下财务信息。

(1) 净资产收益率是一个综合性极强、最有代表性的财务比率，它是杜邦分析系统的核心。企业财务管理的重要目标之一就是实现企业价值的最大化，净资产收益率反映了股东投入资金的获利能力，该比率反映了企业筹资、投资和生产运营等各方面经营活动的效率。净资产收益率取决于企业资产净利率和权益乘数。资产净利率主要反映企业在运用资产进行生产经营活动的效率如何，而权益乘数则主要反映了企业的筹资情况，即企业资金来源结构如何。

(2) 资产净利率是反映企业获利能力的一个重要财务比率，它揭示了企业生产经营活动的效率，综合性极强。企业的销售收入、成本费用、资产结构、资产周转速度以及资金占用量等各种因素，都直接影响到资产净利率的高低。资产净利率是销售净利率与总资产周转率的乘积。因此，可以从企业的销售活动与资产管理两个方面来进行分析。

(3) 销售净利率反映了企业净利润与销售收入之间的关系。一般来说，销售收入增加，企业的净利润也会随之增加，但是，要想提高销售净利率，必须一方面提高销售收入；另一方面降低各种成本费用，这样才能使净利润的增长高于销售收入的增长，从而使销售净利率得到提高。由此可见，提高销售净利率必须在以下两个方面下功夫。

① 开拓市场，增加销售收入。在市场经济中，企业必须深入调查研究市场情况，了解市场的供需关系。在战略上，从长远利益出发，努力开发新产品；在策略上，保证产品的质量，加强营销手段，努力提高市场占有率。这些都是企业面向市场的外在下功夫。

② 加强成本费用控制，降低耗费，增加利润。从杜邦分析系统中可以分析企业的成本费用结构是否合理，以便发现企业在成本费用管理方面存在的问题，为加强成本费用管理提供依据。企业要想在激烈的市场竞争中立于不败之地，不仅要在营销与产品质量上下功夫，还要尽可能降低产品的成本，这样才能增强产品在市场上的竞争力。同时，要严格控制企业的管理费用、财务费用等各种期间费用，降低耗费，增加利润。这里尤其要研究分析企业的利息费用与利润总额之间的关系，如果企业所承担的利息费太多，就应该进一步分析企业的资金结构是否合理，负债比率是否过高，不合理的资金结构当然会影响到企业所有者的收益。

(4) 资产结构实际上反映了企业资产的流动性，它不仅关系到企业的偿债能力，也影响企业的获利能力。具体分析以下内容：

① 分析企业的资产结构是否合理，即流动资产与非流动资产的比例是否合理。一般来说，如果企业流动资产中货币资金占的比重过大，就应当分析企业现金持有量是否合理，有无现金闲置现象，因为过量的现金会影响企业的获利能力；同样，如果流动资产中的存货与应收账款过多，占用大量的资金，也会影响企业的资金周转。

② 结合销售收入，分析企业的资产周转情况。资产周转速度直接影响到企业的获利能力，如果企业资产周转较慢，就会占用大量资金，增加资金成本，减少企业的利润。资产周转情况的分析，不仅要分析企业总资产周转率，而且还要分析企业的存货周转率与应收账款周转率，并将其周转情况与资金占用情况结合分析。

从上述两方面的分析，可以发现企业资产管理方面存在的问题，以便加强管理，提高资产的利用效率。

总之，从杜邦分析系统可以看出，企业的获利能力涉及生产经营活动的方方面面。净资产收益率与企业的筹资结构、销售规模、成本水平、资产管理等因素密切相关，这些因素构成一个完整的系统，系统内部各因素之间相互作用。只有协调好系统内部各个因素之间的关系，才能实现企业价值最大化的理财目标。

2. 杜邦分析体系应用举例

杜邦分析体系既可以用于同一企业财务状况变化及原因的综合分析，也可以用于本企业实际财务状况与行业平均水平或同行业其他企业的差异状况及原因的综合分析。下面以KM公司为例，从净资产收益率入手，运用杜邦分析体系，逐层深入分析其 20×5 年与 20×4 年相比综合财务状况和经营成果变化的状况及原因。

【例 3-42】根据表 3-12、表 3-13 的资料，计算 KM 公司 20×4 年和 20×5 年的部分财务指标，结果见表 3-18。

表 3-18 KM 公司 20×4 年、20×5 年部分财务指标

指 标	20×4 年	20×5 年
净资产收益率/(%)	15.90	15.49
资产净利率/(%)	9.12	8.35
(年均)资产负债率/(%)	42.65	46.11
(年均)权益乘数	1.743 7	1.855 6
总资产周转率	0.636 3	0.547 6
销售净利率/(%)	14.332 3	15.257 0
固定资产收入率/(%)	390.94	396.71
流动资产周转率	0.90	0.72
存货周转率	2.11	1.51
应收账款周转率	7.21	6.55
(年均)流动负债（占资金总额）比重/(%)	30.68	33.53

续表

指 标	20×4 年	20×5 年
（年均）非流动负债（占资金总额）比重/(%)	11.97	12.58
（年均）流动资产比重/(%)	70.41	75.93
（年均）存货占流动资产比重/(%)	31.60	34.26
（年均）应收账款占流动资产比重/(%)	11.15	9.54
收入营业成本率/(%)	73.79	71.66
收入营业税金及附加率/(%)	0.65	1.09
收入销售费用率/(%)	2.67	2.76
收入管理费用率/(%)	3.65	3.94
收入财务费用率/(%)	2.73	2.49

要求：运用杜邦分析原理，深入分析说明 KM 公司净资产收益率下降的具体原因。

【解】由表 3-18 可见，KM 公司的净资产收益率由 20×4 年的 15.90% 下降到 20×4 年的 15.49%，说明其资本经营盈利能力略有降低，运用杜邦分析体系分析如下。

1）净资产收益率分析

$$净资产收益率 = 资产净利率 \times 权益乘数$$

20×4 年　　15.90% = 9.12% × 1.743 7

20×5 年　　15.49% = 8.35% × 1.855 6

通过对比分析可初步判断，KM 公司 20×5 年净资产收益率略有下降的主要原因是其资产净利率降低引起的。

对净资产收益率变动具体原因的定量计算分析如下：

$$资产净利率变化的影响 = (8.35\% - 9.12\%) \times 1.743\ 7 \approx -1.34\%$$

$$权益乘数变动的影响 = 8.35\% \times (1.855\ 6 - 1.743\ 7) \approx 0.93\%$$

合　计　　　　　　　　　　　　　　　　　　　−0.41%

由上述计算结果可见，KM 公司 20×5 年资产净利率的降低，导致其净资产收益率下降 1.34 个百分点，而其权益乘数的提高，引起其净资产收益率提高 0.93 个百分点，即资产净利率下降引起的净资产收益率降低幅度，大于权益乘数的提高引起的净资产收益率提高的幅度，所以其净资产收益率最终表现为降低 0.41 个百分点。由此更加清晰地说明，KM 公司 20×5 年净资产收益率的下降是由其资产净利率的降低引起的。

2）资产净利率分析

$$资产净利率 = 销售净利率 \times 资产周转率$$

20×4 年　　9.12% = 14.332 3% × 0.636 3

20×5 年　　8.35% = 15.257 0% × 0.547 6

由上述计算比较初步判断，KM 公司 20×5 年资产净利率降低的主要原因是其资产周转率下降，即资产利用效率降低。

对资产净利率变动具体原因的定量计算分析如下：

销售净利率变动的影响＝(15.257 0%－14.332 3%)×0.636 3＝0.59%
资产周转率变化的影响＝15.257 0%×(0.547 6－0.636 3)　＝－1.36%
合　　计　　　　　　　　　　　　　　　　　　　　　　－0.77%

由上述计算结果可见，KM公司20×5年销售净利率的提高，引起其资产净利率提高0.59个百分点，但资产周转率下降，导致其资产净利率降低1.36个百分点，即资产周转率下降引起的资产净利率降低幅度，大于其销售净利率提高引起的资产净利率提高的幅度，所以其资产净利率最终表现为降低0.77个百分点。由此更加清晰地看出，KM公司20×5年资产净利率的下降是由其资产周转率的降低引起的。

① 销售净利率分析。直观看企业的销售净利率受企业的净利润和销售收入规模的影响，而企业的净利润又主要由企业的各项收入（如销售收入）和各项成本费用（如营业成本、期间费用等）决定的，由此可见，企业的销售净利率主要受各项成本费用占收入的百分比（即收入成本费用率）的影响。由表3-18可见，KM公司20×5年销售净利率提高的主要原因是其收入营业成本率和收入财务费用率的降低。

② 资产周转率分析。企业的资产周转率主要受资产结构和各类资产利用效率影响。由表3-18可见，KM公司20×5年的资产周转率由0.636 3下降为0.547 6，固定资产收入率由390.94%提高到396.71%，而流动资产周转率则由0.90下降为0.72，同时其流动资产比重由70.41%上升到75.93%，说明KM公司资产利用效率下降的主要原因是其流动资产利用效率降低。

流动资产利用效率主要受其流动资产内部结构和各类流动资产（如应收账款、存货）的利用效率的影响。由表3-18可见，KM公司20×5年存货周转率由2.11下降为1.51，应收账款周转率由7.21下降为6.55。由此可见，20×5年KM公司流动资产利用效率降低，是其存货和应收账款利用效率共同下降引起的。

3）权益乘数分析

权益乘数主要受资产负债率的影响，资产负债率主要由各类负债占资金总额的比重决定。由表3-18可见，KM公司20×5年权益乘数由1.743 7上升为1.855 6，流动负债比重由30.68%上升为33.53%，非流动负债比重由11.97%提高到12.58%。由此可见，KM公司20×5年权益乘数提高是由其流动负债和非流动负债比重共同提高引起的。权益乘数及各类负债比重的提高，说明企业的偿债压力加大，财务风险加剧。

综上所述，KM公司20×5年股权资本盈利能力略有下降的主要原因是其总资产、流动资产利用效率降低，根本原因是其存货和应收账款管理效率下降。

3. 传统杜邦分析体系的不足

传统杜邦分析体系自构建以来得到了广泛的运用而且效果明显，但是随着市场经济的发展，传统杜邦分析系统在现代企业财务分析中的不足已日益显现。

（1）没有充分考虑企业的资金增值能力。传统杜邦分析体系只强调对获利能力、营运能力和偿债能力的分析，而没有充分考虑对企业的资金增值能力的分析。在现代市场经济环境下，企业之间的竞争日趋激烈，为了保证企业的可持续发展，企业必须关注自身的资金增值能力和发展能力。但在传统杜邦分析体系中有关企业的资金增值能力和发展能力的分析还远远不够。

(2) 忽视对现金流量的分析。传统杜邦分析体系中忽视了对现金流量的分析。现金流量是用来反映企业内在价值的重要基础指标之一,世界各国基本上都以法律或法规的形式,规定企业应定期编制现金流量表。由于现金流量的计算是以收付实现制为基础的,剔除了尚未收到现金的收入和尚未支付现金的成本费用,因此,现金流量的多少能更准确地反映企业的支付能力和偿债能力。但是,传统杜邦分析系统中有关现金流入、流出状况的分析很少。

(3) 忽视对企业风险的分析。传统杜邦分析体系没有涉及企业经营和理财风险的相关指标,不便于进行风险分析,不利于正确、全面地进行财务决策。

(4) 缺少对成本性态结构和产品贡献能力的分析。传统杜邦分析体系中对成本费用只是按其用途构成来反映的,没有反映成本的性态结构,不便于分析产品的贡献能力,不便于根据成本的性态特征进行有效的成本控制。

3.7.2 帕利普财务分析体系——杜邦财务分析体系的变形与发展

帕利普财务分析体系是美国哈佛大学教授帕利普对杜邦财务分析体系进行了变形、补充而发展起来的。帕利普财务分析的原理是将某一个要分析的指标层层展开,这样便可探究财务指标发生变化的根本原因。帕利普等在其所著的《企业分析评价》一书中将财务分析体系,即帕利普财务分析体系界定为以下几种关系式。

(1) 可持续增长比率=净资产收益率×(1-支付现金股利/净利润)=净资产收益率×(1-股利支付率)

(2) 净资产收益率=$\dfrac{净利润}{净资产}$=$\dfrac{净利润}{营业收入}$×$\dfrac{营业收入}{总资产}$×$\dfrac{总资产}{净资产}$=销售净利率×总资产周转率×财务杠杆作用

(3) 与销售净利率相关的指标有销售收入成本率、销售毛利率、销售收入期间费用率、销收入研究开发费用率、销售收入非营业损失率、销售息税前利润率、销售税费率等。

(4) 与总资产周转率相关的指标有流动资产周转率、营运资金周转率、固定资产周转率、应收账款周转率、应付账款周转率、存货周转率等。

(5) 与财务杠杆作用相关的指标有流动比率、速动比率、现金比率、负债对权益比率、负责与资本比率、负债与资产比率、以收入为基础的利息保障倍数、以现金流量为基础的利息保障倍数等。

帕利普财务分析体系可用图 3.2 表示。

企业要追求的是一种可持续平衡增长率,即在不增发新股,不改变经营效率(不改变销售净利率和资产周转率)和财务政策(不改变资本结构和股利支付率)的条件下,公司销售所能达到的最大增长率,它体现的是一种可持续的平衡发展。在不改变资本结构的条件下,负债随股东权益同比例增长,并共同决定了资产所能扩展的速度,后者反过来限制了销售的增长率。由于不发行新股,股东权益的增长取决于留存收益率及利用该权益取得的报酬率。因此,可持续增长率计算公式为:

可持续增长率=净资产收益率×(1-股利支付率)
　　　　　　=销售净利率×总资产周转率×财务杠杆作用×(1-股利支付率)

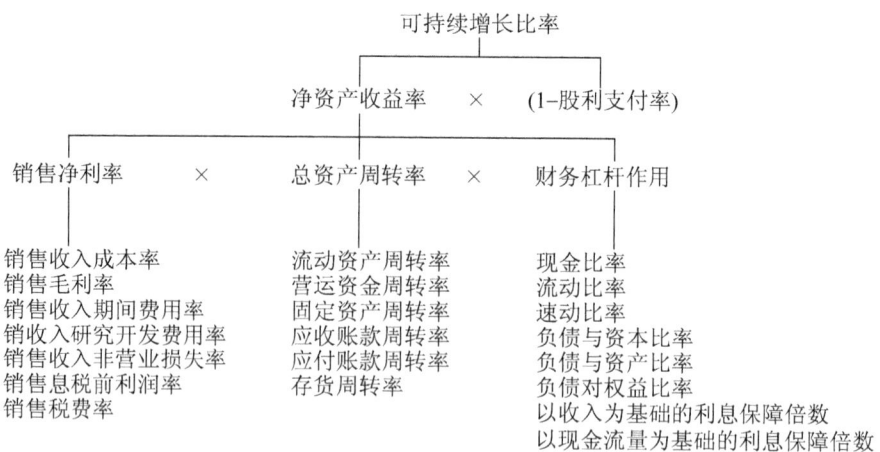

图 3.2 帕利普财务分析体系图

从上述计算公式中看到,可持续增长率的大小受销售净利率、总资产周转率、财务杠杆作用以及股利支付率四个财务比率的影响。如果四个财务比率有一个或者多个比率提高,在不发行新股的情况下,实际增长率就会超过上年可持续增长率,而本年的可持续增长率也会超过上年的可持续增长率,这种超常增长是改变财务比率的结果,但是公司不可能每年都提高这四个财务比率,所以这种超过企业可持续增长率的增长会加速企业资源的消耗,并且通常是无法持续的;反之,四个财务比率中的一个或多个比率下降,将会导致实际增长率低于上年可持续增长率,从而本年的可持续增长率也会低于上年可持续增长率,这种情况会造成企业资源的浪费,因此企业应当制定符合自身发展需要的经营政策和财务政策,努力使企业实际增长率与可持续增长率相一致,以实现平衡发展。从长远来看,可持续增长率致力于企业的价值增长,通过该比率使企业盈利能力、营运能力、偿债能力和发展能力建立起联系,并借此统一各财务指标建立起分析框架,这样做同时消除了同业不同规模企业之间的比较障碍。将该比率层层分解后可用于评价企业在经营管理、投资管理、融资战略和股利政策四个领域的管理效果。可持续增长率是企业在保持经营效率和财务政策不变的情况下能够达到的增长比率,它取决于净资产收益率和股利政策。因此,可持续增长率将企业的各种财务比率统一起来,以评估企业的增长战略是否可持续。

习 题

1. 单项选择题

(1) 某企业存货周转率(以成本为基础确定)为 30 次,销售毛利率为 40%,则存货(以销售收入为基础确定)周转率为( )次。

A. 12　　　　　　B. 40　　　　　　C. 25　　　　　　D. 50

(2) 某上市公司 2016 年 12 月 31 日流通在外的普通股股数为 2 000 万股,2017 年 3 月 30 日增发新股 200 万股,2017 年 9 月 1 日经批准回购本公司股票 150 万股,2017 年的净利润为 210 万元,派发现金股利为 120 万元,则 2017 年的基本每股收益为( )元。

A. 0.04　　　　　B. 0.1　　　　　　C. 0.5　　　　　　D. 0.12

(3) 某企业今年与上年相比，销售收入增长10%，净利润增长8%，资产总额增加12%，负债总额增加9%。可以确定，该企业净资产收益率比上年（   ）。

A. 上升　　　　　　B. 下降　　　　　　C. 不变

D. 不一定，取决于净资产和净利润的增长幅度

(4) 通过杜邦财务分析体系分析可知，净资产收益率是个综合性最强、最具代表性的指标，但不能通过以下途径改善的是（   ）。

A. 加强销售管理，提高销售净利率　　　　B. 加强负债管理，提高产权比率

C. 加强负债管理，降低资产负债率　　　　D. 加强资产管理，提高其利用率和周转率

(5) 某企业资产净利率为20%，若产权比率为1。则净资产收益率为（   ）。

A. 15%　　　　　B. 20%　　　　　C. 30%　　　　　D. 40%

(6) 某企业无优先股，去年普通股股数没有发生增减变化，每股收益为4元，每股发放股利2元，留存收益在过去一年中增加了500万元。年底每股净资产为30元，负债总额5 000万元，则该企业年末资产负债率为（   ）。

A. 30%　　　　　B. 33%　　　　　C. 40%　　　　　D. 44%

(7) 某企业年初流动比率为2.2，速动比率为1；年末流动比率为2.4，速动比率为0.9。发生这种情况的原因可能是（   ）。

A. 存货增加　　　B. 应收账款增加　　C. 应付账款增加　　D. 预收账款增加

(8) 某公司2004年年末流动比率为4，速动比率为2，销货成本为600万元，销售毛利率为40%，按年末存货计算的存货周转率为2.5次，销售现金比率为0.6，则该公司的现金与流动负债比为（   ）。

A. 2.25　　　　　B. 2.5　　　　　C. 2.2　　　　　D. 5

(9) 下列业务中，能够降低企业短期偿债能力的是（   ）。

A. 企业采用分期付款方式购置一台大型机械设备

B. 企业从某银行获得1 000万元贷款

C. 企业增发配股

D. 企业发放股票股利

(10) 某公司2017年度销售收入净额为1 320万元，资产负债表中，2017年应收账款平均余额为110万元、应收票据平均余额为50万元；另外，补充资料显示，2017年的坏账准备平均余额为10万元。该公司2017年应收款项周转次数为（   ）次。（1年按360天计算）

A. 8.64　　　　　B. 9.39　　　　　C. 7.76　　　　　D. 9.62

2. 多项选择题

(1) 下列财务比率属于反映企业长期偿债能力的有（   ）。

A. 现金比率　　　B. 资产负债率　　　C. 股东权益比率　　　D. 现金流量比率

(2) 下列经济业务会影响速动比率的有（   ）。

A. 销售产成品　　　　　　　　　　　B. 偿还应付账款

C. 用银行存款购买固定资产　　　　　D. 用银行存款购买短期有价证券

(3) 下列经济业务会影响企业销售营业利润率的是（   ）。

A. 接受所有者投资　　　　　　　　　B. 提高投资收益水平

C. 降低管理费用　　　　　　　　　　D. 降低贷款利率

(4) 下列各因素会影响企业偿债能力的有（   ）。

A. 已贴现未到期的商业承兑汇票　　　B. 可动用的银行贷款指标

C. 为其他企业的借款提供担保　　　　D. 经营租赁固定资产

(5) 下列经济业务会影响企业资产报酬率的是（   ）。

A. 提高资产利用效率　　　　　　　　B. 加强成本控制

C. 负债规模大幅度增加　　　　　　　D. 产品完工验收入库

(6) 下列（　　）属于盈利质量指标。
A. 盈利现金比率　　　　　　　　　B. 净资产现金回收率
C. 净收益营运指数　　　　　　　　D. 留存收益比重

(7) （　　）指标需要利用现金流量表才能得出。
A. 净资产现金回收率　　　　　　　B. 盈利现金比率
C. 销售获现比率　　　　　　　　　D. 现金分配率

(8) 应收账款周转率越高往往表明企业（　　）。
A. 收款迅速　　　　　　　　　　　B. 可以减少坏账损失
C. 资产流动性高　　　　　　　　　D. 营业收入增加

(9) 企业采取备抵法核算坏账损失，如果实际发生一笔坏账，冲销应收账款，则会引起（　　）。
A. 流动比率提高　　B. 流动比率降低　　C. 流动比率不变　　D. 速动比率不变

(10) 下列经济业务会影响到产权比率的是（　　）。
A. 接受所有者投资　　　　　　　　B. 建造固定资产
C. 可转换债券转换为普通股　　　　D. 偿还银行借款

3. 判断题

(1) 总的来看，财务分析的基本内容包括偿债能力分析、运营能力分析和发展能力分析。（　　）

(2) 差额分析法和连环替代法是两种不同的方法，彼此没有联系。（　　）

(3) 应收账款周转率也可以反映短期偿债能力。（　　）

(4) 在存货平均余额不变的情况下，如果提高存货周转率，则一定会导致营业收入增加。（　　）

(5) 速动比率用于分析企业的短期偿债能力，所以，速动比率越大越好。（　　）

(6) 尽管流动比率可以反映企业的短期偿债能力，但有的企业流动比率较高，却有可能出现无力支付到期的应付账款的情况。（　　）

(7) 在其他条件不变的情况下，权益乘数越小，企业的负债程度越高，财务风险越大。（　　）

(8) 帕利普财务分析体系中常用的财务比率一般被分为四大类：偿债能力比率、盈利比率、资产管理效率比率、现金流量比率。（　　）

(9) 市盈率是评价上市公司盈利能力的指标，反映投资者愿意对公司每股净利润支付的价格。（　　）

(10) 某企业去年的销售净利率为 5.73%，资产周转率为 2.17，今年的销售净利率为 4.88%，资产周转率为 2.88。若两年的资产负债率相同，今年的净资产收益率比去年的变化趋势为上升。（　　）

4. 计算题

(1) 某企业 20×6 年简化的资产负债表见表 3-19。

表 3-19　资产负债表

某企业　　　　　　　　　　20×6 年 12 月 31 日　　　　　　　　　　单位：万元

资产	年初数	年末数	负债及所有者权益	年初数	年末数
货币资金	100	95	流动负债	220	218
应收账款净额	135	150	长期负债	290	372
存货	160	170	负债合计	510	590
待摊费用	30	35			
流动资产合计	425	450			
固定资产净值	800	860	所有者权益	715	720
合计	1 225	1 310	合计	1 225	1 310

另外，20×6年的销售收入净额1 014万元（其中赊销收入570万元），净利润253.5万元。

要求：根据以上资料，计算该公司2006年的如下财务指标（资产、负债类项目按年平均数计算，保留两位小数）。

① 流动比率、速动比率、产权比率、资产负债率和权益乘数；

② 应收账款周转率、流动资产周转率和总资产周转率；

③ 销售利润率、净资产收益率。

(2) 某企业1998年销售收入为20万元，毛利率为40%，赊销比例为80%，销售净利润率为16%，存货周转率为5次，期初存货余额为2万元；期初应收账款余额为4.8万元，期末应收账款余额为1.6万元，速动比率为1.6，流动比率为2，流动资产占资产总额的28%，该企业期初资产总额为30万元。

要求：① 计算应收账款周转率；

② 计算总资产周转率；

③ 计算资产净利率。

(3) 某公司2006年、2007年有关的财务比率见表3-20。

表3-20 财务比率表

财务比率	2007年同行业平均	2006年本公司	2007年本公司
应收账款回收期/天	35	36	36
存货周转率/(%)	2.50	2.59	2.11
销售毛利率/(%)	38	40	40
销售营业利润率（息税前）/(%)	10	9.6	10.63
销售利息率/(%)	3.73	2.4	3.82
销售净利率/(%)	6.27	7.20	6.81
总资产周转率	1.14	1.11	1.07
固定资产周转率	1.4	2.02	1.82
资产负债率/(%)	58	50	61.3
已获利息倍数	2.68	4	2.78

说明：该公司正处于免税期。

要求：① 运用杜邦财务分析原理，比较2007年该公司与同行业平均的净资产收益率，定性分析其差异的原因；

② 运用杜邦财务分析原理，比较2007年与2006年的净资产收益率，定量分析其变化的原因。

(4) 股份公司财务比率的计算。

某股份有限公司本年利润分配及年末股东权益的有关资料见表3-21（单位：万元）。该公司当前股票市场价格为10.50元，流通在外的普通股为3 000万股。

要求：① 计算普通股每股利润；

② 计算该公司股票当前的市盈率、每股股利、股利支付率；

③ 计算每股净资产。

表 3-21　某股份有限公司本年利润分配及年末股东权益有关资料

净利润	2 100	股本（每股面值1元）	3 000
加：年初未分配利润	400	资本公积	2 200
可供分配利润	2 500	盈余公积	1 200
减：提取法定盈余公积金	500	未分配利润	600
可供股东分配的利润	2 000		
减：提取任意盈余公积金	200		
已分配普通股股利	1 200		
未分配利润	600	所有者权益合计	7 000

5. 思考题

（1）财务效率分析的基本内容及其代表性指标有哪些？
（2）杜邦财务分析体系与帕利普财务分析体系有什么异同？
（3）企业偿债能力、营运能力、盈利能力和发展能力四者之间存在什么关系？
（4）结合财务质量分析企业财务状况和经营成果有什么意义？

6. 案例分析

东方公司财务分析案例见表 3-22。

表 3-22　东方公司××年度部分财务比率

月份 项目	1	2	3	4	5	6	7	8	9	10	11	12
流动比率	2.2	2.3	2.4	2.2	2.0	1.9	1.8	1.9	2.0	2.1	2.2	2.2
速动比率	0.7	0.8	0.9	1.0	1.1	1.15	1.2	1.15	1.1	1.0	0.9	0.8
资产负债率/(%)	52	55	60	55	53	50	42	45	46	48	50	52
资产净利率/(%)	4	6	8	13	15	16	18	16	10	6	4	2
销售净利率/(%)	7	8	8	9	10	11	12	11	10	8	8	7

思考：

（1）该企业生产经营有什么特点？
（2）流动比率与速动比率的变动趋势为什么会产生差异？怎样消除这种差异？
（3）资产负债率的变动说明了什么问题？3月份资产负债率最高能说明什么问题？
（4）资产净利率与销售净利率的变动程度为什么不一致？

7. 课程实践

选择一家上市公司，根据该公司上年度财务报告及相关资料，分析其财务效率，并撰写财务分析报告。

第4章 筹资方式

学习目标

知识要点	能力要求	关键术语
筹资渠道和方式	(1) 熟悉筹资的概念和种类 (2) 熟悉各种筹资渠道和方式 (3) 理解筹资渠道和筹资方式的关系 (4) 熟悉筹资业务的流程	(1) 筹资渠道 (2) 筹资方式
资金需要量	掌握资金需要量预测的基本方法	(1) 因素分析法 (2) 销售百分比法 (3) 回归分析法
筹资组合	(1) 理解筹资组合的影响因素 (2) 掌握筹资组合策略	(1) 正常筹资组合 (2) 冒险筹资组合 (3) 保守筹资组合
股权性筹资	(1) 理解投入资本筹资的含义和类型 (2) 熟悉股票的种类、股票发行的条件及方式，理解股票上市的意义，掌握普通股发行的定价方法 (3) 理解并掌握投入资本筹资和普通股筹资的优缺点	(1) 内部筹资、外部筹资、筹资组合 (2) 普通股、优先股、记名股票、无记名股票、始发股、新股 (3) 包销、代销 (4) 未来收益现值法、每股净资产法、清算价值法、市盈率法
债权性筹资	(1) 熟悉债权性筹资的种类 (2) 熟悉债券发行的条件，掌握债券发行价格的计算方法，了解信用评级的内容 (3) 了解长期借款合同的内容 (4) 掌握融资租赁租金的计算方法	(1) 抵押债券、信用债券、记名债券、无记名债券、固定利率债券、浮动利率债券、可转换债券、不可转换债券、可提前收兑债券、不可提前收兑债券、上市债券、非上市债券 (2) 债券发行价格、债券信用等级 (3) 政策性银行贷款、商业性银行贷款和非银行金融机构贷款、抵押贷款、信用贷款 (4) 经营租赁、融资租赁、直接租赁、售后租回、杠杆租赁 (5) 平均分摊法、等额年金法
混合性筹资	(1) 了解混合性筹资的种类，理解各种混合性筹资的特点 (2) 理解并掌握各种混合性筹资的优缺点	(1) 累积优先股、非累积优先股、可转换优先股、不可转换优先股、可赎回优先股、不可赎回优先股 (2) 可转换债券、认股权证

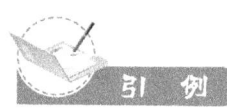

大学毕业后，如果你准备自主创业，和朋友一起在学校附近开一家有特色的礼品专卖店，在经过一番市场调查与论证后，初步确定了专卖店的规模，随后所需要解决的首要问题是什么？当然是资金。根据专卖店的规模，你需要清楚资金筹集规模，从什么渠道、采用什么方式筹资，各种筹资方式有什么利弊等问题。本章将帮助你回答与筹资相关的问题。

筹资活动是企业资金活动的起点，也是企业整个经营活动的基础。通过筹资活动，企业取得投资和日常生产经营活动所需的资金，从而使企业投资、生产经营活动能够顺利进行。企业应当根据经营和发展战略需要，确定企业资金需要量，选择企业的筹资渠道和筹资方式，并结合年度经营计划和预算安排，拟定筹资方案，明确筹资用途、规模、结构和方式等相关内容，对筹资成本和潜在风险做出充分估计。如果是境外筹资，还必须考虑所在地的政治、经济、法律和市场等因素。资金筹集包括长期资金筹集和短期资金筹集。本章主要介绍长期资金的筹集渠道和方式等，短期资金筹集的主要内容在"第7章　营运资金管理"阐述。

4.1　筹资概论

4.1.1　企业筹资的目标

企业筹资（financing）是指企业作为筹资主体，根据其生产经营、对外投资和调整资本结构等需要，通过筹资渠道和金融市场，运用筹资方式，经济有效地筹措和集中所需资金的活动。

企业筹资的基本目标是为了自身生产经营与发展。在不同的时期或发展阶段，企业具体的财务目标不同，为实现其财务目标而进行筹资的动机也不尽相同。大致可归纳为以下几种。

（1）满足生产经营的需要。企业所处的时期不同，筹资的具体目标也有所不同。当企业成立时，所筹资金用于购建生产经营设备等固定资产、采购材料及支付各种费用，以满足生产经营业务的需要；当扩大生产经营规模时，需扩充生产经营设施和设备，增加材料和其他存货的数量，这时需要筹资以补充企业原有资金的不足；当企业产品销售未能及时回笼货款，或发生经营性亏损，影响企业正常生产周转时，也需要通过筹资来弥补暂时短缺，以保证生产经营的正常进行。

（2）满足对外投资的需要。企业为获得更大效益，在开拓有发展前途的对外投资领域时，需要做好筹资工作，以满足对外投资的需要；企业在对外投资项目发展良好、需要扩大对外投资规模时，也需要通过筹资来补充对外投资资金的不足。

（3）满足调整资本结构的需要。企业为了降低资本成本，降低筹资风险，需要对所有者权益和负债之间的比例进行调整。当企业要降低资本成本时，就需要筹集成本较低的负债资本，提高其在全部资金中的比重；当企业要降低筹资风险时，就需要增加筹资风险较低的权益资本，增加其在全部资金中的比重。

4.1.2 筹资的种类

认识和了解筹资种类有利于我们掌握不同类型的筹资对企业筹资成本和筹资风险的影响，进而有利于做出正确的筹资决策。

1. 按所筹资金的权益性质不同分为股权资本和债权资本

（1）股权资本（equity capital）亦称所有者权益资本、自有资本，是企业依法筹集并长期拥有、自主支配的资金。它是由企业投资人的原始投资和积累而形成的，是企业永久性的资金来源。我国财务制度规定，在企业存续期间，投资人投入资本可以依法转让但不得抽回。企业吸收自有资本可以采取吸收直接投资、发行股票、留用利润等方式。

（2）债权资本（debt capital）亦称借入资本，是企业依法取得并依约使用、按期偿还的资本。包括应付账款、应付票据、银行借款、应付债券及其他各种应付而未付的款项。借入资本可以采用银行借款、发行债券、发行融资券、商业信用、融资租赁等方式取得。

股权资本和债权资本的比例反映企业的资本结构和财务风险的高低，合理安排股权资本和债权资本的比例关系是企业筹资管理的一个核心问题，该问题将在第 4.2, 4.3 节中介绍。

2. 按所筹资金的期限不同分为长期资本与短期资本

（1）长期资本（long-term capital）是指期限在一年以上的资本，它是企业长期、持续、稳定地进行生产经营的前提和保证，通常包括股权资本和长期借款、应付债券等债权资本。长期资本主要通过吸收直接投资、发行股票、发行长期债券、长期银行借款、融资租赁等形式来筹集。从资金的供应方来看，由于期限越长，未来的不可知性越大，因而其风险也增大，成本相对较高。

（2）短期资本（short-term capital）是指使用期限在一年以内的资本。一般包括短期借款、应付账款和应付票据等项目。由于短期资本的使用时间较短，企业还本付息压力大，因此财务风险较高，但短期资本的成本相对较低，有些则是免费资金（如应付账款等）。短期资本通常是通过短期借款、商业信用等筹资方式取得或形成的。

一个企业的长期资本和短期资本的比例关系构成企业全部资本的期限结构。资本的期限结构对企业的风险和收益会产生一定的影响。企业筹资的目的就是以较低的筹资成本和较小的筹资风险，获取较多的资金。因此，如何扬长避短，合理安排资本的期限结构，也是企业筹资管理的重要课题之一。

应用案例 4-1

三川水表：银行贷款的"取舍术"

【案情简介】

江西三川水表股份有限公司（下称"三川水表"）自 2004 年成立至今，在短短 5 年多时间内净资产增长 6 倍，截至 2009 年 12 月 31 日，合并报表净资产为 18 192.45 万元。正是在这种高速发展过程中，三川水表逐渐找到了适合自己的融资模式——"舍长期借款而取流动负债"的融资方式。据了解，三川水表 2007 年年末、2008 年年末、2009 年年末的短期借款余额分别为 3 000 万元、3 000 万元、2 260 万元，而同期的长期负债余额分别为 0、300 万元、804 万元。三川水表不选择长期贷款而选择短期贷款等方式进行融资，原因在哪里呢？

三川水表财务总监童为民向《中国会计报》记者介绍说，三川水表不选择长期贷款而选择短期贷款等方式进行融资，一个重要原因就是后者"财务费用更为低廉"。从 2007 年开始进行银行短期借款融资以来，三川水表的财务费用一直不高：2007 年年末财务费用为 -5.37 万元，2008 年增为 38.92 万元，2009 年变为 79.08 万元，而同期营业成本分别为 19 671.40 万元、21 059.36 万元、20 829.86 万元。

（资料来源：石海平. 中国会计报，2010.5.21，A9.）

3. 按资本来源的范围不同分为内部筹资与外部筹资

（1）内部筹资（internal financing）是指从企业内部所筹集的资本，它主要表现为内源性的资本积累，如内部留存和折旧。内部筹资形成的都是企业自有资金。

（2）外部筹资（external financing）则是指从企业外部市场取得的资本，如发行股票、债券、银行借款、商业信用等，筹集到的既有自有资金又有借入资金。

由于内部筹资不需要耗费筹资费用，且资金能立刻到位，所以，企业筹资时往往优先考虑内部筹资，不足部分再寻求外部来源。

4. 按筹资活动是否通过金融机构分为直接筹资与间接筹资

（1）直接筹资（direct financing）是指不通过金融机构作中介，直接由资金的供求双方借助于融资手段实现资金的转移的筹资活动。一般常见的形式有联营投资、发行股票、发行债券等。党的二十大报告提出，要"健全资本市场功能，提高直接融资比重"，鼓励企业更多采用直接筹资方式。

（2）间接筹资（indirect financing）是指企业借助于银行等金融机构进行的筹资。在间接筹资中涉及企业、资金供应者和金融机构 3 方面的利益，资金先从供应者手中转到金融机构，再由金融机构提供给企业。间接筹资的主要形式有银行借款、非银行金融机构借款、融资租赁等。间接融资是目前我国企业最为重要的筹资方式。从社会交易成本角度看，间接筹资被证明是相对节约的筹资方式。

4.1.3 企业筹资的渠道与方式

1. 筹资渠道

筹资渠道是指所筹措资本的来源与通道，反映资本的源泉和流量。筹资渠道属客观范畴，即筹资渠道的多与少，企业无法左右，它主要是由社会资本的提供者及数量分布所决定的。企业了解筹资渠道的种类及每种渠道的特点，有助于正确利用筹资渠道。

企业现有的筹资渠道主要有 8 种。

（1）国家财政资本。国家财政资本是指国家以财政拨款、财政贷款、国有资产入股等形式向企业投入的资金。它是我国国有企业，包括国有独资公司的主要资金来源，今后也仍然是国有企业权益资本筹资的重要渠道。

（2）银行信贷资本。银行信贷资本是指银行对企业的各种贷款，是各类企业重要的资金来源。银行以储蓄存款作后盾，财力雄厚，可以为企业提供多种多样的贷款，满足各类企业的需要。

(3) 非银行金融机构资本。非银行金融机构是指各种从事金融业务的非银行机构，主要有信托投资公司、租赁公司、保险公司、证券公司、财务公司等。它们可以为企业直接提供部分资金或为企业筹资提供服务。虽然非银行金融机构没有银行实力雄厚，但它们资金供应灵活，且可提供多种特定服务，具有广阔的发展前景。

(4) 其他法人资本。其他法人资本是其他法人向企业投资或由于业务往来而暂时占用在企业的资本。法人之间以闲置资金相互投资或者提供短期商业信用也是企业的一种资金来源。

(5) 民间资本。企业职工和城乡居民利用手头闲余资金向企业投资，它也是企业资本的一种来源。随着城乡经济的发展，个人投资意识的增强，这部分资金的利用空间会越来越大。

(6) 企业内部资本。企业内部资本是指企业通过提取盈余公积和保留未分配利润而形成的资本。这是企业内部形成的筹资渠道，比较便捷，有盈利的企业通常都可以加以利用。

(7) 国外和我国港澳台地区资本。外国投资者以及我国港澳台地区投资者的资金是外商投资企业的主要资本来源。随着我国资本市场向着国际化发展，国外和我国港澳台资本为越来越多的企业所利用。

(8) 互联网金融。传统金融行业与互联网精神相结合产生的新兴领域称为互联网金融。互联网金融的发展模式包括众筹、P2P网贷、第三方支付、数字货币、大数据金融等。互联网金融的优点是成本低、效率高、覆盖广、发展快；缺点是管理弱和风险大。

 应用案例 4-2

联合光伏（00686-HK）借互联网金融筹资在深圳前海建光伏发电站

【案情简介】

2014年2月19日，太阳能光伏发电站投资与运营商联合光伏（00686-HK）在深圳召开"光伏互联金融战略"联合新闻发布会，携手国电光伏和网信金融（众筹网）等合作伙伴共同启动光伏互联金融战略合作，拟通过互联网众筹的崭新模式在深圳前海新区联合开发全球第一个兆瓦级的分散式太阳能电站专案。据了解，深圳前海太阳能电站项目初步计划通过众筹模式，借助内地最具影响力的互联网众筹平台——众筹网向有志于投资光伏电站的资金提供者发起募集。为确保专案的有效实施，联合光伏作为发起人，将携手国内合作伙伴，全程负责专案的EPC，确保施工品质。众筹网则负责通过互联网众筹资金，推广新的模式。联合光伏还计划在未来所有的光伏电站专案中应用移动互联网的手段，将新能源与大资料管理跨界整合应用。

（资料来源：财华社（深圳））

【案例点评】

光伏互联金融的新模式，不仅能有效推动光伏电站行业长期可持续的健康发展，同时也是新能源电力行业在互联网金融蓬勃发展背景下的创新思维，利用社会力量快速发展的新思维。

2. 筹资方式

筹资方式是指企业筹措资本所采取的具体形式，体现着资本的属性和期限。筹资方式属于主观范畴，可以由企业来选择。企业只有了解筹资方式的种类及每种方式的特点，才能灵活运用不同的筹资方式，降低资本成本，有效筹集所需资金。

一般而言，企业的筹资方式主要有以下9种。

(1) 吸收直接投资。吸收直接投资是企业按照"共同投资、共同经营、共担风险、共享利润"的原则直接吸收国家、法人、个人投入资金的一种筹资方式。该筹资方式不以股票为媒介，适用于非股份制企业，是非股份制企业取得权益资本的基本方式。

（2）吸收风险投资。风险投资，从广义上讲，是指向风险项目的投资；从狭义上讲，是指向高风险、高收益、高增长潜力、高科技项目的投资。风险投资的资金来源一般是各类养老及退休基金、慈善机构、投资银行、保险公司、个人投资者等，而风险投资公司是具体操作的机构，对投资和风险负责，往往高新技术企业会成为投资的热点。

风险投资具有高风险、高回报和高科技这"三高"特征，但它往往不需要获得企业的控股权，而是为了高增值和高收益。风险投资的权益资本一般以可转换优先股和普通股两种形式存在，并以前者为主。

（3）发行股票筹资。发行股票筹资是股份公司按照公司章程依法发售股票直接筹资形成公司股本的一种筹资方式。发行股票筹资要以股票为媒介，包括发行普通股和优先股，仅适用于股份公司，是股份公司取得权益资本的基本方式。

（4）发行债券筹资。债券是表明债权债务关系的一种凭证，是债务人向债权人借债筹措资金时，承诺按一定利率支付利息并按约定条件偿还本金的有价证券。其自身优点决定了发行债券是一种自主高效的筹资方式。

（5）金融机构借款筹资。金融机构借款主要来源于商业银行和其他一些非银行金融机构，是资金筹措的主要渠道。包括企业短期借款和长期借款，前者是一种外部短期融资方式，主要包括银行短期借款和货币市场信用。货币市场信用主要来源于银行资本、非银行金融机构资本、其他法人资本、民间资本等，筹资方式主要有短期融资券、银行承兑汇票和应收账款保理等。长期借款是各类企业按照借款合同向银行或其他金融机构借入的期限在一年以上（不含一年）或超过一年的一个营业周期以上的各项借款。包括基本建设借款、固定资产更新改造借款等。

（6）商业信用筹资。商业信用筹资是企业通过赊购商品、预收货款等商品交易行为筹集短期债权资本的一种筹资方式。它是企业的一种重要筹资方式。该筹资方式一方面可以缓解企业短期资金周转困难；另一方面还可以加速商品流通。

（7）租赁筹资。租赁是指根据事先约定的条款，资产所有者（出租人）授予承租人在契约或合同规定的期限内使用其资产的权利。融资租赁一般由承租人向出租人提出正式申请，由出租人融通资金引进用户所需设备，长期租给用户的行为，其实质是用户得到一批用于购买设备的贷款。融资租赁是我国 20 世纪 80 年代以来较为重要的筹资方式。

（8）项目融资。项目融资是指项目发起人为该项目筹资和经营而成立一家项目公司，由项目公司承担贷款，以项目公司的现金流量和收益作为还款来源，以项目的资产或权益作抵（质）押而取得的一种无追索权或有限追索权的贷款方式。

项目融资主要用于需要巨额资金、投资风险大而传统融资方式又难以满足但现金流量稳定的工程项目，如天然气、煤炭、石油等自然资源的开发，以及运输、电力、农林、电子、公用事业等大型工程建设项目。项目融资具有一次性融资金额大、项目建设期和回收期长、不确定因素多、项目一般具有良好的经济效益和社会效益等特点。

（9）政府专项资金筹资。政府专项资金主要是指政府财政出资设立的针对特定项目的专项资金。对在某一行业或某一领域具有一定竞争力的企业来说，专项资金是最合适的选择。

第4章 筹资方式

目前，中央财政专项资金包括中小企业国际市场开拓基金、科技型中小企业创新基金、农业科技成果转化资金、中小企业服务体系专项补助资金以及对下岗失业人员提供小额担保贷款等。对于广大中小企业，尤其应该认真分析本地区、本行业的专项资金的政策，根据自身特点争取相关的资金支持。

3. 筹资渠道与方式的关系

筹资渠道与方式是两个不同的概念。筹资渠道反映企业资金的来源与方向，即资金从何而来；筹资方式反映企业筹资的具体手段，即如何取得资金。但在实际的筹资工作过程中，筹资渠道与方式之间又有着密切的关系。一定的筹资方式可能适用于某一特定的筹资渠道，但某种筹资方式可能适用于多种不同的渠道，而一种渠道的资金也可以采取多种不同的方式取得。企业筹资时应根据不同的筹资渠道选择合适的筹资方式。各种筹资渠道与方式的配合见表4-1。

表4-1 筹资渠道与方式的配合

筹资渠道 \ 筹资方式	投入资本	发行股票	发行债券	借款	商业信用	租赁筹资	风险投资	项目融资	专项基金
政府财政资本	√	√							√
银行信贷资本				√				√	
非银行金融机构资本	√	√	√	√		√	√	√	
其他法人资本	√	√	√						
民间资本	√	√	√	√					
企业内部资本	√	√							
国外和我国港澳台资本	√	√		√		√	√		
互联网金融	√	√	√				√	√	

4.1.4 资金需要量的预测

企业在进行筹资活动前，必须首先确定筹资规模的大小。筹资规模是指一定时期内企业的筹资总额。确定筹资规模是制定筹资策略的主要内容，同时也是确定筹资方式的基本依据。在确定筹资规模时，应了解筹资规模确定的基本依据。

1. 筹资规模确定的依据

一般认为，确定筹资规模的依据主要包括两项：法律依据、投资规模依据。

1) 法律依据

企业筹资规模在一定程度上受到法律的约束。如为了保护债权人的权益，法律会对企业的负债能力进行约束。如我国《证券法》规定，公司累计债券余额不得超过公司净资产额的40%，最近三年平均可分配利润足以支付公司债券一年的利息等。

2) 投资规模依据

确定筹资规模并不单纯是筹资本身的工作，它要受到企业投资需求总量与结构、偿债能力等主导因素的制约。其中，投资规模是决定筹资规模的主要依据。投资规模是根据企业战略及中长期规划、经营目标、市场容量及份额、产业政策以及企业自身的其他素质等因素确定的，它是企业生产经营的客观需要，它包括固定资产投资和流动资产投资两方面。企业筹资不能盲目进行，必须以"投"定"筹"。

2. 企业资金需要量预测方法

企业资金需要量预测方法有定性预测法和定量预测法两大类。

1) 定性预测法

定性预测法主要依靠预测人员的知识、经验和综合分析、判断对企业未来的财务状况和资金需要量进行预测的方法。常用的有集合意见法和德尔菲法。

(1) 集合意见法。集合意见法又称调查研究法。该法先由熟悉企业财务和生产经营状况的专家根据过去积累的经验进行分析判断，提出初步意见，然后通过召开座谈会的形式，对上述预测的初步意见进行修正，经过几次修正补充后，得出预测的最终结果。

(2) 德尔菲法。德尔菲法又称专家意见法、专家函询调查法。该方法通过拟定调查表，以函件的方式分别向专家组成员进行征询，而专家组成员又以匿名的方式提交意见；组织者将得到的初步结果进行综合整理，然后反馈给各位专家，请他们重新考虑后再次提出意见；经过几次反复征询和反馈，专家组成员的意见逐步趋于集中，最后得出预测结果。

2) 定量预测法

常用的定量预测法有因素分析法、销售百分比法和线性回归分析法。

(1) 因素分析法。因素分析法（principle component factor analysis）是以有关资本项目上年度的实际平均需要量为基础，根据预测年度的生产经营任务和加速资本周转的要求，进行分析调整来预测资本需要量的一种方法。这种方法计算比较简单，容易掌握，但预测结果不太精确，因此它通常用于品种繁多、规格复杂、用量较小、价格较低的资本占用项目的预测，也可以用来匡算企业全部资本的需要量。采用这种方法时，首先应在上年度资金平均占用额基础上，剔除其中的不合理占用部分，然后根据预测期的生产经营任务和加速资本周转的要求进行测算。因素分析法的基本模型为：

资本需要量＝(上年资本实际平均额－不合理平均额)×(1±预测年度销售增减率)× (1±预测年度资本周转速度变动率)

根据因素分析法的基本模型，收集有关资料，就可以对筹资数量进行预测。

【例 4-1】某企业本年度实际平均额为 1 000 万元，其中不合理占用平均额 80 万元，预计本年度销售增长 5%，资本周转速度加快 1%。则预测年度资金需要量为：

$$(1\ 000-80)\times(1+5\%)\times(1-1\%)=956.34(万元)$$

(2) 销售百分比法。销售百分比法（percentage of sales method）是根据销售收入与资产负债表和利润表有关项目间的比例关系，预测各项目短期资本需要量的方法。如销售收入为 100 元时占用的存货为 25 元，即存货与销售收入间的固定比率为 25%，当销售收入增加到 200 元时，25% 的固定比率不变，存货相应应增加至 50 元。这种方法有两个基本假定：一是假定企业的盈利模式、经营状况及管理水平不变，从而能建立起各资产、负债项目与销售收入间的比例关系；二是假定未来销售收入是可预测的。

销售百分比法一般借助于预计利润表和预计资产负债表来确定其资金需要量,即通过预计利润表预测企业留用利润这一内部资金来源的增加额;通过预计资产负债表来测定企业筹资总规模与外部筹资规模的增加额。

① 预计利润表。它是利用销售百分比法的原理预测内部留存利润的一种报表。其基本格式与实际的利润表相同。用预计利润表预计留存利润,其基本步骤为:第一,取得基年实际利润表资料,并计算确定利润表各项目与销售额间的百分比;第二,取得预测年度销售收入的预计数,并以此与基年利润表各项目与实际销售额间的比率相乘,计算预计年度利润表各项目的预计数,编制预计利润表;第三,利用预计年度税后利润预计数与预定的留存比率,确定并计算内部留存利润的数额。

【例 4-2】某企业 20×6 年实际利润表及有关项目与销售的百分比见表 4-2。试确定 20×7 年利润表并预测留存利润。

表 4-2 某企业 20×6 年实际利润表及有关项目与销售的百分比

项　　目	金额/万元	占销售收入的百分比/(%)
营业收入	30 000	100
减:营业成本	21 000	70
营业费用	1 800	6
管理费用	4 500	15
财务费用	150	0.5
税前利润	2 550	8.5
减:所得税(25%)	637.5	—
税后利润	1 912.5	—

【解】若该企业 20×7 年预计销售收入为 36 000 万元,所得税税率不变,则 20×7 年预计利润表经测算见表 4-3。

表 4-3 20×7 年预计利润表

项　　目	20×6 年实际数/万元	占销售收入的百分比/(%)	20×7 年预计数/万元
营业收入	30 000	100	36 000
减:营业成本	21 000	70	25 200
营业费用	1 800	6	2 160
管理费用	4 500	15	5 400
财务费用	150	0.5	180
税前利润	2 550	8.5	3 060
减:所得税(25%)	637.5	—	765
税后利润	1 912.5	—	2 295

如果企业税后利润的留存比例为 40%,则 20×7 年的预计留存利润额为 918(2 295×40%)万元。

② 预计资产负债表。它是运用销售百分比法原理预测外部筹资需要量的一种报表，其基本格式与实际资产负债表相同。通过提供预计资产负债表，可以预计资产、负债和留存利润等有关项目的数额，从而确定企业外部筹资需要量。

在运用销售百分比法时，应首先确定资产或负债方与销售额有固定不变比率关系的项目，即随着销售的变动而同步变动的项目，在财务上将这些项目统称为敏感项目。它包括敏感资产项目（如现金、应收账款、存货等）和敏感负债项目（如应付账款、应付费用等）两部分。与敏感项目相对应的属于非敏感项目，如应收票据、交易性金融资产、固定资产、持有至到期投资、长期股权投资、短期借款、应付票据、非流动负债和投入资本等，它们在短期内都不会随销售规模的扩大而相应改变。

【例4-3】承例4-2，该企业20×6年的实际资产负债表及敏感项目与销售量间的比例关系见表4-4。

表4-4　20×6年实际资产负债表

项　目	金额/万元	占销售百分比/（%）
资产：		
现金	180	0.6
应收账款	4 950	16.5
存货	5 280	17.6
预付款项	20	—
固定资产净值	800	—
资产总额	11 230	34.7
负债及所有者权益：		
应付票据	850	—
应付账款	5 160	17.2
应付费用	360	1.2
非流动负债	120	—
负债合计	6490	18.4
投入资本	3 000	—
留存收益	1 740	—
所有者权益合计	4 740	—
负债及所有者权益总额	11 230	

根据上列资料，编制该企业20×7年预计资产负债表见表4-5。

该企业20×7年预计资产负债表的编制包括以下过程。

第一，取得基年资产负债表资料，计算各敏感项目与销售收入的百分比，见表4-5。表中的百分比表明，该企业销售每增长100元，资产需增加34.7元，敏感负债将增加18.4元。这里的敏感负债是自动增加的，如应付账款会因存货增加而自动增加。

每100元销售所需的资金量与敏感负债的差额为16.3（34.7－18.4）元，表示销售每增长100元需追加的资本净额，它需要企业从内部和外部来筹集。在本例中，销售增长6 000（36 000－30 000）万元，需增加净资本978（6 000×0.163）万元。

第二，用20×7年预计销售收入36 000万元乘以表4-5中的第（2）栏所列的百分比，求得该表中第（3）栏所列的敏感项目，第（3）栏的非敏感项目按第（1）栏数额填列。由此，确定了第（3）栏中除留存收益外的各个项目的数额。

表 4 – 5　20×7 年预计资产负债表

项　　目	20×6 年实际金额/万元（1）	占销售百分比/%（2）	20×7 年预计数/万元（3）
资产：			
现金	180	0.6	216
应收账款	4 950	16.5	5 940
存货	5 280	17.6	6 336
预付款项	20	—	20
固定资产净值	800	—	800
资产总额	11 230	34.7	13 312
负债及所有者权益：			
应付票据	850	—	850
应付账款	5 160	17.2	6 192
应付费用	360	1.2	432
非流动负债	120	—	120
负债合计	6 490	18.4	7 594
投入资本	3 000	—	3 000
留存收益	1 740	—	2658
所有者权益合计	4 740	—	5 658
追加外部筹资额			60
负债及所有者权益总额	11 230		13 312

第三，确定 20×7 年留用利润增加额及表 4 – 5 中留用利润累计额。根据表 4 – 3，20×7 年预计利润额为 3 060 万元，所得税税率 25%，企业税后利润的留存比例为 40%，则 20×7 年留存利润增加额为：

$$3\,060\times(1-25\%)\times40\%=918(万元)$$

20×7 年留用利润累计额为：

$$1\,740+918=2\,658(万元)$$

用需要追加的筹资额 978 万元减去内部筹资增加额 918 万元，求得需要追加的外部筹资额 60 万元。

第四，加总预计资产负债表的两方：20×7 年预计资产总额 13 312 万元，负债及所有者权益总额 13 252 万元，差额为 60 万元。它既是使资产负债表两方相等的平衡数，也是需要追加的外部筹资额。

为简便起见，计算需要对外筹资数量的公式为：

$$需要追加的对外筹资额=(\Delta S)\sum\frac{RA}{S}-(\Delta S)\sum\frac{RL}{S}-\Delta RE$$

$$=\Delta S\left(\sum\frac{RA}{S}-\sum\frac{RL}{S}\right)-\Delta RE$$

式中：ΔS 为预计年度销售增加额；$\sum\dfrac{RA}{S}$ 为基年总敏感资产的销售百分比；$\sum\dfrac{RL}{S}$ 为基年

总敏感负债的销售百分比；ΔRE 为预计年度留存利润增加额。

上例中，运用上述公式及有关数据可直接求得 20×7 年的追加对外筹资额为：

$$(36\,000-30\,000)\times(34.7\%-18.4\%)-918=60(万元)$$

销售百分比法的主要优点是能为财务管理提供短期预计的财务报表，以适应外部筹资的需要，且易于使用；但这种方法也有缺点，倘若有关销售百分比与实际不符，据以进行预测就会形成错误的结果。因此，在有关因素发生变动的情况下，必须相应地调整原有的销售百分比。

(3) 线性回归分析法。线性回归分析法 (regression analyzing) 是指根据资金需要量与营业业务量之间的依存关系建立数学模型，然后根据有关历史资料，用回归方程预测资本需要量的方法。采用这种方法，根据资金与业务量之间的依存关系不同，可分为不变资金和变动资金。不变资金是指在一定的经营规模内，不随业务量增减而相应变动的资金。它主要包括为维持生产经营所需要的最低数额的货币资金、原材料的保险储备，必要的成品储备，以及厂房、机器设备等固定资产占用的资金。变动资金是指随业务量增减而成等比例变动的资金。它主要包括最低储备以外的货币资金、存货和应收账款等占用的资金。采用线性回归分析法预测资本需要量的线性回归模型为：

$$y=a+bx$$

式中：y 为资金需用量；a 为不变资金；b 为单位业务量需要的变动资金；x 为业务量。

根据线性回归模型及相关 n 期历史数据，即可建立回归直线的联立方程组为：

$$\begin{cases} \sum y=na+b\sum x \\ \sum xy=a\sum x+b\sum x^2 \end{cases}$$

通过联立方程组预测不变资金和单位业务量需要的变动资金，然后根据预测业务量，建立线性回归模型预测资金需要量。

【例 4-4】 某公司 20×2 年—20×6 年销售量与资金需求量见表 4-6，20×7 年预计销售量 200 万件，试测算 20×7 年的资金需要量。

表 4-6 销售量与资金需求量表

年　度	20×2	20×3	20×4	20×5	20×6
产销量 x/万件	100	140	130	160	180
资金需求量 y/万元	680	850	815	920	980

根据上列资料编制产销量与资金需要量回归分析表，见表 4-7。

表 4-7 产销量与资金需要量回归分析表

年　度	产销量 x/万件	资金需求量 y/万元	xy	X^2
20×2	100	680	68 000	10 000
20×3	140	850	119 000	19 600
20×4	130	815	105 950	16 900
20×5	160	920	147 200	25 600
20×6	180	980	176 400	32 400
$n=5$	$\sum x=710$	$\sum y=4\,245$	$\sum xy=616\,550$	$\sum x^2=104\,500$

将上表的数据代入联立方程，得：

$$\begin{cases} 4\,245=5a+710b \\ 616\,550=710a+104\,500b \end{cases}$$

解得 $a=319.34$、$b=3.73$，将其代入 $y=a+bx$，得 $y=319.34+3.73x$，将 20×7 年预计销售量 200 万件代入线性回归模型，预测出 20×7 年资金需要量为

$$y=319.34+3.73\times200=1\,065.34(万元)$$

4.1.5 企业筹资组合

一个企业所需要的资金，既可以用短期资金来筹集，也可以用长期资金来筹集。短期资金主要是指企业的流动负债；长期资金主要包括非流动负债和所有者权益。我们把企业资金总额中短期资金和长期资金各自占有的比例，称为企业的筹资组合。

1. 影响企业筹资组合的因素

在企业的全部资金中，究竟有多少用短期资金来筹集，多少用长期资金来筹集，需要考虑以下因素来做出最优决策。

1) 风险与成本

一般来说，企业所用资金的到期日越短，其不能偿付本金和利息的风险就越大；反之，资金到期日越长，企业的筹资风险就越小。这是因为：

(1) 短期资金到期日近，可能产生不能按时清偿的风险。例如，一个企业要建造厂房，如果用期限为半年的短期借款来融通这笔资金，则半年后债务到期时，厂房可能还没有建完，或者即使建完，其产生的现金流入量也不一定足以清偿到期的债务。因此，必须重新借款以偿还贷款，这时如果贷款人拒绝贷款，该企业就将面临不能按时清偿债务的风险，甚至会濒临破产。相反如果该公司采用 10 年期的长期债务来融资，在正常情况下，10 年后的现金流入应足以清偿债务，与半年期的借款相比，10 年期的债务清偿风险会大大降低；如果该公司采用无到期日的普通股来融资，则风险更小。

(2) 短期债务在利息成本方面也有较大的不确定性。如果采用短期借款，则此次借款归还后，由于金融市场上的短期资金利息率很不稳定，对下次再借款的利息成本为多少并不清楚。但如果采用长期债务来融通资金，企业可以明确地知道整个资金使用期间的利息成本。

一般来说，长期资金的成本比短期资金要高。这是因为：

(1) 长期资金的利息率高。根据我国和其他国家的历史经验，除个别年份外，长期资金的利率在多数年份都高于短期资金。

(2) 长期资金缺少弹性。企业取得长期资金，在债务期间内，即使没有资金需求，也不能提前归还，只好继续支付利息。如使用短期资金，当生产经营紧缩，企业资金需求减少时，企业可以逐渐偿还债务，能减少利息支出。

企业使用短期资金的风险高但成本相对较低，长期资金风险虽低但成本高，企业筹资时必须在风险和成本之间做出抉择，合理地安排长短期资金的比例。

2) 企业所处的行业

不同行业由于经营内容不同，企业的筹资组合也会有较大差异。如 2004 年，我国国

有及规模以上工业企业中，金属制品业流动负债占总资金的比重为42.99%，食品制造业为38.90%，烟草制品业为21.22%。[①] 流动负债主要是应付账款和应付票据，这两项负债的水平主要取决于生产经营所处的行业。

3）经营规模

企业经营规模对筹资组合也有重要影响。在金融市场较发达的国家，大企业的流动负债较少，小企业的流动负债较多。大企业因其规模大、信誉好，可以采用发行债券的方式，在金融市场上以较低的成本筹集长期资金，因而，利用流动负债较少。

4）利息率状况

当长期资金的利息率和短期资金的利息率相差较少时，企业一般会较多地使用长期资金，较少使用流动负债；反之，当长期资金利息率远远高于短期资金利息率时，则会促使企业较多地利用流动负债，以便降低资金成本。

企业的财务人员必须认真考虑以上各项因素，以便做出最优的筹资组合决策。

2. 企业筹资组合策略

企业的筹资组合，一般有3种策略。

1）正常的筹资组合

正常的筹资组合指企业在筹资过程中遵循短期资产由短期资金来融通，长期资产由长期资金来融通的原则。这里短期资产是指流动资产，而长期资产主要指固定资产，当然，也包括企业的长期债权投资、长期股权投资和无形资产等。另外，在流动资产中，有一部分最低的库存商品和原材料储备是经常占用的，也属于长期占用的资产，称为长期流动资产。

正常的筹资组合策略可用图4.1加以说明。

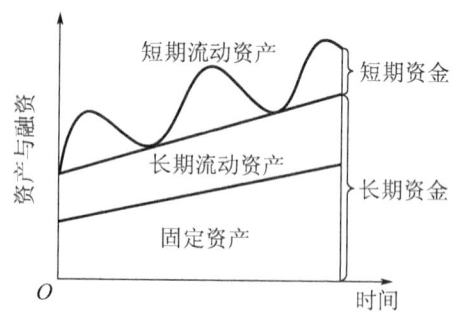

图4.1 正常的筹资组合

2）冒险的筹资组合

如果企业在筹资时不仅短期资产由短期资金来融通，而且将部分长期资产也由短期资金来融通，这便是冒险的筹资组合策略。由于一部分长期流动资产是由短期资金来融通的，因此，这种策略的资金成本较低，能减少利息支出，增加企业收益。但用短期资金融通一部分长期资产的做法风险比较大，喜欢冒险的财务人员在融资时都使用此种类型。

冒险的筹资组合策略可用图4.2说明。

---

① 数据计算依据：中国统计年鉴——2015年。

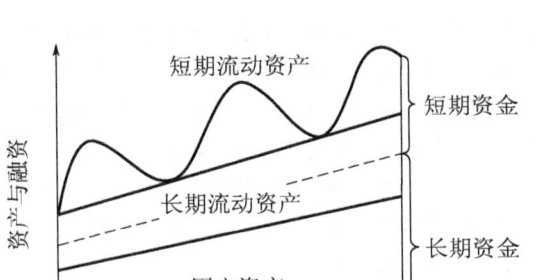

图 4.2　冒险的筹资组合

3）保守的筹资组合

有的企业将部分短期资产用长期资金来融通，这便属于保守的筹资组合。

在这种类型的企业中，短期资产的一部分和全部长期资产都用长期资金来融通，而只有一部分短期资产用短期资金来融通。这种策略的风险较小，但成本较高，会使企业的利润减少。较为保守的财务人员都使用此种类型，如图 4.3 所示。

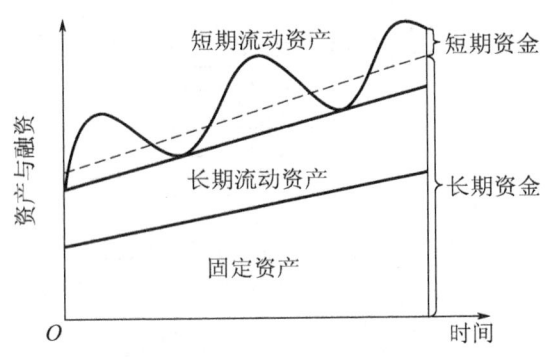

图 4.3　保守的筹资组合

3. 不同的筹资组合对企业报酬和风险的影响

不同的筹资组合可以影响企业的报酬和风险。在资金总额不变的情况下，短期资金增加，可导致报酬的增加。也就是说，由于较多地使用了成本较低的短期资金，企业的利润会增加。但此时如果流动资产的水准保持不变，则流动负债的增加会使流动比率下降，短期偿债能力减弱，增加企业的财务风险。

 应用案例 4-3

秦池酒业的兴衰史

【案情简介】

1995 年、1996 年秦池酒业分别以 6 666 万元和 3.2 亿元的"天价"，成为中央电视台黄金时段广告"标王"的连任者。

为满足客户的需求，秦池酒厂必须扩大生产规模，更新或扩建、引进新设备，而巨大的广告费用和企业生产规模的扩大都需要大量的资金。秦池因此向银行举借了巨额的短期资金。

"一个县级小企业怎么能生产出15亿元销售额的白酒?"《经济参考报》的记者提出了质疑,标王在成为众人关注的焦点之时却没想到由此带来灭顶之灾。据了解,秦池在蝉联"标王"后不足两个月,《经济参考报》的4位记者便开始了对秦池进行暗访。一个从未被公众知晓的事实终于浮出了水面:秦池的原酒生产能力只有3 000吨左右,它从四川邛崃收购大量的散酒,再加上他们本厂的原酒、酒精勾兑成低度酒,然后以"秦池古酒""秦池特曲"等品牌销往全国市场。同时,由于当时全国白酒生产企业大增,洋酒也悄然进入酒业市场,秦池亏损严重。

2000年7月,一家酒瓶帽的供应商指控秦池酒厂拖欠300万元货款,地区中级人民法院判决秦池败诉,并裁定拍卖"秦池"注册商标,就这样,几亿元打造的商标最终以几百万元的价格抵债。

【案例点评】

秦池亏损严重的原因是多方面的,然而冒险的筹资组合增加了企业的财务风险。

4.1.6 筹资活动的业务流程

企业应根据国家筹资法规、宏观经济形势和企业发展战略确定筹资项目,拟定筹资方案,并按照筹资业务流程中不同环节体现出来的风险,结合资金成本与资金使用效益情况,采用不同措施进行风险控制。筹资活动的业务流程如图4.4所示。

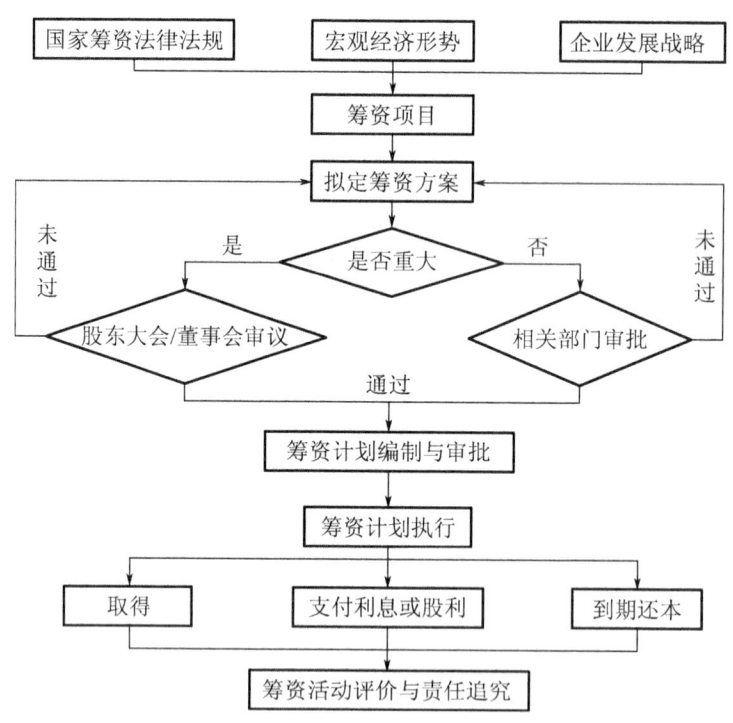

图4.4 筹资活动的业务流程

(资料来源:财政部会计司解读《企业内部控制应用指引第6号——资金活动》)

特别提示

企业筹资业务可能面临的重要风险类型较多,主要有:第一,缺乏完整的筹资战略规划导致的风险。第二,缺乏对企业资金现状的全面认识导致的风险。第三,缺乏完善的授权审批制度导致的风险。第四,缺乏对筹资条款的认真审核导致的风险。第五,因无法保证支付筹资成本导致的风险。第六，缺乏严密的跟踪管理制度导致的风险。因此，企业在相应的内控活动中应注意识别关键风险，设计相关内控制度，有效地进行风险控制。

（财政部会计司解读《企业内部控制应用指引第6号——资金活动》）

4.2 股权性筹资

股权性筹资主要有投入资本筹资和发行普通股筹资两种方式。

4.2.1 投入资本筹资

1. 投入资本筹资的含义和种类

1）投入资本筹资的含义

企业的全部资本按其所有权的归属，可以分为股权资本和债权资本。企业的股权资本一般由投入资本（或股本）和留存收益构成。根据我国有关财务制度的规定，企业的股权资本包括资本金、资本公积金、盈余公积金和未分配利润。企业的资本金是企业所有者为创办和发展企业而投入的资本，是企业股权资本最基本的部分。企业资本金因企业组织形式的不同而有不同的表现形式，在股份制企业中称为"股本（equity capital）"，在非股份制企业中则称为"投入资本"（invested capital）。

投入资本筹资是指非股份制企业以协议等形式吸收国家、其他企业、个人和外商等的直接投入的资本，形成企业投入资本的一种筹资方式。投入资本筹资不以股票为媒介，适用于非股份制企业。

2）投入资本筹资的类型

（1）按照资本来源渠道的不同，可分为吸收国家投资和吸收联营投资。

① 吸收国家投资，主要是取得国家财政对企业的投资，包括基建拨款、流动资金拨款、专项拨款等。有权代表国家投资的部门或机构，以财政预算拨款的方式将国家资金投入企业，形成企业的国家资本金。长期以来，国家投资是我国国有企业中长期资金的主要来源，今后将仍然是国有大中型企业的重要资金来源。

② 吸收联营投资，是企业按照"共同投资、共同经营，共担风险、共享利润"的原则，在平等互利的基础上，以合资经营的方式取得其他公司、企业和其他经济组织或个人对企业的投资，包括国内联营投资和国外联营投资。

（2）按投资者的出资形式不同划分，可分为吸收现金投资和吸收非现金投资。

① 吸收现金投资，是指企业从投资方获得以货币出资形式投入的资金。这是投入资本筹资中最重要的一种形式，现金可灵活方便地转换为其他物质性和非物质性经济资源。因此，企业在投入资本筹资时应尽可能多地争取投资者以现金形式出资。

② 吸收非现金投资，是指企业从投资方获得以实物、无形资产等出资形式投入的资金。吸收这些实物、无形资产的投资必然涉及一个评估作价的问题。

2. 吸收非现金投资的估价

非现金投资的估价，应由投融资双方按照公平合理的原则协商确定，也可聘请双方同意的专业资产评估机构进行评估。估价的方法主要有重置成本法（replacement cost method）、现行市价法（current market price method）和收益现值法（present value of earning）。

1）实物资产的估价

实物资产，主要是指机器设备、房屋建筑物等固定资产和材料物资、商品产品、半成品、在制品等存货资产。对实物资产的估价，一般采用重置成本法或现行市价法，对具有独立获利能力的设备或房屋建筑物，也可采用收益现值法进行估价。

2）无形资产的估价

吸收投资的无形资产主要有工业产权、非专利技术、土地使用权等。工业产权和非专利技术具有垄断性和特殊性，其价值与成本是不对称的，在投资中不宜采用重置成本法和现行市价法评估，应按收益现值法估价。土地使用权的估价可采用现行市价法或收益现值法。估价时，必须充分考虑待估土地的区域因素和个别因素。

3. 投入资本筹资的评价

1）投入资本筹资的优点

（1）筹资风险小。吸收直接投资没有固定的利息费用，向投资者支付股利的多少可根据企业经营状况的好坏而定，所以筹资风险较小。

（2）能增强企业的举债能力。吸收直接投资使企业的自有资本增加，增加了企业的财务实力，为企业偿债提供了保障，从而增强了企业的举债能力。

（3）能尽快形成生产能力。吸收直接投资不仅可以筹取现金，还可直接利用投资者投入的先进设备和先进技术，尽快形成生产能力。

2）投入资本筹资的缺点

（1）资本成本较高。与发行债券或向银行贷款相比，吸收投入资本筹资支付给投资者的报酬是从税后利润支付的，不能抵税。因此，其资本成本一般比较高。

（2）企业控制权容易分散。投资者一般按投资数量获得相应的经营管理权，如果外部投资者较多，则企业的控制权就比较分散。

4.2.2 发行普通股筹资

股票（stock）是股份公司为筹措自有资本而发行的有价证券，是持股人拥有公司股份的凭证，它代表持股人即股东在公司拥有的所有权。

1. 股票的种类

1）股票按股东权利和义务分为普通股和优先股

普通股（common stock）是股份有限公司发行的无特别权利的股份，也是最基本、标准的股份。通常情况下，股份公司的资本金主要以普通股为主。

普通股股东主要享有以下权利。

（1）经营管理权。普通股股东有权出席股东大会，并依公司章程规定行使表决权。对公司账目和股东大会决议有审查权。

（2）剩余请求权。公司经营得到的利润只有在支付了利息和优先股股利之后，剩下的才能作为普通股股利进行分配。

（3）优先认股权。为了不影响原有股东对公司的控制权，公司发行新的股票时，普通股股东有优先认购的权利。

(4) 股票转让权。普通股股东对公司也负有一定的义务，包括遵守公司章程规定、缴纳股款、对公司负有限责任、不得退股等义务。

与普通股相对的，还有类别股。包括优先股或劣后股（优先或者劣后分配利润或者剩余财产的股份）、特别表决权股（每一股的表决权数多于或者少于普通股的股份）、转让受限股（转让须经公司同意等转让受限的股份）等。

2) 股票按有无记名分为记名股票和无记名股票

记名股票（inscribed stock）是指在股东名册上登记有持有人的姓名或名称及住址，并在股票上也注明持有人姓名或名称的股票。我国《公司法》规定，公司发行的股票，应为记名股票。

无记名股票（bearer stock）是在股票票面上不记载股东的姓名或名称的股票，股东姓名或名称也不记入公司的股东名册。这类股票的持有人即为股份的所有人，股票的转让、继承无须办理过户手续。无记名股票，《公司法》已不再允许。

3) 股票按票面是否标明金额可分为面值股票和无面值股票

面值股票（par value stock）是在票面上标有一定金额的股票。股票面值有两种意义：第一，用来计算付息比率；第二，清算时偿还资本。持有这种股票的股东，对公司享有权利和承担义务的大小，以其所拥有的全部股票的票面金额之和占公司发行在外股票总面额的比例大小来定。《公司法》第一百四十二条规定，公司的全部股份，根据公司章程的规定择一采用面额股或者无面额股。采用面额股的，每一股的金额相等。

无面值股票（non-par value stock）是不在票面上标出金额，只载明所占公司股本总额的比例或股份数的股票。无面值股票的价值随公司财产的增减而变动，而股东对公司享有的权利和承担义务的大小，直接依股票标明的比例而定。

4) 股票按发行时间的先后可分为始发股和新股

始发股（也称原始股 initial offerings）是公司设立时发行的股票。新股是公司增资时发行的股票。始发股和新股发行的具体条件、目的和发行价格不尽相同，但股东的权利、义务是相同的。

5) 股票按发行对象和上市地区可分为 A 股、B 股、H 股和 N 股

A 股是供我国大陆地区个人或法人买卖的，以人民币标明票面金额并以人民币认购和交易的股票。B 股、H 股和 N 股是专供外国和我国的特定投资者买卖的，以人民币标明票面金额但以外币认购和交易的股票。其中：B 股在上海、深圳上市；H 股在香港上市；N 股在纽约上市。

6) 股票按投资主体的不同，可分为国家股、法人股、个人股和外资股

2. 股票的发行

股份有限公司在设立时首次发行股票称为 IPO（initial public offering）。在公司设立之后，为扩大经营、改善资本结构，也会增资发行新股，称为新股发行。

1) 股票发行的条件

（1）股票发行的基本要求。按我国的《公司法》，股份公司发行股票应符合以下规定：①股份有限公司的资本划分为股份，每股金额相等；②股份的发行，实行公开、公平、公正的原则，同种类的每一股份应当具有同等权利；③同次发行的同种类股票，每股的发行

条件和价格应当相同；④股票发行价格可以按票面金额，也可以超过票面金额，但不得低于票面金额；⑤股票应当载明公司名称、公司登记成立日期、股票种类、票面金额及代表的股份数、股票编号等主要事项；⑥向发起人、国家授权投资的机构、法人发行的股票，应当为记名股票，对社会公众发行的股票，可以为记名股票，也可以为无记名股票。

(2) 发行新股的条件。我国《证券法》规定，公司公开发行新股，应当符合下列条件：①具备健全且运行良好的组织机构；②具有持续盈利能力，财务状况良好；③公司在最近3年内财务会计文件无虚假记载，无其他重大违法行为；④经国务院批准的国务院证券监督管理机构规定的其他条件。上市公司非公开发行新股，应当符合经国务院批准的国务院证券监督管理机构规定的条件，并报国务院证券监督管理机构核准。

2) 股票发行的方式

股票发行方式有直接发行和间接发行两种。

(1) 直接发行。股票直接发行是指股份公司自行直接将股票出售给投资者，而不经过证券经营机构承销的发行方式。直接发行一般是直接向少数特定对象发行，不对社会公众发行。股份公司以发起设立方式设立时发起人认购的股份，以及不向社会公开募集的方式发行新股都属于直接发行。这种发行方式发行成本较低，但是发行风险完全由发行公司自行承担，发行对象也不广泛，股票不易变现。

(2) 间接发行。间接发行是指发行人不直接参与股票发行，而是委托一家或几家证券公司代理发行，一般是对不特定的社会公众广泛发行。间接发行方式的发行对象广泛，容易筹足资本；股票的流通性好，易于变现；有利于提高公司的知名度。但是，这种发行方式的手续较复杂，发行成本较高。我国《公司法》规定，公司向社会公开发行股票，不论是募集设立时首次发行股票还是设立后再次发行股票，均应由依法设立的证券公司承销，签订承销协议。证券承销业务采取代销或者包销方式。

① 证券代销是指证券公司代发行人发售证券，在承销期结束时，将未售出的证券全部退还给发行人的承销方式。股票发行采用代销方式，代销期限届满，向投资者出售的股票数量未达到拟公开发行股票数量70%的，为发行失败。发行人应当按照发行价并加算银行同期存款利息返还股票认购人。

② 证券包销是指证券公司将发行人的证券按照协议全部购入或者在承销期结束时将售后剩余证券全部自行购入的承销方式。包销发行可促进股票顺利出售，保证发行公司能及时筹足股本，且免于承担发行风险。但是包销发行时，发行公司要将股票以略低的价格售给承销商，实际付出的发行费用较高。

证券的代销、包销期限最长不得超过九十日。向不特定对象发行的证券票面总值超过人民币五千万元的，应当由承销团承销。承销团应当由主承销和参与承销的证券公司组成。

3) 股票发行定价

(1) 股票发行定价的意义。股票发行定价关系到发行公司与投资者之间、新股东与老股东之间以及发行公司与承销公司之间的利益关系。如果股票发行定价过低，可能难以满足发行公司的筹资需求，甚至会损害老股东的利益；定价过高，可能增大投资者的风险，抑制投资者的认购热情，加大承销机构的承销风险和发售难度。

(2) 股票发行定价的基本原理。股票定价首先需要确定股票的内在投资价值，其次是根据供求关系来决定其发行价格。

第一,股票的内在投资价值。股票内在投资价值的计量方法通常有未来收益现值法、每股净资产法、清算价值法和市盈率法。

① 未来收益现值法,也称现金流量贴现法(discounted-cash-flow method)。股票价值等于预期未来可收到的全部现金性股息的现值之和,用公式表示为:

$$V = \sum_{t=1}^{n} \frac{d_t}{(1+K)^t}$$

式中:V 为普通股的内在投资现值;d_t 为第 t 年底预期得到的每股股息;K 为预期普通股收益率。

在能对公司未来收益做出准确判断的条件下,股票的投资价值即可确定为其发行价格,按此确定的价格是能反映市值的均衡价格。

② 每股净资产法。每股净资产是所有资产按准确的账面价值,在支付了全部债务(含优先股)后每股公司所有权的价值,用公式表示为:

$$每股所有权价值 = \frac{账面总资产 - 账面负债额}{发行在外平均股数}$$

由于这一价值假定资产是按账面价值确定的,因此它不是每股股票的最低价值,从而可作为新股发行价确定的基本依据。

③ 清算价值法(liquidation value method)。每股清算价值是以公司资产被出售以清偿公司债务为假设前提,在支付了债权人和优先股股东之后,每一普通股东期望得到的实际价值额,用公式表示为

$$每股清算价值 = \frac{总资产的实际清算价值 - 全部债务}{发行在外平均股数}$$

每股清算价值是每股股票的最低价值,是公司股票发行的底价。

④ 市盈率法。它是根据同行业的参考市盈率,结合公司的盈利预测所确定的股票投资价值的方法,用公式表示为

$$股票价值 = 参考市盈率 \times 每股收益$$

第二,供求关系的影响。供求关系对股票定价的影响,主要取决于金融市场上各金融商品的收益与风险的比较。从整个市场来看,一方面,如果市场利率较高,股票需求就会较小,相应的股票价格较低;另一方面,股票供给本身也影响价格,如在一定时期内股票供给过多,价格就会下降,供给量少,价格就会上升。

(3) 影响股票发行价格的主要因素。

① 公司自身因素。

一般而言,发行价格随发行公司的实际经营状况而定。这些因素包括公司现在的盈利水平及未来的盈利前景、财务状况、生产技术水平、成本控制、员工素质、管理水平等。其中最为关键的是盈利水平。税后利润的高低直接影响股票的发行价格,税后利润越高发行价格也越高,反之则越低。买股票就是买未来,因此,预测或确定税后利润是确定股票发行价格的重要方面。除利润外,发行公司本身的知名度、产品的品牌、股票的发行规模也是决定股票发行价格的重要因素。发行公司的知名度高,品牌具有良好的公众基础,发行价格可以适度提升;反之,则相反。股票发行规模较大,则在一定程度上影响股票的销售,增加发行风险,因而可以适度调低价格;当然,若规模较小,在其他条件较优时,则

价格也可以适度提升。

② 环境因素。

第一，股票流通市场的状况及变化趋势。一般来说牛市阶段时，发行价格可以适当偏高；熊市阶段，价格宜偏低，因为此时价格较高，会增加发行困难和承销机构的风险，有可能导致整个发行计划的失败。

第二，公司所处行业的特点。行业前景被看好的，股票价格可定得高些，反之则低些。

第三，经济区位状况。发行公司所在经济区位的成长条件和空间，以及所处经济区位的经济发展水平，在很大程度上决定了发行公司的未来发展，影响到发行公司的未来盈利能力，进而影响到股票发行价格的高低。

③ 政策因素。

政策因素中最主要的是两大经济政策因素：税负水平和利息率。一般而言，享有较低税负水平的发行公司，其股票的发行价格可以相对较高；反之，则可以相对较低。当利率水平降低时，每股的利润水平提高，从而股票的发行价格就可以相应提高；反之，则相反。当然，除了以上两个因素外，国家有关的扶持与抑制政策对发行价格也是一个重要的影响因素。

（4）发行价格的制定方法。

① 固定价格定价法。固定价格定价方式是由发行人和主承销商在新股公开发行前商定一个固定价格，然后根据这一价格进行公开发售。

固定价格发行定价方式的优点在于筹资金额确定、定价过程相对简单、时间周期较短，但定价的准确性、灵活度不高。

② 市场询价法。这种定价方式目前已得到普遍应用。当新股销售采用包销方式时，一般采用市场询价方式。这种方式一般包括两个步骤：第一，根据新股的价值（一般用现金流量贴现法等方法确定）、股票发行时的大盘走势、流通盘大小、公司所处行业、股票的市场表现等因素确定新股发行的价格区间；第二，主承销商协同发行人向投资者介绍和推介该股票，并向投资者发送预订邀请文件，征集在各个价位上的需求量，通过对反馈回来的投资者的预订股份单进行统计，主承销商和发行人对最初的发行价格进行修正，最后确定新股发行价格。

③ 竞价发行。竞价发行方式是指由各股票承销商或者投资者以投标方式，相互竞争确定股票发行价格。由于竞价法是一种直接的市场化定价方式，因此更能够直接地反映出投资主体对新股价格的接受程度，最终确定的价格更接近于新股未来上市后的市场价格。

3. 股票上市

1）股票上市（public share offer）的意义

发行的股票经国务院或国务院授权证券管理部门批准在证券交易所挂牌交易的股份有限公司称为上市公司（quoted company）。股票上市对股份公司有利也有弊。有利的方面主要表现在：①提高公司所发行股票的流动性和变现性，便于投资者认购、交易；②促进公司股权的社会化，防止股权过于集中；③提高公司的知名度；④有助于确定公司增发新股的发行价格；⑤便于确定公司的价值，有利于促进公司实现财富最大化目标。由此，不少公司积极创造条件，争取其股票上市。不利的方面主要表现在：①各种"公开"的要求可能会暴露公司的商业秘密；②股市的人为波动可能歪曲公司的实际状况，损害公司的声誉；③可能分散公司的控制权。因此，有些公司即使已符合上市条件，也宁愿放弃上市机会，或上市后主动退市。

2）股票上市的条件

我国《证券法》规定，股份有限公司申请其股票上市，必须符合下列条件。

（1）股票经国务院证券监督管理机构核准已公开发行。

（2）公司股本总额不少于人民币3 000万元。

（3）公开发行的股份达到公司股份总数的25%以上；公司股本总额超过人民币4亿元的，公开发行股份的比例为10%以上。

（4）公司最近3年无重大违法行为，财务会计报告无虚假记载。

4．普通股筹资的优缺点

股份有限公司运用普通股筹集自有资本，与优先股、公司债券及长期借款等筹资方式相比，有其优点和缺点。

1）普通股筹资的优点

（1）普通股筹措的资本具有永久性，无到期日，无须偿还。与负债筹资相比，普通股筹到的是权益资本，除非公司清算一般不须偿还资本，为企业提供了长期稳定的资金来源。

（2）普通股没有固定的股利负担。与优先股及负债相比，普通股股利不固定，股利支付需视企业盈利状况及股利政策而定。

（3）普通股筹资风险小。普通股的预期收益较高且可在一定程度上抵消通货膨胀的影响（通货膨胀期间不动产升值普通股也随之升值），因此，普通股筹资容易吸收资金。

（4）普通股筹资能增强公司的信誉。普通股筹资筹集到的是自有资本，有利于提高公司的信用价值，增强举债能力。

（5）普通股筹资限制较少。发行普通股不像优先股和债券有较多的限制条款，这保证了企业经营的灵活性。

2）普通股筹资的缺点

（1）资本成本高。普通股筹资成本一般要高于优先股和借入资金。普通股成本高可以从3个方面来看：①可从投资者的角度来看，投资普通股风险最大，所以投资者要求比较高的报酬率；②与债券利息相比，股息支付属于税后利润分配项目，不能抵税，而借入资金利息则可以抵税；③普通股的发行成本也较高。

（2）普通股筹资容易分散原有股东的控制权。由于普通股股东享有对公司的经营管理权，增资发行新股就会改变股东的持股比例，如果原有股东没有同比例购买新股，其持股比例就会下降。因此，一般老股东都不希望公司增资发行新股。另外，增发新股会引起每股利润、每股股利及股票价格的下降。

4.3　债权性筹资

负债是企业一项重要的资金来源，几乎没有一家企业是只靠股权资本而不运用负债就能做大的。与股权性筹资相比，债务筹资所筹集的资金具有使用上的时间性，需到期偿还；不论企业经营好坏，都需固定支付债务利息，从而形成企业固定的负担；但其资本成本一般比普通股筹资成本低，且不会分散投资者对企业的控制权。

按照所筹资金可使用时间的长短，债权性筹资可分为短期债务筹资和长期债务筹资两类。长期债务筹资一般有发行债券筹资、长期借款筹资和融资租赁3种方式；短期债务筹资常采用的有银行短期借款、货币市场信用和商业信用等形式。

4.3.1 发行债券筹资

债券（bond）是债务人为筹集借入资本而发行的，约定在一定期限内向债权人还本付息的有价证券。

1. 债券的种类

1）按债券有无担保分为抵押债券与信用债券

（1）发行公司以特定财产作为抵押品的债券称为抵押债券（mortgage bond），又称有担保债券。按其担保品的不同又可细分为不动产抵押债券、动产抵押债券和信托抵押债券。

（2）信用债券（debenture bond）又称无担保债券，是指发行公司没有抵押品担保，完全凭公司信用发行的债券。这种债券通常由信誉良好、实力较强的企业发行，一般利率略高于抵押债券。

2）按是否记名分为记名债券和无记名债券

（1）记名债券（registered bond）要在券面上记有持券人的姓名或名称及住所，并记入公司债券存根簿。公司只对记名人偿还本金，持券人凭印鉴支取利息。记名债券由债券持有人以背书方式或者法律、行政法规规定的其他方式转让，并由公司将受让人的姓名或者名称及住所记载于公司债券存根簿。

（2）无记名债券（unregistered bond）是指券面上无持券人姓名或名称，债券本息直接向债券持有人支付。其转让由债券持有人在依法设立的证券交易所将该债券交付给受让人后即发生转让的效力。

3）按债券利率是否固定分为固定利率债券和浮动利率债券

（1）固定利率债券是利率水平在发行债券时即已确定并载于债券券面的债券。

（2）浮动利率债券的利率水平在发行债券之初不固定，而是根据有关利率（如政府债券利率、银行存款利率等）的变化而同方向调整。

4）按偿还方式分为到期一次债券和分期债券

（1）到期一次债券是发行公司于债券到期日一次集中清偿本金的债券。

（2）分期债券是指一次发行而分期、分批偿还的债券。公司发行这类债券的目的就是分散债券偿付期，减轻企业财务压力。

5）按能否转换为公司股票分为可转换债券与不可转换债券

（1）可转换债券（convertible bond）是指发行公司依据法定程序发行的，在一定期间内依据约定的条件可以转换成公司股份的债券。

（2）与之相反，不能转换成公司股份的债券即为不可转换债券（nonconvertible

bond)。

根据我国《公司债券发行与交易管理办法》规定，上市公司、股票公开转让的非上市公司可发行可转换债券。

6）按能否提前收兑分为可提前收兑债券和不可提前收兑债券

（1）可提前收兑债券是企业按照发行时的条款规定，依一定条件和价格在企业认为合适的时间可收回的债券，这类债券的益处就在于：当利率降低时，企业可用"以新换旧"的办法，收回已发行的利率较高的债券，代之以新的、利率相对较低的债券，以降低债务成本。

（2）不可提前收兑债券是指不能依条款从债权人手中提前收回的债券，它只能在证券市场上按市场价格买回，或等到债券到期后收回。

7）按能否上市分为上市债券与非上市债券

（1）上市债券（listed bond）是指在证券交易所挂牌交易的债券。上市债券的信用度高，流通性好，容易吸引投资者，也有利于提高发行公司的声誉，但债券上市有严格的要求，而且要负担较高的发行费用。

（2）非上市债券（unlisted bond）是指不能在证券交易所挂牌交易的债券。其发行可由发行公司直接向社会发行，也可由证券经营机构承销，但根据我国有关法律规定，公司发行债券须由证券经营机构承销。

8）按发行主体分为政府债券、金融债券、企业债券和国际债券

（1）政府债券（government bond）。又可区分为中央政府债券、地方政府债券和政府保证债券。其中，中央政府债券就是通常所说的国债。在各类债券中政府债券信誉最高，资信可靠，投资风险较小，还本付息按时可靠，无须考虑到期的偿还能力。因风险小、信誉高，因此，一般情况下，它的实际收益率略低于其他债券。

（2）金融债券（financial bond）。这是由银行或非银行金融机构发行的债券。金融机构通过发行金融债券，有利于对资产和负债进行科学管理，实现资产和负债的最佳组合。金融债券的信誉高于企业债券低于政府债券，因此，其利率介于两者之间。

（3）企业债券（corporate bond）。企业债券是企业为筹措长期资金，依照法定程序发行的，约定在一定期限还本付息的有价证券。

（4）国际债券（international bond）。这是由外国政府、外国法人或国际组织和机构发行的债券。国际债券是一种在国际直接融通资金的金融工具，它包括外国债券和欧洲债券两种形式。外国债券指发行者、发行市场不在同一个国家，且以发行市场所在国的货币为计量单位发行的债券（即发行市场、面值货币属同一个国家），如外国机构单位在我国发行的债券，对于我们来说是"外国债券"。欧洲债券是指一国政府、金融机构、工商企业或国际组织在国外债券市场上以第三国货币为面值发行的债券。例如，英国一家机构在法国债券市场上发行的以美元为面值的债券即是欧洲债券，欧洲债券的发行人、发行地以及面值货币分别属于3个不同的国家。

2. 债券的发行

1）债券的发行条件

按照我国《证券法》规定，公开发行公司债券，应当符合下列条件。

(1) 股份有限公司的净资产不低于人民币3 000万元，有限责任公司的净资产不低于人民币6 000万元。

(2) 累计债券余额不超过公司净资产的40%。

(3) 最近3年平均可分配利润足以支付公司债券一年的利息。

(4) 筹集的资金投向符合国家产业政策。

(5) 债券的利率不超过国务院限定的利率水平。

(6) 国务院规定的其他条件。

公开发行公司债券筹集的资金，必须用于核准的用途，不得用于弥补亏损和非生产性支出。

上市公司发行可转换债券，还应当符合关于公开发行股票的条件，并报国务院证券监督管理机构核准。

而《公司债券发行与交易管理办法》规定，只有资信状况符合以下标准的公司债券才可以向公众投资者公开发行。

(1) 发行人最近三年无债务违约或者迟延支付本息的事实。

(2) 发行人最近三个会计年度实现的年均可分配利润不少于债券一年利息的1.5倍。

(3) 债券信用评级达到AAA级。

(4) 中国证监会根据投资者保护的需要规定的其他条件。

发行公司发生下列情形之一的，不得再次发行公司债券。

(1) 前一次发行的公司债券尚未募足的。

(2) 对已发行的公司债券或者其债务有违约或者延迟支付本息的事实，且仍处于继续状态的。

(3) 违反规定，改变公开发行公司债券所募资本用途的。

2) 债券的发行程序

(1) 做出发行债券的决议或决定。公司发行债券，首先需要就债券发行总额、票面金额、票面利率、偿还期限、发行价格、发行方式、发行起止日期等内容作出决议或决定。

(2) 提出发行债券申请。在做出发行债券的决议或决定后，公司应当向国务院证券管理部门或者国务院证券监督管理机构报送公司营业执照、公司章程、公司债券募集办法、资产评估报告和验资报告等文件。依照规定需聘请保荐人的，还应当报送保荐人出具的发行保荐书。

(3) 公告公开发行募集文件。发行公司债券的申请经核准后，发行人应当依照法律、行政法规的规定，在证券公开发行前，公告公开发行募集文件，并将该文件置备于指定场所供公众查阅。

(4) 募集债券款。债券的募集有私募发行和公募发行两种。私募发行是以少数特定的投资者为募集对象，发行公司直接向投资者发售债券，收取债券款；公募发行是通过证券经营机构承销，向社会公众公开发行。

3. 债券的信用评级

1) 债券信用评级的意义

债券的信用等级无论对债券发行公司还是投资者都有十分重要的影响。对发行公司而言，债券信用级别的高低直接影响筹资成本、债券发行价格和债券发行的结果：债券信用级别高，则投资者要求的风险补偿少，筹资成本低；债券的价值相对也高，可以较高的价格发行；说明投资风险小，容易吸引投资者。对投资者而言，债券信用级别是进行投资决策的重要依据：信用级别高的债券，风险小，其风险报酬也低；反之，信用级别低的债券，风险大，其风险报酬也高。投资者可根据其对风险的承受能力和偏好选择不同级别的证券。

债券的评级制度最早源于美国。1909 年，美国人约翰·穆迪（john moody）在《铁路投资分析》(analysis of railroad investment) 一文中，首先运用了债券评级的分析方法。从此，债券评级的方法便推广开来，并逐渐形成评级制度，为许多国家所采用。实际中，一般并不强制债券发行者必须取得债券评级，但在发达的证券市场上，没有经过评级的债券往往很难被投资者接受，因此，发行债券的公司一般都自愿向债券评级机构申请评级。《公司债券发行与交易管理办法》规定：公开发行公司债券，应当委托具有从事证券业务资格的资信评级机构进行信用评级。

2）债券的信用等级

目前国际上广泛采用的是美国著名的信用评定机构穆迪公司和标准普尔公司制定的等级标准。一般将信用等级分为 3 等 9 级，详见表 4-8。

从表 4-8 中可以看出，穆迪公司将债券分为 9 个等级：Aaa/Aa/A/Baa/Ba/B/Caa/Ca/C。

表 4-8 债券信用评级表

穆迪公司		标准普尔公司	
级别	信用程度	级别	信用程度
Aaa	最优等级	AAA	最优等级
Aa	高等级	AA	中高级
A	较高等级	A	中等偏上等级
Baa	一般等级	BBB	中等
Ba	具有投机因素的等级	BB	中等偏下
B	一般不宜考虑投资的等级	B	投机性等级
Caa	容易失败的等级	CCC、CC	完全投机性等级
Ca	高度投机的等级	C	失败的等级
C	最差的投资等级	DDD、DD	失败的等级

（1）Aaa 是最高等级，这个级别的债券质量最高，其投资风险最小，被称为"金边债券"。这种债券的利息支付有很高的、稳定的利润作为基础，本金的偿还也有可靠的抵押品作为保证。当某些外部条件变化时，债券的偿还能力几乎不受影响。

（2）Aa 为高等级。从各方面看，这种债券的质量都是很好的，它与 Aaa 级别的债券一起构成高级别的债券。它与 Aaa 级别债券的差距主要在于作为利息支付基础的利润，或者是利润额较低一些，或者是稳定性较差一些。另外，通常这种债券的长期风险要高于 Aaa 级别的债券。

(3) A 为较高等级。这种债券是很好的投资选择，债券的本金和利息支付都有足够的保证。但同时有迹象表明，这种能力在将来可能有被削弱的危险。

(4) Baa 为一般等级。这种债券的本金和利息支付能力一般，其可靠性也一般。从发债时点看，这种债券具备偿付本金和利息的能力，并有一定的保证。但从长期来看，其可靠性较差。这种债券具备一定的投资特性，同时也显示出一定的投机性。

(5) Ba 为投机性等级。这种债券有强烈的投机性质，其未来状况难以判断，缺乏保证，对本金和利息的支付能力的保证程度一般。

(6) B 为一般不宜考虑的等级。这种债券对未来如期支付利息和本金，以及履行债务事项的保证能力很差。

(7) Caa 为容易失败的等级。这种债券目前可能处于危险之中，或者已经表现出难以支付利息和本金的危险迹象。

(8) Ca 为高度投机的等级。这种债券通常是已经陷于破产境地或有其他严重问题的公司发行的债券。

(9) C 是最差的等级。这种债券各方面质量都很差，不具备任何进行投资购买的价值。

标准普尔公司的等级评定与穆迪公司相似，也分为 9 个等级：AAA 为最高等级，AA 为高等级，A 为中等偏上，BBB 为中等，BB 为中等偏下，B 为投机性等级，CCC 和 CC 为完全投机性等级，C 为失败等级。另外，标准普尔公司还设有 DDD 和 DD 等级，也为失败等级，但状况比 C 级更差。

一般来说，Baa 和 BBB 以上级别的债券都是正常投资级别的债券。目前，我国国内规模较大的资信评级机构有中诚信国际、联合资信、大公国际，以及上海新世纪这四家公司。

3) 债券评级的标准

债券信用等级的评估，是评估机构做出的主观判断，这种判断是建立在对许多客观因素进行定性和定量分析基础上的。评级中需要分析的主要有以下几种因素。

(1) 公司的财务指标。包括公司的资本实力、债务状况、偿债能力、获利能力、营运能力等财务指标以及这些指标的变动趋势。财务指标综合评价高且发展趋势稳定的公司，其债券等级高。

(2) 公司的发展前景。包括分析判断债券发行公司所处行业的状况，如是"朝阳产业"，还是"夕阳产业"，分析评级公司的发展前景、竞争能力、资源供应的可靠性等。

(3) 公司债券的约定条件。包括分析评价公司发行债券有无担保及其他限制条件、债券期限、付息还本方式等。

(4) 公司的财务政策。财务政策稳健的公司，其资本结构中负债程度较低，计算的收益较保守，财务质量较高，有利于债券等级提升。

 特别提示

主权信用评级是信用评级机构进行的对一国政府作为债务人履行偿债责任的信用意愿与信用能力的评判。

主权信用评级，除了要对一个国家国内生产总值增长趋势、对外贸易、国际收支情况、外汇储备、外债总量及结构、财政收支、政策实施等影响国家偿还能力的因素进行分

析外,还要对金融体制改革、国企改革、社会保障体制改革所造成的财政负担进行分析,最后进行评级。主权信用评级一般从高到低分为 AAA,AA,A,BBB,BB,B,CCC,CC,C。AA 级至 CCC 级可用+号和-号,分别表示强弱。目前涉及主权信用评级业务的主要是国际三大评级机构:惠誉、标普和穆迪。

国际评级机构美国标准普尔公司 2011 年 8 月 5 日晚声明,出于对美国财政赤字和债务规模不断增加的担忧,把美国长期主权信用评级从顶级的 AAA 级下调至 AA+级。这是美国主权信用评级历史上首次遭"降级"。

4. 债券筹资的优缺点

1) 债券筹资的优点

(1) 债券成本较低。与股票的股利相比较而言,债券的利息允许在所得税前支付,发行公司可享受税收利益,公司实际负担的债券成本一般低于股票成本。

(2) 可利用财务杠杆。无论发行公司的盈利有多少,债券持有人一般只收取固定的利息,而更多的收益可用于分配给股东或留用于公司经营,从而增加股东和公司的财富。

(3) 保障股东控制权。债券持有人无权参与发行公司的管理决策,因此,公司发行债券不会像增发新股那样可能会分散股东对公司的控制权。

(4) 便于调整资本结构。在公司发行可转换债券以及可提前赎回债券的情况下,便于公司主动且合理地调整资本结构。

2) 债券筹资的缺点

(1) 财务风险较高。债券有固定的到期日,并需定期支付利息,发行公司必须承担按期付息偿本的义务。在公司经营不景气时,也需要向债券持有人还本付息,这会给公司带来更大的财务困难,有时甚至导致破产。

(2) 限制条件较多。发行债券的限制条件一般要比长期借款、租赁筹资的限制条件多且严格,从而限制了公司对债券筹资方式的使用,甚至会影响公司以后的筹资能力。

(3) 筹资数量有限。公司利用债券筹资一般有一定额度的限制。多数国家对此都有限定。我国《公司法》规定,发行公司流通在外的债券累计总额不得超过公司净资产的 40%。

4.3.2 长期借款筹资

长期借款是指企业向银行等金融机构以及向其他单位借入的、期限在 1 年以上的各种借款。长期银行借款与短期银行借款在借款信用条件方面基本相同。企业举借长期借款主要用于购建固定资产和满足长期流动资金的需要。

1. 长期借款的种类

(1) 按提供贷款的机构不同,分为政策性银行贷款、商业性银行贷款和非银行金融机构贷款。

① 政策性银行贷款是指由国家开发银行、中国进出口银行、中国农业发展银行等执行国家政策性贷款业务的银行提供的贷款,如国家重点建设项目资金贷款、进出口设备买方或卖方信贷等。

② 商业性银行贷款是指由中国银行、中国工商银行、中国农业银行、中国建设银行等国有独资商业银行,以及交通银行、招商银行等股份制商业银行提供的贷款。这类贷款

主要是为满足企业生产经营的资金需要。

③ 非银行金融机构贷款是指从信托投资公司取得的实物或货币形式的信托投资贷款，以及从财务公司取得的各种中长期贷款等。其他金融机构对企业的贷款一般较商业银行贷款的期限更长，相应的利率也较高，对借款企业的信用要求和担保的选择也比较严格。

(2) 按有无抵押品作担保，分为抵押贷款和信用贷款。

① 抵押贷款是指以特定的抵押品为担保的贷款。作为贷款担保的抵押品可以是不动产、机器设备等实物资产，也可以是股票、债券等有价证券。它们必须是能够变现的资产。如果贷款到期时借款企业不能或不愿偿还贷款时，银行可取消企业对抵押品的赎回权，并有权处理抵押品。抵押贷款有利于降低银行贷款的风险，提高贷款的安全性。

② 信用贷款是指不以抵押品作担保的贷款，仅凭借款企业的信用或某保证人的信用而发放的贷款。信用贷款通常仅由借款企业出具签字的文书，一般是贷给那些资信优良的企业。对于这种贷款，由于风险较高，银行通常要收取较高的利息，并往往附加一定的条件限制。

(3) 按贷款的用途不同，还可分为基本建设贷款、更新改造贷款、科研开发和新产品试制贷款等。

2. 长期借款合同的内容

借款合同是借贷当事人双方在平等互利、协商一致的基础上签订的，明确各方权利和义务的契约。借款合同依法签订后，即有法律效力，签约各方必须信守合同，履行合同约定的义务。

1) 借款合同的基本条款

按照我国有关法规，借款合同中应载明的基本条款包括：①借款种类；②借款用途；③借款金额；④借款利率；⑤还本付息的期限及还款方式；⑥还款的资金来源；⑦保证条件；⑧违约责任等。其中，保证条件是银行为保证按时足额收回贷款，对借款企业自有资金比例、抵押贷款的抵押品及其处置权、信用担保贷款担保人的条件及责任等约定的条款。

2) 借款合同的限制性条款

由于长期借款的期限长、风险大，按国际惯例，借款合同中除了载明合同的基本条款外，通常还要加入银行对借款企业提出的一些限制性条款。这些限制性条款一般可分为3类。

(1) 一般性限制条款。在一般借款合同中都有这类条款，其具体内容根据不同情况而定。主要包括：①规定借款企业的流动资产的持有量；②限制借款企业支付现金股利；③限制借款企业资本性支出的规模；④限制借款企业新增其他长期负债等。

(2) 例行性限制条款。作为例行常规，这类条款在多数借款合同中都会出现。主要包括：①借款企业定期向银行报送财务报表；②不准借款企业在正常情况下出售太多的资产；③借款企业需及时缴纳税金及清偿其他到期债务；④限制以资产作为其他承诺的担保或抵押；⑤禁止贴现票据和转让应收账款等。

(3) 特殊性限制条款。这类条款仅针对某些特殊情况的存在而在合同中列示。例如，规定贷款专款专用，不准借款企业投资于短期内不能收回资金的项目，要求借款企业主要领导人购买人身保险等。

3. 长期借款的偿还方式

按合同约定期限和方式偿还贷款,是借款人必须履行的义务。长期借款的偿还方式一般有以下几种。

(1) 定期支付利息,到期一次性还本。在这种偿还方式下,企业要承受集中还款的压力,在借款到期日前要做好资金准备,以保证如期足额清偿借款。

(2) 定期等额偿还。在借款存续期内,定期以相等的金额偿还借款本息。这种偿还方式可减轻企业还款时的财务负担,降低企业的拒付风险,但企业实际支付的借款利率将高于其名义利率,即高于借款合同上标明的借款利率。

(3) 不等额分次偿还。在借款期内分数次偿还本金和利息,每次偿还的金额不等,到借款到期日全部还清。

4. 长期借款筹资的优缺点

1) 长期借款筹资的优点

(1) 筹资迅速。长期借款所要办理的手续相对于股票、债券等方式较为简单,具有程序简便、迅速快捷的特点。

(2) 借款弹性较大。无论是用款进度或是还款安排,由于只和某一银行进行一对一的协商,因此,有利于企业按照自身的要求和能力来变更借款数量与还款期限,对企业来说具有一定的灵活性。

(3) 成本低。由于借款利息在税前开支,且间接筹资费用低,因此,其成本相对较低。

(4) 发挥财务杠杆作用。长期借款与债券筹资一样,其利息支付是固定的,可发挥财务杠杆作用。

(5) 易于企业保守财务秘密。向银行办理借款,可以避免向公众提供公开的财务信息,因而易于减少财务信息的披露面,对保守财务秘密有好处。

2) 长期借款筹资的缺点

(1) 财务风险大。尽管借款具有某种程度的弹性,但还本付息的固定义务仍然存在,企业偿付的压力大,筹资风险较高。

(2) 使用限制多。银行为保证贷款的安全性,对借款的使用附加了很多约束性条款,这些条款在一定意义上限制了企业自主调配与运用资金的功能。

(3) 筹资数量有限。长期借款与股票、债券等直接筹资方式相比,筹资数量相对有限。

4.3.3 租赁筹资

租赁是出租人以收取租金为条件,在契约或合同规定的期限内,将资产的使用权让渡给承租人的一种经济行为。同银行贷款一样,租赁也是一种信用活动,在实质上具有借贷性质,所不同的是银行贷款的标的物是货币,而租赁的标的物是实物。租赁物大多是各种机器设备和房屋等固定资产。

1. 租赁的种类

1) 经营租赁

(1) 经营租赁的含义。经营租赁（operating lease）又称营业租赁或业务租赁，是由出租人向承租企业提供租赁设备，并提供设备维护保养和人员培训等的服务性业务。经营租赁一般为短期租赁，是承租企业为取得设备的短期使用权而采取的筹资行为。

(2) 经营租赁的特点。经营租赁通常有以下特点：①承租企业可随时根据需要向出租人承租资产；②租赁期短，只是资产使用寿命的一小部分；③它是一种可解约的租赁，在合理的条件下，承租人有权在租赁期间预先通知出租人后解除租约，或要求更换租赁物；④出租人提供维修保养和技术指导等专门性服务；⑤一次租赁其租金不足以弥补其资产成本，租赁期满后资产由出租人收回自用或多次出租；⑥租赁资产的风险由出租人承担。

应用案例 4-4

某电信类上市公司经营租赁案例

【案情简介】

2004 年 11 月，某电信类上市公司通过租赁公司按经营性租赁方式租赁了 5 000 万元的电信设备，租期 3 年，每月末支付租金，会计处理时不作为自有固定资产处理，只在"租入固定资产登记表"中作表外登记，支付租金时记入成本费用之中。虽然银行非常愿意给公司贷款，但由于银行贷款在该公司体现为负债，增加了公司的资产负债率，而经营性租赁不但不增加负债，而且具有增加经营业绩的功能，因此该公司选择了经营性租赁模式。

【案例点评】

该企业是上市公司，通过选择经营性租赁方式，可实现表外融资，美化公司的财务指标，降低资产负债率，提高每股收益。

（资料来源：财经日报．2008.1.11，A9.）

2）融资租赁

(1) 融资租赁的含义。融资租赁（financing lease）又称财务租赁、资本租赁，是由租赁公司按照承租企业的要求融资购买设备，并在契约或合同规定的较长期限内提供给承租企业使用的信用性业务；融资租赁属长期租赁，是承租企业为融通资金而采用的集融资与融物于一身的特殊筹资方式。

 **特别提示**

融资租赁于 1952 年产生于美国，它是市场经济发展到一定阶段而产生的一种适应性较强的融资方式，是集融资与融物、贸易与技术于一体的新型金融产业，已成为资本市场上仅次于银行信贷的第二大融资方式，目前全球 1/3 投资通过这种方式完成。"聪明的企业家决不会将大量的现金沉淀到固定资产的投资中去，固定资产只有通过使用（而不是拥有）才能创造利润"。我国的融资租赁业务是 20 世纪 80 年代改革开放之初从国外引进的，由于发展速度慢、规模小，目前市场渗透率只有 1%（远低于发达国家 30% 的水平）。这说明融资租赁在我国还有广阔的发展空间。

(2) 融资租赁的特点。融资租赁与经营租赁相比，其特点主要表现在：①承租人对设备和供应商具有选择的权利和责任，一般由承租企业向出租方提出正式申请，由出租方根据承租的要求融通资金购入设备给承租企业使用；②租赁期限较长，大多为设备耐用年限的一半以上;③它是一种不可解约的租赁,在规定的租期内非经双方同意,任何一方不得中途解约;④由承租企业负责租赁物的维修保养和管理,但不能自行拆卸改装;⑤出租人几乎可以通过一次出租,就可收回在出租资产上的全部投资;⑥租约期满后,租赁资产可作价转让给承租人,也可由出租人收回或续租。

(3) 融资租赁的形式。融资租赁按其业务上的不同特点,又可细分为直接租赁、售后租回和杠杆租赁3种具体形式。

① 直接租赁(direct leasing)是指承租人直接向出租人租入所需要的资产并支付租金。它是融资租赁的典型形式,其出租人一般为设备制造厂商或租赁公司。

② 售后租回(sale and lease back)是租赁企业将其设备卖给租赁公司,然后再将所售资产租回使用并支付租金的租赁形式。承租企业出售资产可得到一笔现金,同时租回资产不影响企业继续使用,但其所有权已经转移到租赁公司。

应用案例 4-5

K 公司生产设备售后租回

【案情简介】

合肥市 K 公司是一家以印刷为主要业务的民营股份制企业,生产、销售一直保持着良好的发展态势,最近因原材料价格上涨,资金出现暂时困难,通过与安徽兴泰租赁有限公司业务部洽谈,将其最主要的一台生产设备(四开四色胶印机 SM74-4-H),采用售后回租的方式,出售给租赁公司,按期支付一定租金,这样既解决了流动资金不足的状况,也没有影响到自身的生产。

【案例点评】

企业通过这种"回租",将物化资本转变为货币资本,将不良资产变为优质资产——现金,保持了资金的流动性,改善了企业的现金流,盘活了存量资产,而且并不影响企业对财产继续使用。

③ 杠杆租赁(leveraged leases)是当前国际上流行的一种特殊形式的融资性租赁。在这一租赁方式中,出租人一般出相当于租赁资产价款20%~40%的资金,其余60%~80%的资金由其将购置的租赁物作抵押向金融机构贷款,然后将购入的设备出租给承租人,并收取租金。这种方式一般要涉及承租人、出租人和贷款人3方当事人。从承租方看,这一租赁方式跟前两种租赁方式没有什么差别。但从出租方看,出租人只垫付部分资金便获得租赁资产的所有权,而且租赁收益大于贷款成本支出,出租方能够取得财务杠杆收益,故这种方式称为杠杆租赁。

2. 租金的确定

融资租赁的租金包括租赁设备的购置成本、租息和预计设备的残值3部分。租赁设备的购置成本包括设备买价、运杂费、途中保险费等,它是租金的主要组成部分。租息包括租赁公司的融资成本和租赁手续费,其中,融资成本是指租赁公司为购买租赁设备所筹资金的成本,即设备租赁期间的利息;租赁手续费包括租赁公司承办租赁设备的营业费用和一定的盈利。租赁手续费的高低一般没有固定标准,由承租企业与租赁公司协商确定。预计设备的残值即设备租赁期满时预计的可变现的净值,它是租金构成的减项。

租金的支付方式决定着每次支付租金的时间间隔和每期租金的大小。租金按支付期长短可分为年付、半年付、季付和月付;按在期初和期末支付则可分为先付租金和后付租金；按每次是否等额支付，又可分为等额支付和不等额支付。实践中，大多为后付等额年金。

在我国租赁实务中，租金一般采用平均分摊法与等额年金法。

(1) 平均分摊法。它是指按事先确定的利息率和手续费率计算租赁期间的利息和手续费总额，然后连同设备成本按支付次数进行平均。这种方法不考虑时间价值因素，计算较为简单，即：

$$每次支付的租金 = \frac{(设备成本 - 预计残值) + 租期内利息 + 租赁手续费}{租期}$$

【例 4-5】 某企业 2002 年 1 月向租赁公司租入一套设备，价值为 100 万元。租期为 6 年，预计残值为 5 万元（归出租方所有），租期年利率为 10%，年租赁手续费率为设备价值的 2%。租金为每年末支付一次，则该设备每年支付的租金为：

$$租期内利息 = 100 \times (1 + 10\%)^6 - 100 \approx 77.2(万元)$$
$$租期内手续费 = 100 \times 2\% \times 6 = 12(万元)$$
$$每年支付租金 = (100 - 5 + 77.2 + 12)/6 = 30.7(万元)$$

(2) 等额年金法。它是将利息率与手续费率综合成贴现率，运用年金现值方法确定的每年应付租金。其计算公式为：

$$每年支付租金 = \frac{等额租金现值总额}{等额租金的现值系数}$$

分为两种情况：一种是每期租金在年初支付，即采用先付年金方式；另一种是每年末支付租金，即采用后付年金方式。

【例 4-6】 承例 4-5，采用后付年金方式支付租金，则：

$$每年末支付的租金 = [100 - 5 \times (P/F, 12\%, 6) + 100 \times 2\% \times (P/A, 12\%, 6)]/(P/A, 12\%, 6)$$
$$= (100 - 5 \times 0.5066 + 2 \times 4.1114)/4.1114 \approx 25.71(万元)$$

本例如果采用即付年金，则：

$$每年初支付的租金 = \frac{25.71}{1 + 12\%} \approx 22.96(万元)$$

从上述两种计算方法看，平均分摊法没有考虑资金时间价值因素，因此它每年支付的租金比等额年金法要多。可见在选择租金计算方法时，年金法对承租人有利。

3. 融资租赁筹资的优缺点

1) 融资租赁筹资的优点

(1) 融资与融物为一体，是金融支持实体经济的有效工具，可迅速获得所需资产。租赁筹资不需进行机器设备的购置过程，能使企业所需设备尽快投入使用，在发达国家有约三分之一的固定资产投资通过融资租赁完成。

(2) 避免债务的限制性条款。与其他负债筹资方式相比，租赁筹资的限制性条件较少，能使企业经营决策更具灵活性。

(3) 转嫁设备陈旧过时的风险。企业采取租赁方式，既取得了资产的使用权，又不必承担设备陈旧过时的风险，尤其对一些技术进步较快、无形损耗较大的固定资产，采用这种方式可帮助企业进行生产设备更新换代，提高资金的使用效率。

(4) 租金费用在所得税前扣除，减轻企业的实际租金负担。

2) 融资租赁筹资的缺点

(1) 租赁成本高。与通过银行借款筹资自行购建资产相比，融资租赁的租金中所含的利息成本要比借款利息高得多，且还要另付一笔手续费。

(2) 丧失资产残值。租赁期满，除非承租企业购买该项资产，其残值一般归租赁公司所有。

4.4 混合性筹资

混合性筹资是指兼有股权筹资和债权筹资双重属性的筹资。通常包括发行优先股筹资、发行可转换债券筹资和认股权证筹资。

4.4.1 发行优先股筹资

1. 优先股的特征

优先股（preferred stock）是介于普通股与债券之间的一种有价证券，它兼有股权性资本和债券的双重特征。

(1) 从法律角度看，优先股属于权益性证券。优先股没有到期日，一般情况下，股东不能要求公司收回优先股股票，优先股的股利要从税后利润中支付；同时，优先股与普通股一样，构成公司股权的一部分。从这些方面看，优先股与普通股是相似的。

(2) 在某些方面优先股具有债券的特征。通常优先股有固定的股利率，在公司清算时，以股票的面值为限，要先于普通股获得清偿；同时优先股股东也没有参与公司经营与投票的权利。从这些方面看，其性质又与债券相同。

2. 优先股的种类

与普通股不同，优先股的种类较多，不同类型的优先股具有一些不同的特点。

(1) 累积优先股与非累积优先股。累积优先股是指公司过去年度未支付的股利，可以累积计算由以后年度的利润补足付清，公司只有在发放完累积的全部优先股股利以后，才能发放普通股的股利。非累积优先股则没有这种权利，公司盈利时，只需在付清当年的优先股股利后就可以发放普通股股利，而对以前积欠的优先股股利不再补发。

(2) 参加优先股与非参加优先股。参加优先股是指按照约定的股息率分配股息后，有权同普通股股东一起参加剩余利润分配的优先股。公司章程应明确优先股股东参与剩余利润分配的比例、条件等事项。非参加优先股则指只能按照约定获取相应的股利的优先股。

(3) 可转换优先股与不可转换优先股。可转换的优先股是指有权根据优先股发行的规定，在将来一定时期内转换为普通股的股票。即如果公司经营情况较好，普通股价格上升，优先股股东便可行使这一权利将其股票转为普通股，从中获利；如果普通股价格下跌，则可转换优先股的股东便不行使这一权利，继续享受优先股的原有优惠。不可转换优先股则没有这种权利。目前，我国除商业银行可根据商业银行资本监管规定，非公开发行触发事件发生时强制转换为普通股的优先股，上市公司不得发行可转换为普通股的优先股。

(4) 可赎回优先股和不可赎回优先股。可赎回优先股是指股份公司出于减轻股利负担的目的，可按规定以原价赎回的优先股。公司不能赎回的优先股，则属于不可赎回优先股。

3. 优先股表决权的限制与恢复

（1）表决权限制。优先股股东与普通股股东的主要区别之一就是优先股股东不出席股东大会，所持股份没有表决权。但在发生特定事件时，优先股股东具有约定的表决权：①修改公司章程中与优先股相关的内容；②一次或累计减少公司注册资本超过百分之十；③公司合并、分立、解散或变更公司形式；④发行优先股；⑤公司章程规定的其他情形。上述事项的决议，除须经出席会议的普通股股东（含表决权恢复的优先股股东）所持表决权的三分之二以上通过之外，还须经出席会议的优先股股东（不含表决权恢复的优先股股东）所持表决权的三分之二以上通过。

（2）表决权恢复。优先股股东的表决权受到限制。除特殊情况外，优先股股东不出席股东大会会议，所持股份没有表决权。但是公司累计三个会计年度或连续两个会计年度未按约定支付优先股股息的，优先股股东有权出席股东大会，每股优先股股份享有公司章程规定的表决权。

4. 优先股发行的目的及发行时机

股份有限公司发行优先股主要出于筹集自有资本的需要。但是，由于优先股固定股利的基本特征，使优先股的发行具有出于其他动机的考虑。

（1）防止股权分散化。优先股不具有公司表决权，因此，公司出于普通股发行会稀释其股权的需要，在资本额一定的情况下，发行一定数额的优先股，可以保护原有普通股股东对公司经营权的控制。

（2）维持举债能力。由于优先股筹资属于股权资本筹资的范围。因此，它可作为公司举债的基础，以提高其负债能力。

（3）利用财务杠杆。由于优先股的股息固定，且优先股对公司留存收益不具有要求权，因此，在公司收益一定的情况下，提高优先股的比重，会相应提高普通股股东的权益，提高每股净收益额，从而具有杠杆作用。

（4）调整资本结构。由于优先股在特定情况下，具有"可转换性"和"可赎回性"，因此在公司安排自有资本与负债比例关系时，可借助于优先股的这些特性，来调整公司的资本结构，从而达到公司的目的。

一般来说，优先股的发行时机选择在以下几种情况：公司初创，急需资金时期；公司财务状况欠佳，不能追加债务时；公司进行财务重整，为避免股权稀释时等。

特别提示

2014年3月21日，证监会召开新闻发布会，正式发布《优先股试点管理办法》。根据该办法，上市公司可以发行优先股，非上市公众公司可以非公开发行优先股。办法规定，试点优先股每股票面金额为100元。上市公司三类情形可公开发行优先股：①普通股为上证50指数成分股；②以公开发行优先股作为支付手段收购或吸收合并其他上市公司；③以减少注册资本为目的回购普通股的。在发行条件上，对公开发行优先股和非公开发行优先股进行了分别规定。公开发行优先股要求最近三个会计年度应当连续盈利；非公开发行优先股要求最近三个会计年度实现的年均可分配利润应当不少于优先股一年的

股息。

5．优先股筹资的优缺点

1）优先股筹资的优点

（1）与普通股相比，优先股的发行没有增加能够参与经营决策的股东人数，不会导致原有的普通股股东对公司的控制能力下降。

（2）与债券相比，优先股的发行不会增加公司的债务，只增加了公司的股权，所以不会像公司债券那样增加公司破产的压力和风险；同时，优先股的股利不会像债券利息那样，成为公司的财务负担，优先股的股利在没有条件支付时可以拖欠，在公司资金困难时不会进一步加剧公司资金周转的困难。

（3）发行优先股增强了企业的借款能力。

2）优先股筹资的缺点

（1）发行优先股的成本较高。通常债券的利息可以起到抵税的作用，而优先股股利属于资本收益，要从公司的税后利润中开支，不能使公司得到税收上的好处，因而其成本较高。

（2）由于优先股在股利分配、资产清算等方面具有优先权，所以会使普通股股东在公司经营不稳定时的收益受到影响。

4.4.2 发行可转换债券筹资

可转换债券（convertible bond）赋予投资者将其持有的债务按规定的价格和比例，在规定的时间内转换成普通股的选择权。在转换权行使之前债券持有者是发行公司的债权人，权利行使之后则成为发行公司的股东。

1．可转换债券的特性

从筹资公司的角度看，发行可转换债券具有债务与权益筹资的双重属性，属于一种混合性筹资。利用可转换债券筹资，发行公司赋予可转换债券的持有人可将其转换为该公司股票的权利。因而，对发行公司而言，在可转换债券转换之前需要定期向持有人支付利息。如果在规定的转换期限内，持有人未将可转换债券转换为股票，发行公司还需要到期偿付债券，在这种情形下，可转换债券筹资与普通债券筹资相类似，属于债权筹资属性。如果在规定的转换期限内，持有人将可转换债券转换为股票，则发行公司将负债转化为股东权益，从而具有股权筹资的属性。

2．可转换债券的基本要素

（1）标的股票。一般来说，可转换债券的标的股票是发行公司自己的股票，即投资者可以选择将可转换债券按一定的比例转换成该股票。

（2）面值与票面利率。可转换债券的票面利率指券面上记载的用于计算债券利息的利率。上市公司证券发行管理办法规定：可转换公司债券每张面值 100 元。可转换公司债券的利率由发行公司与主承销商协商确定。由于可转换债券本身包含一种转换权，这种转换权含有一定的价值，因此，可转换债券的票面利率通常会低于其他公司同期债券的利率。

(3) 债权期限。指可转换债券从发行到兑付的期限。我国《上市公司证券发行管理办法》规定：可转换公司债券的期限最短为 1 年，最长为 6 年。

(4) 转换期限。指可转换债券持有者行使转换权的期限，即可转换债券转换为股票的起始日到截止日的期间。根据规定，我国可转换公司债券自发行结束之日起 6 个月后方可转换为公司股票，转股期限由公司根据可转换公司债券的存续期限及公司财务状况确定。

(5) 转股价格和转换比率。转股价格指募集说明书事先约定的可转换公司债券转换为每股股份所支付的价格。按我国相关规定，转股价格应不低于募集说明书公告日前 20 个交易日该公司股票交易均价和前 1 个交易日的均价。转换比率是每股可转换债券可转换成普通股的股数。

(6) 赎回条款。赎回条款指公司有权在某一设定期限内按约定的价格买回尚未转换成普通股的可转换债券。赎回条款的设立主要目的是降低发行成本，避免因市场利率下降给公司造成的利率损失，同时也有利于加速转股过程、减轻财务压力。该条款可以起到保护发行公司和原有股东权益的作用。

(7) 回售条款。指公司股票价格在一定时期内连续低于转换价格达到一定幅度时，可转换债券持有人可以按事先约定的价格将债权卖给发行人的条款。这是为投资者提供的一项安全保障。

3. 可转换债券筹资的优缺点

1) 可转换债券筹资的优点

(1) 有利于降低资本成本。可转换债券的利率通常低于普通债券，故在转换前可转换债券的资本成本低于普通债券；转换为股票后，又可节省股票的发行成本，从而降低股票的资本成本。

(2) 有利于筹集更多的资本。可转换债券的转换价格通常高于发行时的股票价格。因此，可转换债券转换后，其筹资额大于当时发行股票的筹资额，另外也有利于稳定公司的股价。

(3) 有利于调整资本结构。可转换债券是一种具有债权筹资和股权筹资双重性质的筹资方式。可转换债券在转换前属于发行公司的一种债务，如果发行公司希望可转换债券持有人转股，还可以借助诱导，促其转换，进而借以调整资本结构。

(4) 有利于避免筹资损失。当公司的股票价格在一段时期内连续高于转换价格并超过某一幅度时，发行公司可按事先约定的价格赎回未转换的可转换债券，从而避免筹资上的损失。

2) 可转换债券筹资的缺点

(1) 转股后可转换债券筹资将失去利率较低的好处。

(2) 若确需股票筹资，但股价并未上升，可转换债券持有人不愿转股时，发行公司将承受偿债压力。

(3) 若可转换债券转股时股价高于转换价格，则发行公司将遭受筹资损失。

(4) 回售条款的规定可能使发行公司遭受损失。当公司的股票价格在一段时期内连续低于转换价格并达到一定幅度时，可转换债券持有人可按事先约定的价格将所持债券回售公司，从而使发行公司受损。

4.4.3 认股权证筹资

认股权证全称是股票认购授权证，简称"认股证"或"权证"，其英文名称为 warrant，故在香港又俗译"窝轮"，它是由上市公司发行给予持有权证的投资者在未来某个时间或某一段时间以事先确认的价格购买该公司一定量股票的权利。认股权证表明持有者有权利而无义务。若届时公司股票价格上涨，超过认股权证所规定的认购价格，权证持有者按认购价格购买股票，赚取市场价格和认购价格之间的差价；若届时市场价格比约定的认购价格还低，则权证持有者可放弃认购。从内容上看，认股权证实质上就是一种买入期权。

1. 认股权证的种类

在国内外的公司筹资实务中，认股权证的形式多种多样，可划分为以下不同种类。

（1）长期与短期的认股权证。认股权证按允许认股的期限不同分为长期认股权证和短期认股权证。长期认股权证的认股期限通常持续几年，有的是永久性的；短期认股权证的认股期限比较短，一般在 90 天以内。

（2）单独发行与附带发行的认股权证。认股权证按发行方式不同可分为单独发行的认股权证和附带发行的认股权证。单独发行的认股权证是指不依附于其他证券而独立发行的认股权证；附带发行的认股权证是指依附于债券、优先股、普通股或短期票据发行的认股权证。

（3）备兑认股权证与配股权证。备兑认股权证是每份备兑证按一定比例含有几家公司的若干股份；配股权证是确认股东配股权的证书，它按股东的持股比例定向派发，赋予股东以优惠的价格认购发行公司一定份数的新股。

（4）认购权证和认沽权证。如果在权证合同中规定持有人能以某一个价格买入标的资产，那么这种权证就叫认购权证；如果在权证合同中规定持有人能以某一个价格卖出标的资产，那么这种权证就叫认沽权证。

2. 认股权证的作用

在公司的筹资实务中，认股权证的运用十分灵活，对发行公司具有一定的作用。

（1）为公司筹集额外的现金。发行股本认股权证是一种特殊的筹资手段。认股权证本身含有期权条款，其持有者在认购股份之前，对发行公司既不拥有债权也不拥有股权，而只是拥有股票认购权。尽管如此，发行公司可以通过发行认股权证筹得现金，不用支付资金使用费，还可用于公司成立时对承销商的一种补偿。

（2）促进其他筹资方式的运用。单独发行的认股权证有利于将来发售股票。附带发行的认股权证可促进其所依附证券发行的效率。例如，认股权证依附于债券发行，用以促进债券的发售。

习　题

1. 单项选择题

（1）对于借款企业来说，在市场利率呈上升趋势情况下应使用（　　）。
A. 固定利率　　　B. 浮动利率　　　C. 加息利率　　　D. 贴现利率

（2）优先股股东的优先权是指（　　）。
A. 优先认股权　　　　　　　　　　B. 优先转让权
C. 优先分配股利和剩余财产　　　　D. 投票权

（3）用线性回归法预测筹资需要量的理论依据是（　　）。
A. 筹资规模与业务量间的对应关系　　B. 筹资规模与投资间的时间关系
C. 筹资规模与筹资方式间的对应关系　D. 长短期资金间的比例关系

（4）若A企业的信用等级高于B企业，则下述表述正确的是（　　）。
A. A企业的筹资成本高于B企业　　　B. A企业的筹资能力强于B企业
C. A企业的债务负担重于B企业　　　D. A企业的筹资风险大于B企业

（5）A公司2011年3月5日向B公司购买了厂房，随后出租给C公司。A公司以自有资金支付B公司总价款的30%，同时A公司以该厂房抵押向银行借款支付余下70%的价款。这种租赁方式是（　　）。
A. 经营租赁　　　　　　　　　　B. 售后回租租赁
C. 杠杆租赁　　　　　　　　　　D. 直接租赁

（6）在公司发行新股时，给原有股东配发一定比例的认股权证的主要目的是（　　）。
A. 为避免原有股东每股收益和股价被稀释
B. 作为奖励发给本公司管理人员
C. 用来吸引投资者购买票面利率低于市场利率的长期债券
D. 为了促使股价上涨

（7）与借款筹资和发行债券相比，租赁筹资的主要缺点是（　　）。
A. 不能取得财务杠杆利益　　　B. 资本成本较高
C. 不能获得节税利益　　　　　D. 限制条件较多

（8）某企业融资租入一台设备，设备购价10 000元，预计残值2 000元，利息率5%，手续费1%，租期为5年，则平均分摊法计算的年租金为（　　）元。
A. 2 000　　　B. 2 252.6　　　C. 1 600　　　D. 2 082.63

（9）下列各因素中，不影响债券发行价值的是（　　）。
A. 债券面值　　　B. 债券利率　　　C. 市场利率　　　D. 发行张数

（10）某公司发行可转换债券，每张面值100元，期限5年，票面利率5%（单利），转换比率为5，若发行公司希望债券持有人债券到期后将债券转换成股票，股票的市价应高于（　　）。
A. 5　　　B. 10　　　C. 20　　　D. 25

2. 多项选择题

（1）应用于大多数借款合同的条款有（　　）。
A. 例行性保护条款　　　B. 一般性保护条款
C. 特殊性保护条款　　　D. 限制性保护条款

（2）相对普通股而言，下列各项中，属于优先股特殊性的有（　　）。
A. 当公司破产清算时，优先股股东优先于普通股股东求偿
B. 当公司分配利润时，优先股股东优先于普通股股利支付

C. 当公司选举董事会成员时，优先股股东优先于普通股股东当选
D. 当公司决定合并、分立时，优先股股东表决权优先于普通股股东

(3) 下列各项因素中，能够影响公司资本成本水平的有（　　）。
A. 通货膨胀　　　　　　　　　　B. 筹资规模
C. 经营风险　　　　　　　　　　D. 资本市场利率

(4) 普通股筹资的缺点有（　　）。
A. 投资风险大　　　　　　　　　B. 财务风险高
C. 易造成公司控制权分散　　　　D. 资本成本高

(5) 与"吸收直接投资"方式相比较，"发行普通股"筹资方式所具有的特点有（　　）。
A. 资本成本较高　　　　　　　　B. 资本成本较低
C. 公司与投资者易于沟通　　　　D. 手续相对复杂，筹资费用较高

(6) 企业吸收直接投资包括吸收（　　）等形式出资。
A. 实物　　　　B. 货币　　　　C. 有价证券　　　　D. 无形资产

(7) 如果企业在发行债券的契约中规定了允许提前偿还的条款，则下列表述正确的有（　　）。
A. 当预测年利息率上升时，一般应提前赎回债券
B. 提前偿还所支付的价格通常要高于债券的面值
C. 提前偿还所支付的价格通常随到期日的临近而逐渐上升
D. 具有提前偿还条款的债券可使公司筹资有较大的弹性

(8) 下列可转换债券条款中，有利于保护债券发行者利益的有（　　）。
A. 回售条款　　　B. 赎回条款　　　C. 转换比率条款　　　D. 强制性转换条款

(9) 下列各项中，属于认股权证筹资特点的有（　　）。
A. 认股权证是一种融资促进工具
B. 认股权证是一种高风险融资工具
C. 有助于改善上市公司的治理结构
D. 有利于推进上市公司的股权激励机制

(10) 下列关于留存收益筹资的表述中，正确的有（　　）。
A. 留存收益筹资可以维持公司的控制权结构
B. 留存收益筹资不会发生筹资费用，因此没有资本成本
C. 留存收益来源于提取的盈余公积金和留存于企业的利润
D. 留存收益筹资有企业的主动选择，也有法律的强制要求

3. 判断题
(1) 吸收直接投资是非股份制企业筹集自有资本的一种基本形式。（　　）
(2) 股份有限公司无论面对什么样的财务状况，争取早日上市交易都是正确的选择。（　　）
(3) 根据债券价格的计算公式，不影响债券发行价格的因素有市场利率。（　　）
(4) 溢价发行债券时，其发行价格与债券面值的关系为价格大于面值。（　　）
(5) 优先股股息与债券利息都要定期固定支付，对企业并无任何差异。（　　）
(6) 发行债券和发行股票一样，筹集的都是自有资金，都可以用来参与企业的生产周转。（　　）
(7) 由于留存收益是企业利润形成的，不是外部筹资所得，所以留存收益没有成本。（　　）
(8) 债券的发行价格与股票的发行价格一样，只允许等价和溢价发行，不允许折价发行。（　　）
(9) 债券与股票比较而言，公司发行债券的风险高，而投资者购买债券的风险较低。（　　）
(10) 优先股是一种具有双重性质的债券，它虽属于自有资金，但却兼有债券性质。（　　）

4. 计算题
(1) B公司2001—2005年资金占用与销售收入之间的关系如表4-9。

表4-9 资金占用与销售收入之间的关系

年度	销售收入/万元	资金占用/万元
20×1	16	12
20×2	21	13
20×3	20	12.5
20×4	26	15
20×5	22	16

要求：

根据以上资料运用线性回归分析法预测20×6年的资金占用量（假设20×6年的销售收入为30.5万元）。

(2) 四方公司2016年的销售收入为4 000万元，资产和负债占收入的百分比见表4-10。

表4-10 资产和负债占收入的百分比

资产	占收入的百分比/(%)	负债	占收入的百分比/(%)
现　　金	5	应付费用	5
应收账款	15	应付账款	10
存　　货	30	其　　他	不变
其　　他	不变		

预计明年销量将增长8%，已知其销售净利率为5%，股利支付率60%。

要求：计算以下互不相关的问题。

① 若明年售价不变，试计算四方公司明年需追加的对外融资额及不需对外追加筹资的销售增长率。

② 若明年通货膨胀率为10%，试计算四方公司明年对外追加融资额。

③ 若①中的股利支付率为40%，试计算其对外追加融资额。

(3) 某企业向租赁公司融资租入一套设备，该设备原价为120万元，租赁期为5年，预计租赁期满时残值为6万元，年利率按8%计算，手续费为设备原价的2%，租金每年年末支付。分别按平均分摊法和等额年金法计算该企业每年应付租金的数额。

(4) 某企业拟采用融资租赁方式于2006年1月1日从租赁公司租入一台设备，设备款为50 000元，租期为5年，到期后设备归企业所有。双方商定，如果采取后付等额租金方式付款，则贴现率为16%；如果采取先付等额租金方式付款，则贴现率为14%。企业的资金成本率为10%。要求：

① 计算后付等额租金方式下的每年等额租金额。
② 计算后付等额租金方式下的5年租金终值。
③ 计算先付等额租金方式下的每年等额租金额。
④ 计算先付等额租金方式下的5年租金终值。
⑤ 比较上述两种租金支付方式下的终值大小，说明哪种租金支付方式对企业更为有利。

5. 思考题

(1) 企业长期资金筹集的渠道和方式有哪些？

(2) 股权筹资与债权筹资有什么区别？

(3) 经营租赁与融资租赁有什么不同点？

(4) 优先股筹资与普通股筹资有什么差异?

6. 案例分析

高息为饵非法集资1.5亿元张××、王××被判重刑

1997年11月A公司(民营企业)成立,张××任总经理,王××任法定代表人,2000年7月,法定代表人由王××变更为张××。1999年前后,A公司被流动资金的"失血"折磨得困苦不堪。据张××说,A公司当时有资产2.63亿元,资产负债率10%左右。另据该县委办公室负责人介绍,A公司当年已签了3亿多元供货合同,在国内增加了几百个网点,预计年内市场份额能达到80%。但像这样的企业,却不能获得银行贷款。总经理张××在由市委宣传部、统战部和市工商联联合召开的一次座谈会上当场发问:"我始终弄不懂,像我们这样的企业,一年上税三四百万,解决了附近十几个县的蔬菜出路,安排了六七千农民就业,从来没有坏账,为什么就贷不到款?!"

在银行贷款不能获取的情况下,自1993年以来,张××在未经有权机关依法批准的情况下,以自己的公司效益好,需要扩大生产,购买原料为由,承诺每月支付2.5%~3.5%的高息、到期还本并可随时收回本金,先后在某区个协、本县等地,以公司的名义向社会公众吸收存款。

自1995年6月30日以来,A公司共非法吸收存款7 700余万元。张、王又隐瞒该公司严重亏损,已无力支付集资款本金和高额利息的事实,采用低价销售、赞助社会等方式虚构公司生产经营良好的假象,又非法吸收存款近7 300万元。

经审计鉴定,A公司等单位1993年至2003年5月共吸收存款15 578.1万元。

案发后,公安机关仅扣押到赃款2万元。截至目前,经登记,A系列公司尚欠1 398户集资户的集资款8 954万余元,集资户确认已领取的利息为1 264万余元。

此外,2000年张××在没有注册资金的情况下,通过让他人打入200万元并在当日又将该款转回等方式成立一科工贸公司,公司成立后造成债权人240余万元的经济损失。

2007年2月××中院一审宣判:被告单位A公司罚款200万元;张××犯非法吸收公众存款和虚报注册资本罪被判处有期徒刑11年,王××被判处有期徒刑7年。

思考:

(1) 银行为何对A公司这样的民营企业惜贷呢?

(2) 张、王入狱的根本原因是什么?

(3) 按照现行法律,像A公司这样的民营企业有哪些筹资渠道和方式?各种筹资渠道和方式对民营企业有什么利弊?

7. 课程实践

假定你在自己就读学校的校园内创办一家打印服务社,请根据你的调研资料,规划你的筹资渠道和方式,并说明理由。

第 5 章 筹资决策

学习目标

知识要点	能力要求	关键术语
资本成本	(1) 了解资本成本的种类、概念和性质 (2) 掌握资本成本率的计算方法	(1) 资本成本 (2) 个别资本成本率、综合资本成本率、边际资本成本率
杠杆原理	(1) 理解成本习性的相关概念 (2) 理解杠杆作用的基本原理 (3) 掌握各杠杆作用与风险的关系 (4) 熟悉各种杠杆作用的衡量方法及其应用	(1) 成本习性、固定成本、变动成本、混合成本、边际贡献、息税前利润 (2) 经营风险、财务风险、总风险 (3) 经营杠杆系数、财务杠杆系数、复合杠杆系数
资本结构	(1) 掌握资本结构的含义 (2) 了解资本结构理论 (3) 了解影响资本结构的因素 (4) 掌握资本结构的基本决策方法	(1) 资本结构、最佳资本结构 (2) 比较资本成本法、无差别点分析法

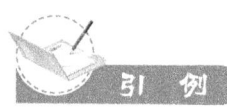

1990年西方经济衰退刚露苗头,默多克的报业王国几乎在阴沟里翻船,仅仅因为美国匹兹堡一家小银行的1 000万美元小债务。原以为这笔短期贷款,到期可以付息转期,延长贷款期限。也不知哪里听来的风言风语,这家银行认为默多克的支付能力不佳,通知默多克这笔贷款到期必须收回,而且规定必须全额偿付现金,否则,法庭上见。

当时的默多克报业王国年收入达60亿美元,但也背了24亿美元债务。他有146家债主,遍布全世界。正因为债务大、债主多,一发牵动全身,财务风险很高。若是碰到一个财务管理上的失误,或是一种始料未及的灾难,就可能像多米诺骨牌一样,把整个事业搞垮。

默多克以为可以轻松筹集1 000万美元现款他原在澳洲资金市场上享有短期融资的特权,期限一周到一个月,金额可以高到上亿美元。他派代表去融资,但大出意外,默多克的特权已被冻结了。默多克只好亲自带了财务顾问飞往美国去贷款。花旗银行是默多克报业集团的最大债主,投入资金最多,如果默多克破产,花旗银行的损失最高。债主与债户原本同乘一条船,只可相帮不能拆台。花旗银行权衡利弊后,同意支持默多克。

渡过难关以后,默多克又恢复最佳状态,进一步开拓他的报业王国的领地。最新资料显示,默多克个人财产已超过110亿美元。

本案例提出了以下问题:默多克高负债经营的原因是什么?什么是财务风险?控制财务风险的对策有哪些?通过本章学习,相信你将加深对这些问题的理解。

筹资管理需要在资金成本和财务风险之间寻求最佳平衡点。本章将介绍资本成本的概念、性质及其测算方法,杠杆作用的原理及其衡量与运用,财务杠杆与财务风险,资本结构的基本决策方法。

5.1 资本成本

5.1.1 资本成本的性质、种类和作用

1. 资本成本的概念、性质及其构成要素

1)资本成本的概念

在市场经济条件下,企业筹集和使用资金,往往要付出代价。企业为筹措和使用资金而付出的代价即为资本成本(cost of capital)。本章的资本特指由债权人和股东提供的长期资本,包括长期债务资本与股权资本。

2)资本成本的性质

(1)资本成本是在资金所有权和使用权分离的条件下,资金使用者向资金所有者和中介人支付的使用费和筹措费。在商品经济条件下,资金是一种特殊的商品,企业为了取得资金的使用权,必须向资金所有者支付一定费用。

(2)资本成本既具有一般产品成本的基本属性,也有不同于一般产品成本的某些特性。在企业的正常生产经营活动中,一般产品的成本是生产过程中的耗费,需要从企业的收入中加以补偿;资本成本也是企业的一种耗费,也要由企业的收益来补偿,但它是为了获得和使用资金而付出的代价,通常不直接表现为生产成本,而且作为期间费用。

资本成本与资金时间价值既有联系,又有区别。资本成本的基础是资金时间价值,但两者在数量上是不一致的。资本成本既包括资金的时间价值,又包括投资的风险价值和通货膨胀补偿,此外资本成本还受资金供求关系等的影响。

3)资本成本的构成要素

资本成本从绝对量的构成来看,包括筹集资金的费用和使用资金的费用两部分,即筹资费和用资费两部分。

(1)筹资费。筹资费是指企业在资金筹措过程中支付的各项费用,例如,发行股票、债券支付的印刷费、发行手续费、律师费、资信评估费、公证费、担保费等发行费用,向银行借款支付的借款手续费等。筹资费一般是在筹措资金时一次性支付,用资过程中不再发生,一般与资金使用时间的长短无直接联系。在计算资本成本时可将筹资费用作为筹资金额的减项扣除。

(2)用资费。用资费是指企业因使用资金而支付给资金所有者的报酬,例如,支付给股东的股利、支付给银行的借款利息、支付给债券持有人的债券利息等。用资费的支付是

经常性的，与资金使用时间的长短相关，它是资本成本的主要构成内容。

2. 资本成本的表达形式和种类

1) 资本成本的表达形式

资本成本可以用绝对数表示，也可以用相对数表示。

(1) 绝对数表示的资本成本。绝对数表示的资本成本有年资本成本和资本成本总额。年资本成本中一般只包括用资费用，不包括筹资费用，资本成本总额是企业为筹集和使用资本需支付的费用总额，包括支付的筹资费和各期支付的用资费总额。如考虑资金的时间价值，则某项筹资的资本成本总额应为该项筹资所发生的全部筹资费和用资费按一定贴现率计算的现值之和。

(2) 相对数表示的资本成本。相对数表示的资本成本即资本成本率，它是资本成本额与筹资总额的比率，反映一元资金的资本成本。

绝对数表示的资本成本能够反映为筹集和使用特定资金而付出的全部代价，但当筹资金额不同时，它不具有可比性。相比之下，相对数指标资本成本率用途更广泛。资本成本率一般也简称为资本成本，以下所讨论的资本成本也仅指资本成本率。

由于筹资费属一次性费用，而用资费是企业在资金使用期内分次发生的费用，两者具有不同的特征。所以，在计算资本成本率时应分别对待：将筹资费从筹资总额中一次性扣除，扣除后的余额为企业实际可运用的资本，企业真正能够用来进行投资的资金只是这一部分的筹资净额；而用资费需分期计算，一般为便于比较，企业往往计算的是年资本成本率。

资本成本率计算的一般公式可表示为：

$$K = \frac{资金使用费}{筹资实得款} = \frac{D}{P(1-f)}$$

式中：K 为资本成本，以百分率表示；D 为资金使用费；P 为筹资额；f 为筹资费用率，即筹资费用与筹资额的比率。

2) 资本成本的种类

(1) 个别资本成本率（individual cost of capital）。个别资本成本率是指企业各种长期资本的成本率，如股票资本成本率、债券资本成本率、长期借款资本成本率。企业在比较各种筹资方式时，需要使用个别资本成本率。

(2) 综合资本成本率（overall cost of capital）。综合资本成本率是指企业全部长期资本的成本率。企业在进行长期资本结构决策时，可以利用综合资本成本率。

(3) 边际资本成本率（marginal cost of capital）。边际资本成本率是指企业追加长期资本的成本率。企业在追加筹资方案的选择中，需要运用边际资本成本率。

3. 资本成本的作用

资本成本对于企业的筹资管理、投资管理，乃至整个财务管理和经营管理都有重要的作用。

1) 资本成本是选择筹资方式、进行资本结构决策和选择追加筹资方案的依据

(1) 个别资本成本率是企业选择筹资方式的依据。一个企业长期资本的筹集往往有多种方式可供选择，包括长期借款、发行债券、发行股票等。这些长期筹资方式的个别资本

成本率的不同，可作为比较选择各种筹资方式的一个依据。

（2）综合资本成本率是企业进行资本结构决策的依据。企业长期资本的筹集可有多个组合方案供选择。不同筹资组合的综合资本成本率的高低，可以用来比较各个筹资组合方案的优劣，是做出资本结构决策的一个依据。

（3）边际资本成本率是选择追加筹资方案的依据。企业为了扩大生产经营规模，往往需要追加筹资。不同追加筹资方案的边际资本成本率的高低，是选择追加筹资方案的一个依据。

2）资本成本是评价投资项目、比较投资方案和进行投资决策的经济标准

一般而言，一个投资项目只有当其投资收益率高于其资本成本率时，在经济上才是合算的；否则，该项目将无利可图，甚至发生亏损。因此，通常资本成本率被视为一个投资项目必须取得的"最低报酬率"或"必要报酬率"，被作为比较、评价投资方案的一个经济标准。

在企业投资评价分析中，可以将资本成本率作为折现率，用于测算各个投资方案的净现值和现值指数，以比较选择投资方案，进行投资决策。

3）资本成本可作为评价企业整体经营业绩的基准

企业的整体经营业绩（operating performance）可以用企业总资产报酬率与全部资本的成本率相比较来衡量。如果总资产报酬率高于成本率，则对企业经营有利；反之，则可认为对企业经营不利，需要改善企业经营管理，提高企业的总资产报酬率，降低成本率。

5.1.2 资本成本的测算

1. 个别资本成本的测算

企业资本从性质上可分为债务资本与股权资本两大类，由于税收等因素的影响，这两类资本成本在计算上存在一定的差别。

1）债务资本成本率的测算

债务资本成本包括长期借款成本和债券筹资成本。由于债务的利息均在税前支付，具有抵税功能，因此企业实际负担的利息为：利息×（1－税率）。

（1）长期借款成本率。其计算公式为：

$$K_L = \frac{I_L(1-T)}{L(1-f)} \times 100\% = \frac{R_L(1-T)}{1-f} \times 100\%$$

式中：K_L 为长期借款成本率；I_L 为长期借款年利息；L 为长期借款总额，即借款本金；T 为企业所得税率；R_L 为借款年利率；f 为长期借款筹资费用率，即借款手续费率。

【例 5－1】某企业从银行取得长期借款 100 万元，年利率为 8%，期限为 3 年，每年付息一次，到期一次还本。假定筹资费用率为 0.1%，企业所得税率为 25%，则借款的成本率为：

$$K_L = \frac{100 \times 8\% \times (1-25\%)}{100 \times (1-0.1\%)} \times 100\% = 6.01\%$$

长期借款的筹资费用主要是借款手续费，一般数额很小，若忽略不计算，长期借款资本成本率的计算公式就可简化为：

$$K_L = R_L(1-T)$$

仍利用例 5-1 资料，长期借款成本为：

$$K_1 = 8\% \times (1-25\%) = 6\%$$

若有补偿性余额，则企业可以动用的借款筹资额应扣除补偿性余额，这时借款的实际利率和资本成本率将会上升。

【例 5-2】 承上例，若银行要求 20% 的补偿性余额，借款手续费忽略不计算，这笔借款的资本成本率测算为：

$$K_L = \frac{100 \times 8\% \times (1-25\%)}{100(1-20\%)} \times 100\% = 7.5\%$$

（2）债券成本率。债券成本中的利息费用也是在所得税前支付的，但是其筹资费用一般较高，因此不能忽略不计。债券的筹资费用包括申请费、注册费、印刷费、上市费，以及推销费等，其中有的费用按一定的标准支付。另外，债券的发行价格有等价、溢价和折价等情况，与其面值可能存在差异。因此债券成本的测算与借款成本有所不同。

在不考虑资金时间价值时，债券资本成本可按下列公式测算：

$$K_b = \frac{I_b(1-T)}{B(1-f_b)}$$

式中：K_b 为债券资本成本率；I_b 为债券票面利息；B 为债券筹资额，按发行价格；f_b 为债券筹资费用率。

【例 5-3】 某公司在筹资前根据市场预测，拟溢价发行总面额为 100 万元，发行价为 102 万元，票面年利率为 8% 的 5 年期，每年付息一次的债券。发行费用为发行价格的 5%，公司所得税率为 25%，该债券的成本率为：

$$K_b = \frac{100 \times 8\% \times (1-25\%)}{102 \times (1-5\%)} = 6.19\%$$

本例中发行价格如果按面额平价发行，则债券的成本率为：

$$K_b = \frac{100 \times 8\% \times (1-25\%)}{100 \times (1-5\%)} = 6.32\%$$

如果按 98 万元折价发行，则债券的成本率为：

$$K_b = \frac{100 \times 8\% \times (1-25\%)}{98 \times (1-5\%)} = 6.44\%$$

由以上计算可以看出，与平价发行相比，溢价发行使得公司债券成本降低，而折价发行使得公司债券成本升高。

2）股权资本成本率的测算

股权资本成本包括优先股成本、普通股成本、留存收益成本等。由于这类资本的使用费均从税后支付，因此不存在节税功能。

（1）优先股成本率。公司发行优先股需要支付发行费用，且优先股的股息通常是固定的，因此其计算公式为：

$$K_p = \frac{D_p}{P_p(1-f_p)} \times 100\%$$

式中：K_p 为优先股成本率；D_p 为优先股年股息；f_p 为优先股发行费率；P_p 为优先股筹资总额，按预计的发行价格计算。

【例 5-4】某公司拟发行优先股,面值总额为 200 万元,固定股息率为 12%,发行价格为 250 万元,筹资费用率为 6%,则优先股成本率为:

$$K_p = \frac{200 \times 12\%}{250 \times (1-6\%)} \times 100\% = 10.21\%$$

(2) 普通股成本率。普通股和优先股一样,股利也是税后支付的,没有固定的到期日,需支付很高的发行费用,所不同的是普通股的股利一般不是固定的,它随企业的经营状况而改变。按照资本成本率实质上是投资必要报酬率的思路,普通股的资本成本率就是普通股投资的必要报酬率。其测算方法一般有 3 种:股利折现模型、资本资产定价模型和债券收益率加风险报酬率。

① 股利折现模型 (dividend discount model)。股利折现模型的基本形式是:

$$P_c = \sum_{t=1}^{\infty} \frac{D_t}{(1+K_c)^t}$$

式中:P_c 为普通股融资净额,即发行价格扣除发行费用;D_t 为普通股第 t 年的股利;K_c 为普通股投资必要报酬率,即普通股资本成本率。

运用上列模型测算普通股资本成本率,因具体的股利政策而有所不同。

如果公司采用固定股利政策,即每年分派现金股利 D 元,则:

$$K_c = \frac{D}{P_c} \times 100\%$$

【例 5-5】某公司新发行普通股,每股市场价格 10 元,发行费率为股票市价的 6%,若每年股利固定为 1 元,长期保持不变,该公司新发行普通股的成本为:

$$K_c = \frac{1}{10 \times (1-6\%)} \times 100\% = 10.64\%$$

从理论上看,企业的股利不应当是固定不变的,而应当不断增长。如果假设股利永远按不变的增长率增长,就可建立股利不变增长模型。设上年股利为 D_0,每年股利比上年增长率为 g,则:

$$P = \frac{D_0(1+g)}{(1+K_c)} + \frac{D_0(1+g)^2}{(1+K_c)^2} + \frac{D_0(1+g)^3}{(1+K_c)^3} + \cdots + \frac{D_0(1+g)^t}{(1+K_c)^t} \tag{1}$$

假设 $K_c > g$,把(1)式中两边同乘以 $(1+K_c)/(1+g)$,得:

$$P\frac{1+K_c}{1+g} = D_0 + \frac{D_0(1+g)^1}{(1+K_c)^1} + \frac{D_0(1+g)^2}{(1+K_c)^2} + \cdots + \frac{D_0(1+g)^{t-1}}{(1+K_c)^{t-1}} \tag{2}$$

(2)式减去(1)式,得:

$$P\frac{1+K_c}{1+g} - P = D_0 - \frac{D_0(1+g)^t}{(1+K_c)^t}$$

由于 $K_c > g$,当 t 趋向于无穷大时,$\frac{D_0(1+g)^t}{(1+K_c)^t}$ 趋向于零,(2) 式可简化为:

$$P\frac{1+K_c}{1+g} - P = D_0$$

用 D_1 表示投资后第一年股利,上式可简化为:

$$P = \frac{D_0 \times (1+g)}{K_c - g} = \frac{D_1}{K_c - g}$$

$$K_c = \frac{D_1}{P} + g$$

这就是著名的戈登模型（gordon model），常用于普通股资本成本的计算。

【例 5-6】仍按上例资料，若每年股利不固定，预计第一年的股利为 0.8 元，未来每年股利按 7% 的比率增长，则该公司新发行普通股的成本率为：

$$K_c = \frac{0.8}{10 \times (1-6\%)} + 7\% = 15.51\%$$

② 资本资产定价模型（capital asset pricing model，CAPM）。根据资本资产定价模型，普通股的资本成本被视为普通股股东对股票投资的期望收益率。可用公式表示为：

$$K_c = R_f + \beta(R_m - R_f)$$

式中：R_f 为无风险收益率；β 为股票的 β 系数；R_m 为市场股票平均收益率。

【例 5-7】某公司普通股的 β 值为 1.5，市场股票平均收益率为 13%，国库券收益率为 8%，则公司的普通股成本率为：

$$K_c = 8\% + 1.5 \times (13\% - 8\%) = 15.5\%$$

③ 债券收益率加风险报酬率。从投资者的角度来看，股票投资的风险高于债券，因此股票投资的必要报酬可以在债券利率的基础上再加上股票投资高于债券投资的风险报酬率。这种测算方法比较简单，但是主观判断色彩浓厚。

【例 5-8】某公司已发行债券的投资报酬率为 6%，现拟发行一批股票，经过分析，股票投资高于债券投资的风险报酬率为 5%，则该股票的资本成本率为：

$$K_c = 6\% + 5\% = 11\%$$

由于普通股没有固定的到期日，股利一般也不固定，对投资者而言，投资于普通股比投资于其他方面所承担的风险更大，因而要求的投资报酬也更高。所以在各种筹资形式中，普通股的资本成本是最高的。

（3）留存收益成本。留存收益是企业未把税后利润全部分派给股东，而将其中的一部分留存于企业形成的，它属于普通股股东所有。从表面上看，企业留用利润并未发生成本支出，但实质上股东未将利润作股利支取而留存于企业是股东对企业的追加投资，股东对这部分追加投资与原先缴纳的股本一样，也是要求有相应报酬的。所以，留存收益筹资也有成本，只是这种成本是一种机会成本。

留存收益成本的计算方法与普通股成本的计算方法基本相同，但无须考虑筹资费用。采用股利折现模型，留存收益成本的计算公式如下。

固定比率长期稳定增长的企业，其留存收益成本为：

$$K_s = \frac{D_1}{P_c} + g$$

式中：K_s 为留存收益成本；D_1 为普通股预计下一年股利；g 为固定股利增长率；P_c 为普通股市价。

股利保持长期稳定不变的企业，其留存收益成本为：

$$K_s = \frac{D_c}{P_c}$$

式中：D_c 为普通股年股利。

利用留存收益方式筹集长期资金不需支付筹资费用，故其资本成本比普通股低。

2. 综合资本成本的计算

企业的资本结构一般都不是单一的，企业可从多种渠道、以多种方式筹集资本，为使企业价值最大化，必须优化资本结构，综合资本成本是确定最佳资本结构的重要依据。综合资本成本是以各种资本在全部资本中所占比重为权数，对个别资本进行加权平均后确定的，也称加权平均资本成本（weighted average cost of capital，WACC）。其计算公式为：

$$K_w = \sum_{i=1}^{n} K_i W_i$$

式中：K_w 为综合资本成本，即加权平均资本成本；K_i 为第 i 种个别资本成本；W_i 为第 i 种个别资本占全部资本的比重，即权数。

其中：$\sum W_i = 1$。

在已确定个别资本成本的情况下，取得企业各种资本占全部资本的比重后，即可计算企业的综合资本成本。

【例 5-9】蓝天公司共有长期资本（账面价值）5 000 万元，有关资料见表 5-1。

表 5-1　蓝天公司长期资本结构

资本来源	账面金额/万元	权数/（%）	税后资本成本/（%）
银行借款	500	10	6.7
公司债券	1 500	30	10.0
普通股	2 500	50	15.5
留存收益	500	10	15
合计	5 000	100	

则综合资本成本为：

$$K = 10\% \times 6.7\% + 30\% \times 10\% + 50\% \times 15.5\% + 10\% \times 15\% = 12.92\%$$

上述综合资本成本计算中的权数是按资本的账面价值来计算确定的，称为账面价值权数，其资料可以很方便地从会计报表上获得。但是，当资本的账面价值与市场价值发生严重背离时，其计算结果与实际有较大差异，容易导致筹资决策的失误。为避免这一失误，综合资本成本的权数可以按市场价值或目标价值来确定，即采用市场价值权数或目标价值权数。

市场价值权数是按债券、股票的目前市场价格确定的权数。这样计算的加权平均资本成本能反映企业目前的实际情况，有利于筹资决策。但由于证券市场的价格变动频繁，不易确定，为弥补这一不足，也可选用最近一段时期市场的平均价格作市场价格来确定权数。

目标价值权数是指债券、股票以未来预计的目标市场价值确定权数。这种权数能体现企业期望的资本结构，而不是像账面价值和市场价值权数那样只反映过去和现在的资本结构，所以，按目标价值权数计算的加权平均资本成本更适用于企业筹措资金的决策。

3. 边际资本成本率的测算

企业筹措新的资本用于投资，每增加一个单位而增加的成本称为边际资本成本。随着新资本的增加，企业经营规模扩大，经营风险也随之增加。假若新增资本使企业的债务继续增加，新债权人考虑到财务风险，必定要求提高贷款或债券的利率，使债务成本增加；

假若增资需发行新的普通股，新投资者对新增普通股要求的报酬率一般高于原有股份，以此来补偿增加的风险。因此，新增加资本超过一定的限度时，通常会引起资本成本上升，这是企业追加筹资时需考虑的问题。

边际资本成本（marginal cost of capital）是企业因追加筹资而对不同规模和范围的筹资组合进行比较选择时所选用的资本成本。企业新增资本有时可能只采用一种筹资方式，有时需采用多种筹资方式。在目标资本结构既定的情况下，追加资本往往需要通过多种筹资方式的组合来实现。这时，边际资本成本需按加权平均法来计算，其权数必须为目标资本结构价值权数，不应采用账面价值权数。

【例 5-10】YT 公司目前拥有资本 1 000 万元，其中长期负债 200 万元，优先股 50 万元，普通股（含留存收益）750 万元。为了满足追加投资的需要，公司拟筹措新资，试确定筹措新资的资本成本。

可按下列步骤进行。

（1）确定目标资本结构。假定公司财务人员经分析确定目前的资本结构置于目标范围内，在今后增资时应予保持，即长期负债占 20%，优先股占 5%，普通股占 75%。

（2）确定各种资本的成本率。财务人员分析了资本市场状况和企业筹资能力，认定随着企业筹资规模的增大，各种资本的成本也会发生变动。测算资料详见表 5-2。

表 5-2　YT 公司追加筹资的边际资本成本率测算表

资本种类	目标资本结构	追加筹资数额范围/元	个别资本成本率/(%)
长期债务	0.2	100 000 以下 100 000～400 000 400 000 以上	6 7 8
优先股	0.05	25 000 以下 25 000 以上	10 12
普通股权益	0.75	225 000 以下 225 000～750 000 750 000 以上	14 15 16

（3）计算筹资总额分界点。筹资总额分界点是指在某种资本成本条件下可以筹集到的资金总限度。随着企业筹集资金的增加，资金超过一定限度时，其资本成本会随之升高。当筹资总额在分界点以内时，其原有的资本成本不变，一旦筹资总额超过分界点，其资本成本会随之增加。见表 5-3，筹资总额分界点可根据目标资本结构和各种资本成本变化的分界点计算。其公式为：

$$BP_j = \frac{TF_j}{W_j}$$

式中：BP_j 为筹资总额分界点；TF_j 为第 j 种资本的成本分界点；W_j 为目标资本结构中第 j 种资本比例。

表 5-3 YT 公司筹资总额分界点测算表

资本种类	个别资本成本率/(%)	各种资本筹资范围/元	筹资总额分界点	筹资总额范围/元
长期债务	6 7 8	100 000 以下 100 000～400 000 400 000 以上	$\frac{100\ 000}{0.20}=500\ 000$ $\frac{400\ 000}{0.20}=2\ 000\ 000$	500 000 以下 500 000～2 000 000 2 000 000 以上
优先股	10 12	25 000 以下 25 000 以上	$\frac{25\ 000}{0.05}=500\ 000$	500 000 以下 500 000 以上
普通股权益	14 15 16	225 000 以下 225 000～750 000 750 000 以上	$\frac{225\ 000}{0.75}=300\ 000$ $\frac{750\ 000}{0.75}=1\ 000\ 000$	300 000 以下 300 000～1 000 000 1 000 000 以上

（4）测算边际资本成本。根据步骤（3）算出的筹资分界点，可利用数轴得出 5 个新的筹资总额范围：①300 000 元以下；②300 000～500 000 元；③500 000～1 000 000 元；④1 000 000～2 000 000 元；⑤2 000 000 元以上。

这 5 个筹资总额范围分别测算其加权平均资本成本率，即可得到各种筹资总额范围的边际资本成本率，见表 5-4。

表 5-4 YT 公司边际资本成本测算表

序号	筹资总额范围/元	资本种类	目标资本结构	个别资本成本率/(%)	边际资本成本率/(%)
1	300 000 以内	长期债务 优先股 普通股权益	0.20 0.05 0.75	6 10 14	1.20 0.50 10.5
	第一个筹资总额范围的边际资本成本率＝12.20%				
2	300 000～500 000	长期债务 优先股 普通股权益	0.20 0.05 0.75	6 10 15	1.20 0.50 11.25
	第二个筹资总额范围的边际资本成本率＝12.95%				
3	500 000～1 000 000	长期债务 优先股 普通股权益	0.20 0.05 0.75	7 12 15	1.40 0.60 11.25
	第三个筹资总额范围的边际资本成本率＝13.25%				

续表

序号	筹资总额范围/元	资本种类	目标资本结构	个别资本成本率/(%)	边际资本成本率/(%)
4	1 000 000~2 000 000	长期债务	0.20	7	1.40
		优先股	0.05	12	0.60
		普通股权益	0.75	16	12.00
第四个筹资总额范围的边际资本成本率＝14.00%					
5	2 000 000	长期债务	0.20	8	1.60
		优先股	0.05	12	0.60
		普通股权益	0.75	16	12.00
第五个筹资总额范围的边际资本成本率＝14.20%					

边际资本成本率的高低并不是进行筹资额决策的唯一依据，还必须结合资产报酬率的高低才能作出正确选择。本例中，若资产报酬率为13.5%时，YT公司的筹资额可以达到100万元，因为在这一分界点上资产报酬率仍大于边际资本成本率13.25%，因而能够提高净资产收益率；若筹资额进一步提高，边际资本成本率将高于资产报酬率，分别达到14%和14.20%，这将会降低净资产收益率，从财务角度看是不可取的。

5.2 杠杆原理

杠杆效应是指在合适的支点上，通过使用杠杆，只用很小的力量便可产生很大的效果。财务管理中的杠杆效应，是指由于固定费用（固定成本和利息等）的存在，当业务量发生比较小的变化时，利润会产生比较大的变化。企业在取得杠杆利益的同时，也加大了收益波动的风险性，因此，在资本结构决策中，企业必须权衡杠杆利益及其相关的风险，进行合理的规划。企业的杠杆利益包括经营杠杆、财务杠杆和总杠杆（复合杠杆）。

5.2.1 成本习性、边际贡献和息税前利润

1. 成本习性

成本习性又称成本性态（cost behavior），是指成本总额的变动与业务量总数之间的依存关系。这里的业务量可以是生产或销售的产品数量，也可以是反映生产工作量的直接人工小时或机器工作小时等。在研究杠杆作用时，成本习性是基础。

成本的变动和业务量有着密切的关系，有一定的规律性，这种规律性是客观存在的。从成本性态上来认识和分析成本可将成本分为固定成本和变动成本。

1) 固定成本
（1）固定成本的概念。

固定成本（fixed cost）是指成本总额在一定时期和一定业务量范围内，不受业务量增减变动影响而保持不变的成本。例如，某企业全年的财产保险费为10 000元，则在一年内，不管产量为多少，财产保险费固定不变。因此，这笔财产保险费就属于固定成本。固

定成本通常包括按综合折旧率计算的厂房和机器设备折旧、财产税、房屋租金、财产保险费、广告费和管理人员工资等。

固定成本是就成本总量而言的。从单位业务量所含的固定成本而言,由于固定成本在一定时期和一定业务量范围内其总额保持不变,随着业务量在一定范围内的增加或减少,其单位固定成本会相应地减少或增加,即单位业务量的固定成本与业务量成反比。

(2) 酌量性固定成本和约束性固定成本。

固定成本通常可以进一步分为酌量性固定成本和约束性固定成本。

① 酌量性固定成本(discretionary fixed cost)是指通过企业管理当局的决策行动可以改变其数额的固定成本。这些成本项目的开支往往是在会计年度开始前,根据经营及财力等情况由企业管理部门确定的。这类成本的预算数只在某个预算期内有效,企业管理部门可以根据具体情况的变化,确定不同预算期的预算数额。如广告费、新产品研究开发费、人员培训费等,这些成本项目的开支对企业的业务经营肯定是有好处的,可以扩大产品销路,增强企业的竞争能力。但这些项目的支出数额多少并没有约束性,并非绝对不可以改变。

② 约束性固定成本(committed fixed cost),是指通过管理部门的决策行动无法改变其数额,它是为维持企业所提供产品和服务的经营能力所必须开支的成本,所以又称经营能力成本(capacity cost)(如厂房和机器设备的折旧、财产税、财产保险费、房屋租金、管理人员的工资等)这类成本项目是企业业务经营所必须负担的最低成本,是维持企业基本生产能力的必要支出,具有很大程度的约束性,不可以任意减少。

固定成本的固定性是有条件的、相对的,在相关范围内,它才表现为稳定的状态。离开了这个相关范围,则没有什么固定性可言。例如,固定成本在一定的经营能力下是稳定的,当企业扩大经营能力时,就势必要扩建厂房、增添设备和扩充必要的人员、机构,从而使原属于固定成本中的折旧、大修理费和管理人员工资等相应地增加。这时的固定成本,随着经营能力的改变而发生了变动。

2) 变动成本

变动成本(variable cost)是指成本总额随着业务量的变动而成正比例变动的成本。如构成产品实体的原材料成本,其总额等于产量乘以单位产量原材料成本。在一定的技术条件下,单位产量原材料成本是固定的,原材料成本总额和产量成正比关系。因此原材料成本属于变动成本。变动成本通常包括直接材料、直接人工、包装材料,以及按销售量比例计算的佣金等。

变动成本也是就总业务量的成本总额而言的。若从单位业务量的变动成本来看,它又是固定的,即它并不受业务量增减变动的影响。当然,变动成本的"变动"性也不是绝对的,即变动成本总额和业务量之间的关系不一定是完全的线性联系。同固定成本相类似,变动成本的变动性也是在相关范围内才具有的。

3) 固定成本、变动成本和总成本的关系

固定成本总额与变动成本总额构成产品总成本。固定成本、变动成本和总成本之间的关系可用公式表示为:

$$总成本 = 固定成本总额 + 变动成本总额$$
$$= 固定成本总额 + 单位变动成本 \times 业务量$$

如前所述,不论固定成本还是变动成本,在相关范围内成本总额与业务量的关系都呈线性联系。如果用函数式来表示，则成本函数将表现为直线方程式。对于固定成本与变动成本之和的总成本来说，它与业务量的关系必然是线性的，其函数式也表现为直线方程式。

设成本总额为 y，固定成本总额为 a，业务量为 x，单位业务量变动成本为 b。则总成本的函数式为：

$$y = a + bx$$

在总成本函数中，固定成本为纵轴的截距，单位变动成本为斜率，业务量为自变量。图 5.1 反映了固定成本、变动成本和总成本之间的关系。

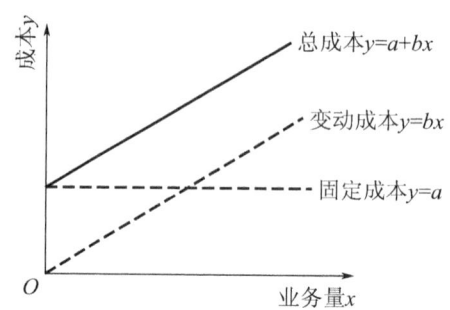

图 5.1　固定成本、变动成本和总成本关系示意图

4）混合成本

当按成本习性将成本明细项目划归为固定成本和变动成本两大类时，会发现有的成本明细项目同时兼有固定成本和变动成本两种不同性质。这种同时兼有固定成本和变动成本性质的成本称为混合成本（mixed cost）。混合成本根据其与业务量的关系可分为半变动成本、阶梯式变动成本、延期变动成本等。

（1）半变动成本。半变动成本通常有一个基数，这个基数是固定不变的，相当于固定成本。但是在这个基数之上，成本随着业务量增长而增长，又相当于变动成本。总的来说，这类混合成本总额随业务量增减变动而变动，但不保持严格的比例关系。例如，某企业租用设备一台，租约规定租金每年底数为 10 000 元，另外按设备利用工时计算，每工时租金 5 元。若企业在年内共使用设备 3 000 工时，则应支付租金 15 000 元。这项租金支出就属于半变动成本，它由固定成本 10 000 元和变动成本 15 000 元构成。

（2）阶梯式变动成本的特点是：业务量在一定范围内增长，其成本额固定不变；当业务量增长超过这个范围时，成本额会突然跳跃到一个新的较高水平，然后在业务量增长的一定范围内又保持不变，直到再次随业务量的增长发生新的跳跃，依此类推。某厂生产甲产品 300 吨时，需要化验员 4 人，每人每月工资为 1 200 元。若每增加产量 200 吨，就需增加化验员 1 人，即增加工资支出 1 200 元。这种成本就是阶梯式变动成本。

（3）延期变动成本。延期变动成本是在一定业务量范围内，成本发生额保持不变，超过一定范围则成本随业务量增减变动而发生变动的成本。如加班工资、津贴、补助工资等。

为满足内部管理的需要，人们通常采用一定的方法对混合成本进行分解，将其明确划分为"变动成本"和"固定成本"两个部分，并分别纳入前述变动成本和固定成本中去。

2．边际贡献

边际贡献（marginal contribution），也称贡献毛益（contribution margin）或边际利润

(marginal profit),是指产品销售收入超过变动成本的余额。边际贡献通常有两种表现形式:一是单位边际贡献;二是边际贡献总额。

1) 单位边际贡献

单位边际贡献又称单位贡献毛益或单位边际利润,是指产品的销售单价与产品单位变动成本的差额,它反映某一种产品的盈利能力。单位边际贡献大,说明产品的盈利能力强;反之就差或无盈利能力,甚至亏损。单位边际贡献的计算公式为:

$$cm = p - b$$

式中:cm 为单位边际贡献;p 为单位产品售价;b 为单位产品变动成本。

2) 边际贡献总额

边际贡献总额(total contribution margin),又称贡献毛益总额或边际利润总额,是指各种产品的销售收入总额与变动成本总额之差。其计算公式为:

$$TCM = px - bx = (p-b)x = cm \times x$$

式中:TCM 为边际贡献总额;x 为销售量;p 为单位产品售价;b 为单位产品变动成本;cm 为单位边际贡献。

通常边际贡献是指边际贡献总额。

3. 息税前利润

息税前利润是产品销售收入补偿经营成本之后的余额,而经营成本又可分为固定成本和变动成本两部分。故有:

息税前利润=销售总收入-经营成本
=销售收入总额-(变动成本总额+固定成本总额)
=边际贡献-固定成本总额

需要指出的是,由于负债的利息是企业的固定支出,与企业实现息税前利润的大小没有关系。因此,上述经营成本中不包含利息支出,即息税前利润是指的补偿利息和所得税之前的利润,简称息税前利润(earnings before interest and tax,EBIT)。这样息税前利润和边际贡献之间的关系可写为:

息税前利润=边际贡献-固定成本总额

可见,边际贡献并非企业的利润,只有补偿了固定成本之后的边际贡献余额才能成为企业的利润。边际贡献与息税前利润有以下关系:

当边际贡献>固定成本总额时,息税前利润>0;
当边际贡献=固定成本总额时,息税前利润=0;
当边际贡献<固定成本总额时,息税前利润<0。

5.2.2 经营杠杆

1. 经营杠杆的概念

企业的经营成本按成本习性不同可以分为固定成本和变动成本两类。在其他条件既定的情况下,产销量的增加会降低单位固定成本,提高单位利润,从而使息税前利润的增长率大于产销量的增长率。同样,产销量的减少会提高单位固定成本,降低单位利润,从而使息税前利润下降率也大于产销量下降率。如果不存在固定成本,总成本随产销量变动而成比例地变化，那么，企业息税前利润变动率就会同产销量变动率完全一致。这种由于存在固定成本而造成的息税前利润变动率大于产销量变动率的现象，就叫作营业杠杆或经营杠杆（operating leverage）。现以表 5-5 加以说明。

表 5-5　产品销售与利润变动分析表　　　　　　　　　　单位：万元

年份	销售				变动成本		固定成本	息税前利润	
	数量	单价	金额	比基年增长	单位变动成本	总额	总额	金额	比基年增长
基年	100	20	2 000		10	1 000	500	500	
1	120	20	2 400	20%	10	1 200	500	700	40%
2	80	20	1 600	−20%	10	800	500	300	−40%

从表 5-5 可见，与基年相比，当销售增长 20% 时，息税前利润增长 40%，这是经营杠杆的有利作用使企业获得了更多的利益；当销售下降 20% 时，息税前利润下降 40%，这是经营杠杆的不利作用给企业带来了更大的损失。

2. 经营杠杆的衡量

根据以上分析可知，只要企业存在固定成本，就存在经营杠杆作用，但不同企业经营杠杆作用的程度是不同的。对经营杠杆作用程度衡量的指标一般采用经营杠杆系数。

经营杠杆系数（degree of operating leverage，DOL）又称营业杠杆系数，是指企业息税前利润的变动率相当于销售变动率的倍数。它反映着经营杠杆的作用程度，即销售量变动引起息税前利润（EBIT）变动的程度。其测算公式为：

$$\text{经营杠杆系数} = \frac{\text{报告期息税前利润变动率}}{\text{报告期产销量变动率}}$$

$$\text{DOL} = \frac{\Delta \text{EBIT}/\text{EBIT}_0}{\Delta Q/Q_0} = \frac{\Delta \text{EBIT}/\text{EBIT}_0}{\Delta S/S_0}$$

式中：DOL 为营业杠杆系数；EBIT_0 为基期息税前利润；ΔEBIT 为息税前利润的变动额；S_0 为基期销售量或销售额；ΔS 为销售量或销售额的变动额。

为了便于计算，可将公式做以下变换：

因为
$$\text{EBIT}_0 = (p-b)Q_0 - a$$

$$\Delta \text{EBIT} = \Delta Q(p-b)$$

所以

$$\text{DOL} = \frac{\Delta Q(p-b) \div [Q_0(p-b) - a]}{\Delta Q \div Q_0} = \frac{Q_0(p-b)}{Q_0(p-b) - a} = \frac{S_0 - V_0}{S_0 - V_0 - a} = \frac{\text{TCM}_0}{\text{TCM}_0 - a} = \frac{\text{TCM}_0}{\text{EBIT}_0}$$

式中：DOL 为经营杠杆系数；Q_0 为基期销售数量；p 为销售单价；b 为单位销量的变动成本额；a 为固定成本总额；S_0 为基期销售额；V_0 为按基期销售量计算的变动成本总额；TCM_0 为基期边际贡献总额；EBIT_0 为基期息税前利润。

【例 5-11】某集团公司有 A、B 两家子公司构成，其中 B 公司采用自动化程度较高的设备，单位变动成本较小，固定成本较高；A 公司的自动化程度较低，相应的单位变动成本较高，但固定成本较低。有关资料见表 5-6。

表5-6　A、B两家公司成本价格资料　　　　　　　　　　　　　　　　　　　　单位：元

	A公司	B公司
固定成本	50 000	250 000
单位变动成本	10	5
单位售价	20	20

为了便于比较，假设A、B两家公司的基期销售量相同，均为30 000件，下面用表5-7分别测算两家公司预计销售量分别上升50％和下降50％时的情形。

表5-7　A、B两家公司营业杠杆利益测算表　　　　　　　　　　　　　　　　　单位：元

基　　　期	A公司	B公司
销售收入	600 000	600 000
经营成本：		
固定成本	50 000	250 000
变动成本	300 000	150 000
息税前利润	250 000	200 000
销售增长50％	A公司	B公司
销售收入	900 000	900 000
经营成本：		
固定成本	50 000	250 000
变动成本	450 000	225 000
息税前利润	400 000	425 000
息税前利润增长率/％	60	112.5
销售下降50％	A公司	B公司
销售收入	300 000	300 000
经营成本：		
固定成本	50 000	250 000
变动成本	150 000	75 000
息税前利润	100 000	−25 000
息税前利润增长率/％	−60	−112.5

从表5-7可以看出，当销售收入发生变化时，B公司的息税前利润变动幅度要大于A公司的息税前利润变动幅度。这种差异主要是由两家公司固定成本所占的比重不同所导致的。

当销售量为30 000件时，A公司的经营杠杆系数为：

$$\text{DOL}_A = \frac{\text{TCM}_0}{\text{TCM}_0 - a} = \frac{(20-10) \times 30\,000}{(20-10) \times 30\,000 - 50\,000} = 1.2$$

B公司的经营杠杆系数为：

$$\text{DOL}_B = \frac{\text{TCM}_0}{\text{TCM}_0 - a} = \frac{(20-5) \times 30\,000}{(20-5) \times 30\,000 - 250\,000} = 2.25$$

A公司在销售30 000单位时的经营杠杆系数为1.2，意味着销售变化1％会引起息税前利润变化1.2％。若销售额增长50％，则息税前利润增长60％。B公司在销售30 000单位时的经营杠杆系数为2.25，意味着随着销售变化1％会引起息税前利润变化2.25％。若销售额

增长50%，则息税前利润增长112.5%。

3. 经营杠杆与经营风险

经营风险（business risk），是指与企业经营相关的风险，即企业未来经营利润或息税前利润的不确定性。企业的经营利润或息税前利润既受到外界（政治、经济、市场）等因素的影响，也受到内部各种因素的影响，从而给企业带来经营风险。不仅各行业的经营风险不同，而且同行业的不同企业也有差别，并随时间变化而变化。经营风险影响着企业的筹资能力，是决定企业经营决策的一个非常重要的因素。

除固定成本外，影响企业经营风险还有以下几点因素。

（1）产品需求。在其他因素保持不变时，对一个企业的产品需求越稳定，该企业经营风险就越低；反之，经营风险就越高。

（2）产品售价。一个企业的产品如果在市场上的销售价格比较稳定，那么这个企业的经营风险相对较小；反之，经营风险就很大。

（3）产品成本。产品成本是收入的抵减，这里的产品成本是构成产品要素的所有投入品成本（或价格），如原料进价、人工费用等。若产品成本不稳定，会导致利润不稳定，因此产品成本变动大的，经营风险就大；反之，经营风险就小。

（4）调整价格的能力。当产品成本变动时，若企业具有较强的调整价格的能力，经营风险就小；反之，经营风险就大。

虽然经营杠杆本身并不是利润不稳定的根源，但是当产销量增加时，息税前利润将以经营杠杆系数的倍数的幅度增加；当产销量减少时，息税前利润将以经营杠杆系数的倍数的幅度减少。可见，经营杠杆扩大了生产和市场等不确定因素对利润变动的影响。而且经营杠杆系数越大，利润变动就越激烈，企业的经营风险就越大。

一般来说，在其他因素不变的情况下，固定成本越高，经营杠杆系数越大，经营风险就越大。上例中，A公司的经营杠杆系数比B公司的经营杠杆系数小，说明A公司的经营风险比B公司的经营风险小。

应用案例 5-1

租金高+客流减少　德克士东莞店两年亏损 400 万元关门

【案情简介】

近日，西式快餐特许加盟品牌德克士位于东莞的唯一加盟店关门歇业，其拖欠物业两个月租金、水电费以及员工工资近20万元等问题也浮出水面。

德克士东莞店加盟商游先生接受《每日经济新闻》记者采访时表示，由于德克士在东莞的知名度不高，自2012年11月开业之后生意不愠不火，今年2月之后，客流锐减，生意愈发惨淡，开业至今累计已亏损近400万元。此外，面对每月占营业额三成的租金，德克士东莞店倍感压力，请求降租未获同意，加盟商运营资金周转出现困难直接导致关门歇业。

（资料来源：胡飞军. 每日经济新闻，2014.9.10.）

【案例点评】

租金是德克士东莞店的固定成本，每月占营业额三成，表明企业经营风险较大，客流锐减，销售收入达不到预期目标，必然导致企业息税前利润以更快的速度下降，这是德克士东莞店关门歇业的主要原因。

5.2.3 财务杠杆

1. 财务杠杆的概念

财务杠杆（financial leverage），是指资金结构中借款和固定收入证券（债券、优先股）的运用对普通股每股利润（earnings per stock），净资产收益率的影响程度。

企业的资金由债务、优先股和普通股组成，由于借债筹资需要支付利息，利息支付是固定的，同样优先股股利的发放基本上也是固定的。不论企业的经营状况如何，企业必须支付这些费用。因此，固定的债务利息和优先股股利支付增加普通股股东享有企业净利润的风险性。企业利用债务或优先股筹资而给企业带来额外收益的现象称为财务杠杆效应。它包括两种基本形态：一种在现有资本与负债结构比例不变的情况下，由于息税前利润的变动而对所有者权益的影响；另一种在息税前利润不变的情况下，改变资本与负债间的结构比例对所有者权益的影响。

1）息税前利润变动下的财务杠杆效应

在企业资本结构一定的情况下，企业从息税前利润中支付的债务利息是相对固定的，当息税前利润增加时，每一元息税前利润所负担的债务利息就会相应降低，扣除所得税后可分配给企业所有者的利润就会增加，从而给企业所有者带来额外的收益。

【例 5-12】某企业自有资本总额为 500 万元，基期息税前利润额为 100 万元。如果由于市场变化而引起息税前利润发生变化，则会引起企业的净资产收益率也发生变化。有关资料见表 5-8。

表 5-8 息税前利润变动对净资产收益率的影响

息税前利润（EBIT）	基期/万元	增加 10%	下降 10%
	100	110	90
利息费用（I）	40	40	40
利润总额	60	70	50
所得税（25%）	15	17.5	12.5
税后利润	45	52.5	37.5
自有资本总额	500	500	500
净资产收益率/(%)	9	10.5	7.5
净资产收益率变动率/(%)	—	16.67	-16.67

从表 5-8 可以看出，在企业的资本结构不变的情况，当息税前利润变化时（10%），由于固定利息费用的存在，企业净资产收益率以更大的比例变化（16.67%）。

2) 息税前利润不变的情况下,负债比的变动对净资产收益率的影响

根据资本经营盈利能力公式:

$$净资产收益率=\left[总资产报酬率+\frac{负债资本}{股权资本}\times(总资产报酬率-平均负债利率)\right]\times(1-所得税税率)$$

假定企业总资产报酬率一定,且大于负债利率,则提高资本结构中的负债比重,会相应地提高净资产收益率;反过来,如果总资产报酬率低于负债利率,则提高负债比重,会引起净资产收益率的大幅度降低。

【例 5-13】某企业总资产为 100 万元,息税前利润为 30 万元,负债利率为 10%,所得税率为 25%,则在不同的资本结构下,其净资产收益率的计算见表 5-9。(表中结构指负债与股权资本的比例)

表 5-9 不同资本结构下的净资产收益率计算表

项目 \ 结构	结构(1) 0:100	结构(2) 20:80	结构(3) 50:50	结构(4) 80:20
息税前利润/万元	30	30	30	30
利息率	10%	10%	10%	10%
利息额/万元	0	2	5	8
税前利润/万元	30	28	25	22
所得税/万元	7.5	7	6.25	5.5
税后利润/万元	22.5	21	18.75	16.5
净资产收益率/%	22.5	26.25	37.5	82.5

从表 5-9 计算可得到:在总资产报酬率为 30% 并且大于 10% 负债利率的前提下,随着结构比例的提高,企业的纳税额呈递减趋势,即由 7.5 万元,逐步递减为 7 万元、6.25 万元和 5.5 万元,负债的节税功能显著。

利用公式计算也可得到同样的结果,以结构(2)为例:

$$净资产收益率=\left[30\%+\frac{20}{80}\times(30\%-10\%)\right]\times(1-25\%)=26.25\%$$

负债比重的提高对净资产收益率提高的加速作用,以总资产报酬率大于利息率为前提。调高负债比将使净资产收益率递增,调低负债比将产生净资产收益率的机会损失。反之,当总资产报酬率小于负债利率时,则调高负债比将加速净资产收益率的下降,调低负债比将使净资产收益率下降的速度降低。

应用案例 5-2

王××所借高利贷靠什么偿还?

【案情简介】

王××因偿还不起高利贷,向某公司老板李××借款,前后累计借款 135 万元,约定月息 10%。此后陆续归还现金 184 万元,并用一套价值 70 万元的房屋抵债,还剩大约 17 万元余款实在没有资金归还。

【案例点评】

常识告诉我们,经营项目的总资产年报酬率高于120%的负债年利率的可能性几乎不存在,也就是说,王××不可能依靠所借高利贷经营的合法项目还本付息,只能依靠其他资金来源归还;否则,债务违约不可避免。

2. 财务杠杆的衡量

根据以上分析可知,只要企业的筹资方式中存在固定财务支出的债务和优先股,就存在财务杠杆的作用。但不同的企业或同一个企业在不同资金结构下,财务杠杆作用的程度是不同的,因此,需要对财务杠杆进行衡量。对财务杠杆进行衡量的指标一般采用财务杠杆系数或称财务杠杆作用度。

所谓财务杠杆系数(degree of financial leverage,DFL),是指息税前利润变化所引起的普通股每股利润(EPS)(或净资产收益率)的变化程度。即财务杠杆系数等于普通股每股利润的变动率相对于息税前利润变动率的倍数。其计算公式为:

$$财务杠杆系数 = \frac{报告期税后利润变动率}{报告期息税前利润变动率} = \frac{报告期普通股每股利润变动率}{报告期息税前利润变动率}$$

$$DFL = \frac{\Delta EAT/EAT_0}{\Delta EBIT/EBIT_0} = \frac{\Delta EPS/EPS_0}{\Delta EBIT/EBIT_0}$$

式中:DFL 为财务杠杆系数;ΔEAT 为税后利润变动额;EAT_0 为基期税后利润额;$EBIT_0$ 为基期经营利润,即基期息税前利润;$\Delta EBIT$ 为息税前利润的变动额;EPS_0 为基期普通股每股税后利润额,即基期每股盈余;ΔEPS 为普通股每股税后利润变动额,即每股盈余变动额。

为了便于计算,可将公式变换如下。

设债务利息为 I,企业所得税率为 T,则:

$$EPS = \frac{(EBIT_0 - I) \times (1-T)}{N}$$

$$\Delta EPS = \frac{\Delta EBIT \times (1-T)}{N}$$

因此,

$$DFL = \frac{\frac{\Delta EPS}{EPS_0}}{\frac{\Delta EBIT}{EBIT_0}} = \frac{\frac{\Delta EBIT \times (1-T)}{N}}{\frac{(EBIT_0 - I) \times (1-T)}{N}} = \frac{EBIT_0}{EBIT_0 - I}$$

同理可以推得,当企业存在优先股时,财务杠杆系数的计算公式为:

$$DFL = \frac{\frac{\Delta EPS}{EPS_0}}{\frac{\Delta EBIT}{EBIT_0}} = \frac{\frac{\Delta EBIT \times (1-T)}{N}}{\frac{(EBIT_0 - I) \times (1-T) - D}{N}} = \frac{EBIT_0}{EBIT_0 - I - \frac{D}{1-T}}$$

式中:D 为优先股股利。

例 5-12 中，各种资本结构下的财务杠杆系数计算见表 5-10。

表 5-10 不同资本结构下的财务杠杆系数

资本结构 项目	(1) 0∶100	(2) 20∶80	(3) 50∶50	(4) 80∶20
息税前利润（EBIT）/万元	30	30	30	30
利息率/(%)	10	10	10	10
利息额（I）/万元	0	2	5	8
税前利润（EBIT-I）/万元	30	28	25	22
财务杠杆系数（DFL）/万元	1.0	1.07	1.2	1.36

从表 5-10 的计算可以看出，企业总资金中借款的比重越大，财务杠杆系数就越大。说明随着借款的增加，每增加一元息税前利润而相应增加的净收益就越多。比如，资本结构（3）的财务杠杆系数 1.2，意味着息税前利润变化 1%，净资产收益率会变化 1.2%。即净收益的增长是息税前利润增长的 1.2 倍。

当企业的息税前利润较多，增长幅度较大也较稳定时，适当地利用负债，发挥财务杠杆作用，可以提高净资产收益率，增加企业的价值。

3. 财务杠杆和财务风险

财务风险 (finance risk)，也称融资风险或筹资风险，是指筹资活动给企业和普通股股东所增加的风险，尤其是指通过使用债务和优先股（财务杠杆），从而影响普通股股东的风险报酬。影响财务风险的因素主要有以下几个方面。

(1) 利率水平的变动。市场利率水平较低，有利于降低企业的财务费用，利润水平就会提高；反之，利润水平就会下降。因此，如果市场利率波动较大，企业的财务风险就会增加。仍以例 5-13 中资本结构（3）为例，如果利息率由 10% 上升为 12%，则财务杠杆系数变为：

$$DFL = \frac{30}{30-6} = 1.25$$

(2) 资金供求的变化。如果市场上资金供应比较充裕，企业可以随时筹集到资金；反之，若市场资金比较紧张，企业不仅面临市场利率升高的风险，而且还会遇到筹不到资金的可能。

(3) 获利能力的变化。如果企业经营状况比较稳定，获得的息税前利润完全能支付债务的利息，企业的财务风险相对较小；如果企业销售状况不稳定，加之有较大的经营杠杆，有可能造成息税前利润不能支付债务利息的局面，则企业的财务风险较大。

虽然财务杠杆本身并不是税后利润不稳定的根源，但是当息税前利润增加时，净资产收益率将以财务杠杆系数的倍数的幅度增加；当息税前利润减少时，净资产收益率将以财务杠杆系数的倍数的幅度减少。可见，财务杠杆扩大了生产和市场等不确定因素对净资产收益率变动的影响。而且财务杠杆系数越大，净资产收益率变动就越激烈，企业的财务风险就越大。

一般来说，在其他因素不变的情况下，企业的借入资金越多，财务杠杆系数越大，财务风险也就越大。

5.2.4 复合杠杆

1. 复合杠杆的概念

复合杠杆（combined leverage）又称联合杠杆或总杠杆（total leverage），是由经营杠杆和财务杠杆组合形成的总杠杆。

从前面分析可知，由于生产中固定成本的存在，产生经营杠杆作用，使得企业较小的销售额变化能引起较大的息税前利润的变化；由于资本结构中对债务性质资本的利用，存在固定的利息或股息支出，产生财务杠杆作用，使得息税前利润的变化引起普通股每股利润更大比率的变化。如果企业同时存在经营杠杆和财务杠杆，这两种杠杆的组合使得企业销售额的微小变化引起普通股每股利润的大幅度变化。这就是复合杠杆的作用。

2. 复合杠杆作用的衡量

根据以上分析可知，只要企业存在固定成本，就存在经营杠杆的作用；只要企业的筹资方式中存在固定财务支出的债务和优先股，就存在财务杠杆的作用。两者共同作用就产生了复合杠杆。但不同的企业或同一个企业在不同资金结构和销售规模下复合杠杆作用的程度是不同的。因此，需要对复合杠杆进行衡量。对复合杠杆进行衡量的指标一般采用复合杠杆系数。

所谓复合杠杆系数（degree of combined leverage 或 degree of total leverage，DTL），又称联合杠杆系数、综合杠杆系数或综合杠杆作用度，等于普通股每股利润的变动率相对于产销量变动率的倍数，其计算公式为：

$$复合杠杆系数 = \frac{报告期普通股每股利润变动率}{报告期产销量变动率}$$

$$DTL = \frac{\frac{\Delta EPS}{EPS_0}}{\frac{\Delta Q}{Q_0}}$$

式中：DTL 为复合杠杆系数；ΔEPS 为普通股每股税后利润的变动额；EPS_0 基期为普通股每股税后利润；ΔQ 为产销量变动；Q_0 为基期产销量。

为简化计算，复合杠杆系数又可转换为：

$$DTL = \frac{\frac{\Delta EPS}{EPS_0}}{\frac{\Delta Q}{Q_0}} = \frac{\frac{\Delta EPS}{EPS_0}}{\frac{\Delta EBIT}{EBIT_0}} \times \frac{\frac{\Delta EBIT}{EBIT_0}}{\frac{\Delta Q}{Q_0}} = DOL \times DFL$$

式中 $EBIT_0$ 为基期息税前利润。

3. 复合杠杆和企业风险

在复合杠杆的作用下，当企业的产销量形势较好时，投资者的报酬（税后净利润）会大幅度地上升；当企业的产销量形势不好时，投资者的报酬（税后净利润）会大幅度地下降。这种放大作用是由经营杠杆和财务杠杆共同作用的结果。企业的复合杠杆系数越大，税后利润的变动幅度就越大。

由于复合杠杆作用而使企业的税后利润（投资者的报酬）大幅度变动所造成的风险称为复合风险。在其他因素不变的情况下，复合杠杆系数越大，复合风险就越大；复合杠系数越小,复合风险就越小。

5.3 资 本 结 构

5.3.1 资本结构的含义

资本结构(capital structure)是指企业资本的构成及其比例关系。它有广义和狭义之分。广义的资本结构,是指企业全部资本的构成,包括长期资本,也包括短期资本;而狭义的资本结构仅指长期资本的构成。本节讨论的资本结构是指狭义的资本结构。

5.3.2 资本结构理论

资本结构理论是关于公司资本结构、公司综合资本成本率与公司价值之间关系的理论。它是财务理论的重要内容,也是资本结构决策的重要理论基础。美国学者把 20 世纪 50 年代之前的资本结构理论归纳为"早期资本结构理论",20 世纪 50 年代之后的以 MM 理论为代表的资本结构理论则被称为"现代资本结构理论"。

1. 早期资本结构理论

1952 年,美国财务管理专家大卫·杜兰特的研究是早期资本结构理论研究的正式开端之一。他把早期资本结构理论划分为 3 种类型:净利理论、营业净利理论和传统折中理论。

1)净利理论

净利理论(net income approach,INIA)认为,在企业的资本结构中,债权资本比例(B/S)越大,企业的综合资本成本率(K_w)越低,公司的净利润就越多,从而企业价值(V)越高。该理论的基本出发点是:无论债权资本的比例如何变化,债权资本成本率(K_d)和股权资本成本率(K_s)都是固定不变的。因此,只要债权资本成本率低于股权资本成本率,随着债权资本的比例加大,综合资本成本率(K_w)就会下降,企业价值随之增加。净利理论关于资本结构与资本成本和企业价值的关系如图 5.2 所示。

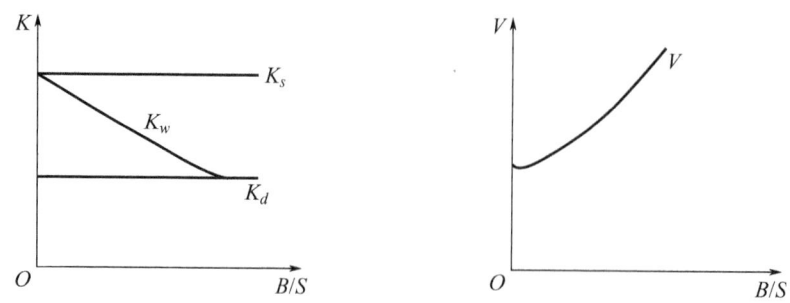

图 5.2 净利理论下的资本成本和企业价值

该理论以债权资本成本率和股权资本成本率都固定不变为前提,没有考虑负债比例变化引起的财务风险的变化。显然,实际中这种假设前提很难成立,这是一种极端的资本结构理论。

2)营业净利理论

营业净利理论又称净营业收入理论(net operating income theory),该理论认为,无论债权资本比例（B/S）如何变化，综合资本成本率（K_w）都是固定的，因而企业价值也是固定不变的。该理论的基本假设是债权资本比例的加大会增加股权资本的风险，因此即使债权资本成本率不变，股权资本成本率也会上升。即由于债权资本比例加大所导致的债权成本的降低会被股权成本的上升抵消，企业综合资本成本率不变，企业价值不变。根据这一理论，也就不存在资本结构问题，这显然与实际不符。营业净利理论是另一种极端的资本结构理论。营业净利理论关于资本结构与资本成本和企业价值的关系如图5.3所示。

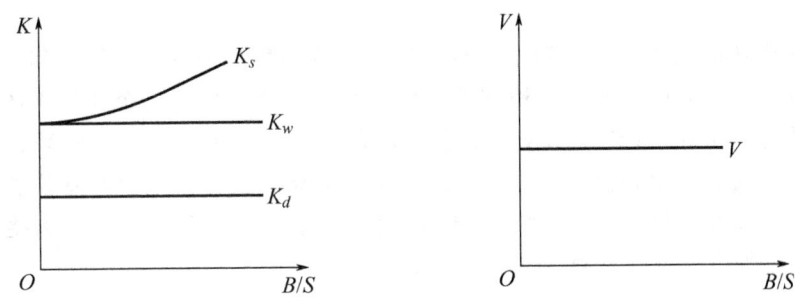

图 5.3　营业净利理论下的资本成本和企业价值

3）传统折中理论

传统折中理论（traditional theory）持介于上述两种理论之间的折中观点，该理论认为，增加债权资本对提高企业价值是有利的，但债权规模必须适度。如果负债过度，综合资本成本会升高，会使企业价值下降。该理论承认债权资本比例增加会导致权益资本成本上升，但是在一定幅度内权益资本成本上升并不能完全抵消债权资本成本下降的趋势，企业的综合资本成本仍会下降，导致企业价值上升。负债超出一定比例，企业财务风险加大，债权资本成本下降抵消不了权益资本成本上升的趋势，企业的综合资本成本上升，企业价值下降，传统折中理论关于资本结构与资本成本和企业价值的关系，如图5.4所示。

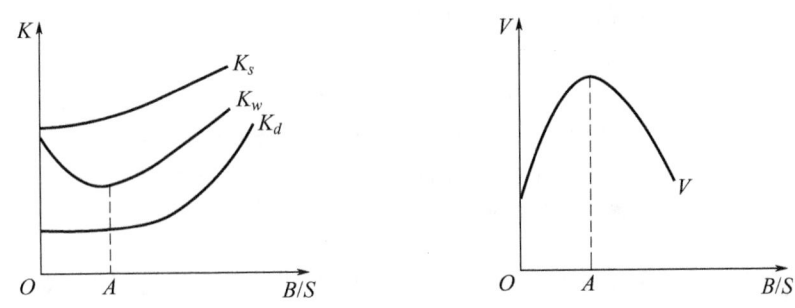

图 5.4　传统折中理论下的资本成本和企业价值

2．现代资本结构理论

1）从MM理论到权衡理论

MM理论（MM Theory）是由美国财务管理学家莫迪格利尼（Modigliani）和米勒（Miller）于1958年创建的。包括无公司税时的MM模型、有公司税时的MM模型以及考虑了个人所得税的模型。

1958年，莫迪格利尼和米勒提出了无公司税时的资本结构理论模型。在一系列严格的假设下，该模型认为，负债比率上升，负债企业的股权资本成本 K_s 也随之上升，债权

成本 K_d 小于股权资本成本 K_s 的利益,正好被股权资本成本 K_s 的上升所抵消。所以,负债增加,企业综合资本成本率 K_w 和企业价值 V 不变。

1963 年,莫迪格利尼和米勒进一步提出了有公司税时的 MM 模型。他们在假设有公司所得税的情况下,得出负债会因利息的抵税作用而增加企业价值这一结论。1976 年,米勒提出了一个将公司所得税和个人所得税包括在内的模型即米勒模型。根据该模型,负债减税的利益,正好被股票投资个人所得税所抵消,综合资本成本率 K_w 和企业价值 V 与资本结构无关。

MM 理论成功的利用数学模型,揭示了资本结构中负债的意义,但是其理论只是单方面地考虑了负债给企业所带来的减税利益,而没有考虑负债可能给企业带来的预期成本或损失。权衡理论(trade-off theory)在这一方面做了进一步的发展。所谓权衡理论指的就是同时考虑负债的减税利益和预期成本或损失,并将利益与损失进行适当权衡来确定企业价值的理论。权衡理论也是在 MM 理论基础上产生的,但是考虑的因素更加现实,结论也更符合实际情况。其理论如图 5.5 所示。

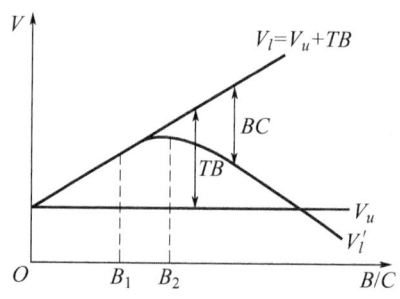

图 5.5 权衡理论

注:V_l——MM 理论下有负债企业的价值;
V_u——无负债时的企业价值;
V_l'——权衡理论下的企业价值;
TB——负债避税利益所带来的增加值;
BC——负债带来的预期成本或损失导致企业价值的减少;
B_1——导致负债预期成本或损失开始作用的负债水平;
B_2——最佳资本结构。

由图 5.5 可知,在负债水平小于 B_1 时,负债的预期成本或损失(指预期的财务拮据成本和代理成本)不明显;但负债比例达到 B_1 时,负债的成本开始发生;达到 B_2 时,负债的边际利益与边际成本达到均衡,负债总的净利益达到最大,企业价值最大,资本结构最佳。

2)基于代理成本的资本结构理论

1976 年简森(jensen)和麦克林(mecking)将代理成本理论引入到财务学分析,研究公司资本结构与代理成本之间的关系。

(1)股东与经理之间的代理成本(agency cost)。股权融资是现代公司制企业的典型特征,企业中的经理人通常只持有一部分或小部分企业股份,他们只能享受改善企业经营管理所产生的部分利益,而要承担相应的全部成本。于是经理会平衡个人管理投入的边际成本和边际收入,用作管理层的最优决策。这样,有外部股权融资的企业则会降低经理的管理投入，从而降低企业价值，这就给外部股权融资企业带来代理成本，它体现为管理懈怠、利益侵占等。

（2）股东与债权人之间的代理成本。股权是公司给予股东随时可以买卖的权力，股东承担有限责任，企业股权可看成是企业资产为标的的资产的看涨期权，一旦企业存在违约风险，债权人和股东之间就会出现利益冲突，如资产代理问题或风险转移问题、资本不足问题等，它们可能导致企业因债务融资而做出次优投资决策，形成企业债务代理成本。

3）信息不对称理论

20世纪70年代末开始，不对称信息理论（information asymmetry theory）应用到企业融资决策，建立了信息传递理论和优序融资理论。

（1）信号传递理论（signal transferring theory）。西方财务学家的研究表明，在信息不对称的情况下，公司向外界传递公司内部信息的常见信号有3种：①利润宣告；②股利宣告；③融资宣告。信号传递理论在财务领域的应用始于罗斯的研究，他发现拥有高质量投资机会信息的经营者，可以通过资本结构或股利政策的选择向潜在的投资者传递信息。由于破产概率与企业质量呈负相关、与企业负债率呈正相关、而低质量的企业通常不敢用过度负债，投资者会将较高的负债率视作企业高质量的表现，根据资本结构的变化评价企业质量并决定是否投资。因此，信号传递理论明确了企业市场价值与资本结构相关，但未提出防止经营者向外输送错误信号的内在约束机制。

（2）优序融资理论又称啄序理论（pecking order theory）。1984年，梅耶斯（myers）和迈基里夫（majluf）创立了优序融资理论。这一理论认为经营者在股东权益被低估时不愿意发行股票，在股票价格被高估时才发行股票。当股票价格高估时，企业管理者会利用其内部信息发行新股，而投资者则意识到信息不对称问题，视股票融资为企业经营不良的信号。因此，当企业宣布发行股票时，投资者会调低对现有股票和新发股票的估价，导致股票价格下降、企业市场价值降低。因此，为降低股票融资对企业价值带来的损失，企业融资存在顺序偏好，首先是内部融资，主要来源于企业内部自然形成的现金流，它等于净利润加上折旧减去股利。由于内源融资不需要与投资者签订契约，也无须支付各种费用，所受限制少，因而是首选的融资方式，其次是低风险的债务融资，最后才是股权融资。

5.3.3 资本结构的影响因素

1. 最佳资本结构

按资本的属性划分，企业的长期资本分为长期负债资本和权益资本两大类。长期负债资本和权益资本各占多大比例，是企业筹资决策的核心问题。企业应综合考虑有关影响因素，运用适当的方法确定企业的最佳资本结构（optimum capital structure），并在今后的追加筹资活动中加以保持。所谓最佳资本结构是指企业在一定期间内，使加权平均资本成本最低、企业价值最大时的资本结构。其判断标准有以下3个。

（1）有利于最大限度地增加所有者财富，能使企业价值最大化。

（2）企业加权平均资本成本最低。

（3）资产保持适宜的流动，并使资本结构具有弹性。

其中，加权资本成本最低是其主要标准。

2. 影响资本结构最优化的因素

在企业筹资决策中,要使资本结构最优化,需综合考虑以下一些重要因素对资本结构的影响。

(1) 资本成本。由于债务利率通常低于股票股利率,再加上利息的抵税作用,使负债资本成本明显低于权益资本成本。因此,资本结构中,适度提高负债资本的比重可降低企业的综合资本成本;降低负债资本的比例会使综合资本成本上升。

(2) 企业风险。经营风险和财务风险构成了企业的总风险,提高负债比重会增加企业的财务风险,进而使企业的总风险扩大。因此,对经营风险较高的企业,应降低负债比重,以保持财务稳定,降低企业总风险;而对经营风险较低的企业,可适当提高负债比重,充分利用财务杠杆作用获取更多的收益。

(3) 企业所有者和管理人员的态度。企业所有者对企业控制权的态度,会影响企业筹资方式的选择。如果企业的控制权掌握在少数股东手里,他们为了确保对企业的控制权不被稀释或旁落他人,就会尽可能以负债筹资方式来增加资本,而不会采用发行新股方式增资,从而会形成较高的负债比率。企业管理者对风险的态度也是影响企业资本结构的重要因素,激进型的管理者,可能会为了获得较多的财务杠杆收益而安排较高的负债比重;反之,稳健型的管理者在筹资决策中为减少财务风险,可能会尽量降低负债的比重。

(4) 行业差异及企业特点。由于不同行业的经营方式不同,从而在资本结构上也存在很大差别。一般而言,工业企业的负债率较低,而流通企业及房地产开发企业的负债率较高。在同一行业的不同企业也有各自的经营特点,其资本结构也不可能完全处于同一水准。企业在筹资决策中应以其所处行业资本结构的一般水准为参照,根据本企业的特点,分析本企业与同行业中其他企业的差异,合理确定本企业的资本结构。

(5) 企业发展状况。处于成长中的企业,由于经营规模的迅速扩张,需投放大量的资金,往往倾向于增加负债资本;经营稳定的企业,其发展速度放慢,不会再增加负债资本,对资本的补充一般通过利润留存来实现;而陷于经营萎缩状态的企业,一般需采取各种办法,尽可能降低负债资本比重,以减少财务杠杆不利作用造成的损失。

(6) 企业获利能力。获利能力强的企业,可利用较多的利润留存来满足增资的需要,一般无须使用大量的债务资本;而获利能力弱的企业,不能通过留存利润来满足增资需要,发行股票对投资者也没有吸引力,只能通过高利率发行债券或向银行贷款筹集资金。

(7) 贷款人的态度和评信机构的影响。企业在进行较大规模的负债筹资时,一般需征求贷款人的意见和向信用评级机构咨询。如果企业的负债过高,则贷款人可能会提高新增贷款的利率,或拒绝向企业提供新增贷款的要求。同样,如果企业的负债过高,信用评级机构可能会降低企业的信用等级,这样会影响企业的筹资能力,提高企业的资本成本。

(8) 所得税率。负债利息有抵税作用,因此,较高的所得税率会刺激筹资者更多地采用负债筹资方式;如果所得税率很低,负债筹资的抵税利益不明显,则筹资者将会更多考虑权益筹资方式。

5.3.4 资本结构决策方法

从 5.3.3 节的分析可以看出,负债筹资具有节税、降低资本成本、使净资产收益率不断提高等的杠杆作用和功能,因此,对外负债是企业采用的主要筹资方式。但是,随着负债筹资比例的不断扩大,负债利率趋于上升,企业破产风险加大。因此,如何找出最佳的负债点(即最佳资本结构),使得负债筹资的优点得以充分发挥,同时又避免其不足,是筹资管理的关键。财务管理上将最佳负债点的选择称为资本结构决策。

资本结构的决策方法常用的有两种:比较资本成本法和无差别点分析法。

1. 比较资本成本法

比较资本成本法(WACC comparison method)是通过计算不同资本结构的加权平均资本成本(weighted average capital cost),并以此为标准,选择其中加权平均资本成本最低的资本结构。它以资本成本高低作为在确定最佳资本结构的唯一标准,在理论上与股东或企业价值最大化相一致,在实践上简单实用。其决策过程包括以下几点。

(1) 确定各方案的资本结构。
(2) 确定各结构下的加权资本成本。
(3) 进行比较,选择加权资本成本最低的结构为最优结构。

【例 5-14】大伟公司拟筹资 1 000 万元,现有 A,B,C 3 种筹资方案可供选择,见表 5-11。

表 5-11 A,B,C 3 种方案下的资本结构

筹资方式	A 方案		B 方案		C 方案	
	筹资额/万元	资金成本/(%)	筹资额/万元	资金成本/(%)	筹资额/万元	资金成本/(%)
长期借款	80	6	100	7	160	7.5
公司债券	200	8	300	9	240	8.5
优先股	120	12	200	12	100	12
普通股	600	15	400	15	500	15
合计	1 000	—	1 000	—	1 000	—

计算各方案的综合资本成本(WACC):

$$\text{WACC(A)} = 6\% \times \frac{80}{1\,000} + 8\% \times \frac{200}{1\,000} + 12\% \times \frac{120}{1\,000} + 15\% \times \frac{600}{1\,000} = 12.52\%$$

$$\text{WACC(B)} = 7\% \times \frac{100}{1\,000} + 9\% \times \frac{300}{1\,000} + 12\% \times \frac{200}{1\,000} + 15\% \times \frac{400}{1\,000} = 11.8\%$$

$$\text{WACC(C)} = 7.5\% \times \frac{160}{1\,000} + 8.5\% \times \frac{240}{1\,000} + 12\% \times \frac{100}{1\,000} + 15\% \times \frac{500}{1\,000} = 11.94\%$$

经过计算与比较,方案 B 的资本成本最低,因此,选择 B 方案的资本结构最为可行。

比较资本成本法的优点是以加权平均资本成本最低为资本结构选择的唯一标准,在应用中具有直观性和操作上的简便性。另外,资本成本的降低必然给企业财务带来良好的影响,一定条件下也可以使企业的市场价值增大。但仅仅以加权平均资本成本最低作为唯一标准,而不考虑风险等其他因素,可能导致企业市场价值的波动。

2. 无差别点分析法

无差别点分析法,也称为息税前利润—每股利润分析法(EBIT—EPS 分析法),它是

利用净资产收益率无差异点（或每股净收益无差异点）的分析来选择和确定负债与权益间的比例或数量关系。所谓净资产收益率无差异点是指在负债与权益两种筹资方式下净资产收益率相等时的息税前利润点，也称息税前利润平衡点或无差异点。根据净资产收益率无差异点，可分析判断在追加筹资量的条件下，应选择哪种方式来进行资本筹资，并合理安排和调整资本结构。

【例5-15】某公司目前拥有资本1 600万元，其中，债券600万元（年利率8%），普通股800万元（80万股），优先股200万元（10万股，年股利固定为每股2元）。所得税税率25%。该公司准备追加筹资400万元，有以下两种方案可供选择。

（1）发行债券400万元，年利率10%，面值发行；

（2）发行普通股40万股，每股发行价格10元。

如果增资后该公司预计的息税前利润率可达20%，试确定该公司最佳的筹资方案。

根据题意，可列表5-12进行分析。

表5-12　预计增资后每股盈余　　　　　　　　　　　　单位：元

项　　目	增加负债（方案1）	增加股权资本（方案2）
资产总额	20 000 000	20 000 000
其中：负债	10 000 000（6 000 000＋4 000 000）	6 000 000
股权资本	10 000 000	14 000 000
息税前利润（资产报酬率20%）	4 000 000	4 000 000
减：利息	880 000	480 000
税前利润	3 120 000	3 520 000
减：所得税（25%）	780 000	880 000
优先股股利	200 000	200 000
普通股盈余	2 140 000	2440 000
普通股每股盈余	2.675	2.033

由表5-12计算可得，当息税前利润率为20%时，发行债券的每股盈余（2.675）较发行普通股的每股盈余（2.033）高，发行债券筹资比发行股票筹资可行。

表5-12是在预计息税前利润率为20%，即息税前利润为4 000 000元时计算出来的，如果预计息税前利润为1 500 000元或4 500 000元，情况会怎样呢？息税前利润达到多少时，采用两种方案是无差异的？这可以通过计算来确定。其计算公式为：

$$\frac{(EBIT-I_1)\times(1-T)-D_1}{N_1}=\frac{(EBIT-I_2)\times(1-T)-D_2}{N_2}$$

式中：EBIT为息税前利润平衡点，即无差异点；I_1，I_2为两种增资方案下的年利息；D_1，D_2为两种增资方案下的优先股股利；N_1，N_2为两种增资方案下的普通股股数。

将有关数据代入公式：

$$\frac{(EBIT-88)\times(1-25\%)-20}{80}=\frac{(EBIT-48)\times(1-25\%)-20}{120}$$

求得EBIT＝194.67万元。

它表示：

（1）当息税前利润等于194.67万元时，无论选择发行债券筹资与还是选择发行普通股筹资，普通股每股收益相等（0.75元）。

(2) 当息税前利润预计大于 194.67 万元时，则发行债券筹资更为有利。

(3) 当息税前利润预计小于 194.67 万元时，则发行普通股筹资更有利。

以上结果如图 5.6 所示。

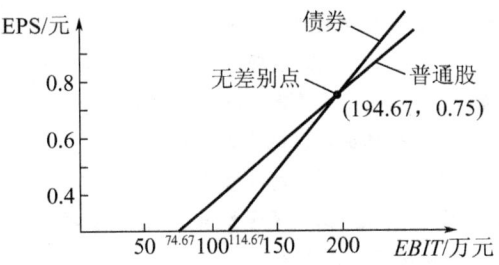

图 5.6　无差别点分析示意图

对于非股份公司，在计算净资产收益率的无差异点时，只需考虑将上述公式中的分母的"发行在外普通股股数"替换为"股权资本总额"，并在分子中去除"优先股利"项即可，用公式表示即

$$\frac{(\text{EBIT}-I_1)\times(1-T)}{C_1}=\frac{(\text{EBIT}-I_2)\times(1-T)}{C_2}$$

式中：C_1，C_2 为两种增资方式下的股权资本总额。

其计算原理类同，不再举例。

无差异点分析确定最佳资本结构，以每股盈余（或净资产收益率）最大为分析起点，它直接将资本结构与企业财务目标、企业市场价值等相关因素结合起来，是企业在追加筹资时经常采用的一种决策方法。但无差异点分析方法只考虑了资本结构对每股盈余的影响，并假定每股盈余最大，股票价格也就最高。把资本结构对风险的影响置之视野以外，是不全面的。因为随着负债的增加，投资者的风险加大，股票价格和企业价值也会出现下降的趋势，所以，单纯用 EBIT—EPS 分析法有时会作出错误的决策。但在资本市场不完善的时候，投资人主要根据每股利润的多少来作出投资决策，每股利润的增加也有利于股票价格的上升。

习　题

1. 单项选择题

(1) 在筹资分界点范围内筹资，原来的资本成本不会改变，超过筹资分界点筹集资金，即使维持现有的资本结构，其资本成本也（　　）。

　　A. 会增加　　B. 不会增加　　C. 可能降低　　D. 维持不变

(2) 某公司的经营杠杆系数为 2，财务杠杆系数为 1.8，预计税后利润将增长 10.8%，在其他条件不变的情况下，销售量将增长（　　）。

　　A. 5%　　B. 10%　　C. 3%　　D. 20%

(3) 财务杠杆系数是由企业资金结构决定的，即支付固定性资金成本的债务资金越多，企业的财务杠杆系数（　　）。

A. 越大　　　　B. 越小　　　　C. 不变　　　　D. 反比例变化

(4) 某公司的经营杠杆系数为1.8，财务杠杆系数为1.5，则该公司销售额每增长1倍，就会造成每股收益增加（　　）。

A. 1.2倍　　　B. 1.5倍　　　C. 0.3倍　　　D. 2.7倍

(5) 假定某企业的权益资金与负债资金的比例为60∶40，据此可断定该企业（　　）。

A. 只存在经营风险　　　　　　B. 经营风险大于财务风险

C. 经营风险小于财务风险　　　D. 同时存在经营风险和财务风险

(6) 既具有财务杠杆作用，又具有抵税效应的筹资方式是（　　）。

A. 发行优先股　　B. 发行普通股　　C. 发行债券　　D. 使用留存收益

(7) 某公司普通股目前的股价为25元/股，筹资费率为6%，刚刚支付的每股股利为2元，股利固定增长率2%，则该企业利用留存收益的资本成本为（　　）。

A. 10.16%　　B. 10%　　C. 8%　　D. 8.16%

(8) 某企业发行了期限5年的长期债券10 000万元，年利率为8%，每年年末付息一次，到期一次还本，债券发行费率为1.5%，企业所得税税率为25%，该债券的资本成本率为（　　）。

A. 6%　　B. 6.09%　　C. 8%　　D. 8.12%

(9) 下列各项中，将会导致经营杠杆效应最大的情况是（　　）。

A. 实际销售额等于目标销售额　　　　B. 实际销售额大于目标销售额

C. 实际销售额等于盈亏临界点销售额　D. 实际销售额大于盈亏临界点销售额

(10) 某企业财务杠杆系数为2，经营杠杆系数为1.5，年营业收入为500万元，变动成本率为40%。如果固定成本增加50万元，复合杠杆系数将变成（　　）。

A. 4.7　　　B. 5.8　　　C. 6　　　D. 7.5

2. 多项选择题

(1) 在其他因素不变的情况下，（　　）越大，则经营杠杆系数越大。

A. 固定资产折旧　　B. 债务利息　　C. 融资租赁租金　　C. 普通股股利

(2) 关于总杠杆系数正确的表述有（　　）。

A. 经营杠杆系数×财务杠杆系数　　B. 每股收益变动率÷销售额变动率

C. 经营杠杆系数+财务杠杆系数　　D. 净资产收益率变动率相当于销售变动率的倍数

(3) 下列项目中属于用资费用的有（　　）。

A. 借款手续费　　B. 借款利息　　C. 普通股股利　　D. 优先股股利

(4) 在计算资本成本时，通常把资金筹集费用作为筹资金额的一项予以扣除，这是因为（　　）。

A. 资金用资费数额大　　　　　B. 资金筹资费一次性发生

C. 资金筹资费属于固定成本　　D. 资金筹资费在资金使用前发生

(5) 计算加权平均资本成本高低的因素有（　　）。

A. 个别资本成本　　　　B. 边际本成本

C. 资金筹资渠道　　　　D. 各种资金所占的权重

(6) 关于复合杠杆系数，下列说法正确的有（　　）。

A. 复合杠杆系数反映普通股每股利润变动率与息税前利润变动率之间的比率

B. 反映产销量变动对普通股每股利润的影响

C. 复合杠杆系数越大，企业的风险越大

D. 复合杠杆系数等于经营杠杆系数与财务杠杆系数之和

(7) 在计算下列各项资本的资本成本时，需要考虑筹资费用的有（　　）。

A. 普通股　　　B. 债券　　　C. 长期借款　　　D. 留存收益

(8) 在企业资金结构中，适当安排负债资金，可使企业（   ）。
A. 降低资本成本　　　　　　　　B. 加大财务风险
C. 扩大销售规模　　　　　　　　D. 发挥财务杠杆的作用
(9) 下列各项因素中，影响企业资本结构决策的有（   ）。
A. 企业的经营状况　　　　　　　B. 企业的信用等级
C. 国家的货币供应量　　　　　　D. 管理者的风险偏好
(10) 在边际贡献大于固定成本的情况下，下列措施中有利于降低企业整体风险的有（   ）。
A. 增加产品销量　　　　　　　　B. 提高产品单价
C. 提高资产负债率　　　　　　　D. 节约固定成本支出

3. 判断题
(1) 企业在筹资过程中，必须考虑的因素是筹资成本。（   ）
(2) 企业筹资活动过程中，衡量财务杠杆作用的大小的指标是财务杠杆系数。（   ）
(3) 一般来讲，当企业增加债务资金的数额时，企业的综合资本成本上升。（   ）
(4) 企业在达到最佳资本结构时债务资本成本最低。（   ）
(5) 发行股票在各种筹资方式中资本成本最高。（   ）
(6) 债券筹资的缺点是资本成本较高。（   ）
(7) 资金成本包括资金筹集费用和资金使用费用两部分。（   ）
(8) 只要企业存在固定成本，就存在经营杠杆作用。（   ）
(9) 资本成本既包括资金时间价值，又包括投资的风险价值。（   ）
(10) 在个别资本成本一定的情况下，企业综合资本成本的高低取决于资本总额。（   ）

4. 计算题
(1) 甲公司2016年年末长期资本为5 000万元，其中长期银行借款为1 000万元，年利率为6%；所有者权益（包括普通股股本和留存收益）为4 000万元。公司计划在2017年追加筹资5 000万元，其中按面值发行债券2 000万元，票面利率为6.86%，期限5年，每年付息一次，到期一次还本，筹资费用率为2%；发行优先股筹资3 000万元，固定股息率为7.76%，筹资费用率为3%。公司普通股β系数为2；一年国债利率为5%，市场平均报酬率为9%。公司适用的所得税税率为25%。假设不考虑筹资费用对资本结构的影响，发行债券和优先股不影响借款利率和普通股股价。
要求：
① 计算甲公司长期借款的资本成本。
② 计算甲公司发行债券的资本成本（不考虑资金时间价值）。
③ 计算甲公司发行优先股的资本成本。
④ 利用资本资产定价模型计算甲公司留存收益的资本成本。
⑤ 计算甲公司2017年完成筹资计划后的平均资本成本。

(2) 某企业年销售额280万元，固定成本32万元（不包括利息支出），变动成本率60%，股东权益200万元，负债与股东权益比率为45%，负债利息率12%，所得税率25%。要求计算股东权益净利率、经营杠杆系数、财务杠杆系数和总杠杆系数。

(3) 某公司2016年财务杠杆系数为2，净利润为750万元，所得税税率为25%，该公司全年固定成本总额为1 500万元，公司年初发行了一种债券，数量为1万张，每张面值为1 000元，发行价格为1 100元，债券年利率为10%，发行费用占发行价格的2%。
要求：根据上述资料计算以下指标。
① 2016年利润总额；　　② 2016年利息总额；　　③ 2016年息税前利润总额；
④ 2016年经营杠杆系数；　　⑤ 2016年债券筹资成本。

(4) 某公司目前拥有资金 1 000 万元，其中，普通股 750 万元，每股价格 10 元；债券 150 万元，年利率 8%；优先股 100 万元，年股利率 15%。所得税税率 25%。该公司准备追加筹资 500 万元，有下列两种方案可供选择。A：发行债券 500 万元，年利率 10%；B：发行股票 500 万元，每股发行价格 20 元。

要求：① 计算两种筹资方案的每股利润无差别点；② 如果该公司预计的息税前利润为 240 万元，确定该公司最佳的筹资方案。

5. 思考题

(1) 个别资本成本、综合资本成本与边际资本成本率的内涵各是什么？

(2) 经营杠杆与财务杠杆对企业净利润的影响路径各是什么？

(3) 比较资本成本法与无差别点分析法进行资本结构决策的依据各是什么？

6. 案例分析

大宇资本结构的神话

韩国第二大企业集团大宇集团 1999 年 11 月 1 日向新闻界正式宣布，该集团董事长金宇中以及 14 名下属公司的总经理决定辞职，以表示"对大宇的债务危机负责，并为推行结构调整创造条件"。韩国媒体认为，这意味着"大宇集团已经消失"。

大宇集团于 1967 年奠基立厂，其创办人金宇中当时是一名纺织品推销员。经过 30 年的发展，通过政府的政策支持、银行的信贷支持和在海内外的大力购并，大宇成为直逼韩国最大企业——现代集团的庞大商业帝国：1998 年年底，总资产高达 640 亿美元，营业额占韩国 GDP 的 5%；业务涉及贸易、汽车、电子、通用设备、重型机械、化纤、造船等众多行业；国内所属企业曾多达 41 家，海外公司数量创下过 600 家的纪录，鼎盛时期，海外雇员多达几十万名，大宇成为国际知名品牌。大宇是"章鱼足式"扩张模式的积极推行者，认为企业规模越大，就越能立于不败之地，即所谓的"大马不死"。据报道，1993 年金宇中提出"世界化经营"战略时，大宇在海外的企业只有 15 家，而到 1998 年年底已增至 600 多家，"等于每 3 天增加一个企业"。

1997 年年底韩国发生金融危机后，其他企业集团都开始收缩，但大宇仍然我行我素，结果债务越背越重。尤其是 1998 年年初，韩国政府提出"五大企业集团进行自律结构调整"方针后，其他集团把结构调整的重点放在改善财务结构方面，努力减轻债务负担。大宇却认为，只要提高开工率，增加销售额和出口就能躲过这场危机。因此，它继续大量发行债券，进行"借贷式经营"。1998 年大宇发行的公司债券达 7 万亿韩元（约 58.33 亿美元）。1998 年第 4 季度，大宇的债务危机已初露端倪，在各方援助下才避过债务灾难。此后，在严峻的债务压力下，大梦方醒的大宇虽做出了种种努力，但为时已晚。1999 年 7 月中旬，大宇向韩国政府发出求救信号；7 月 27 日，大宇因"延迟重组"，被韩国 4 家债权银行接管；8 月 11 日，大宇在压力下屈服，割价出售两家财务出现问题的公司；8 月 16 日，大宇与债权人达成协议，在 1999 年年底前，将出售盈利最佳的大宇证券公司，以及大宇电器、大宇造船、大宇建筑公司等，大宇的汽车项目资产免遭处理。"8 月 16 日协议"的达成，表明大宇已处于破产清算前夕，遭遇"存"或"亡"的险境。由于在此后的几个月中，经营依然不善，资产负债率仍然居高不下，大宇最终不得不走向本文开头所述的那一幕。

思考题：

(1) 大宇集团的倒下原因固然的多方面的，其中财务杠杆起到了怎样的作用？

(2) 如何理解"财务杠杆效应是一把双刃剑"这句话？

(3) 取得财务杠杆利益的前提条件是什么？

(4) 什么是最优资本结构？其衡量的标准是什么？

(5) 我国资本市场上大批 ST、PT 上市公司以及大批靠国家政策和信贷支持发展起来而又债务累累的国有企业，从"大宇神话"中应吸取哪些教训？

(资料来源：http://molujianke.blogbus.com/logs/2429178.html.)

7. 课程实践

选择一家上市公司，假设该公司拟增资额达到股本的 20%，根据公司年报及其他相关资料，以进一步优化公司资本结构（资产负债率 60%）为目标，拟定该公司融资方案。

第 6 章 投资管理

学习目标

知识要点	能力要求	关键术语
投资管理	(1) 准确理解投资管理的概念、特点 (2) 了解投资的种类和投资项目的流程	(1) 投资；投资管理 (2) 项目投资；证券投资
项目投资决策的基本方法	(1) 掌握项目投资决策的基本方法 (2) 熟悉项目投资决策方法的应用	(1) 现金流入量；现金流出量；现金净流量；经营现金净流量 (2) 相关成本；机会成本 (3) 投资回收期；年均报酬率 (4) 净现值；现值指数；内含报酬率
证券投资管理的基本内容	(1) 掌握证券投资价值的评估方法 (2) 熟悉证券投资收益的计量方法	股票投资；证券投资

2014 年一汽轿车在新能源汽车规划上宣布投资 43.48 亿元（新增建设投资 41.908 亿元，铺底流动资金 1.579 2 亿元），在长春建设一汽轿车新能源工厂项目，但后来被一汽轿车第七届董事会第十次会议投票终止了，原因是："公司根据市场环境变化和未来产品规划，经反复研究论证，通过对现有工厂的生产工艺技术等进行改造以有效提升生产能力，能够满足未来产品的布局及销售需求。本着效益最大化的原则，公司拟调整未来新能源产品实施地点暨终止建设新能源工厂技术改造项目，符合国家相关政策精神，以提高企业资源配置，提升资金使用效率，维护公司和全体股东的利益。"公开的原因语焉不详，但通过本章的学习，你也能猜出"几分"。

6.1 投资管理概述

6.1.1 企业投资的意义

投资是指特定经济主体为了在可预见的将来获得收益或使资金增值，在一定时期向一定领域的标的物投放足够数额资金的经济行为。简单地说，投资是企业为获得收益或为控制其他企业而向一定对象投放资金的过程。其意义主要有3点。

（1）企业投资是实现财务管理目标的基本前提。无论遵循怎样的财务管理目标，都是以企业投资作为基本前提的。企业要垫付一定数量的货币或实物形态的资本，购建和配置各类有形、无形的经济资源，才能从事各类经营活动，并获取经营利润增加企业的现金流量；以实物形态资产或购买有价证券方式向其他单位的投资，才可以取得股利或债息等投资收益，也可以通过转让投资来获取资本利得；投资建设职工福利设施，购买供应商、经销商等利益相关者的股权、债权，才能处理好企业与利益相关者的关系，实现企业价值最大化。

（2）企业投资是发展生产的必要手段。企业的投资过程是企业购建流动资产和非流动资产，形成生产条件和生产能力的过程，因而是一种资本支出的行为。不论是购买存货资产，还是建造一条生产线，或者新建一个企业组织都是一种投资行为。通过投资，企业可以进军一个新兴行业，开发一种新产品，确立企业的经营方向，配置企业的人力资源、物力资源和财力资源等，并将它们有效地结合起来，才能形成生产能力和提高生产效率，从而取得更好的经济利益。

（3）企业投资是降低风险的重要方法。企业的经营面临着各种风险，有系统风险和公司特有风险。企业投资是企业风险控制的重要手段。通过投资，开发新产品，增强企业核心竞争力，实现多元化经营，将资金投放于经营相关程度较低的不同产品或不同行业（但须警惕多元化陷阱），分散风险，稳定收益来源，降低资产的流动性风险、贬值风险、应收资产违约性风险等，以增强资金的安全性。

6.1.2 企业投资的分类

企业投资可按不同标准进行分类。

1. 按投资在再生产过程中的作用不同分类

按在再生产过程中的作用不同，投资可分为简单再生产投资和扩大再生产投资。简单再生产投资是指为了更新生产经营中已经老化的物质资源所进行的投资，其特点是把原来生产经营过程中收回的资金再重新投入生产过程，保持生产能力不变。如更新替换旧设备的投资、配套流动资金投资、生产技术革新的投资等。简单再生产投资项目所需资金不多，对企业生产经营的前景影响不大，投资风险相对也较小，不会改变企业未来发展战略全局，因此，也可以称为战术性投资。扩大再生产投资是指为扩大企业现有的生产经营规模所进行的投资，其对企业未来的生产经营发展全局有重大影响，如企业间兼并、合并的投资、转换新行业和开发新产品投资、大幅度扩大生产规模的投资等。扩大再生产投资项目实施后，往往可以改变企业的经营方向和经营领域，或者明显地扩大企业的生产经营能力，或者实现企业的战略重组，因此，扩大再生产投资也可以称为战略性投资。

2. 按投资对象的存在形态和性质不同分类

按投资对象的存在形态和性质不同，企业投资可以划分为项目投资和证券投资。项目投资属于直接投资，是企业通过购买具有实质内涵的经营资产，包括有形资产和无形资产，与人力资源结合，形成具体的生产经营能力，开展实质性的生产经营活动，是财富创造的根本源泉，构成国民经济立身之本的实体经济。党的二十大报告强调，坚持把发展经济的着力点放在实体经济上，推进新型工业化，加快建设制造强国、质量强国、航天强国、交通强国、网络强国、数字中国。证券投资属于间接投资，是企业通过购买具有权益性的证券资产，依证券资产上所赋予的权利，间接参与或控制被投资企业的生产经营活动，获取投资收益。如债券投资代表的是未来按契约规定收取本息的权利，股票投资代表的是对发行股票企业的经营参与权或控制权、收益分配权、剩余财产追索权等股东权利。

3. 按投资项目之间的关系不同

按投资项目之间的相互关系不同，可把企业投资分成非相关性投资和相关性投资两大类。如果采纳或放弃某一项目并不显著地影响另一投资项目，则可以说这两个项目在经济上是不相关的，可以同时并存。如一家制造公司在通用设备上的投资和它在某些办公设施上的投资，就是两个不相关的投资项目。对于一个非相关性投资项目而言，其他投资项目是否被采纳或放弃，对本项目的决策并无显著影响。因此，非相关性投资项目决策考虑的是方案本身是否满足某种决策标准，如预期投资报酬率要求达到30%才能被采纳，30%的预期投资报酬率就是决策标准。

如果采纳或放弃某个投资项目，可以显著地影响另外一个投资项目，则可以说这两个项目在经济上是相关的。如对油田和输油管道的投资便属于相关投资。

4. 按增加利润的途径不同

按增加利润的途径不同，可把企业投资分成扩大收入的投资与降低成本的投资两类。

5. 按投资活动资金投出的方向不同分类

按投资活动资金投出的方向不同，企业投资可以划分为对内投资和对外投资。对内投资（inward investment）是指在本企业范围内部的资金投放，形成各项流动资产、固定资产、无形资产和其他资产的投资。对外投资（investing abroad）是指向其他单位的资金投放，多以现金、有形资产、无形资产等资产形式，通过换取股权、购买证券资产、合作经营等投资方式，向企业外部其他单位投放资金，以期在获取当期和未来投资收益。

6.1.3 投资活动的业务流程

投资项目的金额大，资金占用时间长，一旦投资后具有不可逆转性，对企业的财务状况和经营前景影响重大，具有较大的风险，一旦决策失误，就会严重影响企业的财务状况和现金流量，甚至会使企业走向破产。因此，企业投资必须按特定的程序，运用科学的方法进行可行性分析，以保证投资决策的正确有效。投资活动的一般程序包括以下几个步骤。

1. 提出投资项目

企业的各级管理人员都可根据国家投资法律法规、宏观经济形势和企业发展战略提出新的投资项目。企业的高级管理人员提出的投资项目一般是大规模的战略性投资，如企业兼并、重组等，其方案一般由生产、市场、财务等各方面专家组成的专门小组撰写，企业中层、基层人员提出的，主要是战术性投资项目，其方案由主管部门组织人员拟定。

2. 评价投资项目的财务可行性

可行性研究主要包括环境可行性、技术可行性、市场可行性、财务可行性等方面。财务可行性分析是投资项目可行性分析的主要内容，因为投资项目的根本目的是经济效益，市场和技术上可行性的落脚点也是经济上的效益性，项目实施后的业绩绝大部分表现在价值化的财务指标上。财务可行性分析主要是计算项目有关的预计收入和成本，预测投资项目的现金流量，运用净现值、内含报酬率等项目经济性效益指标评价方法，充分评估项目收益与风险关系，把各项目投资按优劣顺序进行排队，完成评价报告，请上级批准。

3. 投资项目的决策

投资项目评价后，企业领导者要做出投资决策（investment decision），又称资本预算决策（capital budgeting decision）。企业要按照规定的权限和程序对投资项目进行决策审批，要通过分级审批，集体决策来进行，决策者应与方案制定者适当分离。重点审查投资方案是否可行、投资项目是否符合投资战略目标和规划、是否具有相应的资金能力、投入资金能否按时收回、预计收益能否实现，以及投资和并购风险是否可控等。投资额较小的项目，一般中层经理就有决策权；重大投资项目，应当报经董事会或股东（大）会批准。投资方案需要经过有关管理部门审批的，应当履行相应的报批程序。投资决策的结论主要有3种：①接受项目，进行投资；②拒绝项目，不投资；③重新调查研究后再决定。

4. 投资项目的执行

决定对某项目进行投资后，应积极筹措资金，实施投资。在投资项目执行过程中，必须加强对投资项目的管理，密切关注投资项目的市场条件和政策变化，准确做好投资项目的会计记录和处理。企业应定期组织投资效益分析，发现异常情况的，应当及时报告并妥善处理。同时，在项目实施中，还必须根据各种条件，准确对投资的价值进行评估，根据投资项目的公允价值进行会计记录。如果发生投资减值，应及时提取减值准备。

5. 投资项目的再评价

投资项目在具体执行过程中，还应注意审查原来的决策是否正确、合理。一旦出现新的情况，就要随时根据变化的情况做出新的评价。如果情况发生重大变化，原来投资决策已变得不合理，那么，就要对投资决策是否中途停止做出决策，以避免更大的损失。

投资活动的基本业务流程如图 6.1 所示。

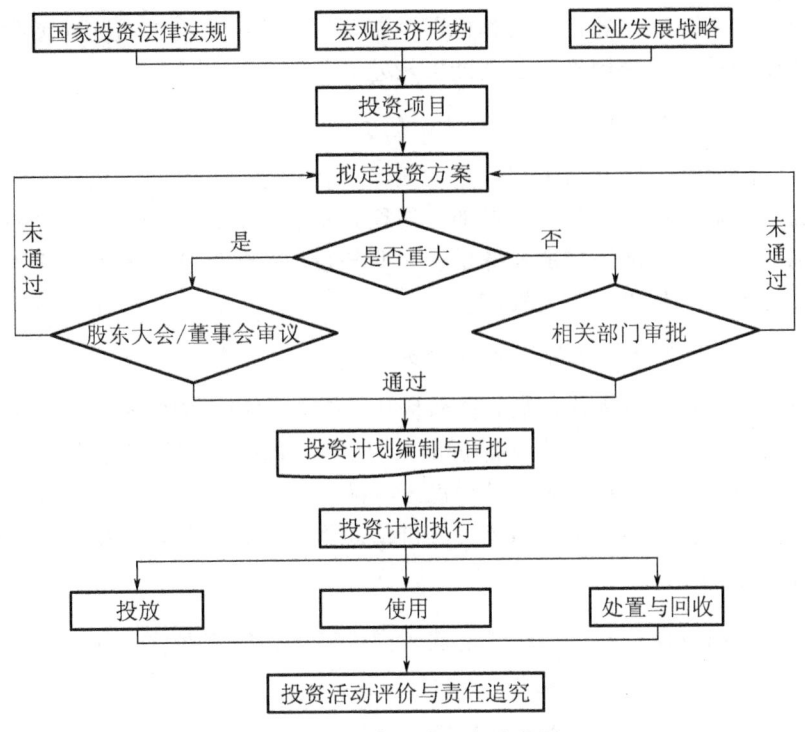

图 6.1　投资活动业务流程图

（资料来源：财政部会计司解读《企业内部控制应用指引第 6 号——资金活动》）

6.2　项目投资

项目投资（project investment）是一种以特定建设项目为对象，直接与新建项目或更新改造项目有关的长期投资行为。项目投资包括固定资产项目投资和无形资产项目投资。本章主要介绍固定资产项目投资。

6.2.1　项目投资的特点

项目投资一般具有以下特点。

1. 投资金额较大

项目投资一般涉及固定资产投资（设备购价、建设安装工程成本）和流动资产投资等，所需资金一般都在几千、几万、几十万元甚至更多，所以，项目投资所需资金一般较大。

2. 投资回收期较长

项目投资一般会在较长时间内影响企业，固定资产项目所投资金一般都需要几年甚至十几年才能回收。因此，固定资产项目投资对企业今后长期的经济效益，甚至对企业的命运都有着决定性的影响。这就要求企业进行固定资产项目投资必须进行认真的可行性研究。

3. 投资的变现能力较差

项目投资的实物形态主要是厂房和机器设备等固定资产，有些甚至是专用性资产，这些资产不易改变用途，出售困难，变现能力较差。

4. 资金占用额相对稳定

项目投资一经完成，在资金占用数量上便保持相对稳定，而不像流动资产投资那样经常变动。因为若营业量在一定范围内增加，往往并不需要立即增加固定资产投资，通过挖掘潜力，提高效率可以完成增加的业务量。而业务量在一定范围内减少，企业为维持一定的生产能力，也不必大量出售固定资产。

5. 投资的实物形态与价值形态可以分离

项目投资一旦完成，投入使用后，随着固定资产的磨损，固定资产价值便有一部分脱离其实物形态，转化为货币准备金（即折旧），而其余部分仍存在于实物形态中。在使用年限内，保留在固定资产实物形态上的价值逐年减少，而脱离实物形态转化为货币准备金的价值却逐年增加。直到固定资产报废，其价值才得到全部补偿，实物也得到更新。

6. 投资风险较大

由于项目投资回收期较长，在较长的回收期内不确定因素较多，加之项目投资不容易变现，所以项目投资的风险一般较大。

特别提示

项目投资的主要风险点有：第一，投资活动与企业战略不符带来的风险。第二，投资与筹资在资金数量、期限、成本与收益上不匹配的风险。第三，投资活动忽略资产结构与流动性的风险。第四，缺乏严密的授权审批制度和不相容职务分离制度的风险。第五，缺乏严密的投资资产保管与会计记录的风险。（财政部会计司解读《企业内部控制应用指引第6号——资金活动》）

工程项目至少还应当关注下列风险：第一，立项缺乏可行性研究或者可行性研究流于形式，决策不当，盲目上马，可能导致难以实现预期效益或项目失败；第二，项目招标暗箱操作，存在商业贿赂，可能导致中标人实质上难以承担工程项目、中标价格失实及相关人员涉案；第三，工程造价信息不对称，技术方案不落实，概预算脱离实际，可能导致项目投资失控；第四，工程物资质次价高，工程监理不到位，项目资金不落实，可能导致工程质量低劣，进度延迟或中断；第五，竣工验收不规范，最终把关不严，可能导致工程交付使用后存在重大隐患。（《企业内部控制应用指引第11号——工程项目》第三条）

6.2.2 项目投资期

项目投资期是指投资项目从投资建设开始到最终清理结束为止所需的时间，包括建设期和运营期。项目建设期是指项目投资建设开始到项目建成投产为止所需的时间。项目运营期是指从项目建成投产开始到项目报废清理为止所需的时间。项目投资期、建设期和运营期之间的关系为：

$$项目投资期 = 项目建设期 + 项目运营期$$

6.3 项目投资的财务评价指标

6.3.1 现金流量指标

1. 现金流量分类方法

项目投资的现金流量是指与投资项目有关的现金流入和流出的数量,或由投资项目引起的现金收入、现金支出增加的数量。这里的"现金"不仅包括各种货币资金,还包括项目投资需要投入的企业现有的非货币资源的变现价值。现金流量分类方法主要有以下几种。

(1) 按现金流动的方向不同,项目投资的现金流量包括现金流入量、现金流出量和现金净流量。

① 现金流入量(cash inflow)。投资项目的现金流入量即投资项目引起的现金收入的增加额。包括:购入新设备时旧设备的变现收入;项目建成投产后每年增加的产品销售或劳务收入;项目有效期满报废清理过程中的残料变价收入、收回原垫支的流动资金等。

② 现金流出量(cash outflow)。项目投资的现金流出量是指投资项目引起的现金支出的增加额。包括:项目建设过程中购置设备或生产线的价款,项目建设工程支出,项目投产前垫支的流动资金;项目投产后每年增加的付现成本(材料费、人工费等);项目有效期满支付的清理费等。

③ 现金净流量(net cash flow)。现金净流量是某一项目(一定时期)现金流入量与现金流出量的差。用公式表示为:

现金净流量＝现金流入量－现金流出量

(2) 按现金流量发生的时间不同,项目投资的现金流量包括初始现金流量、经营现金流量、终结现金流量。

① 初始现金流量。初始现金流量是指项目建设过程中发生的现金流量,一般包括以下几个部分。

第一,固定资产上的投资。包括固定资产的购入或建造成本、运输成本和安装成本等;

第二,流动资产上的投资。包括对材料、在产品、产成品和现金等流动资产的投资;

第三,其他投资费用。指与项目投资有关的职工培训费、谈判费、注册费用等;

第四,原有固定资产的变价收入。指固定资产更新时,旧固定资产的变卖所得的现金收入。

② 经营现金流量。经营现金流量(operating cash flow)是指投资项目投入使用后,在其有效期内由于生产经营所带来的现金流入和流出的数量。经营现金流量一般按年度进行计算。经营现金收入,主要指销售有关的现金收入,经营现金流出是指经营现金支出(不含利息支出)和缴纳的与经营活动相关的税金。那么,年经营现金净流量的计算公式为:

年经营现金净流量(NCF)=年营业收入-年经营付现成本-所得税

或　　　年经营现金净流量(NCF)=税后营业利润+非付现经营成本

或　　　年经营现金净流量(NCF)=年营业收入×(1-所得税率)-年经营付现成本
×(1-所得税率)+年非付现经营成本×所得税率

③ 终结现金流量。终结现金流量是指投资项目有效期满时所发生的现金流量，主要包括以下几个部分。

第一，固定资产的残值收入或变价收入；

第二，原来垫支在各种流动资产上的资金的收回；

第三，停止使用的土地的变价收入等；

第四，固定资产的清理支出等。

2. 现金流量的估算

现金流量是投资决策的基础，为了正确地评价投资项目的优劣，必须正确地计算现金流量。

1) 现金流量估算必须注意的问题

要正确计算投资项目的现金流量首先必须注意以下问题。

(1) 分清相关成本和非相关成本。相关成本指与特定项目有关的，在项目分析评价时必须考虑的成本，如差量成本、重置成本、可避免成本等；非相关成本是指与特定项目无关的，项目分析评价时不需考虑的成本，如沉没成本、账面成本、不可避免成本等。

应用案例6-1

上马项目需要添置的设备：改造还是购置？

【案情简介】

项目A需要添置设备B，购置成本20 000元，而决策者目前已经拥有闲置的设备C，其账面成本为30 000元，并在主要性能上与设备B相同，但要完全满足项目A的需要，还必须对其进行改造，改造成本5 000元。

这样就出现了两个方案，购置和改造方案。对购置方案而言，设备成本为20 000元，而对改造方案成本似乎为35 000元（30 000+5 000），那么购置方案的设备成本更低，减少了15 000元（35 000-20 000），好像应该选择购置方案了。那么，按照这一思路做出的决策是否正确呢？

【案例点评】

在购置方案中，设备成本20 000元在决策时尚未实际发生，如果决策采用该方案时，新增成本为20 000元；而在改造方案中，由于闲置的设备C的账面成本在决策前已经实际支出，无论决策结果如何，都无法收回该账面成本（假设该设备无转让价值），因此，账面成本30 000元即为沉没成本，而改造成本5 000元才是新增成本。通过这样的分析，购置方案在新增成本上要比改造方案高15 000元（20 000-5 000），所以，在不考虑其他因素的条件下，应当选择改造方案，而不是购置方案。

(2) 不要忽视机会成本。在项目投资决策中，如果选择了某一项目，往往要放弃其他项目的投资机会，放弃项目的预计投资收益即为采纳项目的机会成本。

所谓机会成本（opportunity cost）是指在经济决策过程中，因选取最优方案而放弃次优方案所付出的代价或丧失的潜在利益。企业的某些资源常常有多种用途，即有多种使用的"机会",但用在某一方面,就不能同时用在另一方面,因此在决策分析中,必须把已放弃方案可能获得的最高收益,作为被选取方案的机会成本,这样才能对中选方案的经济效益做出正确的评价。机会成本在决策中不容忽视,优选方案的预计收益必须大于机会成本,否则所选中的方案就不是最优方案。实际工作中如果某项资源只有一种用途,则其机会成本为零。如自来水公司或煤气公司的地下管道只有一种用途,故其机会成本为零。

应用案例 6-2

读研的三大机会成本

【案情简介】

目前,考研已日益成为大学生关注的焦点。作为一个一心踏入考研征程的"备考族",你是否考虑过读研的机会成本呢?

机会成本一:时间。选择读研也就意味着要将全部的精力投入到学习中。

机会成本二:金钱。工作可能有不错的薪水,选择读研理所当然地要放弃读研期间的收入。

机会成本三:工作经验。工作经验必须在实践中才能经过锻炼得到的。而读研阶段,即使参加课题和社会实践,和正式工作的结果还是不一样的。

【案例点评】

读研的机会成本客观存在,但我们还应考虑机会收益。选择了继续求学的道路,失去是暂时的,但你研究生毕业以后的就业质量、层次会提高,机会成本可能会加倍得到补偿。

(资料来源:http://www.eol.cn。)

(3)必须考虑投资项目对相关项目的影响。当投资一个新项目时,经常会对企业原有的生产经营项目产生有利或不利的影响。如当新项目投资生产的新产品上市后,若新产品与老产品功能相近或新产品功能更全面,可能会使企业原来生产的产品的销售收入下降;反之,若新产品与原老产品功能互补,可以配套销售,则新产品上市后,可能会进一步扩大原有产品的销量和销售收入。在进行新项目投资决策时,必须考虑新项目投资可能会对企业原有经营项目的影响。

(4)必须重视对净营运资金的影响。当企业新投资项目建成投产后,企业的存货、应收账款等经营性流动资产一般会增加;与此同时,由于企业业务扩大,也会引起应付账款、应付费用等经营性流动负债的增加,从而降低企业流动资金的实际需要。净营运资金即指增加的经营性流动资产和增加的经营性流动负债的差额。当投资项目建成投产时,企业就必须筹措资金以满足净营运资金增加的需求。当投资项目有效期满时,与项目有关的存货、应收账款又可以变现,应付账款、应付费用也随之偿还,项目投产时垫支的净营运资金又可以收回。

2)投资项目现金流量的估算

下面结合实例说明投资项目现金流量的计算。

【例6-1】天一公司准备购入一设备以扩充生产能力。现有甲、乙、丙3个方案可供选择,甲方案需投资10 000元,使用寿命为5年,采用直线法计提折旧,5年后设备无残值。5年中每年销售收入为6 000元,每年付现成本为2 000元。乙方案需投资11 000元,使用寿命为5年,采用直线法计提折旧,5年后设备残值1 000元。5年中每年销售收入为6 000元,每年付现成本为2 000元。丙方案需投资12 000元,采用直线折旧法计提折旧,使用寿命也为5年,5年后有残值收入2 000元。5年中前4年每年的销售收入为8 000元,第5年销售收入4 650元,付现经营成本第一年为3 000元,以后随着设备陈旧,逐年将增加修理费400元,另需垫支营运资金6 000元,假设所得税率为25%,试计算3个方案的现金流量。

为计算现金流量,必须先计算各方案每年的折旧额:

  甲方案每年折旧额=10 000/5=2 000(元)
  乙方案每年折旧额=(11 000-1 000)/5=2 000(元)
  丙方案每年折旧额=(12 000-2 000)/5=2 000(元)

下面先用表6-1计算各方案的经营现金流量,然后,再结合初始现金流量和终结现金流量编制各方案的全部现金流量表,见表6-2。

表6-1 投资项目的经营现金流量计算表 单位:元

t	1	2	3	4	5
甲方案、乙方案					
销售收入(1)	6 000	6 000	6 000	6 000	6 000
付现成本(2)	2 000	2 000	2 000	2 000	2 000
折旧(3)	2 000	2 000	2 000	2 000	2 000
税前净利(4)					
[(4)=(1)-(2)-(3)]	2 000	2 000	2 000	2 000	2 000
所得税(5)=(4)×25%	500	500	500	500	500
税后净利(6)=(4)-(5)	1 500	1 500	1 500	1 500	1 500
年经营现金净流量(7)					
[(7)=(1)-(2)-(5)=(3)+(6)]	3 500	3 500	3 500	3 500	3 500
丙方案					
销售收入(1)	8 000	8 000	8 000	8 000	4 650
付现成本(2)	3 000	3 400	3 800	4 200	4 600
折旧(3)	2 000	2 000	2 000	2 000	2 000
税前净利(4)					
[(4)=(1)-(2)-(3)]	3 000	2 600	2 200	1 800	-1 950
所得税(5)=(4)×25%	750	650	550	450	0
税后净利(6)=(4)-(5)	2 250	1 950	1 650	1 350	-1 950
年经营现金净流量(7)					
[(7)=(1)-(2)-(5)=(3)+(6)]	4 250	3 950	3 650	3 350	50

表 6-2　投资项目现金流量计算表　　　　　　　　　　　　　单位：元

t	0	1	2	3	4	5
甲方案						
固定资产投资	-10 000					
经营现金净流量		3 500	3 500	3 500	3 500	3 500
现金流量合计	-10 000	3 500	3 500	3 500	3 500	3 500
乙方案						
固定资产投资	-11 000					
经营现金流量		3 500	3 500	3 500	3 500	3 500
固定资产残值						1 000
现金流量合计	-11 000	3 500	3 500	3 500	3 500	4 500
丙方案						
固定资产投资	-12 000					
营运资金垫支	-6 000					
经营现金流量		4 250	3 950	3 650	3 350	50
固定资产残值						2 000
营运资金回收						6 000
现金流量合计	-18 000	4 250	3 950	3 650	3 350	8 050

在表 6-1 和表 6-2 中，$t=0$ 代表第 1 年年初，$t=1$ 代表第 1 年年末，$t=2$ 代表第 2 年年末，以此类推。在现金流量的计算中，为了简化计算，一般都假定各年投资在年初一次进行，各年经营现金流量在该年末一次发生，终结现金流量在最后一年年末发生。

3) 投资决策中使用现金流量的原因

财务会计以按权责发生制（accrual basis）计算的净利润作为净收益，评价企业的经济效益。而项目投资决策中则应以按收付实现制（cash basis）计算的现金净流量作为项目的净收益，评价投资项目的经济效益。投资决策之所以要以现金流量作为评价项目经济效益的基础，主要有以下原因。

(1) 项目投资期内现金净流量总额与净利润总额相等。若不考虑时间价值，同一项目投资期内，各年度计算净利润减去的折旧总额等于固定资产投资现金流出总额，因此，各年净利润之和与各年现金净流量之和相等。这就为利用现金流量进行投资项目评价创造了可能性。

(2) 现金流量便于考虑资金的时间价值。科学的投资决策必须考虑资金的时间价值，这就要求在决策时一定要弄清每笔预期收入款项和支出款项的具体时间，因为不同时间的资金具有不同的价值。现金流量反映了投资项目有关的现金流入和流出的具体时间；而利润的计算，并不考虑资金实际收付的时间，不便于考虑资金的时间价值。所以在衡量方案优劣时，应根据各投资项目寿命周期内各年的现金流量，按照资本成本，结合资金时间价值来确定。

(3) 现金流量的计算比较客观。项目投资决策中，应用现金流量能科学、客观地评价投资方案的优劣,而利润则明显的存在客观性较差的问题。一方面利润的计算经常受存货估价、费用摊配和折旧计提的不同方法的影响,具有较大的主观随意性,作为决策的主要依据不太可靠;另一方面,利润反映的是某一会计期间"应计"的现金流量,而不是实际的现金流量。若以未实际收到现金的收入作为收益,具有较大风险,容易高估投资项目的经济效益,必将降低项目决策的科学性和合理性。

6.3.2 非贴现现金流量指标

非贴现现金流量指标是指不考虑资金时间价值的投资决策指标。这类指标主要有两个:投资回收期与年均报酬率。

1. 投资回收期

投资回收期(payback period,PP)是指收回全部初始投资所需要的时间。投资回收期一般以年为单位,在20世纪60年代之前使用较广泛。

投资回收期的计算,因每年的经营净现金流量是否相等而有所不同。

(1)初始投资在投产前一次投入,没有建设期且投资后每年的现金净流量均相等,则投资回收期计算的计算公式为:

$$投资回收期 = \frac{初始投资额}{年经营现金净流量}$$

【例6-2】天一公司的详细资料见例6-1,其中的甲方案的投资回收期计算为:

$$甲方案投资回收期 = 10\,000/3\,500 \approx 2.857(年)$$

(2)初始投资额分次投入,或有建设期,或投产后各年的经营现金净流量不相等。首先要逐年计算到每年末为止累计的现金净流量。

① 假设第 M 年末累计现金净流量等于零,则包含建设期的回收期就等于 M。

② 假设从第 M 年末开始累计现金净流量大于零,则投资回收期可按下列公式计算:

包括建设期的投资回收期 = $(M-1)$ + 第 $M-1$ 年末尚未收回的投资额/第 M 年的现金净流量:

不包括建设期的投资回收期 = 包括建设期的投资回收期 - 项目建设期

【例6-3】天一公司的详细资料见例6-1,其中的丙方案各年的现金流量见表6-3。

表6-3 丙方案现金流量表　　　　　　　　　　单位:元

项目	0	1	2	3	4	5
初始投资额	-18 000					
经营现金流量		4 250	3 950	3 650	3 350	50
终结现金流量						8 000
现金流量合计	-18 000	4 250	3 950	3 650	3 350	8 050
累计现金流量	-18 000	-13 750	-9 800	-6 150	-2 800	5 250

$$投资回收期 = 4 + 2\,800/8\,050 \approx 4.35(年)$$

(3)初始投资在投产前一次投入,没有建设期,且投产后每年的经营现金净流量均相等,但有终结现金流量。

若初始投资额/年经营现金净流量≤项目有效期－1，则：

$$投资回收期 = \frac{初始投资额}{年经营现金净流量}$$

若初始投资额/年经营现金净流量＞项目有效期－1，设项目有效期为 N，则：

$$投资回收期 = (N-1) + \frac{第 N-1 年末尚未收回的投资额}{第 N 年的现金净流量}$$

【例 6-4】天一公司的详细资料见例 6-1，其中的乙方案的投资回收期计算为：

因为　　　　　　　　　　$11\,000/3\,500 \approx 3.14 < 5-1$

所以，乙项目投资回收期就等于 3.14 年。

项目的投资回收期若小于等于要求的回收期，项目能够接受；反之，项目的投资回收期若大于要求的回收期，则项目不能接受。多个可行的投资项目比较，投资回收期越短，项目投资额收回的速度越快，项目越优。

投资回收期法的主要优点是计算过程比较简单，主要不足是没有考虑项目初始投资额收回后的现金流量状况，倾向于不恰当地拒绝长期投资项目，也没有考虑资金的时间价值，这会影响投资项目评价和决策的准确性。

2. 年均报酬率

年均报酬率（Average Rate of Return，ARR）是投资项目寿命周期内平均每年的投资报酬率，也称平均投资报酬率。年均报酬率有多种计算方法。

方法 1：年均报酬率＝项目周期内年均净利/项目初始投资总额×100%

方法 2：年均报酬率＝项目周期内年均现金净流量/项目初始投资总额×100%

方法 3：年均报酬率＝项目周期内年均净利/项目年均占用资金额×100%

方法 4：年均报酬率＝项目周期内年均现金净流量/项目年均占用资金额×100%

项目平均占用资金额一般可用项目初始投资总额加项目终结现金流量除以 2 进行计算。由于项目投资期内现金净流量总额与净利润总额相等，项目周期内年均现金净流量与项目周期内年均净利也相等，所以，方法 1 与方法 2、方法 3 与方法 4 的年均报酬率计算结论也分别相同。

【例 6-5】根据例 6-1 中天一公司甲方案的资料（见表 6-1 和表 6-2），用 4 种方法计算年均报酬率为：

方法 1：甲方案年均报酬率＝$1\,500/10\,000 \times 100\% = 15\%$

方法 2：甲方案年均报酬率＝$[(3\,500 \times 5 - 10\,000)/5]/10\,000 \times 100\% = 15\%$

方法 3：甲方案年均报酬率＝$1\,500/(10\,000/2) \times 100\% = 30\%$

方法 4：甲方案年均报酬率＝$[(3\,500 \times 5 - 10\,000)/5]/(10\,000/2) \times 100\% = 30\%$

年均报酬率法的优点是计算简单，便于理解。投资者应事先确定要求达到的年均报酬率，或称必要报酬率。年均报酬率大于投资者要求的必要报酬率，项目可行；反之，项目不可行。多个可行的项目比较，年均报酬率越高，投资项目越优。其主要缺点是没有考虑资金的时间价值，所以，有时会做出错误的决策。

6.3.3 贴现现金流量指标

贴现现金流量指标是指考虑了资金时间价值的指标。这类指标主要有净现值、现值指数、内含报酬率。

1. 净现值

净现值（net present value，NPV）是指项目投产后未来每年经营现金净流量的现值和终结现金净流量的现值之和与资金投放期投资额的现值之差。

用公式表示为：

$$NPV = \sum_{t=1}^{n} \frac{NCF_t}{(1+i)^t} - C$$

或

$$NPV = \sum_{t=m+1}^{m+n} \frac{NCF_t}{(1+i)^t} - \sum_{t=0}^{w} \frac{C_t}{(1+i)^t}$$

式中：NPV 为净现值；NCF_t 为第 t 年的经营现金净流量或终结现金流量；i 为贴现率（资本成本率或企业要求的报酬率）；n 为项目预计使用年限；m 为项目建设期；w 为项目资金投放期；C 为一次投入的初始投资总额；C_t 为第 t 年的投资额。

净现值还有另外一种表述方法，即净现值是从投资开始至项目寿命终结时所有一切现金流量（包括现金流出和现金流入）的现值之和。其计算公式为：

$$NPV = \sum_{t=0}^{n} \frac{CFAT_t}{(1+i)^t}$$

式中：n 为开始投资至项目寿命终结时的年数；$CFAT_t$ 为第 t 年的现金净流量；i 为贴现率（资本成本率或企业要求的报酬率）。

1）净现值的计算过程

第一步：计算每年的经营现金净流量。

第二步：计算项目投产后未来每年经营现金净流量及终结现金净流量的总现值。这又可分成以下 3 步。

（1）将每年的经营现金净流量折算成现值。如果每年的经营现金净流量相等，则按年金法折成现值；如果每年的经营现金净流量不相等，则先对每年的经营现金净流量进行贴现，然后加以合计。

（2）将终结现金流量折算成现值。

（3）计算未来现金净流量的总现值。

第三步：计算初始投资额的现值。

（1）无建设期，且初始投资额在项目投产时一次投入，初始投资额的现值就等于初始投资额。

（2）有建设期，或初始投资额分次投入。若初始投资分期等额投入，则按年金计算现值；若初始投资分期不等额投入，则先对每年的投资额分别进行贴现，然后加以合计。

第四步：计算净现值。

净现值＝投产后未来每年经营现金净流量及终结现金流量的总现值－初始投资额的现值

2）净现值法的决策规则

单一方案采纳与否的决策中，净现值大于零，方案可以接受；净现值小于零，方案不可以接受。多个方案的选优决策中，净现值越大，方案越优。

【例6-6】根据例6-1中天一公司的资料（见表6-1和表6-2），假设资本成本率为10%，计算净现值如下。

甲方案投产后各年的现金净流量（A）相等，可用公式计算为：

$$甲方案\ NPV = A \times (P/A, i, n) - C$$
$$= 3\,500 \times (P/A, 10\%, 5) - 10\,000$$
$$= 3\,500 \times 3.791 - 10\,000$$
$$= 13\,268.5 - 10\,000$$
$$= 3\,268.5(元)$$

乙方案的年经营现金净流量（A）相等，有终结现金流量（S），可用公式计算为：

$$乙方案\ NPV = [A \times (P/A, i, n) + S(P/F, i, n)] - C$$
$$= [3\,500 \times (P/A, 10\%, 5) + 1\,000 \times (P/F, 10\%, 5)] - 11\,000$$
$$= (3\,500 \times 3.791 + 1\,000 \times 0.621) - 11\,000$$
$$= 13\,889.5 - 11\,000$$
$$= 2\,889.5(元)$$

丙方案的各年经营现金净流量不相等。

丙方案净现值 = 未来各年经营现金净流量和终结现金净流量的现值之和 − 初始投资额。列表进行计算，详见表6-4。

从上面计算中可以看出，甲方案和乙方案的净现值大于零，是可行的，而丙方案净现值小于零，不可行。其中，甲方案的净现值最大，故天一公司应选用甲方案。

表6-4 丙方案净现值计算表   单位：元

年　　度	各年的现金净流量（1）	复利现值系数（$i=10\%$）（2）	现值（3）=（1）×（2）
1	4 250	0.909 1	3 863.68
2	3 950	0.826 4	3 264.28
3	3 650	0.751 3	2 742.25
4	3 350	0.683 0	2 288.05
5	8 050	0.620 9	4 998.25
未来报酬的总现值			17 156.50
减：初始投资			18 000
净现值（NPV）			−843.51

净现值法的优点是，考虑了资金的时间价值，能够反映各种投资方案的净收益，是唯一与公司价值最大化目标始终吻合的指标，为互斥项目的选择提供了合适的决策规则；缺点是，净现值是一个绝对数，对初始投资额不同的投资方案可比性较差，在资本有限量的情况下，不可能接受所有净现值为正的项目。

2. 现值指数

现值指数又称获利指数（profitability index, PI），是投资项目投产后未来每年经营现金净流量的现值和终结现金净流量的现值之和与初始投资额的现值之比。

1) 现值指数的计算

现值指数的计算公式为：

$$PI = \sum_{t=1}^{n} \frac{NCF_t}{(1+i)^t} / C$$

或

$$PI = \sum_{t=m+1}^{m+n} \frac{NCF_t}{(1+i)^t} / \sum_{t=0}^{w} \frac{C_t}{(1+i)^t}$$

式中：PI 为现值指数；NCF_t 为第 t 年的经营现金净流量或终结现金流量；i 为贴现率（资本成本率或企业要求的报酬率）；n 为项目预计使用年限；m 为项目建设期；w 为项目资金投放期；C 为一次投入的初始投资总额；C_t 为第 t 年的投资额。

2) 现值指数法的决策规则

单一方案采纳与否的决策中，现值指数大于 1，方案可以接受；现值指数小于 1，方案不可以接受。多个方案的选优决策中，现值指数越大，方案越优。

【例 6-7】根据例 6-1 中天一公司的资料（见表 6-1 和表 6-2），假设资本成本率为 10%，计算现值指数如下。

甲方案投资后各年现金净流量（A）相等，可用公式计算为：

甲方案现值指数 $= [A \times (P/A, i, n)] / C$
$= [3\,500 \times (P/A, 10\%, 5)] / 10\,000$
$= 3\,500 \times 3.791 / 10\,000$
$= 13\,268.5 / 10\,000$
≈ 1.33

乙方案的年经营现金净流量（A）相等，有终结现金流量（S），可用公式计算为：

乙方案现值指数 $= [A \times (P/A, i, n) + S \times (P/F, i, n)] / C$
$= [3\,500 \times (P/A, 10\%, 5) + 1\,000 \times (P/F, 10\%, 5)] / 11\,000$
$= (3\,500 \times 3.791 + 1\,000 \times 0.621) / 11\,000$
$= 13\,889.5 / 11\,000$
≈ 1.26

丙方案的各年 NCF 不相等，列表进行计算，详见表 6-4。

丙方案现值指数 $= \dfrac{\text{未来各年经营现金净流量和终结现金净流量的现值之和}}{\text{初始投资额}}$

丙方案现值指数 $= 17\,154.2 / 18\,000 \approx 0.953$

从上面计算中可以看出，甲方案和乙方案的现值指数大于 1，是可行的，而丙方案现值指数小于 1，不可行。其中，甲方案的现值指数最大，故天一公司应选用甲方案。

现值指数法的优点是：考虑了资金的时间价值，能够真实地反映投资项目的盈亏程度。由于现值指数是用相对数来表示的，所以，有利于在初始投资额不同的投资方案之间进行对比；现值指数的缺点是不能反映投资项目的真实报酬率。

3. 内含报酬率

内含报酬率又称内部收益率（internal rate of return，IRR）是使投资项目的净现值等于零的贴现率。

内含报酬率实际上反映了投资项目的真实报酬，目前越来越多的企业使用该项指标对投资项目进行评价。

 **特别提示**

有些人会将内含报酬率法与机会成本相混淆。内含报酬率法衡量的是项目的营利性,表明根据项目自身的现金流,实际报酬率为多少?如某人借给你 100 000 元钱,不说明利率多少,但要求你在第一、二、三年年末分别还款 30 000 元、40 000 元、50 000 元,你的第一反应当然是"这笔借款利率是多少?",这个利率就是内含报酬率。机会成本是决定是否接受这个项目的标准,相当于资本市场上同样风险程度的投资所提供的报酬率。

内含报酬率的计算公式为:

$$\sum_{t=1}^{n} \frac{\mathrm{NCF}_t}{(1+r)^t} - C = 0$$

或

$$\sum_{t=m+1}^{m+n} \frac{\mathrm{NCF}_t}{(1+r)^t} - \sum_{t=0}^{w} \frac{C_t}{(1+r)^t} = 0$$

式中:NCF_t 为第 t 年的经营现金净流量或终结现金流量;r 为内含报酬率;n 为项目预计使用年限(项目有效期);m 为项目建设期;w 为项目资金投放期;C 为一次投入的初始投资总额;C_t 为第 t 年的投资额。

1) 内含报酬率的计算

(1) 无建设期,初始投资额一次投入,并且项目投产后,未来各年的现金净流量(A)均相等。

第一步:计算年金现值系数。

因为 $A \times (P/A, i, n) - C = 0$

则 年金现值系数=初始投资额/年现金净流量

即 $(P/A, i, n) = C/A$

第二步:查年金现值系数表,在相同的期数(n)内,找出与上述年金现值系数相邻近的较大和较小两个年金现值系数(E_1、E_2)及其对应的贴现率(r_1、r_2)。

第三步:根据上述两个邻近的贴现率和已求得的年金现值系数,采用插值法计算出该投资方案的内含报酬率(r)。

r_1	E_1
r	C/A
r_2	E_2

则

$$\frac{r_1 - r}{r_1 - r_2} = \frac{E_1 - C/A}{E_1 - E_2}$$

根据上式,解一元一次方程即可求出内含报酬率 r。

【例 6-8】天一公司的详细资料见例 6-1,其中的甲方案的现金流量的计算见表 6-1 和表 6-2。则甲方案的内含报酬率计算为:

$$[3\ 500 \times (P/A, i, 5)] - 10\ 000 = 0$$
$$(P/A, i, 5) \approx 2.857$$

查年金现值系数表:

$$(P/A, 20\%, 5) = 2.991$$

$$(P/A, 24\%, 5) = 2.745$$

则 $$r = 20\% + \frac{2.991 - 2.857}{2.991 - 2.745} \times 4\% = 22.18\%$$

甲方案的内含报酬率为 22.18%。

（2）有建设期或初始投资额分次投入，或项目投产后，未来各年的现金净流量（A）不完全相等。先采用逐次测试法，然后采用插值法计算内含报酬率（r）。

第一步：先预估一个贴现率，并按此贴现率计算净现值。如果计算出的净现值大于零，则表示预估的贴现率小于该项目的实际内含报酬率，应提高贴现率，再进行测算；如果计算出的净现值小于零，则表明预估的贴现率大于该方案的实际内含报酬率，应降低贴现率，再进行测算。经过如此反复测算，找到净现值由正到负并且比较接近于零的两个贴现率并计算其净现值。

第二步：根据上述两个邻近的贴现率及其净现值使用插值法，计算出方案的实际内含报酬率。

2）内含报酬率法的决策规则

单一方案采纳与否的决策中，内含报酬率大于资金成本率，方案可以接受；内含报酬率小于资金成本率，方案不可以接受。多个方案的选优决策中，内含报酬率越大，方案越优。

【例 6-9】天一公司的详细资料见例 6-1，其中的乙方案、丙方案的现金流量的计算见表 6-1 和表 6-2。乙方案、丙方案投产后未来每年的现金流量不完全相等，必须用逐次测算法计算内含报酬率。

乙方案内含报酬率计算如下。

设乙方案内含报酬率为 r_1，贴现率为 20%，有：

乙方案 NPV = [3 500×(P/A,20%,5) + 1 000×(P/F,20%,5)] − 11 000 = −129.5（元）

贴现率为 19%，有：

乙方案 NPV = [3 500×(P/A,19%,5) + 1 000×(P/F,19%,5)] − 11 000 = 122（元）

则 $$(20\% - r_1)/(20\% - 19\%) = (-129.5 - 0)/(-129.5 - 122)$$

$$r_1 \approx 19.49\%$$

即乙方案内含报酬率为 19.49%。

丙方案内含报酬率的测算过程详见表 6-5。

表 6-5 内含报酬率测算表

年度	NCF_t/元	测试 8%		测试 10%		测试 9%	
		复利现值系数	现值/元	复利现值系数	现值/元	复利现值系数	现值/元
0	−18 000	1.000	−18 000	1.000	−18 000	1.000	−18 000
1	4 250	0.926	3 935.5	0.909	3 863.3	0.917	3 897.3
2	3 950	0.857	3 385.2	0.826	3 262.7	0.841	3 322
3	3 650	0.794	2 898.1	0.751	2 741.2	0.772	2 817.8
4	3 350	0.735	2 462.3	0.683	2 288.1	0.708	2 371.8
5	8 050	0.681	5 482.1	0.621	4 999.1	0.650	5 232.5
NPV/元		—	163.2	—	−845.6		−358.6

在表 6-5 中，先按 8% 的贴现率进行测算，净现值为 +163.2，而使投资项目的净现值等于零的贴现率才是内含报酬率，说明内含报酬率比 8% 稍大。进行第二次测算，将贴现率调高到 10%，净现值为 -845.6 元，依此确定，内含报酬率为 8%～10%。但贴现率为 10% 时的净现值减去零的绝对值偏大，为提高计算的精确性，应当将贴现率调减到 9%，净现值为 -358.6 元，因此，内含报酬率一定为 8%～9%。

现用插值法计算如下：设丙方案的内含报酬率为 r_2

$$(8\% - r_2)/(8\% - 9\%) = (163.2 - 0)/[163.2 - (-358.6)]$$

$$r_2 \approx 8.31\%$$

即丙方案的内含报酬率为 8.31%。

从以上计算 3 个方案的内含报酬率可以看出，甲方案的内含报酬率较高，故甲方案效益最好。

内含报酬率法考虑了资金的时间价值，反映了投资项目的真实报酬率，概念也易于理解。但这种方法的计算过程比较复杂，特别是每年 NCF 不相等的投资项目，依靠手工计算一般要经过多次测算才能求得，但利用 Excel 程序能够轻松求得结果。

6.3.4 投资决策指标的比较

1. 各种指标在投资决策中应用的变化趋势

投资回收期，作为评价企业投资效益的主要指标，在 20 世纪 50 年代前使用较广。但是，后来人们日益发现其局限性，于是，建立起以资金时间价值为基础的贴现现金流量指标。从 70 年代开始，贴现现金流量指标已占主导地位，并形成了以贴现现金流量指标为主，以非贴现投资决策指标为辅的多种指标并存的指标体系。

2. 贴现现金流量指标广泛应用的原因

贴现现金流量指标在投资决策中得到广泛应用，主要原因有以下几点。

（1）非贴现指标把不同时点上的现金收入和支出直接加减并比较，忽略了资金的时间价值因素，夸大了投资的回收速度，夸大了项目的盈利水平，不能反映投资的主要目标，方案取舍的标准缺乏客观依据，对寿命不同、资金投入的时间和提供收益的时间不同的投资方案缺乏鉴别能力。

（2）贴现指标则把不同时间点收入或支出的现金按统一的贴现率折算到同一时点上，使不同时期的现金具有可比性，可以通过净现值、现值指数和内含报酬率等指标，有时还可以净现值的年均化方法进行综合分析，取舍标准符合客观实际，从而便于做出正确合理的决策。

（3）管理人员水平的不断提高和电子计算机的广泛应用，加速了贴现指标的使用。在 20 世纪五六十年代，只有很少企业的财务人员能真正了解贴现现金流量指标的真正含义，而今天，几乎所有大企业的高级财务人员都懂得这一方法的科学性和正确性。电子计算机的广泛应用使贴现指标中的复杂计算变得非常容易，从而也加速了贴现现金流量指标的推广。

3. 净现值和现值指数、内含报酬率的比较

（1）净现值和现值指数的比较。由于净现值和现值指数使用的是相同的信息，在评价投资项目的优劣时,它们常常是一致的,但当初始投资额不同时,净现值和现值指数也有可能产生差异。由于净现值是用未来各期现金净流量现值减初始投资额,而现值指数是用未来各期现金净流量现值除以初始投资额,因而,初始投资额不等的项目评价结果可能会不一致。如A、B两个投资方案,A方案初始投资100万元,净现值50万元,现值指数1.5,B方案投资50万元,净现值30万元,现值指数1.6。采用净现值评价,应选择A项目,采用现值指数评价,应选择B项目。

最高的净现值符合企业的最大利益,也就是说,净现值越高,企业的收益越大,而现值指数只反映投资回收的程度,不反映投资回收的多少,在没有资本限量情况下的互斥选择决策中,应选用净现值较大的投资项目。

(2) 净现值和内含报酬率的比较。在多数情况下,运用净现值和内含报酬率这两种方法得出的结论是相同的。但在如下两种情况下,有时会产生差异:①初始投资不一致,一个项目的初始投资大于另一个项目的初始投资。和净现值与现值指数的差异类似,净现值是绝对值指标,内部报酬率是相对值指标,因而在投资规模不同时,二者的结论可能会不一致;②现金流入的时间不一致,一个在最初几年流入较多,另一个在最后几年流入较多。这种差异可能导致两种方法对现金流入时间不同的投资项目做出不同的判断。例如,两个互斥投资项目A、B,资金成本10%,根据其现金流量计算净现值和内含报酬率如表6-6。

表6-6 项目A、B现金流量计算净现值和内含报酬率

t	0	1	2	3	4	5	6	净现值	内含报酬率
A	-10 000	4 000	5 000	6 000	200	200	200	2 650.17	22.98%
B	-10 000	200	200	200	7 000	8 000	9 000	5 326.10	20.06%

采用净现值法,应选择项目B,而采用内含报酬率法,则应选择A项目。这一矛盾如何解决呢?首先,净现值法假定产生的现金流入量重新投资会产生相当于贴现率的利润率,内含报酬率法假定现金流入量重新投资产生的利润率与此项目的特定的内含报酬率相同。但在实际经济活动中,投资项目带来的现金流入进行再投资所能获得的报酬率不可能总是等于资金成本或投资项目的内含报酬率,如上表中A、B项目前3年与后3年再投资报酬率就截然不同。其次,假定再投资报酬率等于项目的内部报酬率,将会导致对不同的投资项目赋予不同的再投资报酬率,即内部报酬率低,再投资报酬率也低;内部报酬率高,则再投资报酬率也高。这显然是不符合实际情况的,如上表中B项目后3年再投资酬率就高于A项目后3年,因为不管是哪个投资项目,只要是在同一时间带来的现金流入,进行再投资的优势、劣势、机会和威胁等都应该是一样的,不会出现截然不同的再投资报酬率。而假定再投资报酬率等于资金成本或必要报酬率,就克服了这一主观性,不会人为地对不同的项目赋予不同的再投资报酬率,而是假定再投资报酬率对每个投资项目都相同。因此,尽管两种假定都缺乏一定的客观性。但比较而言,净现值假定要相对合理一些。最后,高内含报酬率并不是投资所要求的终极目标,增加企业价值的投资项目才是企业追求的财务目标。综上所述,在无资本限量或互斥选择的情况下,净现值法是一个比较好的项目评价方法。而资本有限量的投资决策,将在"6.4.3 资本有限量的独立选优决策"阐述。

6.4 项目投资决策

我们在6.3节介绍了投资决策的基本指标,本节结合具体实例研究项目投资决策基本指标的应用问题。

6.4.1 可供使用年限相等的互斥项目选择决策

若有两个或两个以上的投资项目,各项目可供使用年限(项目经营期)相等,但只能投资其中一个项目。这时要根据各项目年生产能力是否相同,分别采用不同的方法。

1. 每年各项目的生产能力无差别

若项目经营期内各年不同项目的生产能力相同,即投资决策并不影响各年的销售收入,只影响投资额和年付现成本额,这时可通过比较各项目投资期内现金净流出量的总现值进行项目投资决策,即现金净流出量现值法。

【例 6-10】虹宇公司有一台3年前购置的旧设备,现考虑是否进行更新。该公司所得税率为25%,其他资料见表6-7。

表 6-7 新旧设备有关资料表

项　　目	旧设备	新设备
原价/元	80 000	50 000
税法规定的残值(10%)/元	8 000	5 000
税法规定使用年限(年)/元	6	4
已使用年限/元	3	0
实际尚可使用年限/元	4	4
每年付现操作成本/元	8 600	5 000
两年后大修成本/元	28 000	
最终报废残值/元	8 500	10 000
目前变现价值/元	10 000	
年折旧额/元	(直线法)	(年数总和法)
第一年/元	12 000	18 000
第二年/元	12 000	13 500
第三年/元	12 000	9 000
第四年/元	0	4 500

继续使用旧设备和购入新设备方案的各年的现金流量及其现值计算见表6-8。

表6-8 各年的现金流量及其现值计算表

项 目	现金流量/元	时间/年次	现值系数/10%	现值/元
继续使用旧设备				
旧设备变现价值	(10 000)	0	1	(10 000)
旧设备更新损失减税	(10 000−44 000)×25%=(8 500)	0	1	(8 500)
每年付现操作成本	8 600×(1−25%)=(6 450)	1−4	3.170	(20 446.5)
每年折旧抵税	12 000×25%=3 000	1−3	2.487	7 461
两年后大修成本	28 000×(1−25%)=(21 000)	2	0.826	(17 346)
残值变现收入	8 500	4	0.683	5 805.5
残值变现净收入纳税	(8 500−8 000)×25%=(125)	4	0.683	(85.38)
合　　计				(43 111.38)
更新设备				
购置成本	(50 000)	0	1	(50 000)
每年付现操作成本	5 000×(1−25%)=(3 750)	1−4	3.170	(11 887.5)
每年折旧抵税				
第一年	18 000×25%=4 500	1	0.909	4 090.5
第二年	13 500×25%=3 375	2	0.826	2 787.75
第三年	9 000×25%=2 250	3	0.751	1 689.75
第四年	4 500×25%=1 125	4	0.683	768.38
残值收入	10 000	4	0.683	6 830
残值净收入纳税	(10 000−5 000)×25%=(1 250)	4	0.683	(853.75)
合　　计				(46 574.87)

继续使用旧设备方案的现金净流出量的总现值为43 111.38元,更新设备方案的现金净流出量的总现值为46 574.87元,所以继续使用旧设备较好,虹宇公司应继续使用旧设备。

2.每年各项目的生产能力有差别

若项目经营期内每年各项目的生产能力不一样,即投资决策不但影响投资额和年付现成本额,而且也影响各年的销售收入,这时可用差量净现值法或净现值法进行投资决策。

【例6-11】大华公司现准备用一台新设备来代替旧设备,以减少成本,增加收益。旧设备原购置成本为40 000元,预计使用期满后无残值,预计使用年限为10年,已使用5年,若现在销售该设备可得价款20 000元,若继续使用该设备每年可获收入50 000元,每年的付现成本为30 000元。该公司现准备用一台新设备来代替该旧设备,新设备的购置成本为60 000元,估计可使用5年,期满有残值10 000元(与税法规定相同),使用新设备后,每年收入可达80 000元,每年付现成本为40 000元。假设该公司的资本成本率为10%,所得税率为25%,新、旧设备均用直线法计提折旧。试做出大华公司是继续使用旧设备还是对其进行更新的决策。

本案例包含两个投资方案,一个方案是继续使用旧设备(相当于花20 000元购置一台旧设备),另一个方案是出售旧设备而购置新设备。项目经营期均为5年,每年各项目的收入和成本费用都不同,可以采用差量净现值法或净现值法进行决策。

(1) 差量净现值法。从设备以旧换新的角度计算两个方案的差量现金流量。

① 差量初始投资额与差量折旧额。

$$\Delta 初始投资 = 60\,000 - 20\,000 = 40\,000(元)$$
$$\Delta 年折旧额 = [(60\,000 - 10\,000)/5] - [40\,000/10] = 6\,000(元)$$

② 利用表6-9来计算各年经营现金流量的差量。

表6-9 各年经营现金流量的差量计算表 单位:元

项 目	第1年~第5年
Δ销售收入(1)	30 000
Δ付现成本(2)	10 000
Δ折旧额(3)	6 000
Δ税前净利(4)=(1)-(2)-(3)	14 000
Δ所得税(5)=(4)×25%	3 500
Δ税后净利(6)=(4)-(5)	10 500
Δ经营现金净流量(7)=(6)+(3)=(1)-(2)-(5)	16 500

③ 利用表6-10来计算两个方案现金流量的差量。

表6-10 现金流量的差量计算表 单位:元

项 目	第0年	第1年	第2年	第3年	第4年	第5年
Δ初始投资	-40 000					
Δ经营净现金流量		16 500	16 500	16 500	16 500	16 500
Δ终结现金流量						10 000
Δ现金流量	-40 000	16 500	16 500	16 500	16 500	26 500

④ 计算差量净现值。

$$\Delta NPV = 16\,500 \times (P/A, 10\%, 4) + 26\,500 \times (P/F, 10\%, 5) - 40\,000$$
$$= 16\,500 \times 3.170 + 26\,500 \times 0.621 - 40\,000$$
$$= 28\,761.50(元)$$

投资项目更新后,有差量净现值28 761.50元,故应进行更新。

(2) 净现值法。分别从继续使用旧设备和购置新设备(出售旧设备)的角度计算两个方案的净现值。

① 分别计算继续使用旧设备和购置新设备方案的初始投资额和年折旧额。

继续使用旧设备方案初始投资 = 20 000(元)

购置新设备方案初始投资 = 60 000(元)

继续使用旧设备方案年折旧额 = 40 000/10 = 4 000(元)

购置新设备方案年折旧额 = (60 000 - 10 000)/5 = 10 000(元)

② 利用表 6-11 来计算各年经营现金流量。

表 6-11 各年经营现金流量表   单位：元

项 目	继续使用旧设备	购买新设备
销售收入(1)	50 000	80 000
付现成本(2)	30 000	40 000
折旧额(3)	4 000	10 000
税前净利(4)=(1)-(2)-(3)	16 000	30 000
所得税(5)=(4)×25%	4 000	7 500
税后净利(6)=(4)-(5)	12 000	22 500
经营净现金流量(7)=(6)+(3)=(1)-(2)-(5)	16 000	32 500

③ 利用表 6-12 来计算两个方案现金流量。

表 6-12 现金流量计算表   单位：元

项 目	第0年	第1年	第2年	第3年	第4年	第5年
继续使用旧设备						
初始投资	-20 000					
经营净现金流量		16 000	16 000	16 000	16 000	16 000
现金流量	-20 000	16 000	16 000	16 000	16 000	16 000
购入新设备						
初始投资	-60 000					
经营现金净流量		32 500	32 500	32 500	32 500	32 500
终结现金流量						10 000
现金流量	-60 000	32 500	32 500	32 500	32 500	42 500

④ 计算净现值。

$NPV_{旧} = 16\,000 \times (P/A, 10\%, 5) - 20\,000 = 16\,000 \times 3.791 - 20\,000 = 40\,656(元)$

$NPV_{新} = 32\,500 \times (P/A, 10\%, 5) + 10\,000 \times (P/F, 10\%, 5) - 60\,000$
$= 32\,500 \times 3.791 + 10\,000 \times 0.621 - 60\,000$
$= 69\,417.5(元)$

购入新设备的净现值大于继续使用旧设备的净现值，差量为 28 761.5 元，与差量净现值法计算结果相同，故应进行更新。

6.4.2 可供使用年限不等的互斥项目选择决策

若有两个或两个以上的投资项目，各项目可供使用年限（项目经营期）不同，但只能投资其中一个项目。这时仍要根据各项目年生产能力是否相同，分别采用不同的方法进行投资决策。

1. 每年各项目的生产能力相同

若项目经营期内每年中不同项目的生产能力相同，即投资决策不影响各年的销售收入，只影响投资额、年成本额和项目经营期，这时可通过比较各项目投资期内平均每年的现金流出量进行项目投资决策,即年均成本法。

$$某项目年均成本 = 该项目各年现金流出量的总现值/(P/A, i, n)$$

式中:i 为企业的资金成本率或投资者要求的报酬率;n 为项目有效期。

【例 6-12】 设例 6-10 中虹宇公司旧设备的尚可使用年限为 3 年,其他资料见表 6-7。继续使用旧设备和购入新设备方案的各年的现金流量及其现值计算见表 6-13。

表 6-13 两种方案现金流量及其现值计算

项 目	现金流量/元	时间(年次)	系数(10%)	现值/元
继续使用旧设备				
旧设备变现价值	(10 000)	0	1	(10 000)
旧设备更新损失减税	(10 000−44 000)×25%=(8 500)	0	1	(8 500)
每年付现操作成本	8 600×(1−25%)=(6 450)	1~3	2.487	(16 041.15)
每年折旧抵税	12 000×25%=3 000	1~3	2.487	7 461
两年后大修成本	28 000×(1−25%)=(21 000)	2	0.826	(17 346)
残值变现收入	8 500	3	0.751	6 383.5
残值变现净收入纳税	(8 500−8 000)×25%=(125)	3	0.751	(93.88)
合计				(38 136.53)
更新设备				
购置成本	(50 000)	0	1	(50 000)
每年付现操作成本	5 000×(1−25%)=(3 750)	1~4	3.170	(11 887.5)
每年折旧抵税				
第一年	18 000×25%=4 500	1	0.909	4 090.5
第二年	13 500×25%=3 375	2	0.826	2 787.75
第三年	9 000×25%=2 250	3	0.751	1 689.75
第四年	4 500×25%=1 125	4	0.683	768.38
残值收入	10 000	4	0.683	6 830
残值净收入纳税	(10 000−5 000)×25%=(1 250)	4	0.683	(853.75)
合计				(46 574.87)

继续使用旧设备方案的年均成本=38 136.53/(P/A,10%,3)=15 334.35(元)

更新设备方案的年均成本=46 574.87/(P/A,10%,4)=14 692.39(元)

继续使用旧设备方案的年均成本为 15 334.35 元,更新设备方案的年均成本为 14 692.39 元,所以更新设备方案较好,即虹宇公司应购入新设备出售旧设备。

2. 每年各项目的生产能力不同

若不同投资项目不仅经营期限不同,每年各项目的生产能力也不一样,即投资决策不但影响投资额和年成本额,而且也影响各年的销售收入,这时可用年均净现金流量法进行投资决策。

$$某项目年均净现金流量 = 该项目净现值/(P/A, i, n)$$

式中:i 为企业资金成本率或投资者要求的报酬率,n 为项目有效期。

【例 6-13】 兴旺公司准备上一条生产线,现有两个投资项目可供选择。一是半自动化的 A 项目,需要一次投资 160 000 元,项目投资后每年将产生销售收入 150 000 元,每年需支付付现成本 50 000 元，项目的使用寿命为 4 年，4 年后必须更新且无残值；二是全自动化的 B 项目，需要一次投资 240 000 元，使用寿命为 6 年，项目投产后每年将产生 50 000 元的净利润，6 年后必须更新且无残值。设 A、B 两项目均无建设期，该公司固定资产均采用直线法计提折旧，企业所得税率为 25%，企业的资本成本率为 10%。该公司应如何决策呢？

【解】计算两个项目的年经营现金净流量：

A 项目：NCF=(150 000−50 000−160 000/4)(1−25%)+160 000/4 = 85 000(元)

B 项目：NCF=50 000+240 000/6 = 90 000(元)

计算两个项目的净现值：

NPV_A = 85 000×(P/A,10%,4)−160 000 = 85 000×3.170−160 000 = 109 450(元)

NPV_B = 90 000×(P/A,10%,6)−240 000 = 90 000×4.355−240 000 = 151 950(元)

计算 A、B 两项目的年均净现金流量：

A 项目年均净现金流量 = 109 450/(P/A,10%,4) = 34 526.81(元)

B 项目年均净现金流量 = 151 950/(P/A,10%,6) = 34 890.93(元)

A 项目年均净现金流量为 34 526.81 元，B 项目年均净现金流量为 34 890.93 元，所以兴旺公司应投资全自动化的 B 项目。

6.4.3 资本有限量的独立选优决策

资本有限量是指企业资金有一定限度，不能投资于所有可接受的项目。也就是说，有很多财务上可行的项目可供投资，但无法筹集到足够的资金。这种情况是在许多公司都存在的，特别是那些以内部融资为经营策略或外部融资受到限制的企业。

在资金有限的情况下，为提高企业的投资收益率，应投资于一组使净现值最大的项目。这样的一组项目必须用适当的方法进行选择，常用的有两种方法——组合的现值指数法和组合的净现值法。

1. 组合的现值指数法

组合的现值指数法是指对可供投资的项目进行不同的投资组合（每一投资组合所需投资总额不能大于可供投资资金总额），以每一组合中各项目的投资比重为权数，计算各投资组合的加权平均的现值指数，并据此做出投资决策的方法。

组合的现值指数法的决策程序包括以下几个步骤。

首先，计算所有项目的现值指数，并列出每一个项目的初始投资额。

其次，接受 PI>1 的项目，如果所有可行（PI>1）的项目所需资金总额小于等于可供投资资金总额，则说明资本没有限量，所有现值指数大于 1 的项目都可以投资，并可以按照现值指数从大到小的顺序进行投资。

再次，如果资金不能满足所有 PI>1 的项目，那么就要对所有项目在资本限量内进行各种可能的组合（每一投资组合所需投资总额不能大于可供投资资金总额），然后计算出各种组合的加权平均现值指数。

注意：若某一投资组合所需资金总额小于可供投资资金总额，则假设剩余资金可以保值，即剩余资金的净现值等于零，现值指数等于 1。

组合的现值指数＝Σ组合中某项目的现值指数×该项目投资额/可供投资资金总额

最后，选择加权平均现值指数最大的一组项目进行投资。

2. 组合的净现值法

组合的净现值法是指对可供投资的项目进行不同的投资组合（每一投资组合所需投资总额不能大于可供投资资金总额），将每一投资组合中各项目的净现值分别进行加总，计算各投资组合的净现值总额，并据此作出投资决策的方法。

组合的净现值法的决策程序包括以下几个步骤。

首先，计算所有项目的净现值，并列出项目的初始投资。

其次，接受 NPV＞0 的项目，如果所有 NPV＞0 的项目所需资金总额小于等于可供投资资金总额，则说明资本没有限量，所有净现值大于 0 的项目都可以投资。

再次，如果资金不能满足所有的 NPV＞0 的投资项目，那么就要对所有可行的项目在资本限量内进行各种可能的组合（每一投资组合所需投资总额不能大于可供投资资金总额），然后，计算出各种组合的净现值总额。

组合的净现值＝Σ组合中各项目的净现值

最后，选择净现值总额最大的一组项目进行投资。

【例 6-14】 三星公司有 5 个可供选择的投资项目 A、B、C、D、E，该公司可供投资的资金总额为 400 000 元。各项目投资额、净现值、现值指数见表 6-14。

表 6-14 各项目有关资料

投资项目	初始投资额/元	现值指数（PI）	净现值（NPV）/元
A	120 000	1.56	67 000
B	150 000	1.53	79 500
C	300 000	1.37	111 000
D	125 000	1.17	21 000
E	100 000	1.18	18 000

（资料来源：荆新. 财务管理学. 北京：中国人民大学出版社，2003）

计算所有能使可供投资资金得以充分利用的可能的项目组合的加权平均获利指数和净现值合计数，见表 6-15。

表 6-15 各组合的净现值和现值指数计算表

项目组合	初始投资额/元	加权平均获利指数	净现值合计/元
ABD	395 000	1.42	167 500
ABE	370 000	1.412	164 500
ADE	345 000	1.266	106 000
BDE	375 000	1.297	118 500
CE	400 000	1.323	129 000

在表 6-15 中，ABD 组合中有 5 000 元资金没有用完，假设这 5 000 元可投资于有价证券，获利指数为 1，净现值为 0（其他组合也如此）。则 ABD 组合的加权平均现值指数可按以下方法计算：

$$(120\,000/400\,000)\times 1.56+(150\,000/400\,000)\times 1.53+(125\,000/400\,000)$$
$$\times 1.17+(5\,000/400\,000)\times 1\approx 1.42$$

从表 6-15 中可以看出，三星公司应选用 ABD 组合，其净现值最大，为 167 500 元，加权平均现值指数最高，为 1.42，资金利用效率也最高。

6.5 证券投资管理

6.5.1 证券投资概述

证券（security）是指发行人为筹集资金而发行的、具有一定票面金额、证明持券人对发行人直接或间接享有股权或债权并可转让的凭证，包括债券、股票、新股认购权利证书、投资基金证券及其他各种派生的金融工具。而证券投资（portfolio investment）是指投资者（法人或自然人）购买有价证券以及这些有价证券的衍生品，以获取收益的投资行为和投资过程，是投资的重要形式。证券投资比对外直接投资更加灵活、方便。

1. 证券的种类

证券按照不同的标准，可以对其进行不同的分类。

（1）按发行主体的不同，可分为政府证券、金融证券和公司证券。

① 政府证券（government stock）。也称政府债券（government bond）、公债券或国库券，它是指政府或其他代理机构为筹措财政资金或建设资金，凭其信誉，采用信用方式，按照一定程序向投资者出具的一种债务凭证。主要包括国库券和公债两大类，一般国库券是由财政部发行，用以弥补财政收支不平衡；公债是指为筹集建设资金而发行的一种债券。中央政府发行的称国家公债，地方政府发行的称地方公债。

② 金融证券（bank stock）。金融证券是指商业银行及非银行金融机构为筹措信贷资金而向投资者发行的，承诺支付一定利息并到期偿还本金的一种有价证券。

③ 公司证券（corporation security）。公司证券是公司为筹措资金而发行的有价证券。公司证券包括的范围比较广泛，内容也比较复杂，但主要有股票、公司债券等。

（2）按所体现内容的不同，有价证券可分为货币证券、资本证券和货物证券。

① 货币证券（monetary security）指可以用来代替货币使用的有价证券，是商业信用工具。货币证券在范围和功能上与商业票据基本相同，即货币证券的范围主要包括期票、汇票、支票和本票等。

② 资本证券（capital security）。资本证券是有价证券的主要形式，它是指把资本投入企业或把资本贷给企业的一种证书。资本证券主要包括股权证券（所有权证券）和债权证券。股权证券具体表现为股票，有时也包括认股权证；债权证券则表现为各种债券。狭义的有价证券通常仅指资本证券。

资本证券的功能和作用与经济运行中的职能资本既有相似之处（都能给其所有者带来盈利），也有非常明显的区别。资本证券并非实际资本，而是虚拟资本，虽然也有价格，但自身却没有价值，形成的价格只是收入的资本化。资本证券是独立于实际资本之外的一种资本存在形式，它间接地反映实际资本的运动状况。

③ 货物证券（documents of title to goods）。货物证券是对货物有提取权的证明，它证明证券持有人可以凭单提取单据上所列明的货物。货物证券主要包括栈单、运货证书及提货单等。

(3) 根据上市与否，有价证券可分为上市证券（listing security）和非上市证券（unlisted security）。上市证券又称"挂牌证券"，指经证券主管机关批准，并向证券交易所注册登记，获得资格在交易所内进行公开买卖的有价证券。为了保护投资者利益，证券交易所对申请上市的公司都有一定的要求，满足了这些要求才准许上市；非上市证券也称非挂牌证券、场外证券，不允许在证交所内交易，但可以在场外交易市场交易。

2. 证券投资的目的

证券投资一般出于以下几种目的。

(1) 获取投资收益。证券投资包括短期证券投资和长期证券投资。短期证券投资是指通过购买计划在一年内变现的证券而进行的对外投资。当企业某一时期的现金流出量超过现金流入量时，可以随时出售证券，以满足企业对现金之需要，并在一定程度上增加企业的收益。长期证券投资是指通过购买不准备在一年之内变现的有价证券而进行的对外投资，以获取较高的投资收益。

(2) 出于"投机"目的。"投机"是根据对市场的判断，把握投资机会，利用市场出现的价差进行买卖，从中获得利润的交易行为。因此，投机的目的很直接——就是获得资本利得。企业出于投机的目的进行证券投资时，风险较大，不能因此损害企业的整体利益。

(3) 满足企业未来的财务需要。有时企业为了将来的资金需要，如进行长期投资，或者偿还债务，或者季节性经营等原因，会将目前闲置不用的现金用于购买有价证券，进行证券投资，以获取当前的收益，待将来需要现金时，再将有价证券变现。这种证券投资实际上是为了满足企业未来现金需求的目的。

(4) 取得被投资企业控制权。有时企业从战略考虑，试图取得对某一企业的控制权，通常的手段是购买股票对其进行股权性投资。

6.5.2 债券投资

所谓债券（bond）是借款人为了筹集资金向债权人承诺在一定时期内按一定利率支付利息并在特定日期偿还本金，而从债权人处取得资金的书面证明。债券也是一种信用凭证，无论是企业债券、金融债券还是政府债券，都是经济主体为筹措资金而向投资者出具的、承诺到期还本付息的债权债务凭证。

1. 债券投资的基本特征

债券作为一种债权债务凭证，与其他有价证券一样，也是一种虚拟资本，而非真实资本，它是经济运行中实际运用的真实资本的证书。债券投资具有以下4个特征。

(1) 偿还性。指债券必须规定到期期限，由债务人按期向债权人支付利息并偿还本金。

(2) 流动性。指债券能够迅速转变为货币而又不会在价值上蒙受损失的一种能力。一般来说，如果一种债券在持有期内不能任意转换为货币，或者在转换成货币时需要付出较高成本，如较高的交易成本或较大的资本损失，这种债券的流动性就较低。

（3）安全性。与股票相比，债券通常规定有固定的利率。与企业绩效没有直接联系，收益比较稳定，风险较小。此外，在企业破产时，债券持有者优先于股票持有者享有对企业剩余资产的索取权。一般来说，具有高流动性的债券其安全性也较高。导致债券价格下跌的风险有两类：①信用风险指债券发行人不能按时支付利息和偿还本金的风险。这主要是与发行者的资信情况和经营状况有关。②市场风险指债券的市场价格因市场利率上升而跌落的风险。债券的市场价格与利率呈反方向变化。

（4）收益性。债券的收益性主要表现在两个方面，一是投资债券可以给投资者定期或不定期地带来利息收入；二是投资者可以利用债券价格的变动，买卖债券赚取差额。这一点主要是通过对市场利率的预期来实现的。

债券的偿还性、流动性、安全性与收益性之间存在一定的矛盾。一种债券，很难同时具备以上 4 个特征。如果某种债券流动性强，安全性高，人们便会争相购买，债券价格上涨，收益率降低；反之，如果某种债券的风险大，流动性差，购买者则少，债券价格下降，其收益率相对提高。

2. 债券的价值评估与收益

1) 债券的基本价值评估

债券的价格可分成发行价格与市场交易价格两类。债券的发行价格是指在发行市场（一级市场）上，投资者在购买债券时实际支付的价格。债券的市场交易价格是债券发行后，一部分可流通债券在流通市场（二级市场）上按不同的价格进行交易时的价格。交易价格的高低，取决于公众对该债券的评价、市场利率以及人们对通货膨胀率的预期等。

债券基本价值的评估是假定各种债券的名义和实际支付金额都是确定的，尤其是假定通货膨胀的幅度可以精确地预测出来，从而使对债券的估价可以集中于时间的影响上。

债券的基本估价公式为：

债券价值＝债券未来各期利息收入的现值合计＋债券未来到期票面值的现值或到期前变现收入的现值

因此，债券估价可分为以下 4 种典型情况。

（1）分期付息，到期还本。对于普通的按期（一般以年为单位）付息、到期还本的债券来说，其预期货币收入有两个来源：持有期定期收到的票面利息和票面额（持有至到期日）或到期日前变现收入，其价值决定公式为：

$$V=\frac{I_1}{(1+r)^1}+\frac{I_2}{(1+r)^2}+\cdots+\frac{I_n}{(1+r)^n}+\frac{M}{(1+r)^n}=\sum_{t=1}^{n}\frac{I_t}{(1+r)^t}+\frac{M}{(1+r)^n}$$

式中：V 为债券的价值；I_t 为各期收到的利息；M 为债券面值或到期前变现收入；n 为债券持有期限；r 为贴现率；t 为付息时期。

（2）到期一次还本付息。对于到期一次还本付息的债券来说，其预期货币收入为到期日收到的票面额和按照票面约定的利息额或到期前的变现收入，其价值决定公式为：

$$V=\frac{I+M}{(1+r)^n}$$

式中：V 为债券的价值；I 为到期时的利息总额；M 为债券票面值（若债券到期前兑付或销售，则 $I+M$ 为全部变现收入）；n 为债券实际持有期限；r 为贴现率。

【例 6-15】某企业发行 3 年期企业债券，面值为 1 000 元，票面利率为 8%（单利），市场利率为 6%，分别计算分期付息、到期还本和到期一次还本付息的每张债券的值。

【解】分期付息、到期还本的债券价值：

$$V=\frac{1\,000\times8\%}{(1+6\%)^1}+\frac{1\,000\times8\%}{(1+6\%)^2}+\frac{1\,000\times8\%}{(1+6\%)^3}+\frac{1\,000}{(1+6\%)^3}$$

$$=80\times0.943\,4+80\times0.890\,0+80\times0.839\,6+1\,000\times0.839\,6$$

$$=1053.44(元)$$

到期一次还本付息的债券价值：

$$V=\frac{1\,000\times8\%\times3+1\,000}{(1+6\%)^3}=1\,041.10(元)$$

（3）贴现债券。贴现债券（discount bond）是指在票面上不规定利率，发行时按某一折扣率，以低于票面金额的价格发行，到期时按面额偿还本金的债券，发行价与票面金额之差额相当于预先支付的利息。因此，贴现债券的价值为票面金额的现值或到期前变现收入的现值，即：

$$V=\frac{M}{(1+r)^n}$$

式中：M 为债券票面金额或到期前变现收入；n 为债券持有期限；r 为贴现率；V 为债券的价值。

（4）永久债券。永久债券是指没有到期日，无限期定期支付利息的债券。其价值评估的基本公式为：

$$V=\frac{I}{r}$$

式中：V 为债券的价值；I 为定期支付的利息；r 为贴现率。

上述 4 个公式中，贴现率 r 为市场利率或投资者要求的必要报酬率。

2）影响债券价值的基本因素

根据债券价值的基本评估公式，得出影响债券价值有以下基本因素。

（1）债券面额。它是债券到期日发行公司应偿付债权人的本金，也是确定债券价值的基础。一般来说，面值越大，价值越高。

（2）债券期限。它是指从债券发行日至债券到期日的期间。债券的偿债期限越长，则投资风险越大，投资者要求的报酬也越高，债券的价值会相对降低。

（3）票面利率。它是发行公司发行债券时约定向债券持有人支付的投资报酬率。通常以年利率表示，是债券的名义利率。一般来说，债券的票面利率越高，价值也越高。债券的面值与利率的乘积为债券的年利息额。

（4）市场利率。债券价值的高低还受债券的票面利率与市场利率差异的影响，票面利率一定时，市场利率越高，债券的价值越低；反之，债券的价值越高。

债券的票面金额、票面利率、债券期限在债券发行前已经确定，并载明于债券券面上，不易变动。因此，决定债券价值的关键是市场利率；当市场利率与票面利率一致时，债券价值应等于票面金额；当市场利率低于票面利率时，债券价值应高于票面金额；当市场利率高于票面利率时,债券价值应低于票面金额。

应用案例 6-3

美国长期国库债券的利率风险

【案情简介】

利率风险是投资美国国库债券时所承受的最主要风险。在过去的数十年中,美国长期国库债券受利率风险影响,其价格的波动,最低曾跌到其票面值的80%,最高时涨到其票面值的120%。美国国库债券的票面值有1 000、1万、10万美元或是更大的面额,但最小面额是1 000美元。然而,国库债券的市场价格每分每秒都在上下波动,除非是在债券到期日当天,国库必须偿还票面值给债券持有人,否则债券市场价格是很少会等于票面值的。因此,以面值1 000美元的债券为例,债券价格在过去数十年中,市场价格因利率变化而导致的涨跌为800~1 200美元。

【案例点评】

美国国库不可能宣布破产。但这不表示投资国库债券就毫无风险,投资者承受了另一种风险:利率风险。

此外,债券利息的支付方式也在一定程度上影响债券的价值。因此,债券的价值是各种因素综合作用的结果。

3. 债券投资的收益

债券投资的收益主要包括两方面的内容:一是债券的利息收入;二是资本利得,即债券买入价与卖出价(在持有至到期的情况下为到期偿还额)之间的差额,当卖出价高于买入价时为资本收益,反之为资本损失。此外,有的债券还可能因参与公司盈余分配,或拥有转股权而获得的其他利益。债券收益率是衡量债券收益水平的尺度,一般以债券在特定期间带来的收益额与买入价(或者本金)的比率表示。决定债券收益率的因素主要有债券票面利率、期限、面值、持有时间、购买价格和出售价格。

(1)短期债券收益率。因为期限短,所以短期债券收益率计算一般不考虑时间价值因素,可根据持有情况形成以下两种基本的计算公式。

① 持有期收益率指买入债券后持有一段时间,又在债券到期前将其出售而得到的收益率。它包括持有债券期间的利息收入和资本利得。

$$持有期间收益率 = \frac{卖出价格 - 买入价格 + 持有期间现金利息收入}{买入价格 \times 持有年数} \times 100\%$$

② 到期收益率又称最终收益率,到期收益率同样包括了利息收入和资本利得。

$$到期收益率 = \frac{面值 + 利息总额 - 购买价格}{购买价格 \times 距到期日年数} \times 100\%$$

【例6-16】A、B两个投资者于2011年1月1日按每张950元的价格分别购买了面值为1 000元,偿还期1年,券面利率为8%,每季付息一次的人民币债券10张。其中A投资者购买的债券于第2季度末按每张1 020元的价格全部售出,B投资者债券持有至到期,问各投资者的收益率是多少?

【解】A、B两个投资者的债券收益率分别是:

A 投资者持有期间收益率=(1 020-950+1 000×8%/12×6)/(950×0.5)=23.16%

B 投资者到期收益率=(1 000-950+1 000×8%)/(950×1)=13.68%

(2) 长期债券收益率。长期债券收益率是指以特定价格购买并持有 1 年以上的债券所能获得的实际收益率，它是能使未来现金净流入量现值等于债券买入价格的折现率，即内含报酬率。假设 r 为实际收益率；I 为每年利息收益；P 为购买价格；M 为到期偿还额（面额）或到期前的出售价格；n 为计息期数。

① 贴现债券。

因为：$M=P\times(1+r)^n$

所以：$r=\sqrt[n]{\dfrac{M}{P}}-1$

② 永久债券。

$$r=\dfrac{I}{P}$$

③ 息票债券。息票债券又分为分期付息、到期还本和到期一次还本付息两种情况，其实际收益率可根据债券的基本估价公式计算 r。

【例 6-17】A 企业于 2011 年 1 月 5 日以每张 1 020 元的价格购买 B 企业发行的利随本清的企业债券。该债券的面值为 1 000 元，期限为 3 年，票面年利率为 10%，不计复利。要求：

(1) 如果 A 企业持有该债券至到期，实际收益率为多少？

(2) 如果 A 企业于 2013 年 1 月 5 日将该债券以 1 130 元的市价出售，计算该债券的实际收益率。

【解】根据债券的基本估价公式，$V=\dfrac{I+M}{(1+r)^n}$

(1) A 企业持有该债券至到期收入包括面值和利息收入，所以：

$$r=\sqrt[n]{\dfrac{I+M}{V}}-1=\sqrt[3]{\dfrac{3\times 100+1\ 000}{1\ 020}}-1=8.42\%$$

(2) 2013 年 1 月 5 日将该债券以 1 130 元的市价出售，没有利息收入，所以：

$$r=\sqrt[n]{\dfrac{I+M}{V}}-1=\sqrt[3]{\dfrac{0+1\ 130}{1\ 020}}-1=3.47\%$$

6.5.3 股票投资

1. 股票投资的本质及其特征

股票（stock）是股份公司发行的、用以证明投资者的股东身份和权益，并据以获得股利的一种可转让的股权凭证。

股票投资和债券投资都属于证券投资。证券投资与其他投资相比，总的来说具有高风险、高收益、易于变现的特点，但股票投资相对于债券投资而言又具有以下特征。

1) 股票投资是权益性投资

股票投资是权益性投资，股票是代表所有权的凭证，持有人作为发行公司的股东，依法享有资产收益、参与重大决策和选择管理者等权利。

2) 股票投资的风险大

投资者购买股票后,不能要求股份公司偿还本金,只能在证券市场上转让。因此股票投资者至少面临两方面的风险:一是股票发行公司经营不善所形成的预期收益下降风险;二是股票市场价格变动所形成的价差风险,2015年6月26日,深、沪两市甚至有近2 000股跌停。

3) 股票投资的收益率高

由于投资的高风险性,股票作为一种收益不固定的证券,其收益率总体上高于债券。

2. 股票投资的价值决定

1) 市盈率估价方法

市盈率(price/earning)是某种股票每股市价与每股盈利的比率。其计算公式为:

$$市盈率 = \frac{每股价格}{每股收益}$$

式中的分子是当前的每股市价,分母可用最近一年盈利,也可用未来一年或几年的预测盈利。如果能分别估计出股票的市盈率和每股收益,那么就能间接地由此公式估计出股票价格。市盈率估价方法是估计普通股价值的最基本、最重要的指标之一。

2) 贴现现金流模型

(1) 基本模型。按照收入的资本化定价方法,任何资产的内在价值(intrinsic value)都是由这种资产在未来时期所带来的现金流量现值决定的。普通股的内在价值是由普通股带来的未来现金流量的现值决定的,股票给持有者带来的未来现金流入包括两部分:股利变现收入和出售时的现金收入。其基本计算公式为:

$$V = \frac{D_1}{(1+r)^1} + \frac{D_2}{(1+r)^2} + \frac{D_3}{(1+r)^3} + \cdots + \frac{D_\infty}{(1+r)^\infty} = \sum_{t=1}^{\infty} \frac{D_t}{(1+r)^t}$$

即

$$V = \sum_{t=1}^{\infty} \frac{D_t}{(1+r)^t}$$

式中:V是股票价值;D_t是股票第t年带来的现金流入量;r为折现率(股票的必要报酬率);t是持有年限。

这是股票估价的一般模型,无论D_t的具体形态如何(递增、递减、固定或随机变动),此模型均有效。

在这个方程里,假定在所有时期内贴现率都是一样的。

(2) 零增长模型(固定股利模型)。零增长模型,假定股利增长率等于零,即$g=0$,也就是说未来的股利按一个固定数量支付。根据这个假定,用D_0代替零增长模型中的D_t。

$$V = \sum_{t=1}^{\infty} \frac{D_0}{(1+r)^t} = D_0 \sum_{t=1}^{\infty} \frac{1}{(1+r)^t}$$

根据等比数列求和公式,得:

$$\sum_{t=1}^{\infty} \frac{1}{(1+r)^t} = \frac{1}{r}$$

所以
$$V=\frac{D_0}{r}$$
式中：V 为股票的内在价值；D_0 为在未来无限期支付的每股股利；r 为必要收益率。

【例 6-18】某股票年股利 1 元，必要报酬率为 12.5%，要求计算该股票的内在价值。

【解】股票的内在价值＝年股利额/必要收益率＝1/12.5%＝8（元）

若股票市价低于 8 元，则可获得高于 12.5% 的收益。反之，则可获得低于 12.5% 的收益。

(3) 不变增长模型。如果假设股利永远按不变的增长率增长，就可建立不变增长模型。根据第 5 章普通股资本成本不变增长模型得：
$$K_c=\frac{D_1}{P}+g$$

若从筹资者视角转变为投资者视角，则可用收益率 r 代替资本成本 K_c，用股票价值 V 代替股票价格 P，上式可变为：
$$V=\frac{D_1}{r-g}$$

【例 6-19】A 公司准备投资购买 B 公司的股票，该股票上年每股股利为 2 元，预计以后每年以 4% 的增长率增长，A 公司经过分析后，认为必须得到 10% 的报酬率，才能购买该公司的股票。要求计算该种股票的内在价值。

【解】$V=2\times(1+4\%)/(10\%-4\%)=34.67$（元）

即 B 公司的股票价格在 34.67 元以下时，A 公司才能购买。

假如目前每股股票价格是 40 元，股票被高估 5.33 元，建议投资者暂不购买。

3) 普通股估价模型的局限性

运用这一模型评估股票价值的局限性在于以下 4 个方面。

(1) 未来现金流入量的现值只是决定股票价值的基本因素而不是全部因素，其他很多因素（如投机行为等）可能会导致股票的市场价格大大偏离根据模型计算得出的价值。

(2) 模型对未来期间股利流入量预测数的依赖性很强，而这些数据很难准确预测。股利固定不变、股利固定增长等假设与现实情况可能存在一定的差距。

(3) 股利固定模型、股利固定增长模型的计算结果受 D_0 或 D_1 影响很大，而这两个数据可能具有人为性、短期性和偶然性，模型放大了这些不可靠因素的影响力。

(4) 折现率的选择有较大的主观随意性。

3. 股票投资的收益

1) 短期投资收益率

短期投资收益率是投资者持有股票时间不超过一年，因此，不考虑复利计息问题，其持有期收益率计算与短期债券持有期收益率计算原理相同，基本公式为：

$$持有期收益率=\frac{（股票售出价－股票买入价）+持有期间分得的现金股利}{股票买入价\times持有年限}\times100\%$$

式中：持有年限等于实际持有天数除以 360，也可以用持有月数除以 12 表示。

2) 股票长期投资收益率

(1) 一般模型。如果股票持有时间超过一年，需要考虑资金的时间价值，其实际收益率可按求内含报酬率方法计算。

(2) 零增长模型（股利固定模型内含报酬率）。

根据方程
$$V=\frac{D_0}{r}$$

计算投资收益率应将价值 V 变为价格 P，

得
$$r=\frac{D_0}{P}$$

(3) 不变增长模型内含报酬率。

根据戈登模型 $K_c=\frac{D_1}{P}+g$，从筹资者视角转变为投资者视角，用收益率 r 代替资本成本 K_c，可得出不变增长股利股票的内含报酬率：

$$r=\frac{D_0(1+g)}{P}+g \text{ 或 } r=\frac{D_1}{P}+g$$

特别提示

均值回复代表了金融市场上的某种"万有引力定律"，因为通常收益会很神奇地回到某种均值水平。在两个多世纪的时间中，以 25 年时间为 1 个周期流动，美国股票市场的实际收益率围绕 6.7% 的均值上下波动，说明金融市场的长期理性。

习 题

1. 单项选择题

(1) C 公司对某投资项目的分析与评价资料如下：该投资项目适用的所得税率为 25%，年税后营业收入为 750 万元，税后付现成本为 375 万元，税后净利润 225 万元。那么，该项目年营业现金净流量为（　　）元。
　　A. 550　　　　　B. 375　　　　　C. 225　　　　　D. 425

(2) 已知某设备原值 60 000 元，税法规定残值率为 10%，最终报废残值 5 000 元，该公司所得税率为 25%，则该设备最终报废由于残值带来的现金流入量为（　　）元。
　　A. 5 250　　　　B. 250　　　　　C. 5 000　　　　D. 1 250

(3) 某投资项目年初投资为 12 万元，有效期 3 年，每年可获得现金净流量 4.6 万元，则该项目内含报酬率为（　　）。
　　A. 6.68%　　　　B. 7.33%　　　　C. 7.68%　　　　D. 8.32%

(4) 若某投资项目的建设期为零，则直接利用年金现值系数计算该项目内含报酬率指标所要求的前提条件是（　　）。
　　A. 投产后净现金流量为普通年金形式　　　　B. 投产后净现金流量为递延年金形式
　　C. 投产后各年的净现金流量不相等　　　　　D. 在建设起点没有发生任何投资

(5) 某企业拟进行一项固定资产投资项目决策，设定贴现率为 12%，有 4 个方案可供选择。其中甲方案的项目计算期为 10 年，净现值为 1 000 万元，(P/A, 12%, 10) = 5.650 2；乙方案的现值指数为 0.85；丙方案的项目计算期为 11 年，年均净现金流量为 150 万元；丁方案的内含报酬率为 10%。最优的投资方案是（　　）。
　　A. 甲方案　　　　B. 乙方案　　　　C. 丙方案　　　　D. 丁方案

(6) 某项目原始投资 50 万元，使用寿命 5 年，第 5 年经营现金净流量为 25 万元，期满固定资产残值净收入及收回垫支流动资金 5 万元，则该项目第 5 年的净现金流量为（　　）万元。
　　A. 8　　　　　　B. 25　　　　　　C. 30　　　　　　D. 43

（7）在下列方法中，可以直接用于项目寿命期不相同的多个互斥方案比较决策的方法是（　　）。
A. 净现值法　　　　B. 年均净现金流量法　C. 内含报酬率法　　D. 现值指数法

（8）某公司打算投资一个项目，预计该项目需固定资产投资1 000万元（不需要安装，该资金均为自有资金），为该项目计划借款融资1 000万元，年利率5%，到期还本付息。该项目可以持续5年。估计每年固定成本为（不含折旧）20万元，变动成本是每件60元。固定资产折旧采用直线法，折旧年限为10年，估计净残值为10万元。销售部门估计各年销售量均为5万件，该公司可以接受130元/件的价格，所得税税率为25%。则该项目第1年的经营净现金流量为（　　）万元。
A. 231　　　　　　B. 330　　　　　　C. 272.25　　　　D. 173.25

（9）年末ABC公司正在考虑卖掉现有的一台闲置设备。该设备于8年前以40 000元购入，税法规定的折旧年限为10年，按直线法计提折旧，预计残值率为10%，已提折旧28 800元；目前可以按10 000元价格卖出，假设所得税率25%，卖出现有设备对本期现金流量的影响是（　　）。
A. 减少360元　　　B. 减少1 200元　　C. 增加9 640元　　D. 增加10 300元

（10）在考虑所得税影响的情况下，下列可用于计算营业现金净流量的算式中，正确的有（　　）。
A. 税后营业利润＋非付现成本
B. 营业收入－成本－所得税
C. （营业收入－付现成本）×（1－所得税税率）
D. 营业收入×（1－所得税税率）＋非付现成本×所得税税率

2. 多项选择题

（1）债券A和债券B是两只刚发行的每年付息一次的债券，两个债券的面值、票面利率、市场利率均相同，以下说法中，正确的有（　　）。
A. 若市场利率高于票面利率，偿还期限长的债券价值低
B. 若市场利率低于票面利率，偿还期限长的债券价值高
C. 若市场利率高于票面利率，偿还期限短的债券价值低
D. 若市场利率低于票面利率，偿还期限短的债券价值高

（2）有两个方案的原始投资额相同，如果无论从哪方面看，甲方案均优于乙方案，则有（　　）。
A. 甲方案的净现值大于乙方案　　　　　　B. 甲方案的现值指数大于乙方案
C. 甲方案的投资回收期大于乙方案　　　　D. 甲方案的内含报酬率大于乙方案
E. 甲方案平均投资报酬率大于乙方案

（3）对于同一投资方案，下列说法正确的是（　　）。
A. 资本成本越高，净现值越低
B. 资本成本相当于内含报酬率时，净现值为零
C. 资本成本高于内含报酬率时，净现值小于零
D. 资本成本高于内含报酬率时，净现值大于零

（4）关于内含报酬率下列说法中正确的是（　　）。
A. 它是未来现金流出量与现金流入量相等时的贴现率
B. 它是未来现金流入量现值与现金流出量现值相等时的贴现率
C. 它是能使净现值为零的贴现率
D. 它是以资金成本为对比对象的

（5）下列属于内含报酬率法的缺点的是（　　）。
A. 没有考虑了资金时间价值
B. 不便于独立投资方案的比较决策
C. 不便于不同投资规模的互斥方案的决策
D. 不能直接考虑投资风险大小

(6) 某企业拟按15%的必要投资报酬率进行一项固定资产投资决策，所计算的净现值指标为100万元，无风险报酬率为8%。下列表述中正确的是（   ）。

A. 该项目的现值指数大于1
B. 该项目内含报酬率小于8%
C. 该项目风险报酬率为7%
D. 该企业不应进行此项投资

(7) 某企业正在讨论两个投资方案 A 方案寿命期10年，净现值为400万元，内含报酬率为10%；B 方案寿命期10年，净现值为300万元，内含报酬率为15%。据此可以认定（   ）。

A. 若AB两方案是互斥方案，则 A 方案较好
B. 若AB两方案是互斥方案，则 B 方案较好
C. 若AB两方案是独立方案，则 A 方案较好
D. 若AB两方案是独立方案，则 B 方案较好

(8) 影响债券价值的因素有（   ）。

A. 债券面值
B. 票面利率
C. 投资者要求的报酬率
D. 付息方式

(9) 长期债券的实际收益率（   ）。

A. 是投资债券所获得的收益率
B. 是按复利计算的收益率
C. 是使未来现金流入现值等于债券面值的贴现率
D. 是评价债券收益水平的指标

(10) 若只考虑利率变动对债券价值的影响，下列说法正确的是（   ）。

A. 平价发行的债券，其实际收益率等于票面利率
B. 如果债券实际收益率低于投资人要求的报酬率，则应买进该债券
C. 如果债券的价值高于其价格，则应买进该债券
D. 如果买价和面值不等，则债券的实际收益率和票面利率不等

3. 判断题

(1) 按照投资评价的可行性原则的要求，在投资项目可行性研究中，应首先进行财务可行性评价，再进行技术可行性评价，如果项目具备财务可行性和技术可行性，就可以做出该项目应当投资的决策。（   ）

(2) 使得某方案的净现值大于0的贴现率，一定小于该方案的内含报酬率。（   ）

(3) 净现值法不仅适宜于独立投资方案的比较决策，而且能够对寿命期不同的互斥投资方案进行直接决策。（   ）

(4) 证券资产不能脱离实体资产而独立存在，因此，证券资产的价值取决于实体资产的现实经营活动所带来的现金流量。（   ）

(5) 证券市场有甲、乙两种国债一同发售，甲每年付息一次，乙到期一次还本付息，其他条件都相同，则乙种国债更受市场青睐。（   ）

(6) 在投资人想出售有价证券获取现金时，证券不能立即出售的风险是购买力风险。（   ）

(7) 国库券能够更好地避免投资购买力风险。（   ）

(8) 某石油公司预期未来的每股收益为2.5元，如果石油工业的平均市盈率为20，则该石油公司股票的内在价值为每股50元。（   ）

(9) 一般来说，股票的价值与股票的价格总是一致的。（   ）

(10) 世界能源供求状况变化，投资者可以通过证券投资组合降低经营风险。（   ）

4. 计算题

(1) 大华公司有甲、乙两种固定资产投资方案，甲方案的一次投资额为100 000元，有效使用期为5

年，期末无残值，投产后每年可获税后利润10 000元。乙方案的一次性投资额为80 000元，有效使用期为4年，期末有残值8 000元，各年的税后利润分别为7 000元、8 000元、9 000元、10 000元。若该企业的资金成本为10%，采用平均年限法计提折旧。

要求：计算上述两方案的投资回收期、投资报酬率、净现值、内含报酬率、现值指数和年均净现金流量，并做出投资决策。

(2) 某公司原有设备一套，购置成本为150万元，预计使用10年，已使用5年，预计残值为原值的10%，该公司用直线法提取折旧，现该公司拟购买新设备替换原设备，以提高生产率，降低成本。新设备购置成本为200万元，使用年限为5年，同样用直线法提取折旧，预计残值为购置成本的10%，使用新设备后公司每年的销售额可以从1 500万元上升到1 650万元，每年付现成本将从1 100万元上升到1 150万元，公司如购置新设备，旧设备出售可得收入100万元，该企业的所得税税率为25%，资本成本为10%。

要求：通过计算说明该设备是否更新。

(3) 某公司于2002年1月1日发行一种3年期的新债券，该债券的面值为1 000元，票面利率为14%，每年付息一次。

要求：
① 如果债券的发行价为1 040元，其实际收益率是多少？
② 假定2003年1月1日的市场利率为12%，债券市价为1 040元，是否应购买该债券？
③ 假定2004年1月1日的市场利率下降到10%，那么此时债券的价值是多少？
④ 假定2004年1月1日的债券市价为950元，此时购买债券的实际收益率为多少？（以上计算系数保留至小数点后4位，结果保留至小数点后两位）

(4) 甲企业计划利用一笔长期资金投资购买股票。现有M公司股票、N公司股票、L公司股票可供选择，甲企业只准备投资一家公司股票。已知M公司股票现行市价为每股2.5元，上年每股股利为0.25元，预计以后每年以6%的增长率增长。N公司股票现行市价为每股7元，上年每股股利为0.6元，股利分配政策将一贯坚持固定股利政策。L公司股票现行市价为4元，上年每股支付股利0.2元。预计该公司未来三年股利第1年增长14%，第2年增长14%，第3年增长5%。第4年及以后分别计算M、N、L公司股票价值后将保持每年2%的固定增长率水平。

若无风险利率为4%，股票市场平均收益率为10%，M公司股票的β系数为2，N公司股票的β系数为1.5，L公司股票的β系数为1。

要求：
① 利用股票估价模型，分别计算M、N、L公司股票价值。
② 代甲企业做出股票投资决策。

5. 思考题

(1) 投资决策为什么要以现金净流量而不是净收益作为评价项目经济效益的基础？
(2) 净现值、现值指数和内涵报酬率三者之间存在什么关系？
(3) 贴现现金流量模型评估股票、债券价值的前提条件是什么？

6. 案例分析

ABC公司建设新商场对公司股票价格的影响

张会是东方咨询公司的一名财务分析师，应邀评估ABC公司建设新商场对公司股票价值的影响。张会根据公司情况作了以下估计。

(1) 公司本年度净收益为200万元，每股支付现金股利2元，新建商场开业后，净收益第一年、第二年均增长15%，第三年增长8%，第四年及以后将保持这一净收益水平。
(2) 该公司一直采用固定支付率的股利政策，并打算今后继续实行该政策。
(3) 公司的β系数为1，如果将新项目考虑进去，β系数将提高到1.5。

(4) 无风险收益率（国库券）为 4%，市场要求的收益率为 8%。

(5) 公司股票目前市价为 23.6 元。

张会打算利用股利贴现模型，同时考虑风险因素进行股票价值的评估。ABC 公司的一位董事提出，如果采用股利贴现模型，则股利越高，股价越高，所以公司应改变原有的股利政策提高股利支付率。

讨论：

请协助张会完成以下工作：

(1) 参考固定股利增长贴现模型，分析这位董事的观点是否正确。

(2) 分析股利增加对可持续增长率和股票的账面价值有何影响。

(3) 评估公司股票价值。

7. 课程实践

假定你在自己就读学校的校园内创办一家打印服务社，请根据你的调研资料从财务角度进行项目可行性分析。

8. 附录

如何用 Excel 软件计算净现值和内含报酬率

项目投资决策时，可以借助 Excel 软件计算净现值（NPV）和内含报酬率（IRR）两个重要的财务评价指标。

1）净现值计算

操作步骤

(1) 启动 Excel 2007 电子表格，在"开始"菜单栏单击 Σ 下拉菜单，启动"其他函数"。

(2) 在"插入函数"对话框里"或选择类别"选择"财务"，"选择函数"为"NPV"。

(3) 输入相关参数，求出 NPV。

以本章例 6-6 丙方案净现值计算（表 6-4）为例

在 Rate 栏内输入折现率 0.1，在 Value 栏内输入一组每期期末净现金流量，并用逗号隔开。本例第 1-5 年年末现金净流量分别为 4 250、3 950、3 650、3 350、8 050，从该对话框里直接读取计算结果"计算结果≈17 156.91"。

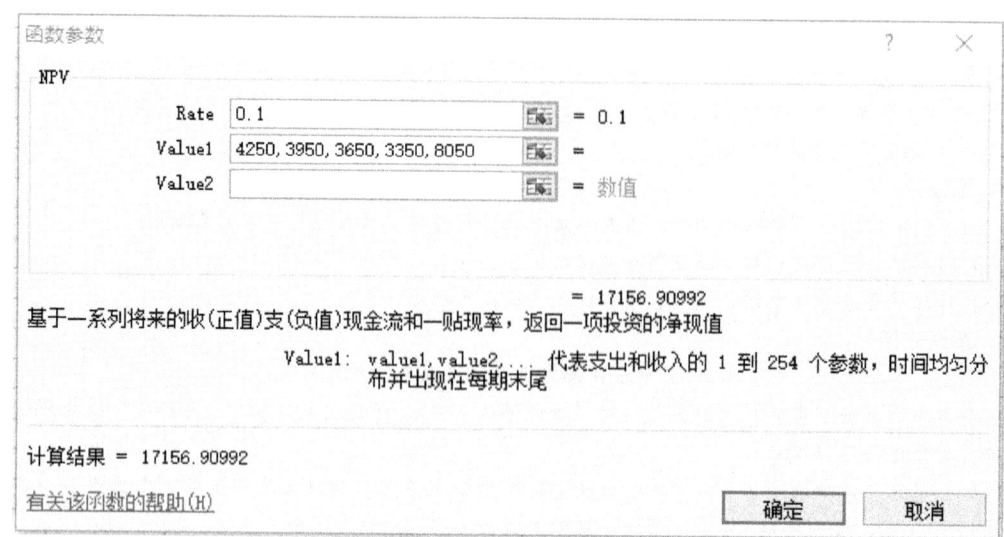

再减去第 1 年年初现金净流量 18 000，即得丙方案净现值-843.09。借助 Excel 软件计算净现值大大提高了工作效率。

2) 内含报酬率计算

操作步骤 (1) 相同，步骤 (2) "选择函数" 为 "IRR" 并打开对话框。

以例 6-9 丙方案内含报酬率计算为例，具体数据如表 6-5

在弹出对话框在 Value 栏内输入一组净现金流量，两头用"{}"，中间用逗号隔开，即"{-18 000，4 250，3 950，3 650，3 350，8 050}"，也可从 Excel 工作簿里直接选取数据，即可从该对话框中直接读出计算结果，或者单击"确定"，将 IRR 的计算结果放到 Excel 工作簿中的任一单元格内。

根据显示，读出 IRR=8.31%，即为丙方案的内含报酬率。

从上面的例子可以看出，利用 Excel 来计算 NPV 和 IRR，会起到事半功倍的效果，省去了繁杂手工计算的烦恼。

第 7 章 营运资金管理

学习目标

知识要点	能力要求	关键术语
现金管理	(1) 理解现金的持有动机与成本 (2) 掌握最佳现金持有量的确定方法	(1) 营运资金；净营运资金 (2) 交易动机；预防动机；投机动机 (3) 管理成本；机会成本；转换成本；短缺成本 (4) 成本分析模型；现金周转模型；随机模型；存货模型
应收款项管理	(1) 了解应收账款的作用及成本 (2) 理解信用政策的内涵及其意义 (3) 掌握信用条件优化的定量分析方法	(1) 应收账款；应收账款账龄 (2) 信用标准；信用条件；收账政策 (3) 信用期限；现金折扣；应收账款收现率；坏账准备
存货管理	(1) 理解存货成本的构成 (2) 掌握存货控制的经济批量模型 (3) 掌握存货的日常控制方法	(1) 订货成本；储存成本；购置成本；缺货成本 (2) 经济订货量；相关总成本；最佳订货批次 (3) 存货采购流程；订货点 (4) 存货保本期；存货保利储存期 (5) ABC分类控制
流动负债管理	(1) 掌握短期借款的管理 (2) 掌握货币市场信用的管理 (3) 掌握商业信用的管理	(1) 短期借款；收款法；贴现法；加息法；借款抵押；补偿性余额；周转信贷协定；信贷限额 (2) 短期融资券；应收账款保理；银行承兑汇票 (3) 商业信用；应付账款；预收账款；商业信用成本；放弃现金折扣成本

引 例

苏宁电器是集家电、电脑、通信为一体的全国大型3C电器专业销售连锁企业。与许多传统行业扩张"赚规模不赚利润"相比,作为中国家电连锁巨头之一,苏宁电器的扩张是"既赚规模又赚利润",主要得益于苏宁电器的应付账款周转管理。2004—2009 年,苏宁电器的现金周转期从 -1 天变到 -56 天,苏宁电器的现金周转绩效的提升并不是存货、应收账款等营运资金周转天数变动结果,而是应付账款周转期延长的结果。那么,什么是营运资金?具体包括哪些内容?怎样提高企业营运资金周转速度?营运资金管理业绩提升对企业经济效益又有什么影响?通过本章学习,你将会从总体上把握营运资金管理的基本方法。

7.1 营运资金概述

7.1.1 营运资金的概念和特点

1. 营运资金的概念

营运资金(working capital)是指在企业生产经营活动中占用在流动资产上的资金,也称广义营运资金;狭义的营运资金又称净营运资金,是指流动资产减去流动负债后的余额,也等于长期资本与长期资产的差额,是企业用以维持正常经营所需要的资金,即企业在生产经营中可用流动资产的净额。如果流动资产等于流动负债,则占用在流动资产上的资金全部由流动负债融资;如果流动资产大于流动负债,则与此相对应的"净流动资产"要以长期负债或股东权益的一定份额为其资金来源。因此,营运资金的管理既包括流动资产的管理,也包括流动负债的管理。

2. 营运资金的特点

为了有效地管理企业的营运资金,必须了解营运资金的特点,以便有针对性地进行管理。营运资金一般具有以下特点。

(1) 周转期限短。流动资产是指在一年或超过一年的一个营业周期内(视何者较长)变现或耗用的资产,包括以下项目:货币资金、交易性金融资产、应收票据、应收账款和存货等,它在企业的生产经营过程中连续反复地周转和循环。这一特点表明营运资金可以通过短期筹资方式加以解决。企业拥有较多的流动资产,可在一定程度上降低财务风险。流动负债又称短期融资,是指需要在一年或者超过一年的一个营业周期内(视何者较长)偿还的债务。主要包括以下项目:短期借款、应付票据、应付账款、应付职工薪酬、应交税费及未交利润等。流动负债具有成本低、偿还期短的特点,必须认真进行管理,否则,将使企业承受较大的财务风险。

(2) 物质形态和价值形态在经营中不断变化。流动资产在周转和循环过程中,物质形态和价值形态随着生产经营过程而不断周而复始地转化,在时间上具继起性,在空间上具有并存性。(如第 1 章图 1.1)

(3) 价值波动较大。无论是流动资产还是流动负债的价值都会随着企业内外条件的变化而变化,时高时低,非季节性企业如此,季节性企业更是如此。

(4) 项目多。流动资产、流动负债的项目多而分散,"互济性"强,因此要求调度灵活,配合协调,以较低的资金占用实现较高的周转额。

(5) 变现能力强。流动资产一般都具有较强的变现能力,企业如遇到意外情况,出现资金周转不灵、现金短缺时,可以快速变现这些资产,获得现金。

(6) 投资次数频繁。企业经常面临流动资产投资的问题,有时会在一个月内多次追加对现金、存货等项目的投资。

因此,营运资金管理就好比相互咬合的齿轮,供应、生产、销售,业务流川流不息;现金、存货、应收账款,资金链息息相关。企业应全面提升资金营运效率,严禁资金体外循环,实现营运资金的合理占用和良性周转,避免资金链断裂。营运资金的不断循环周转,才是企业利润的真正源泉。

7.1.2 企业资产组合

资产可分为流动资产与长期资产(或称非流动资产)两大类,长期资产主要包括持有至到期投资、长期应收款、长期股权投资、投资性房地产、固定资产、在建工程、无形资产、长期待摊费用、可供出售金融资产等。企业资产总额中流动资产与长期资产之间的比例关系称为企业资产组合。

企业在确定资产组合时,需要考虑的核心问题就是组合的风险与收益。一般而言,流动资产占资产总额的比重越大,营运资金短缺的风险就越小,其收益水平也较低;反之,流动资产占资产总额的比重越小,营运资金短缺的风险就越高,但相应地,其收益水平也较高。不同的管理决策者对风险的态度倾向不同,所采取的资产组合决策也不同。一般有以下 3 种选择。

(1) 保守的资产组合决策。该策略是指企业在确定总资产中流动资产比例时,在正常生产经营需要量和正常保险储备量的基础上,再加上一部分额外的储备量,以便降低公司的经营风险。在这一政策下,公司持有的流动资产占全部资产的比例较大。由于流动资产收益率一般低于固定资产的收益率,因此,这一政策下的预期盈利能力将比较低。

(2) 冒险的资产组合决策。该策略是指企业在安排流动资产数量时,只根据正常生产经营需要量而安排很少的保险储备,以便提高公司的投资报酬率。在此政策下,公司持有的流动资产占全部资产的比例相对较少,其净营运资金也相对较少,使公司在取得较高的预期盈利能力的同时,也承受较高的财务风险。

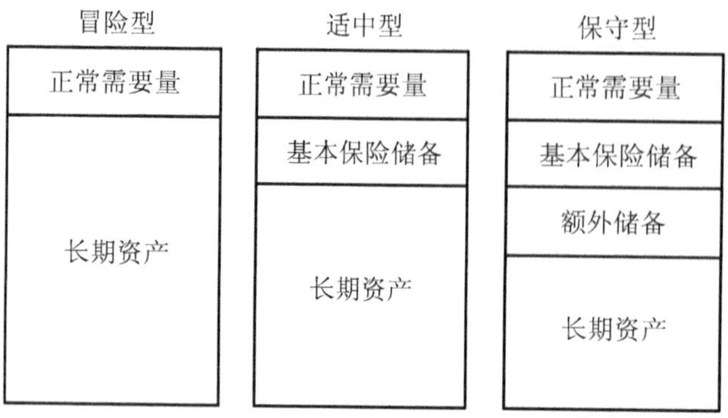

(3) 适中的资产组合决策。该策略是指企业在确定流动资产占总资产的比重时,在保证正常需要的情况下,再适当地留有一定的保险储备,以防不测,其预期盈利能力和风险都居于上述两种策略之间。

三大类型组合策略如图 7.1 所示。

图 7.1 资产组合策略

7.2 现金管理

7.2.1 现金的持有动机与成本

现金是指在生产经营过程中暂时停留在货币形态的资金,包括库存现金、银行存款、银行本票、银行汇票等。现金是流动性最强的资产,可以用来满足生产经营开支的各种需要,也是还本付息和履行纳税义务的保证。因此,拥有足够的现金对于降低企业的财务风险,增强企业资产的流动性有着重要的意义。但是,现金属于低盈利资产,持有量过多,它所提供的流动性边际收益便会随之下降。因此,企业必须合理确定现金持有量,不但在数量上与其开支需要相等,而且在期限结构上也要相互衔接。

应用案例 7-1

富翁与乞丐的故事

【案情简介】

某富翁遇到一个乞丐,看到其衣衫单薄,动了恻隐之心,掏钱时发现身上只有 100 元,想到如果把钱给了乞丐那就没法解决午饭了,就把价值 1 000 元的大衣脱下来送给乞丐,乞丐接过来后马上还给他说:"你还是给我现金吧,衣服不能拿去买饭吃!"于是富翁把 100 元给了乞丐,自己饿了一中午。

【案例点评】

故事说明了"现金为王"的道理。现金是一般等价物,它能与任何商品相交换。

(资料来源:曾建斌. 看故事学财务管理. 广州:广东经济出版社,2004.)

1. 现金的持有动机

企业持有一定数量的现金,主要基于以下 3 个方面的动机。

(1) 交易动机(trading motive),是企业用来满足日常营运的现金支出需要。如购买原材料、支付工资、缴纳税款、偿付到期债务、派发现金股利等。企业为满足交易动机所持有的现金量主要取决于企业的销售水平。

(2) 预防动机(precautionary motive),指用来应付意外事件发生对现金支出的需要。如生产事故、坏账、自然灾害等。预防性现金数额的多少,取决于企业对未来现金流量预测的准确程度和企业的融资能力。充足的现金流,既可以增强放贷银行信心,又可以应对企业突发性事件。

(3) 投机动机(speculative motive),是指用于从事投机活动并从中获利的现金需要。如遇到廉价原材料或其他资产供应的机会,或在适当时机购入价格有利的股票和其他有价证券。投机动机现金持有量的大小往往与企业在金融市场或商品市场的投资机会及企业对待风险的态度有关。

2. 现金的持有成本

(1) 管理成本(administration cost),是指企业因保留现金余额而发生的管理费用,如支付给管理人员的工资和安全措施费用等,在一定范围内与现金持有量的多少关系不大,该项成本具有固定成本的性质,属于决策无关成本。

(2) 机会成本(opportunity cost),指因持有现金而丧失的再投资收益,具有变动成本性质,与现金持有量的多少密切相关。比如,若证券投资收益率为10%,企业欲持有10万元现金,就只能放弃1万元的证券投资收益。

(3) 转换成本(conversion cost),指企业现金与有价证券转换过程中所发生的成本,包括固定性转换成本和变动性转换成本。固定性转换成本,如证券过户费、实物交割手续费等,这种成本只与交易的次数有关,而与转换金额无关。在现金需要总量确定的前提下,每次转换的现金越少,现金持有量就越少,需要转换的次数就越多,相应的转换成本就越大;相反,转换成本就越少。因此,固定性转换成本与现金的持有成本决策相关。

变动性转换成本是按成交金额一定比例由投资者支付的佣金、印花税等,这些成本与交易金额相关,而与交易次数无关。在现金需要总量确定的前提下,变动性转换成本是一个确定数,因而属于与现金持有成本决策无关的成本。

(4) 短缺成本(shortage cost),是指现金持有量不足而又无法得到及时补充而给企业造成的损失,例如,不能及时购进材料给企业造成的停工损失。现金短缺成本与现金持有量呈负相关关系。

7.2.2 最佳现金持有量的确定

确定现金最佳持有量的模型主要有成本分析模型、现金周转模型、存货模型和随机模型。

1. 成本分析模型

成本分析模型(cost analysis model)是根据持有现金的有关成本,分析预测其总成本最低时现金持有量的一种方法。运用成本分析模型确定现金最佳持有量时,只考虑因持有一定量的现金而产生的机会成本及短缺成本,而不考虑转换成本和管理费用。这种模型下,最佳现金持有量,就是持有现金而产生的机会成本与短缺成本之和最小时的现金持有量。

【例7-1】某企业有A、B、C、D 4种现金持有方案,它们各自的机会成本、短缺成本及总成本见表7-1。

表7-1 现金持有方案及其总成本比较表　　　　　　　　　　　　单位:元

方案	A	B	C	D
现金持有量	25 000	50 000	75 000	100 000
机会成本	3 000	6 000	9 000	12 000
短缺成本	12 000	6 750	2 500	0
总成本	15 000	12 750	11 500	12 000

将以上各方案的总成本加以比较可知,C方案的总成本最低,也就是说当企业持有75 000元现金时,机会成本和短缺成本之和最低,故75 000元是该企业的最佳现金持有量。

成本分析模型的优点是适用范围广泛,尤其适用于现金收支波动较大的企业。缺点是企业持有现金的短缺成本较难预测。

2. 现金周转模型

现金周转模型是根据现金周转期来确定最佳现金持有量的方法。现金周转期是指从现金投入生产经营活动开始，经过供应、生产和销售等过程，最终又转化为现金所需要的时间。在企业的全年现金需求总量一定的情况下，现金周转期越短，企业的现金持有量就越少。现金周转期的计算公式为：

$$现金周转期 = 存货周转期 + 应收账款周转期 - 应付账款周转期$$

现金周转期包括以下内容。

(1) 应付账款周转期是指从购货收到材料开始到偿还货款支付现金所需要的时间。
(2) 存货周转期是指从购货收到材料开始，加工原材料到产成品出售所需要的时间。
(3) 应收账款周转期是指产品销售后将应收账款转换为现金所需要的时间。

例如，购买材料生产产品，1月1日收到材料（赊购），2月1日支付材料款，3月1日产成品对外销售（赊销），4月1日收回赊销款。1月1日至2月1日为应付账款周转期，1月1日至3月1日为存货周转期，3月1日至4月1日为应收账款周转期，2月1日至4月1日为现金周转期。

上述3个方面与现金周转期之间的关系如图7.2所示。

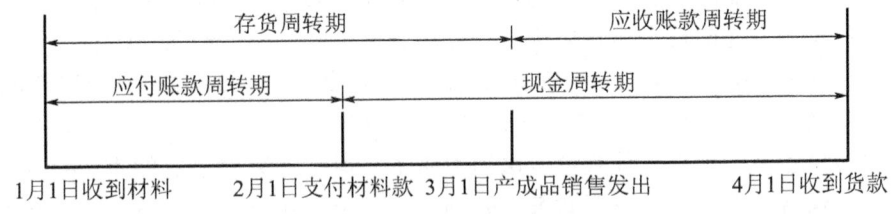

图 7.2　现金周转期示意图

根据现金周转期可以计算出现金周转率，即在一年中现金周转的次数。其计算公式为：

$$现金周转率 = 360 \div 现金周转期$$

现金周转率越高，说明企业现金周转的速度越快，在全年现金需求总量一定的情况下，企业所需的现金持有量就越小。

在企业全年的现金需求总量确定后，可以根据现金周转期或者现金周转率来计算最佳现金持有量，其计算公式为：

$$最佳现金持有量 = (年现金需求总量 \div 360) \times 现金周转期$$

或者

$$最佳现金持有量 = 年现金需求总量 \div 现金周转率$$

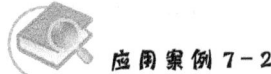

应用案例 7-2

现金周转期：电脑硬件行业的盈利方式

【案情简介】

Dell、HP、LENOVO 都是世界知名的电脑硬件生产商，其中 Dell 在 2004—2006 将收现期缩短到行业最低水平，见表 7-2。

表 7-2　Dell、HP、LENOVO 2004—2006 年的现金周转期　　　　　　　单位：天

公司	Dell			HP			LENOVO		
年度	2004	2005	2006	2004	2005	2006	2004	2005	2006
应收账款周转期	31	32	29	43	39	43	28	32	16
存货周转期	3	4	5	39	35	41	22	14	10
应付账款周转期	70	73	77	51	52	57	15	40	48
现金周转期	−36	−37	−43	31	22	27	35	6	−22

【案例点评】

由此表可见,戴尔公司各年现金周转期均为负数,应收账款周转期远短于应付账款周转期,这说明戴尔公司实际上是利用供应商的资金来"垫付"自身的现金需求,这是营运资金管理的最高境界,无疑将极大降低戴尔公司的营运资金成本。

【例 7-2】 某企业的材料采购和产品销售都采用赊购赊销方式,其应收账款的周转期为 60 天,应付账款的周转期为 50 天,存货的周转期为 40 天。预计该企业 20×8 年的现金需求总量为 2 000 万元。要求采用现金周转模型确定该企业 20×8 年的最佳现金持有量。

首先,计算该企业的现金周转期为:现金周转期 = 40 − 50 + 60 = 50(天)。

其次,计算该企业的现金周转率为:现金周转率 = 360 ÷ 50 = 7.2(次)。

最后,确定该企业的最佳现金持有量为:最佳现金余额 = 2 000 ÷ 7.2 = 277.78(万元)。

或者,最佳现金持有量 = (2 000 ÷ 360) × 50 = 277.78(万元)。

现金周转模型确定现金最佳余额方法简单明了。但是,要求企业的生产经营活动比较平稳,并且要保持长期稳定的信用政策。否则,计算出的最佳现金余额就不够准确。

3. 存货模型

存货模型(inventory model)是将存货经济订货批量模型应用于确定目标现金持有量。利用存货模型计算现金最佳持有量时,对短缺成本不予考虑,只对机会成本和转换成本予以考虑。机会成本和转换成本随着现金持有量的变动而呈现出相反的变动趋向,因而能够使现金管理的机会成本与转换成本之和保持最低的现金持有量,即为最佳现金持有量。

存货模型应用的基本前提是:①企业的现金流入量是稳定并可预测的。也就是企业在一定时期内,其现金收入是均匀发生的,并能够可靠地预测其数量。②企业的现金流出量是稳定并可预测的。即现金支出也是均匀发生的,并能可靠预测其数量。③在预测期内,企业不能发生现金短缺,可以通过出售有价证券来补充现金。④证券的利率或报酬率以及每次的转换成本可以确定。

根据这些假设条件,企业便可利用存货模型来确定现金的最佳持有量,计算公式如下。

设 A 为一个周期内现金总需求量;B 为每次转换有价证券的固定性转换成本;Q 为最佳现金持有量(每次证券变现的数量);C 为有价证券利息率(机会成本)(注意:C 与 A 的期间必须一致);TC 为现金管理相关总成本。则:

现金管理相关总成本 = 机会成本 + 固定性转换成本

即　　　　　　　　$TC = (Q/2) \times C + (A/Q) \times B$

持有现金的机会成本与证券变现的固定性转换成本相等时,现金管理的相关总成本最低,此时的现金持有量为最佳现金持有量。可根据上式采用导数方法求出最小值。(公式推导过程参见"7.4.3 节 1. 存货经济订货批量基本模型"推导)

$$最佳现金持有量 Q = \sqrt{\frac{2AB}{C}}$$

$$最佳平均现金持有量 = \frac{Q}{2}$$

将上式代入总成本计算公式得:

$$最佳现金管理总成本 TC = \sqrt{2ABC}$$

$$最佳转换次数 = A/Q$$

$$最佳转换间隔期 = 360 \div 最佳转换次数$$

该分析模型计算结果比较精确,但由于其使用条件的局限性,该方法的使用受到一定的限制。

【例 7-3】假设某公司预计每年现金需要量为 400 000 元,现金与有价证券每次固定性转换成本为 200 元,有价证券的年收益率为 10%,求最佳现金持有量。

【解】最佳现金持有量 $Q = (2 \times 400\ 000 \times 200 \div 10\%)^{\frac{1}{2}} = 40\ 000$(元)

最佳平均现金持有量 $= 40\ 000 \div 2 = 20\ 000$(元)

最佳现金管理总成本 $TC = \sqrt{2ABC} = \sqrt{2 \times 400\ 000 \times 200 \times 10\%} = 4\ 000$(元)

最佳转换次数 $= A/Q = 400\ 000/40\ 000 = 10$(次)

最佳转换间隔期 $= 360 \div 最佳转换次数 = 360/10 = 36$(天)

4. 随机模型

在实际工作中,企业现金流量往往具有很大的不确定性。图 7.3 显示了随机模型(米勒—奥尔模型),该模型有两条控制线和一条回归线。假定每日现金流量分布接近正态分布,每日现金流量可能低于也可能高于期望值 R,其变化是随机的,只能对现金持有量确定一个控制区域,定出上限 H 和下限 L。当企业现金余额在上限 H 和下限 L 之间波动时,表明企业现金持有量处于合理的水平,无须进行调整。当现金余额达到上限 H 时,则将部分现金转换为有价证券;当现金余额下降到下限 L 时,则卖出部分证券。最低控制线 L 取决于模型之外的因素,其数额由现金管理部门在综合考虑短缺现金的风险程度、企业借款能力、企业日常周转所需资金、银行要求的补偿性余额等因素的基础上确定的。

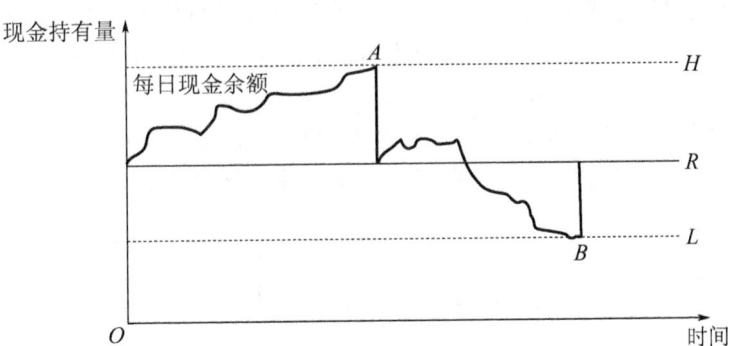

图 7.3 现金持有量的随机模型图

回归线 R 可按下列公式计算：

$$R = \left(\frac{3b \times \delta^2}{4i}\right)^{\frac{1}{3}} + L$$

式中：b 为每次证券转换为现金或现金转换为证券的成本；δ 为企业每日现金流量变动的标准差；i 为以日为基础计算的现金机会成本。

最高控制线 H 的计算公式为：

$$H = 3R - 2L$$

【例 7-4】设某企业有价证券的年利率为 9%，日利率为 9%/360=0.025%，每次证券转换为现金或现金转换为证券的成本 b=200 元，企业认为任何时候其银行活期存款及现金余额 L 值为 10 000 元，又根据以往经验估计企业每日现金流量波动标准差 δ 为 800 元，根据随机模型，可求得：

$$R = \left(\frac{3 \times 200 \times 800^2}{4 \times 0.000\ 25}\right)^{\frac{1}{3}} + 10\ 000 = 17\ 268.48(元)$$

$$H = 3 \times 17\ 268.48 - 2 \times 10\ 000 = 31\ 805.44(元)$$

该企业目标现金余额为 17 268.48 元。若现金持有额达到 31 805.44 元，则买进 14 536.96 元（31 805.44－17 268.48）的证券；若现金持有额降至 10 000 元，则卖出 7 268.48 元（17 268.48－10 000）的证券。

随机模型建立在企业的现金未来需求总量和收支不可预测的前提下，因此，计算出来的现金持有量比较保守。

7.2.3 现金日常管理

现金的日常管理是现金管理的一个重要而经常的内容，其主要目的是降低现金的运营成本，提高现金的周转速度。现金日常管理主要包括现金回收管理、现金支出管理、现金浮游量使用管理、现金账户调节管理和闲置现金投资管理。

1. 现金回收管理

企业在生产经营过程中应尽量加速账款回收，加速现金周转，以提高现金的使用效率。一般来说，企业账款的收回包括客户开出票据、企业收到票据、票据送达银行、企业收到现金等环节。

企业账款收回的时间包括票据在途（邮寄、企业派人取回或客户派人送达等）时间、企业办理时间以及银行结算时间等。前两个阶段所需时间的长短与客户、企业与银行之间的距离有关，也与财务部门办理收款的效率有关，第三个阶段与票据类别、银行内部结算流程等有关。企业账款收回流程如图 7.4 所示。

在互联网时代，可以利用金融机构和企业之间的信息交换和价值转移的信息联网系统，把付款人的款项直接通过金融信息联网系统迅速划转过来。

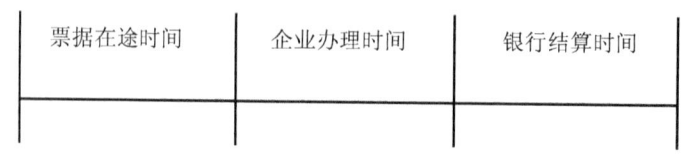

图 7.4 企业账款收回流程

2. 现金支出管理

企业在加强现金收入管理的同时，还应当严格控制现金支出。一是力争现金流量同步。如果企业能够尽量使它的现金流出与现金流入发生的时间一致，既可以降低现金使用成本，又可以使其所持有的交易性现金余额降到尽可能低水平；二是尽可能延缓现金支出的时间，当然这种延缓必须是合理合法的。具体方式有：①放弃现金折扣。当遇到企业急需现金，甚至可以放弃供货方的折扣优惠，在信用期最后一天付款。这需要权衡折扣优惠与急需现金之间的利弊得失；②汇票代替支票。汇票分为商业承兑汇票和银行承兑汇票，与支票不同的是，承兑汇票并不是见票即付。这一方式的优点是它推迟了企业调入资金支付汇票的实际所需时间。但供应商可能并不喜欢用汇票付款，银行结算也会收较高的手续费。

3. 现金浮游量使用管理

从企业开出支票，收票人收到支票并存入银行，到银行将款项划出企业账户，中间需要一段时间。在这段时间里，企业账户上银行存款余额与银行账户上所示的存款余额之间的差额，就是现金的"浮游量"。如企业采用员工工资支票支付模式，可最大限度地减少工资账户的存款余额，因为企业已开出了支票，但仍可暂时动用这笔资金，关键是企业要合理预测开出支付工资的支票到职工去银行兑现的具体时间，否则会发生银行存款的透支。

4. 现金账户管理

现金账户调节管理主要是企业利用银行存款账户，调剂现金余缺，从而增加现金"机动量"，如使用零余额账户，即企业与银行合作，保持一个主账户和一系列子账户。企业只在主账户保持一定的存款储备，而在一系列子账户不需要保持存款储备。当从某个子账户签发的支票需要现金时，所需要的资金立即从主账户划拨过来，从而使更多的资金可以用作他用。企业还可开出透支支票，即开出支票的金额大于活期存款余额，它实际上是银行向企业提供的信用，信用卡透支也是企业利用银行信用的较好形式。

5. 闲置现金投资管理

企业在筹资和经营时，会产生大量的现金，这些现金在用于资本投资或其他活动之前，通常会闲置一段时间。这些现金可用于短期证券投资，比如企业债券、企业股票等以获取利息收入或资本利得，这样，既能保证有较多的利息收入，又能够增强企业的变现能力。因此，要合理地管理闲置现金，为企业创造更多的经济利益。

7.3 应收款项管理

应收款项（account receivable）是指企业对外销售产品、提供劳务而应向购买商品、接受劳务的单位收取的款项，包括应收票据及应收账款。

7.3.1 应收款项的功能与成本

1. 应收款项的功能

应收款项在企业生产经营过程中主要具有以下功能：

1) 促进销售的功能

在竞争激烈的市场经济中,采用赊销方式为客户提供商业信用,可以扩大产品销售,提高产品的市场占有率。通常为客户提供的商业信用是不收利息的,所以,对于利用商业信用的企业来说,实际上等于得到一笔无息贷款,这对客户具有较大的吸引力。与现销方式相比,客户更愿意购买采用赊销方式的企业产品。因此,应收款项具有促进销售的功能。

2) 减少存货的功能

企业持有产品存货,要增加管理费、仓储费、利息费和保险费等支出;相反,赊销促进了产品销售,自然就减少了企业库存产品的数量,加快了企业存货的周转速度。因此,企业通过赊销的方式,将产品销售出去,资产由存货形态转化为应收款项形态,这样可以节约企业的费用支出。

2. 应收款项的成本

持有应收款项,也要付出一定的代价,这种代价即为应收款项的成本。应收款项的成本有以下几个方面。

(1) 机会成本是指企业的资金因投放于应收款项而放弃其他投资机会所丧失的收益。

$$应收款项机会成本 = 应收款项占用资金 \times 资本成本$$

$$应收款项占用资金 = 应收款项平均余额 \times 变动成本率$$

$$应收款项平均余额 = 日销售额 \times 平均收现期$$

(2) 管理成本是指企业因管理应收款项而发生的各项费用。如对客户的资信调查费用、收集相关信息的费用、账簿的记录费用,收账费用及其他费用。

(3) 坏账成本是指企业的应收款项因故不能收回而发生的损失,与应收款项数量成正比,为避免发生坏账成本,以致给企业经营活动的稳定性造成不利影响,财务制度规定企业应以应收账款余额的一定比例或按应收账款账龄等标准提取坏账准备。

应用案例 7-3

迅猛增加的应收账款预示着业绩风险

【案情简介】

某上市公司 20×0 年实现主营业务收入 139 亿元,与上年同期相比上升 26%,但净利润却为 -8.4 亿元。这是为什么呢?从该公司的应收账款来看,20×0 年全年增加额达 14.93 亿元,是所有上市公司中增速最快的公司。由于应收账款过多地占用流动资金,造成现金流不足,该公司只有增加有息负债,从而使有息负债规模从年初的 35.81 亿元扩大到年末的 75.55 亿元,净增 40 亿元,当期负担的财务费用则达 6 亿元。

【案例点评】

该公司 20×0 年不仅要承担高额的财务费用,而高达近 30 亿元的应收账款,其坏账准备的计提更将给企业业绩造成巨大的压力。因此,该公司必须从信用标准、信用条件和收账政策 3 部分改善信用政策,加强应收账款日常管理。

7.3.2 信用政策

信用政策(credit policy)又称应收款项政策,是指企业为对应收款项进行规划与控制而确立的基本原则和行为规范，是企业财务政策的一个重要组成部分。主要包括信用标准、信用条件、收账政策3部分内容。主要作用是调节企业应收款项的水平和质量。

1. 信用标准

信用标准（credit standard）指企业决定授予客户信用所要求的最低标准，或顾客获得企业的交易信用所应具备的条件。如果企业的信用标准比较严格，只对信誉较好的客户提供商业信用，可减少坏账损失，降低应收款项的机会成本和管理成本，但也会减少企业的销售量；反之，如果企业的信用标准比较宽松，虽然会增加销售量，但是，也会相应地增加坏账损失和应收款项的机会成本与管理成本。因此，企业必须在扩大销售与增加成本之间权衡利弊，制定一个比较合理的信用标准。

企业对客户信用标准的确定可以通过"5C"系统进行。"5C"系统是指评估客户信誉质量的5个方面，即品质（character）、能力（capacity）、资本（capital）、抵押（collateral）和条件（conditions）。

（1）品质是指客户的信誉，即履行偿债义务的可能性，这一点经常被视为评价客户信用的首要因素。因此，企业必须设法了解客户过去的信用记录，看其是否讲求信用，与供货企业保持良好的信用关系等。

（2）能力是指客户的现实偿债能力。即其流动（或速动）资产的数量和质量以及与流动负债占流动资产的比例等。顾客的流动资产越多，其转换为现金支付款项的能力越强。同时，还应注意顾客流动资产的质量，如存货过多、过时或质量下降，就会影响其变现能力和偿债能力。

（3）资本是指客户的财务实力和财务状况。管理者可以通过依据对方企业的财务比率分析企业资产构成状况、资本构成情况和可能偿还债务的背景等。

（4）抵押是指客户拒付款项或无力支付款项时能被用作抵押的资产。这对于不知底细或信用状况不佳的顾客尤其重要。如果这些顾客提供足够的抵押，就可以考虑向他们提供相应的信用。

（5）条件是指可能影响客户经营状况与付款能力的经济环境。比如，万一出现经济危机，会对顾客的财务状况产生什么影响，顾客能否及时偿还款项等，这需要做科学、谨慎的分析。

2. 信用条件

信用标准是决定是否给客户提供商业信用的一道门槛，只有符合标准的客户才能提供商业信用。当客户达到信用标准，就要考虑客户支付赊销款项的具体条件，这就是信用条件（credit term），主要包括信用期限和现金折扣两个方面。企业通常根据行业惯例提出信用条件，也可以根据外部环境和自身财务承受能力制定信用条件，以提高市场竞争力。

（1）信用期限。信用期限（credit line）是指企业允许客户从购货到支付货款的时间限定。信用期限的确定，主要是分析改变现行信用期对收入和成本的影响。

（2）现金折扣。现金折扣（cash discount）是指企业为鼓励客户早日付款而对客户在商品价格上所做的扣减。企业提供这种优惠的主要目的在于吸引客户为享受优惠而提前付款，缩短企业的平均收款期，降低坏账损失率，并能招揽一些视折扣为减价出售的客户前来购买，借此扩大销售量。

现金折扣常采用如"5/10、3/20、N/50"这样的一些符号形式表示。其含义分别如下：5/10 表示 10 天内付款，可享受 5％的优惠，即只需支付原价的 95％；3/20 表示超过 10 天但在 20 天内付款，则优惠 3％；N/50 表示超过 20 天付款，不再优惠，且必须在 50 天内付清款项，50 天即为信用期限。

现金折扣不仅影响企业销售，也影响企业成本，企业是否愿意以及提供多大程度的现金折扣，应当结合信用期限考虑折扣所能带来的收益与成本，权衡利弊，做出选择。

🔑 特别提示

商业折扣（trade discount）是指企业为促进销售而在商品标价上给予的扣除。在销售实际已发生，即企业销售实现时，按扣除商业折扣后的净额确认销售收入，开具发票，不需作单独的账务处理。

销货退回与折让是指因错发商品或商品质量与合同不符而被购买方退回的商品或在价格上给予的折扣。销货退回与折让涉及产品销售收入、流转税等变化，因此，会计上需作专门的账务处理。

【例 7-5】某公司拟制定下年度的信用政策，现有以下两个信用政策方案供选择。

方案 A：信用标准比较严格，确定的坏账损失率为 5％，信用条件是 30 天内全部付清，并采取积极的收账政策，预计全年的收账费用为 10 000 元。采用这种信用政策，预计全年可实现销售收入 1 000 000 元，预计平均收账期为 45 天。

方案 B：信用标准相对宽松，确定的坏账损失率为 8％，信用条件是"1/10，n/40"，采取一般的收账政策，预计全年的收账费用为 6 000 元。采用这种信用政策，预计全年可实现销售收入 1 200 000 元，50％的款项会在折扣期内支付，预计平均收账期为 60 天。

该公司的销售利润率为 20％，变动成本率为 60％，有价证券利息率为 10％。

要求：根据以上资料，选择较好的信用政策方案。

【解】

根据上述资料，计算不同方案对利润影响的合计数，见表 7-3。

表 7-3 不同方案对利润影响计算表　　单位：元

	方案 A	方案 B
销售利润	1 000 000×20％=200 000	1 200 000×20％=240 000
应收账款机会成本	1 000 000/360×45×60％×10％=7 500	1 200 000/360×60×60％×10％=12 000
收账费用	10 000	6 000
坏账损失	50 000	96 000
现金折扣成本	0	1 200 000×50％×1％=6 000
销售利润减去信用政策影响后的利润	132 500	120 000

根据表 7-2，扣除信用政策对销售利润的影响，方案 A 利润为 132 500 元，方案 B 利润为 120 000 元，所以应采用 A 方案。

3. 收账政策

收账政策是指企业为了催收已过期的应收款项所采取的一系列程序和方法的组合。企业对各种过期的应收票据（商业承兑汇票）及应收账款，应采取不同的催账方式：对过期较短的客户，不要过多打扰；对过期稍长的客户，可措辞委婉地催收；对过期较长的客户，在去电去函的基础上，不妨派人与客户直接进行协商，彼此沟通意见达成谅解妥协；对过期很长的客户可在催款时措辞严厉，必要时提请有关部门仲裁或提起诉讼等。企业在制定收账政策时，应充分考虑应收款项的机会成本以及坏账损失与收账费用之间的此消彼长关系，并权衡对客户关系的影响后再作决定。

🔑 特别提示

对资金缺乏的中小企业来说，一方面缺乏有效的抵、质押担保而无法获得银行的授信支持；另一方面，手头有大量的应收款项占用流动资金。如何盘活企业应收款项就成了中小企业 CFO 的一项非常重要的工作。应收账款保理是企业将赊销形成的未到期应收账款在满足一定条件的情况下，转让给商业银行，以获得银行的流动资金支持，加快资金周转。通过应收账款保理，一方面有效解决了企业授信额度不足的问题，另一方面帮助企业盘活了应收账款，降低了资金成本。

7.3.3 应收款项的日常管理

应收款项的日常管理通常包括应收款项账龄分析、应收款项收现率分析和建立应收款项坏账准备制度。

1. 应收款项账龄分析

应收款项账龄分析（aging of accounts receivable）是企业根据已发生的应收款项时间的长短，按顺序进行排序分析。一般来说，时间越长，款项收回的可能性越小，形成坏账的可能性越大。因此，企业有必要在收账之前，编制账龄分析表对应收款项的回收情况进行全面分析，为收账政策的制定奠定基础。对可能发生的坏账损失，需提前做出准备，充分估计这一因素对企业损益的影响。对尚未过期的应收款项，也不能放松管理监督，以防止沦为新的拖欠。通过应收款项的账龄分析，提示财务人员在把过期款项视为工作侧重点的同时，进一步研究与制定新的信用政策。

2. 应收款项收现率分析

由于企业当期现金支付需要量与当期应收款项收现额之间存在非对称性矛盾，并呈现出预付性与滞后性的差异特征，这就决定了企业必须对应收款项收现水平制定一个必要的控制标准，即应收款项收现保证率。

应收款项收现保证率是为了适应企业现金收支匹配关系的需要，所确定出的有效收现的款项应占全部应收款项的百分比，是二者应当保持的最低比例。公式为：

$$应收款项收现保证率 = \frac{当期必要现金支付总额 - 当期其他稳定可靠的现金流入总额}{当期应收款项总计金额}$$

式中的当期其他稳定可靠的现金流入总额是指从应收款项收现以外的途径可以取得的各种稳定可靠的现金流入数据，包括短期有价证券变现净额、可随时取得的银行贷款额等。企业应定期计算应收款项实际收现率，看其是否达到了既定的控制标准，如果发现实际收现率低于应收款项收现保证率,应查明原因,采取相应措施,确保企业有足够的现金满足同期必需的现金支付要求。

3. 应收款项坏账准备制度

企业一旦采用赊销方式,就可能发生坏账损失。对应收款项进行管理就要建立坏账准备制度,关键是合理确定计提坏账准备的比例。企业通常根据以往应收款项发生坏账的比例和目前信用政策的具体情况来估计坏账准备计提比例。

应用案例 7-4

计提应收账款坏账准备导致公司出现较大亏损

【案情简介】

据上海证券报报道,A 上市公司 20×4 年 12 月 28 日发布的年度预亏提示性公告显示,由于拟对 APEX 公司应收账款计提坏账准备等事项,公司 20×4 年度将会出现较大的亏损。

截至 20×4 年 12 月 25 日,A 上市公司应收 APEX 账款余额 46 750 万美元。根据对 APEX 公司现有资产的估算,A 上市公司对 APEX 公司应收账款可能收回的资金在 1.5 亿美元以上,预计最大计提金额有 3.1 亿美元左右。目前正在进行对账和核实工作,具体计提金额将在 20×4 年度报告中披露。同时,为了最大限度地减少损失,公司正积极努力通过各种合法途径对该笔应收账款进行清收。

A 上市公司还表示,吸取了 APEX 公司欠款的教训,自今年 7 月以来,公司所有营销活动均实行现款交易。现阶段公司各项财务指标逐渐好转,应收账款已经采取有力措施进行清收,存货大幅下降,预计到年底,经营性现金流量将仍然保持为正。公司目前的经营状况良好。

【案例点评】

企业必须加强应收款项管理,否则可能会给企业造成重大损失。但 A 上市公司吸取 APEX 公司欠款的教训,所有营销活动均实行现款交易的做法,值得商榷。

7.4 存货管理

7.4.1 存货管理目标

存货(inventory)是指企业拥有的、为了销售或者耗用而储备的商品和物资,它是企业流动资产的重要组成部分,在流动资产中所占的比重较大,主要包括原材料、在产品、产成品、半成品、商品及修理用备品备件等;企业代销、代管、代修、受托加工的存货,虽不归企业所有,也应纳入企业存货管理范畴。

1. 存货的种类

企业存货的数量和种类很多,对存货进行科学的分类,有利于存货的管理。存货可以按照不同的标准进行分类,主要有以下几种。

(1) 按照其经济用途不同,存货通常可以分为销售用存货、生产用存货和其他存货 3 类。

① 销售用存货是指为了销售这个目的而储存的存货,主要包括产成品、库存商品等。

② 生产用存货是指为了生产耗用而储存的存货,主要包括原材料、各种辅助材料、在产品、修理备用件、半成品等。

③ 其他存货是指以上存货之外的，供企业一般性耗用的物品，如职工福利用品、劳保用品等。这部分存货一般所占比重较小。

(2) 按照来源不同，存货可以分为外购存货和自制存货两种。

(3) 按照其存放地点不同，存货可以分为库存存货、在途存货、委托加工存货和委托代销存货等。

2. 存货管理的基本目标

企业持有存货的主要是为了保证生产或销售的正常需要，但价格也是企业存货管理必然考虑的因素。零散购买存货的价格往往高于批量购进价格，应对物价上涨，也会提前购进存货。但过多的存货要占用较多资金，支付较多的利息，增加包括仓储费、保险费、管理人员工资在内的各项开支，因此，存货管理的目标，就是在满足生产或销售需要的前提下，最大限度地降低存货成本。具体目标包括以下几个方面。

(1) 保证生产正常进行。保持一定数量的存货是保持生产经营活动连续性、降低成本、扩大销售所必需的，但过多的存货必然使企业支付不必要的成本，造成浪费。因此，为保障生产经营的正常进行，必须储备一定量的原材料，否则可能会造成产品制造周期中存在"停工待料"等浪费现象，进而带来存货短缺损失。尽管零存货已成为适时生产系统（JIT）对存货管理的基本要求，但要做到在供、产、销三个环节上都没有库存储备量，即达到零存货，实属不易。

(2) 有利于销售。当市场需求量增加时，产成品储备不足就有可能失去销售良机。顾客常常为节约采购成本和其他费用，可能成批采购，如客户需求不能及时满足，客户可能另寻供货商，同时，企业为了降低运输费用也会组织成批发运。所以一定数量的存货储备能够增加企业在生产和销售方面的机动性和灵活性，进而有利于市场销售。

(3) 便于维持均衡生产，降低产品成本。有些企业产品属于季节性产品或者需求波动较大的产品，若遇到紧急订货或为满足客户的特殊需求，就会超负荷生产，造成产品成本上升。为了实现均衡生产，就要储备一定的半成品、产成品存货，并应相应地保持一定的原材料存货。

(4) 降低存货取得成本。供应商为鼓励客户多购买其产品，往往在客户采购量达到一定数量时，给予商业折扣，企业通过大批量集中进货，既可以享受商业折扣，降低存货进价，也因减少订货次数，降低了订货成本，使总的进货成本降低。

7.4.2 存货成本

(1) 订货成本（ordering cost）或进货费用，是指企业为组织订购存货而发生的各种费用支出，如为订货而发生的差旅费、邮资、通信费、专设采购机构的经费等。订货成本分为变动性订货成本和固定性订货成本。变动性订货成本与订货次数成正比，而与每次订货数量关系不大，订货次数越多，变动性订货成本越高，如采购人员的差旅费、通信费等；固定性订货成本与订货次数无关，如专设采购机构的经费支出等。

(2) 购置成本（acquisition cost）或存货进价，它是指构成存货本身价值的进价成本，主要包括买价、运杂费等。购置成本一般与采购数量成正比变化，它等于采购数量与单位采购成本的乘积，是存货成本的主要组成部分。

（3）储存成本（storage cost）。储存成本是指企业为储存存货而发生的各种费用支出，如仓储费、保管费、搬运费、保险费、存货占用资金支付的利息费、存货残损和变质损失等。存货的储存成本也分为变动性储存成本和固定性储存成本。变动性储存成本与存货的数量有关，如存货资金的应计利息等。固定性储存成本与存货数量的多少无关，如仓库折旧、仓库职工的工资等。

（4）缺货成本（shortage cost）。缺货成本是指因为存货不足而给企业造成的停产损失、延误发货的信誉损失及丧失销售机会的损失等。缺货成本一般难以准确计量，需要管理人员凭经验加以估计。

与进货批量直接相关的存货成本有：订货成本和储存成本，它们的关系如图 7.5 所示。

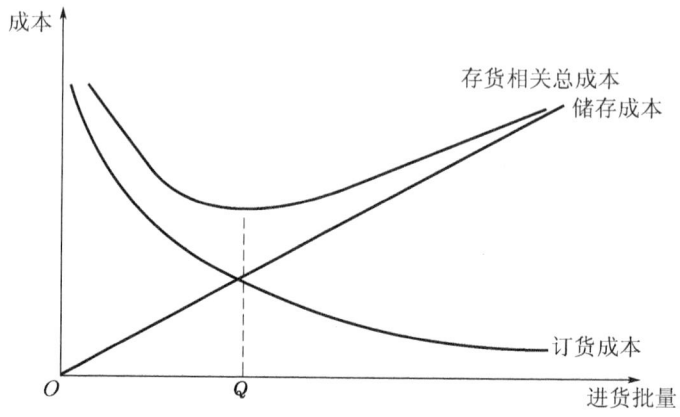

图 7.5 进货批量与存货相关成本项目的关系图

7.4.3 存货经济批量模型

1. 存货经济订货批量基本模型

存货管理的核心问题是确定并保持合理的存货量。控制存货量的关键是确定存货经济订货量（Economic Order Quantity，EOQ），即在保证企业生产经营活动需要的情况下，企业一定时期存货相关总成本最低的订货量。

在不允许出现缺货的情况下，进货费用与储存成本总和最低时的进货批量，就是经济订货批量。设 Q 为经济订货批量；A 为某种存货年度计划进货总量；B 为每次订货成本；C 为单位存货年度单位储存成本；P 为进货单价。

则

$$\text{存货相关总成本} = \text{储存成本} + \text{订货成本}$$

即
$$TC = (Q/2) \times C + (A/Q) \times B \tag{1}$$

存货的储存成本与订货成本相等时，存货的相关总成本最低，此时的存货量为经济订货批量。根据上式，存货相关总成本 TC 是经济订货批量 Q 的函数，因此，可求 TC 对 Q 的导数，并令其为零，即：

$$TC' = \left(\frac{QC}{2} + \frac{AB}{Q}\right)' = \frac{C}{2} - \frac{AB}{Q^2} = 0$$

$$\frac{C}{2}=\frac{AB}{Q^2} \quad (2)$$

$$Q^2=\frac{2AB}{C}$$

所以，经济订货批量： $$Q=\sqrt{\frac{2AB}{C}} \quad (3)$$

将（3）式代入（1）式，得：

经济订货批量的存货相关总成本 $TC=\sqrt{2ABC}$

由（2）式得：

$$\frac{A}{Q^2}=\frac{C}{2B}$$

最佳订货批次： $$(N)=\frac{A}{Q}=\sqrt{\frac{AC}{2B}}$$

经济订货批量平均占用资金： $$(W)=\frac{PQ}{2}=P\sqrt{\frac{AB}{2C}}$$

【例7-6】某企业全年需要甲材料3 600千克，每次订货成本为200元，每千克甲材料的年平均储存变动成本为4元，材料单价50元/千克。要求计算甲材料的经济订货量、最佳相关总成本、最佳订货批次及经济进货批量平均占用资金。

【解】经济订货量$(Q)=(2\times 3\ 600\times 200\div 4)^{\frac{1}{2}}=600$（千克）

相关总成本$=600/2\times 4+3\ 600/600\times 200=\sqrt{2\times 3\ 600\times 200\times 4}=2\ 400$（元）

最佳订货批次$=3\ 600/600=\sqrt{\frac{3\ 600\times 4}{2\times 200}}=6$（次）

经济订货批量平均占用资金$(W)=\frac{50\times 600}{2}=50\sqrt{\frac{3\ 600\times 200}{2\times 4}}=15\ 000$（元）

存货经济订货量的基本模型是建立在一系列假设的基础上的，其假设主要包括以下几个方面：①企业能够及时补充存货，即需要订货时便可立即取得存货；②能集中到货，而不是陆续入库；③不允许缺货；④存货需求量稳定，并能较准确地预测；⑤存货单价不变，不考虑现金折扣；⑥企业现金充足，不会因现金短缺而影响进货；⑦企业所需存货市场供应充足，不会因买不到需要的存货而影响生产经营。

2. 实行数量折扣的经济进货批量模式

存货总成本包括：①购置成本；②订货成本；③储存成本。

存货总成本的计算公式为：

存货总成本＝购置成本＋订货成本＋储存成本

实行数量折扣的经济进货批量具体包括以下几个步骤。

第一步，按照基本经济订货批量模式确定经济订货批量。

第二步，计算按经济订货批量进货时的存货总成本。

第三步，按给予数量折扣的不同批量进货时，计算存货总成本。

第四步，比较不同批量订货时的存货总成本。此时，最佳订货批量就是使存货总成本最低的进货批量。

【例 7-7】宏远工厂全年需用丙零件 10 000 件。每次变动性订货成本为 50 元，每件丙零件年平均变动性储存成本为 4 元。当采购量小于 600 件时，单价为 10 元；当采购量大于或等于 600 件，但小于 1 000 件时，单价为 9 元；当采购量大于或等于 1 000 件时，单价为 8 元。

要求：计算最优采购批量及全年最小总成本。

【解】先计算经济批量：

$$Q_1 = \sqrt{\frac{2 \times 10\,000 \times 50}{4}} = 500（件）$$

这时丙零件单价为 10 元。

总成本 $TC_1 = 10 \times 10\,000 + \sqrt{2 \times 10\,000 \times 50 \times 4} = 102\,000$（元）

当单价为 9 元时：

$$Q_2 = 600（件）$$

总成本 $TC_2 = 9 \times 10\,000 + 50 \times \dfrac{10\,000}{600} + 4 \times \dfrac{600}{2} \approx 92\,033.33$（元）

当单价为 8 元时：

$$Q_3 = 1\,000（件）$$

总成本 $TC_3 = 8 \times 10\,000 + 50 \times \dfrac{10\,000}{1\,000} + 4 \times \dfrac{1\,000}{2} = 82\,500$（元）

本例中最优采购批量为 1 000 件，全年最少相关总成本为 82 500 元。

7.4.4 存货日常控制

存货的日常控制是指日常生产经营过程中，按照存货规划要求，对存货的采购、使用和周转情况进行组织、调节和监督。存货日常控制主要包括以下内容。

（1）存货采购流程控制。存货采购流程控制主要涉及编制需求计划和采购计划、请购、选择供应商、确定采购价格、订立框架协议或采购合同、管理供应过程、验收、退货、付款、会计控制等环节。如图 7.6 所示。

企业采购业务至少应当关注下列风险。

① 采购计划安排不合理，市场变化趋势预测不准确，造成库存短缺或积压，可能导致企业生产停滞或资源浪费。

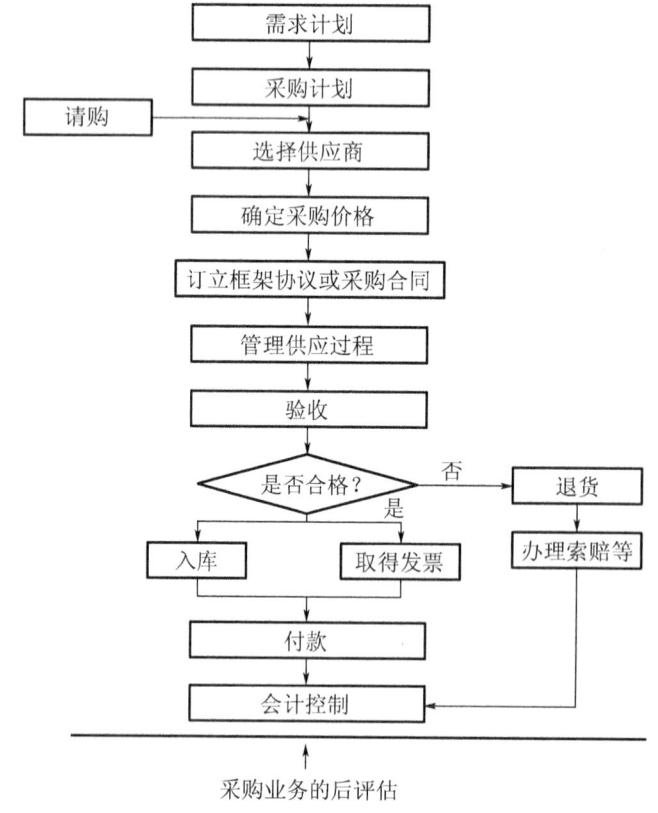

图 7.6　存货采购流程控制图

② 供应商选择不当，采购方式不合理，招投标或定价机制不科学，授权审批不规范，可能导致采购物资质次价高，出现舞弊或遭受欺诈。

③ 采购验收不规范，付款审核不严，可能导致采购物资、资金损失或信用受损。

（资料来源：财政部会计司解读《企业内部控制应用指引第7号——采购业务》）

应用案例 7-5

如何解决财务与采购的矛盾

【案情简介】

近期 Star 公司的采购经理 Tom 非常郁闷，因为生产部的经理 Sam 频繁地跟他反映由于原材料的质量问题，导致生产过程中的次品率越来越高，继而引发客户投诉。Tom 积极地与 Sam 进行沟通后，发现供应商 C 提供的原材料有质量问题，想在这个月底之前要换一家供应商，于是找到了信誉较好的供应商 H。

随后，Tom 让他的下属准备一份与 H 公司的订货合同，当这个合同流转给财务部 Shelley 小姐时，她发现 H 不是公司的签约供应商，违反了公司的制度。所以，Shelley 小姐毫不客气地拒绝了审批。

Tom 对此非常生气，立刻就联系生产部的经理 Sam，一起来说服财务经理 Shelley 小姐："H 公司本身他的产品没有问题，性能也能满足我们的要求，所以紧急希望马上订货""制度是死的，人是活的。如果新材料能改善我们的产品，提升我们的客户满意度，那为什么不可以呢？"关于是否与 H 公司签订合同的矛盾已产生了，如何解决这个矛盾呢？

【案例点评】

站在各自的立场上，Tom、Sam、Shelley 好像都有道理。Tom 想尽快满足生产部经理 Sam 的要求，降低次品率，提高产品的合格率。Shelley 是要把控公司的风险，遵守公司的流程和制度。对于这样个违反制度的采购，最好三个部门主管一起去找上级领导，把这次问题的紧急情况解释清楚，取得上级部门的理解。审批过后，如果试用期间发现供应商 H 这个产品质量价格的确非常有竞争力，可重新签约，把 H 公司变成签约供应商，这样，矛盾也许能够解决。

（2）订货点库存控制。对于某种存货，由于生产或销售的原因而逐渐减少，当库存量降低到某一预先设定的点时，即开始发出订货单（采购单或加工单）来补充库存，直至库存量降低到安全库存时，发出的订单所定购的物料（产品）刚好到达仓库，补充前一时期的消耗，此订货的数值点（库存量），即称为订货点。如图 7.7 所示。

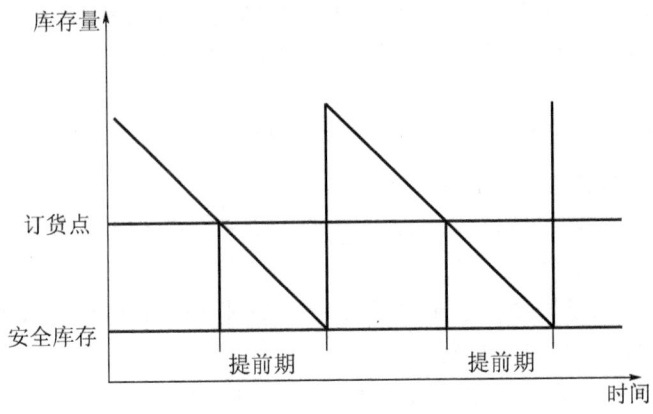

图 7.7 订货点确定图

订货点的确定方法：

设存货的订货提前期为 T，平均每天正常耗用量为 C，预计每天最大耗用量为 H，安全库存量（保险库存量）为 I，则订货点（即订货点库存量）Q 的计算公式为：

$$Q = C \times T + I = H \times T$$

式中的 T 一般情况下是个常量，可用两种方法确定。

① 查定法。即精确地查定订货提前期各个构成环节所需的时间，并加总求和。即：
$T=$ 派员外出办理订货手续时间＋供方备货办理托运时间＋运方装运时间＋转运检验入库时间。

② 统计法。即使用 T 的历史资料，并消除订货提前期中由于偶然因素造成的波动（即剔除历史数据中少数偏离平均值较大的数据），进行算术平均，得出 T。

（3）存货储备期控制。

① 存货保本期。存货保本期是指从存货入库（或商品购入）到销售保持不盈不亏状态的储备天数，它是商品储存期的盈亏分界点。在这个储存天数以内销售，企业可以取得一定的利润，超过这个储备天数就会发生亏损。公式为

利润＝毛利－固定费用－销售税金及附加－变动储存费用
　　　＝毛利－固定费用－销售税金及附加－日变动储存费用×储存天数

存货的储存成本不断增加的原因主要是由于变动储存费用随储存期的延长而不断增加。当毛利与固定费用和销售税金及附加的余额正好等于变动储存费用时，即利润为零时，说明存货已经到了保本期。

$$存货保本储存期 = \frac{毛利 - 固定储存费 - 销售税金及附加}{日变动储存费}$$

② 存货保利储存期。存货保利储存期是指为保证实现一定的目标利润，存货储存的天数。公式为：

$$存货保利储存期 = \frac{毛利 - 固定储存费 - 销售税金及附加 - 目标利润}{日变动储存费}$$

（4）存货 ABC 分类控制。ABC 分类法是由意大利经济学家帕累托首创的。该分析方法的核心思想是在决定一个事物的众多因素中分清主次，识别出少数的但对事物起决定作用的关键因素和多数的但对事物影响较小的次要因素。存货 ABC 分类管理就是按照一定的标准，将企业的存货划分为 A、B、C 三类，分别实行分品种重点管理、分类别一般控制和按总额灵活掌握的存货管理方法。分类的标准主要有两个：一是金额标准；二是品种数量标准。

① A 类存货的特点是金额巨大，但品种数量很少。其品种数占全部品种的 5%～15%，累计金额占库存资金总额的 60%～80%。

② B 类存货金额一般，品种数量相对较多，品种数占全部品种数的 20%～30%，累计金额占库存资金总额的 20%～30%。

③ C 类存货品种数量繁多，但金额却很小，品种数占全部品种数的 60%～80%，累计金额占库存资金总额的 5%～15%。

一般而言，3 类存货的金额比重大致为 A∶B∶C＝0.7∶0.2∶0.1，而品种数量比重大致为 A∶B∶C＝0.1∶0.2∶0.7。

3种存货在品种数与价值量上的关系可以从图7.8看出。

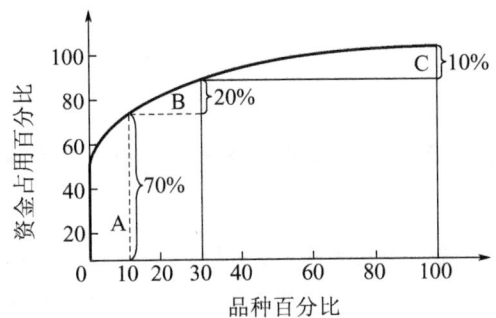

图 7.8　3 种存货品种数与价值量的关系

🔑 **特别提示**

目前，我国已有不少商业银行推出了存货质押类的银行融资产品，为企业存货管理提供了一条新思路。如中国银行针对棉花、家具、茧丝绸和畜牧等行业的中小企业，以其拥有的存货为质押，开发了一系列专属产品；中信银行推出"存货质押贷款"等。一般来说，存货质押的融资额度可根据申请人及货物的不同情况采取不同的质押率，最高不超过所质押存货总价值的70%。同时，存货质押融资业务可采取多种融资形式，包括流动资金短期贷款、银行承兑汇票、综合授信、银行付款保函等多个品种。

 **应用案例 7-6**

存货变化揭示产销矛盾

【案情简介】

某上市公司的存货以电视机为主，从 1995—2001 年该公司的存货变化中我们可以分析其在销售情况变化下的存货策略变化（见表 7-4）。

表 7-4　某上市公司 1995—2001 年库存分析　　　　　　　　　　　　单元：万元

年　　份	1995	1996	1997	1998	1999	2000	2001
存货	111 217	150 529	263 028	331 209	472 709	497 754	282 593
增长率	12.64%	35.35%	74.74%	25.92%	42.72%	5.30%	-43.23%
主营业务收入	361 022	500 632	634 337	857 389	1 012 710	901 273	674 812
增长率	51.26%	38.67%	26.71%	35.16%	18.12%	-11.00%	-25.13%

【案例点评】

1995 年，该公司销售收入出现大幅增长，消化历史存货量当然较大，于是 1996 年、1997 年公司加大了存货投资，1997 年年底的存货账面金额已经比 1995 年翻了一番多，明显高于销售收入的增长。由于存货政策的惯性，企业无法及时根据销售市场的变化对存货政策进行大幅调整，在 1999 年销售收入同比增幅已经大大滑坡的情况下，存货规模仍然以 42% 的速度增加。2000 年公司虽然开始意识到问题的严重性，但此时销售收入已经转为负增长，而存货仍在积累。结果，这种前期对市场乐观的情绪带来的存货大量积压使企业经营处于困境。虽然该公司通过业务重整进入了新的发展阶段,但其在彩电存货上的教训无疑是深刻的。

应用案例 7-7

让数据开口　波司登联合阿里云解决库存难题

【案情简介】

"传统的代理分销模式已不大适合企业发展,因为无论是从消费者反馈还是供应链体系来说,响应速度都太慢了。"面对最常困扰服装行业的问题——库存,波司登信息总监桂益龙感慨道。对于一个有着3 000多家门店的品牌商来说,"想要很精准地预测在什么时间、把什么货挪到什么地方,是非常困难的。"桂益龙将这种缺货称为"结构性缺货",货是有的,但没有在正确的时间出现在消费者有需求的地方。高库存"冻"住了企业的现金流,高缺货又严重影响了用户体验。

经过考察后,波司登很快决定跟阿里云合作,利用企业级互联网架构来搭建一个"零售云平台"。通过这一云平台,将波司登原本分散在各地的仓库、门店的库存数据,以及和线下割裂开的线上库存数据,全部都"聚拢"在了一起,通过重构和打通,完全融合成一体。"不需要再去各个系统里查数据了,全都在这里,随时看得见。"

"库存中心"就是阿里云为波司登打造的"中台"的一个组成部分。按照阿里云企业级互联网架构"厚平台、薄应用"的理念,这个中台被搭建得很"厚实",除了库存中心之外,它还包括了全局共享的用户中心、交易中心和订单中心等。也就是说,整条交易链上的人、货和交易信息,都汇聚成一个即时动态变化的"水池",池中的"水资源"随时可供上层的业务模块和业务流程使用。

有了基于库存中心的自动补货系统之后,波司登大胆地将库存"后移",在试点区域取消经销商仓库,由系统自动为经销商门店和直营门店补货。时至今日,零售云平台已给波司登带来了许多看得见的成效:库存中心的智能补货系统有效减少缺货损失21%,售罄率同比增长10%。

【案例点评】

事实上,整个服装行业都陷于这种矛盾的怪圈之中,罪魁祸首就是这一行业的"期货"经营方式。每一季的新款在上市之前8~9个月时就已经定下,经销商也会提前4~6个月将货订好。但是大半年之后,这些款式是否已经过时?这一年的天气如何,市场需要更薄的衣服还是更厚的?只有依靠数据预测和提前准备。同时,这一平台不仅提高了业务的协同和运营效率,帮助品牌提升了盈利能力,也让IT部门成为赚钱的枢纽。对于很多老牌企业,尤其是制造业来说,在"新零售"来临时,面临的挑战比新企业要多得多。"上云"是可供选择的一条捷径。

7.5　流动负债管理

7.5.1　流动负债管理的意义和要求

根据提供资金的主体不同划分,流动负债可分为短期借款和商业信用。由于不同种类的流动负债既有相同的地方,又有不同的特点,因此,流动负债的金额和结构的变化、流动负债和流动资产的不同比例关系,会对企业的财务风险、筹资成本及生产经营产生不同的影响。流动负债管理的主要目的就在于尽量消除或避免流动负债对企业的不利影响,降低负债成本,同时满足企业的短期资金需求。

1. 流动负债管理的意义

由于企业利用不同形式和金额的流动负债，会对企业产生不同的影响，所以加强流动负债管理对企业具有重要的意义。

(1) 加强流动负债管理，有助于及时满足企业短期资金需求。市场环境经常处于变动之中，在企业日常生产经营过程中，经常会出现季节性或临时性的资金需要。当企业现金不足以满足此资金需要时，就要利用流动负债。企业如果利用长期负债或权益资本来满足短期资金需要，就可能承担较高的成本。因此，流动负债是企业获得短期资金的一条重要途径。

(2) 加强流动负债管理，有助于降低企业的财务风险。因为流动负债要在短期内偿还，与长期筹资相比，短期筹资具有较高的筹资风险。为了避免集中偿还造成的现金短缺，企业应合理安排流动负债的规模和期限结构。

(3) 加强流动负债管理，有助于降低企业的筹资成本。不同种类的流动负债，会给企业带来不同的收益和成本。因此，企业财务管理人员要根据企业的财务政策，选择合适的负债形式，以降低企业的筹资成本。

2. 流动负债管理的要求

企业进行流动负债管理，应满足以下基本要求。

(1) 合理确定短期资金需要量，努力提高流动负债的利用效果。资金的需要产生资金的供给，所以企业应根据自身经营的特点合理确定企业需要资金的时间和规模，使资金的筹措时间和筹集量与其需要时间和需要量达到平衡，使资产的流动性与资金来源的使用期限合理配比，以防止流动负债不足而影响生产经营或者筹集资金过剩而影响资金使用效益。

(2) 认真选择流动负债来源，尽量降低资金成本。企业短期筹资可以采取不同的方式，选择不同的来源，而对于不同的筹资方式和来源，筹资的难易程度、资金成本和财务风险各不相同，所以，企业应综合考虑各种筹资方式和来源，研究各种短期资金来源的优点和缺点，设计出最优的筹资组合，以降低综合的资金成本。

(3) 适时取得流动负债，保证资金运用需要。流动负债的取得应把握好时机。企业在筹措短期资金时，应按照资金运用的时间来合理安排资金的取得时间，使资金筹措和资金运用在时间上紧密衔接，以避免资金取得过早而造成的闲置或者资金取得滞后而贻误运用的有利时机。

(4) 合理确定流动负债规模，保持适当的偿债能力。企业利用流动负债的规模要与企业的偿债能力相适应，使企业的营运资金保持适当的金额，保证生产经营的正常进行。流动性强的企业，可适当扩大流动负债的规模；反之，流动性差的企业，应谨慎扩大流动负债规模。企业既要防止负债过多，导致财务风险过大，又要有效地利用负债，提高资产的收益水平。

(5) 遵守国家有关法律法规，维护各方的合法权益。企业的筹资活动，影响着社会资金的流向和流量，涉及国家、债权人、企业等有关各方的经济利益，为此，企业必须接受国家的宏观指导与控制，遵守国家有关的法律法规，根据公开、公平、公正的市场原则，履行约定的责任，维护有关各方的合法权益。

7.5.2 银行短期借款管理

企业短期借款是一种外部短期融资工具，主要包括银行短期借款和货币市场信用。其中，短期银行借款主要来源于商业银行和其他一些非银行金融机构，是企业短期资金筹措的主要渠道。

1. 银行短期借款的种类

（1）按借款目的和用途划分，可分为生产周转借款、临时借款、结算借款、卖方信贷等。

① 生产周转借款是指企业在生产经营过程中因流动资金周转计划额度内的自有流动资金不足而向银行申请取得的借款。

② 临时借款是企业在生产经营过程中由于临时性或季节性原因造成超过核定的资金周转计划占用额时向银行取得的借款。

③ 结算借款是企业采用托收承付结算的方式向异地发出商品，在委托银行收款期间为解决在途结算资金占用的需要，以托收承付结算凭证为保证向银行取得的借款。

④ 卖方信贷是在销货企业赊销商品和购货单位分期付款的条件下，银行向销货企业发放的贷款。在买方付款后，卖方应向银行归还贷款。卖方信贷实际上是银行用贷款支持制造先进设备的卖方，并用赊销方式支持使用设备的买方，鼓励企业更新陈旧设备。

（2）按借款人提供借款的保障程度划分，可分为信用借款、担保借款和票据贴现3类。

① 信用借款指以借款人的信誉取得的借款。其最大的特点是不需要担保和抵押，凭借借款人的信用就可取得的贷款。这种借款一般是对规模较大、信誉较好的企业提供的。

② 担保借款是指有一定的保证人作保证或利用一定的财产作抵押而取得的借款。担保借款目前是贷款发放的一种普遍形式，其目的是确保贷款的安全性。

③ 票据贴现是指票据持有人将未到期的票据在背书后送交银行，银行受理后，从票据到期值中扣除按银行贴现率计算确定的贴息，然后将余额付给持票人，作为银行对企业的短期贷款。采用票据贴现结算，企业一方面给购买单位以临时资金融通，另一方面在本身需要资金时又可及时向银行贴现取得资金，有利于企业把业务搞活，把资金用活。

2. 短期借款的银行选择

随着金融信贷业的不断发展，可以向企业提供贷款的银行和非银行金融机构不断增多。当企业决定选择短期借款时，应该在可能提供贷款的贷款机构之间做出选择。在选择金融机构时，企业应重点考虑借款种类、借款成本和借款条件。此外，还应考虑下列有关因素。

（1）银行对企业的态度。不同银行对企业的态度各不相同。有些银行积极地为企业提供建议，帮助企业分析存在的财务问题，为企业提供良好的服务，也乐于为有发展潜力的企业发放大量贷款，在企业遇到困难时帮助其渡过难关；也有些银行很少提供咨询服务，在企业遇到困难时一味地为清偿贷款而施加压力。

（2）银行对贷款风险的偏好。通常银行对其贷款风险有着不同的偏好，有的倾向于保守，只愿意承担较少的贷款风险；有的则富有开拓精神，敢于承担较大的贷款风险。

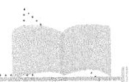

(3) 银行的稳定性。稳定的银行可以保证企业的借款不致中途发生变故。银行的稳定性取决于它的资本规模、存款水平波动程度和存款结构。一般来讲，资本雄厚、存款水平波动小、定期存款比重大的银行稳定性好；反之则稳定性差。

(4) 贷款的专业化程度。一些大银行设置有不同的专业部门，分别负责处理不同类型、不同行业的贷款。企业如果能与这些拥有丰富专业化贷款经验的银行经常合作，会受益更多。

(5) 信贷渠道的多样性。通过多家银行融资方案的比较性选择，企业可以做出有利于自己的融资方案，降低融资成本；多家银行合作也可腾挪调剂信贷规模，规避贷款银行单方施压。此外，股权融资、融资租赁、引进风投等也都是中小企业可以尝试的融资方式。

应用案例 7-8

从《人民的名义》蔡成功融资不成功，看中小企业融资渠道多元化

【案情简介】

《人民的名义》中的大风厂倒在了过桥贷款上。剧中大风厂蔡成功以公司股权做质押，向山水集团高小琴搭桥借款五千万元，借款期限六天，日息千分之四。双方约定，待城市银行贷款批复，大风厂以银行贷款归还山水集团五千万元借款。但城市银行副行长欧阳菁发现，蔡成功除了向高小琴搭桥借款，还借了其他高利贷，于是城市银行开始抽贷退出，此时，蔡成功五千万元的过桥贷变成了高利贷：按日息计算，换算成年利率，高达146%！利滚利，最终欠款竟高达八千万元之巨。后来，法院根据质押协议，将蔡成功质押股权判给山水集团，大风厂价值十亿元土地揣进了山水集团高小琴的"腰包"。

【案例点评】

中小企业融资难、融资贵是一个普遍的难题。"怎样融到资，如何用好钱"是中小企业"活下去"的生死命题。蔡成功的悲惨遭遇恰恰触碰了中小企业融资渠道的"禁忌"：把企业全部"家当"押在一家银行，以换取最大贷款额度。蔡成功正是将"全部家当"压给山水集团，把融资的"宝"压在了城市银行。企业经营出现亏损、下滑，或信用等级降低，银行往往采取压贷、抽贷、限贷来规避贷款风险，企业急需的信贷资金当然也不可能"兑现"。

3. 短期借款的信用条件

按照国际通行做法，银行发放短期借款往往带有一些信用条件，主要有以下几个方面。

1) 信贷限额

信贷限额 (credit line) 是银行对借款人规定的无担保贷款的最高额。信贷限额的有效期限通常为一年，根据情况也可延期一年。一般来讲，企业在批准的信贷限额内，可随时使用银行借款。但是银行并不承担必须提供全部信贷限额的义务。如果企业信誉恶化，即使银行曾同意过按信贷限额提供贷款，企业也可能得不到借款。这时，银行不需承担法律责任。

2) 周转信贷协定

周转信贷协定 (revolving credit facility) 是银行具有法律义务地承诺提供不超过某一最高限额的贷款协定。在协定的有效期内，只要企业的借款总额未超过最高限额，银行必须满足企业任何时候提出的借款要求。企业享用周转信贷协定，通常要就贷款限额的未使用部分付给银行一笔承诺费。例如,如果周转信贷限额是150万元,企业已经借了100万元,那么在协定期限内的任何时候企业都可以再借50万元。周转信贷协定的期限经常在一年以上。正因为企业享有周转信贷协定赋予的特权,企业就应该在协定到期时,为没使用但可以使用的信贷余额支付一定的承诺费。

【例7-8】某企业与银行签订周转信贷协定,贷款限额为500万元,企业年度内使用400万元,若贷款年利率7%,承诺费为0.5%,则企业应付银行利息及承诺费计算为:

$$年利息 = 400 \times 7\% = 28(万元)$$

$$承诺费 = 100 \times 0.5\% = 0.5(万元)$$

则应付利息与费用总额为28.5万元。

3) 补偿性余额

补偿性余额(compensating balance)是银行要求借款企业在银行中保持按贷款限额或实际借用额一定百分比(一般为10%~20%)的最低存款余额。从银行的角度讲,补偿性余额可降低贷款风险,补偿可能遭受的贷款损失。对于借款企业来讲,补偿性余额则提高了借款的实际利率。

【例7-9】某企业需50万元贷款,须保留20%补偿性余额,若年利率为8%,企业实际年利率则为:

$$\frac{50 \times 8\%}{50 \times (1-20\%)} \times 100\% = 10\%$$

4) 抵押借款

银行向财务风险较大的企业或对其信誉没有把握的企业发放贷款,有时需要有抵押品、质押品担保,以减少自己蒙受损失的风险。抵押是指债务人或第三人对债权人以一定财产作为清偿债务担保的法律行为,而质押是指债务人或者第三人将其动产或权力移交债权人占有,将该动产或权利作为债权的担保。质押和抵押的根本区别在于是否转移担保财产的占有。抵押不转移对抵押物的占管形态,仍由抵押人负责抵押物的保管;质押改变了质押物的占管形态,由质权人负责对质押物进行保管。一般来说,抵押物毁损或价值减少,由抵押人承担责任,质押物毁损或价值减少由质押权人承担责任。债权人对抵押物不具有直接处置权,需要与抵押人协商或通过起诉由法院判决后完成抵押物的处置;对质押物的处置不需要经过协商或法院判决,超过合同规定的时间质权人就可以处置。

> **特别提示**
>
> 资产抵押是银行比较乐于接受的放贷方式。但对中小企业而言,资产抵押更像是一种"对赌"游戏:贷款还上,资产还是企业的;贷款还不上,资产是银行的,稍不留神就可能背上沉重"枷锁"。
>
> 一是抵押资产折价低。从目前抵押贷款来看,大部分抵押物的折扣率并不高:土地、房地产一般为70%,机器设备为50%,动产25%~30%,专用设备为10%。中小企业普遍缺乏自有资产,银行在接受房产抵押的同时,还会追加机器设备等固定资产作为抵押,甚至被要求以法人个人资产、信誉提供连带担保。
>
> 二是抵押贷款税费高。企业资产评估登记涉及土地、房产、机动车、工商行政及税务等多个管理部门,这些部门也要收取相关税费。

三是抵押资产分割难。银行出于风险控制考虑，往往不愿接受企业分割资产。中小企业在融资办证过程中，主动分割办证又会加大企业财务成本。

通算资产抵押贷款的各种税费，加上银行贷款利息，所需费用与民间借贷成本低不了多少。

4. 短期借款利息的支付方法

1）收款法

收款法是在借款到期时向银行支付利息的方法。银行向工商企业发放的贷款大都采用这种方法收息。

2）贴现法

贴现法是银行向企业发放贷款时，先从本金中扣除利息部分，等到期时由借款企业偿还贷款全部本金的一种计息方法。采用这种方法，企业可利用的贷款额只有本金减去利息部分后的差额，因此贷款的实际利率高于名义利率。

【例 7-10】某企业从银行取得借款 50 000 元，期限 1 年，年利率（即名义利率）8%，利息额 4 000 元，按照贴现法付息，企业实际可利用的贷款为 46 000（50 000－4 000）元，该项贷款的实际利率为：

$$\frac{50\,000 \times 8\%}{50\,000 - 50\,000 \times 8\%} \times 100\% \approx 8.7\%$$

3）加息法

加息法是银行发放分期等额偿还贷款时采用的利息收取方法。在分期等额偿还贷款的情况下，银行要将根据名义利率计算的利息加到贷款本金上，计算出贷款的本息和，要求企业在贷款期内分期偿还本息和的金额。由于贷款分期均衡偿还，借款企业实际上平均使用了贷款本金的半数，却支付全额利息。这样，企业所负担的实际利率便高于名义利率大约 1 倍。

【例 7-11】某企业借入年利率 12% 的贷款 300 000 元，分 12 个月等额偿还本息，则该借款的实际利率为：

$$\frac{300\,000 \times 12\%}{300\,000 \div 2} = 24\%$$

7.5.3 货币市场信用管理

企业短期借款的另一渠道是货币市场信用，包括银行、非银行金融机构、其他法人资本、民间资本以及国外和我国港澳台资本等，筹资方式主要有短期融资券、银行承兑汇票和应收账款保理等。

1. 短期融资券

我国的短期融资券是具有法人资格的非金融企业依法定条件和程序在境内银行间债券市场发行（不对社会公众发行）和交易并约定在一定期限内（不超过 365 天）还本付息的有价证券。中国人民银行依法对融资券的发行、交易、登记、托管、结算、兑付进行监督管理。

企业短期融资券的发行主体是中国境内具有法人资格的非金融企业，对银行间债券市场的机构投资者公开发行。发行条件为：①是在中华人民共和国境内依法设立的企业法人；②具有稳定的偿债资金来源，最近一个会计年度盈利；③流动性良好，具有较强的到期偿债能力；④发行融资券募集的资金用于本企业生产经营；⑤近三年没有违法和重大违规行为；⑥近三年发行的融资券没有延迟支付本息的情形；⑦具有健全的内部管理体系和募集资金的使用偿付管理制度；⑧中国人民银行规定的其他条件。

由于我国目前市场资金较为充分，短期融资券的发行利率较低，加上短期融资券实行余额管理，可以滚动发行，因此短期融资券是有竞争实力的企业降低融资成本的一种有效融资方式。

应用案例 7-9

铁道部 10 天内两度发行短期融资券 财务状况堪忧

【案情简介】

继 2011 年 8 月 8 日发了 200 亿元短期融资债后，8 月 18 日，铁道部在中国银行间市场招标发行 150 亿元超短期融资券。近期铁道部将迎来高达 550 亿元规模的债务到期，有分析称，这或是促使铁道部 10 天之内两度举债的原因。今年以来，铁道部通过在银行间市场发债融资已达 1 400 亿元。铁道部此次发行的 2011 年第五期超短期融资券期限为三个月期（90 天），据交易员透露，票面利率最终确定为 5.25%，略低于上期，投标倍数为 2.14 倍。今年发行的前四期超短融资券利率节节攀升。曾在第三期出现罕见招不满的流标现象，而第四期高达 5.55% 的中标利率令铁道部的融资成本比年初多了 8 000 多万元。

据了解，国内贷款和债券融资是铁道部资金主要来源，其占比从 2005 年的 28.9% 攀升至 2009 年的 75%。去年铁道部发行了 5 期短融券、4 期铁道建设债券和 1 期中期票据，累计 1 750 亿元。今年以来，铁道部共发行 8 期融资、1 期中期票据，累计规模为 1 400 亿元，达到去年全年的 80%。

【案例点评】

中金公司此前的一份研究报告指出，铁道部债务融资难度加大、成本上升，与铁路本身资产负债率的上升及盈利能力的下降有一定的关系。在这种情况下，将倒逼铁道部降低投资规模，加快经营向市场化转型速度，并提高直接融资比例。铁道部可以利用铁路上市公司平台再融资，继续选择优质资产重组改制上市，拓宽市场化融资渠道。

特别提示

中期票据是指具有法人资格的非金融企业（以下简称企业）在银行间债券市场按照计划分期发行的，约定在一定期限还本付息的债务融资工具。中国银行间市场交易商协会（以下简称交易商协会）负责受理债务融资工具的发行注册。

中期票据特点及功能：①中期票据可用于中长期流动资金、置换银行借款、项目建设等；②中期票据的发行期限在 1 年以上；③中期票据最大注册额度为企业净资产 40%；④中期票据主要是信用发行，接受担保增信；⑤发行体制比较市场化，发行审核方式为注册制，一次注册通过，在两年内可分次发行；⑥发行定价比较市场化，中期票据发行利率的确定当期市场利率水平；⑦企业既可选择发行固定利率中期票据，也可选择发行浮动利率中期票据。

发行短期融资券主要关注以下风险：①法律风险。企业必须依法发行规范短期融资券,所筹资金用于本企业生产经营,并保护短期融资券各利益相关者的合法权益;②偿债风险。企业必须保持良好的资产流动性,具有较强的到期偿债能力;③信息风险。发行人应当在融资券存续期间按要求定期披露财务信息,在融资券存续期内,发行人发生可能影响融资券投资人实现其债权的重大事项时,发行人应当及时向市场公开披露。

2. 银行承兑汇票

银行承兑汇票是由在承兑银行开立存款账户的存款人出票,向开户银行申请并经银行审查同意承兑的,保证在指定日期无条件支付确定的金额给收款人或持票人的票据。对出票人签发的商业汇票进行承兑是银行基于对出票人资信的认可而给予的信用支持。银行承兑汇票按票面金额向承兑申请人收取手续费。承兑期限最长不超过 6 个月。承兑申请人在银行承兑汇票到期未付款的,按规定计收逾期罚息。

银行承兑汇票具有以下特点。

(1) 信用好,承兑性强。银行承兑汇票经银行承兑到期无条件付款。就把企业之间的商业信用转化为银行信用。对企业来说,收到银行承兑汇票,就如同收到了现金。

(2) 流通性强,灵活性高。银行承兑汇票可以背书转让,也可以申请贴现,不会占用企业的资金。

(3) 节约资金成本。对于实力较强、银行比较信得过的企业,只需交纳规定的保证金,就能申请开立银行承兑汇票,用以进行正常的购销业务,待付款日期临近时再将资金交付给银行。

并不是所有企业都能通过银行承兑汇票来获得短期借款,只有那些经营业绩好、信用好的企业才能利用这种方式筹资,这也是银行承兑汇票应用上的局限性。

货币市场信用的存在一定程度上会激励企业改善生产经营,不断发展壮大,不断提高企业信用,以求得以更低的成本获得短期借款。

应用案例 7-10

票据业务创新,融资成本降低

【案情简介】

20×2 年 3 月份,民生银行和麦当劳开始洽谈。麦当劳的财务总监问银行:你们能为麦当劳做什么?你们能帮麦当劳创造的价值在哪里?民生银行建议把票据做进麦当劳。麦当劳的财务总监说,我们的产品主要是卖给小孩子的,我不可能要求他们用票据来买汉堡包。但我们有大量的采购,要采购牛奶、薯条、面包、纸杯等。现在,我们都是付现金采购,付出的现金说到底就两种来源,要么是资本金,要么是贷款。如果使用票据,就要从筹资成本考虑,你的票据产品能让麦当劳付的利息比贷款利息低,我就能接受你。

于是,民生银行业务部经理思路明确了,麦当劳由现金采购改为票据采购是可行的。但为了不降低采购竞争力,票据贴现的利息不能让供应商承担,而由采购方麦当劳支付,这就是买方付息票据。而麦当劳也可以接受,因为麦当劳原本就是要付财务成本的,而买方付息票据方式下的资金成本是低于现金采购的。

【案例点评】

任何资金都是有成本的,贷款需要付利息,股本投入也同样有资金成本。既然任何资金都有成本,那么,帮助客户降低资金成本,就是增加客户价值。本案例在不损害供应商利益的前提下,实现了银行和麦当劳"双赢"。

3. 应收账款保理

应收账款保理业务是指企业把由于赊销而形成的应收账款有条件地转让给银行,银行为企业提供资金,并负责管理、催收应收账款和坏账担保等业务,企业可借此收回账款,加快资金周转。

1) 应收账款保理的分类

(1) 无追索权保理(买断型)和有追索权保理(非买断型)。如果保理商对毫无争议的已核准的应收账款提供坏账担保,则称为无追索权保理。另一类是有追索权保理,保理商不负责审核买方资信,不确定赊销额度,也不提供坏账担保,仅提供贸易融资、账户管理及债款回收等服务。如果出现坏账,无论其原因如何,保理商都有权向供货商追索预付款。

(2) 明保理和暗保理。明保理是指供货商在债权转让的时候应立即将保理情况告知购货商,并指示购货商将货款直接付给保理商;暗保理是将购货商排除在保理业务之外,由银行和供货商单独进行保理业务,在到期后供货商出面进行款项的催讨,收回之后再交给保理商。

(3) 折扣保理和到期保理。折扣保理是指当出口商将代表应收账款的票据交给保理商时,保理商立即以预付款方式向出口商提供不超过应收账款80%的融资,剩余20%的应收账款待保理商向债务人收取全部货款后,再行清算。到期保理是保理商在收到出口商提交的、代表应收账款的销售发票等单据时并不向出口商提供融资,而是在单据到期后向出口商支付货款。

2) 应收账款保理的主要作用

(1) 低成本融资,加快资金周转。保理业务的成本要明显低于短期银行贷款的利息成本,银行只收取相应的手续费用。而且如果企业使用得当,可以循环使用银行对企业的保理业务授信额度,从而最大限度地发挥保理业务的融资功能。尤其是对于那些客户实力较强、有良好信誉、而收款期限较长的企业作用尤为明显。

(2) 增强销售能力。由于销售商有进行保理业务的能力,会对采购商的付款期限做出较大让步,从而大大增加了销售合同成功签订的可能性,拓宽了企业的销售渠道。

(3) 改善财务报表。在无追索权的买断式保理方式下,企业可以在短期内大大降低应收账款的余额水平,加快应收账款的周转速度,改善财务报表的资产管理比率指标。

(4) 融资功能。应收账款保理,实质上还是一种利用未到期应收账款这种流动资产作为抵押从而获得银行短期借款的一种融资方式。

7.5.4 商业信用筹资管理

商业信用(commercial trust or commercial credit)筹资是指在企业日常商品交易中,由延期付款或预收货款所形成的供应商与客户的债权、债务关系,是企业的一种自发性融资方式。商业信用筹资的规模主要取决于企业的经营规模。一般来说,随着企业经营规模的扩大,商业信用形成的流动负债会随之增加。商业信用筹资的具体形式有应付账款、预收账款、商业承兑汇票等。

1. 应付账款管理

应付账款（accounts payable）是企业购买货物暂未付款而欠对方的款项，即卖方允许买方在购货后的一定时期内支付货款的一种方式。应付账款是企业的供应商提供的商业信用。企业的应付账款对应的是其供应商的应收账款，因此企业供应商的信用政策直接影响企业对应付账款的运用。

在带有信用条件的商品交易中，因为获得不同的信用要负担不同的成本，购货方企业要在利用哪种信用之间做出决策。一般情况下，购货方企业在决策时应主要考虑商业信用成本。

商业信用成本是指企业因放弃现金折扣而产生的商业信用筹资的机会成本。倘若买方企业购买货物后在卖方规定的折扣期内付款，享受了现金折扣，这种情况下企业就没有商业信用成本。只有当买方放弃了现金折扣时，商业信用才有成本。可按下式计算：

$$放弃现金折扣的机会成本 = \frac{现金折扣率}{1-现金折扣率} \times \frac{360}{信用期-折扣期}$$

一般情况下，放弃现金折扣的成本率要高于银行的借款利率，所以，在可能的情况下，买方会尽可能地享受现金折扣。

【例 7-12】某企业购进一批价值 100 000 元的材料，对方开出的信用条件是"3/10，N/60"，假设企业在购货后的第 10 天、第 60 天付款，试分别计算商业信用的成本率。

① 如果企业在购货后的第 10 天付款，便享受了 10 天的免费信用期，并获得折扣 3 000（100 000×3%）元，只需支付 97 000（100 000－3 000）元，此时，商业信用没有成本。

② 如果企业不享受这一现金折扣，在购货后第 60 天付款，则需支付 100 000 元，这就比享受现金折扣多付 3 000 元，可以理解为企业为占用对方货款 97 000 元（期限为 50 天）支付了 3 000 元的利息，折算成年利率为：

$$\frac{3\ 000}{97\ 000} \times \frac{360}{50} \times 100\% \approx 22.27\%$$

或直接用公式计算为：

$$放弃现金折扣成本率 = \frac{3\%}{1-3\%} \times \frac{360}{60-10} \times 100\% \approx 22.27\%$$

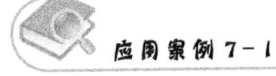

中宏公司的现金折扣成本

【案情简介】

中宏公司向友利公司购买原材料，友利公司开出的付款条件是"2/10，N/30"。中宏公司的财务经理王洋查阅公司记录时发现，会计人员对此项交易的处理方式是：一般在收到货物后 15 天付款。当王洋询问公司会计为什么不取得现金折扣时，负责该项交易的会计回答：这一交易的资本成本仅为 2%，而银行贷款的成本为 12%。

【案例点评】

① 会计人员混淆了资金的 5 天使用成本与 1 年的使用成本。必须将时间长度转化一致，这两种成本

才具有可比性。②放弃折扣成本率＝[2%/(1－2%)]×360/5≈146.94%。③假如公司被迫使用推迟付款方式，则应在购货后30天付款，而非15天付款，这样年利息成本可下降至36.73%，即放弃折扣成本率＝[2%/(1－2%)]×360/20≈36.73%。

(资料来源：秦志敏．财务管理习题与案例．大连：东北财经大学出版社，2005．)

2. 商业承兑汇票管理

商业承兑汇票（commercial acceptance bill）是由销货方出票，由付款人在指定日期无条件支付确定金额给收款人或持票人的票据。商业承兑汇票与应付账款不同，虽然都是由商品交易引起的流动负债，但应付账款是尚未结清的债务，而商业承兑汇票是一种期票，是企业延期付款的证明，有承诺付款的票据作为凭证，是一种正式确认购货方所欠货款的方式。

商业承兑汇票按交易双方的约定，由销货企业签发，由银行以外的付款人承兑，承兑不得附有任何条件。商业承兑汇票按是否支付利息划分，分为带息应付票据和不带息应付票据两种。商业承兑汇票的利率一般比银行借款的利率低，而且不用保持相应的补偿余额以及支付协议费，所以商业承兑汇票的筹资成本低于银行借款成本。但是，票据到期必须归还，如延期便要交付罚金，因此风险较大。

3. 预收账款管理

预收账款（unearned revenue）是卖方企业在交付货物之前向买方预先收取部分或全部货款的信用形式，相当于卖方在交货之前，向买方先借了一笔资金。通常，买方企业对于紧俏商品乐于采用这种形式，以便取得期货。卖方企业运用预收账款，一般是出于以下方面的考虑。

（1）卖方企业已知买方信用欠佳，但仍然想与之交易，扩大销售。为了降低坏账损失的风险，通常会选择运用预收账款的信用方式。

（2）卖方是生产销售生产周期长、售价高的产品的企业。在这种信用条件下，销货单位可以得到暂时的资金来源，而购货单位却要预先垫支一笔资金。

此外，企业往往还存在一些在非商品交易中产生、但亦为自发性筹资的应付费用，如应付工资、应交税金、其他应付款等。应付费用使企业受益在前、费用支付在后，一定程度上缓解了企业的资金需要。但应付费用的期限具有强制性，不能由企业自由安排，有时还可能付出代价。例如，企业如果不能按时支付应付工资，企业的生产经营可能会出现混乱或停滞；企业如果不能按时支付应交税金，可能会受到政府的严厉惩罚。

应用案例 7-12

移动通信的话费优惠活动

【案情简介】

20×3年，某通信公司××分公司实行了一项话费优惠活动，具体是：若该公司的手机用户在20×2年12月底前向该公司预存20×3年全年话费4 800元，可以获赠价值2 000元的缴费卡，若预存3 600元，可以获赠1 200元的缴费卡，若预存1 200元，可以获赠300元的缴费卡。

【案例点评】

该通信公司通过这种诱人的话费优惠活动，可以为公司筹集到巨额的资金，据保守估计，假设有

5 000个客户参与这项优惠活动,该公司至少可以筹资1 000万元,假设有5万个客户参与,则可以筹资1亿元,公司可以利用这笔资金去拓展新的业务,扩大经营规模。另外,该通信公司通过话费让利,吸引了一批新的手机用户,稳定了老客户,在与经营对手的竞争中赢得了先机。

4. 商业信用筹资的优缺点

1) 商业信用筹资的优点

(1) 筹资方便。商业信用的使用权由买方自行掌握,买方什么时候需要、需要多少等,在限定的额度内由其自行决定。多数企业的应付账款是一种连续性的货款,无须做特殊的筹资安排,也不需要事先计划,随时可以随着购销行为的产生而得到该项资金。

(2) 限制条件少。商业信用比其他筹资方式条件宽松,无须担保或抵押,选择余地大。

(3) 成本低。大多数商业信用都是由卖方免费提供的,因此与其他筹资方式相比,成本低。

2) 商业信用筹资的缺点

(1) 期限短。它属于短期筹资方式,不能用于长期资产占用。

(2) 风险较大。由于各种应付款项目经常发生、次数频繁,因此需要企业随时安排现金的调度。

习 题

1. 单项选择题

(1) 在成本分析模型和存货分析模型下确定最佳货币资金持有量时,都须考虑的成本是(   )。

A. 现金的机会成本　　　B. 短缺成本　　　C. 管理成本　　　D. 转换成本

(2) 某企业预测的年度赊销收入净额为600万元,应收账款收账期为30天,边际贡献率为40%,资金成本率10%,则应收账款的机会成本为(   )万元。

A. 10　　　B. 6　　　C. 3　　　D. 2

(3) 甲公司采用存货模型确定最佳现金持有量。如果在其他条件保持不变的情况下,资本市场的投资回报率从4%上涨为16%,那么企业在现金管理方面应采取的对策是(   )。

A. 将最佳现金持有量提高29.29%　　　B. 将最佳现金持有量降低29.29%

C. 将最佳现金持有量提高50%　　　D. 将最佳现金持有量降低50%

(4) 某公司持有有价证券的平均年利率为5%,公司的现金最低持有量为3 000元,现金余额的回归线为16 000元。如果公司现有现金40 000元,根据现金持有量随机模型,此时应当投资于有价证券的金额是(   )元。

A. 0　　　B. 13 000　　　C. 26 000　　　D. 37 000

(5) 某公司根据存货模型确定的最佳现金持有量为100 000元,有价证券的年利率为10%。在最佳现金持有量下,该公司与现金持有量相关的现金使用总成本为(   )元。

A. 5 000　　　B. 10 000　　　C. 15 000　　　D. 20 000

(6) 某公司按照2/20,N/60的条件从另一公司购入价值1 000万元的货物,由于资金调度的限制,该公司放弃了获取2%现金折扣的机会,公司为此承担的信用成本率是(   )。

A. 2.00%　　　B. 12.00%　　　C. 12.24%　　　D. 18.37%

(7) 某公司2016年3月底平均应收账款为480万元，信用条件为N/30，过去三个月的赊销情况为：1月份240万元、2月份180万元、3月份320万元，则应收账款的平均逾期天数为（　　）。
A. 28.38　　　　　B. 36.23　　　　　C. 58.39　　　　　D. 66.23

(8) 根据经济订货批量的基本模型，下列各项中，可能导致经济订货批量提高的是（　　）。
A. 每期对存货的总需求降低
B. 每次订货费用降低
C. 每期单位存货存储费降低
D. 存货的采购单价降低

(9) 某零件年需要量16 200件，单位购置成本为10元，日供应量60件，一次订货成本25元，单位储存成本1元/年。假设一年为360天。需求是均匀的，不设置保险库存并且按照经济订货量进货，则下列各项计算结果中错误的是（　　）。
A. 经济订货量为1 800件
B. 最高库存量为450件
C. 平均库存量为225件
D. 存货相关总成本为900元

(10) 某企业取得银行为期一年的周转信贷协定，额度为100万元，年度内使用了60万元（使用期平均8个月），假设利率为每年12%，年承诺费率为0.5%，则年终企业应支付利息和承诺费共为（　　）万元。
A. 5　　　　　B. 5.1　　　　　C. 7.4　　　　　D. 6.3

2. 多项选择题

(1) 下列各项中，使放弃现金折扣成本提高的情况有（　　）。
A. 信用期、折扣期不变，折扣百分比提高
B. 折扣期、折扣百分比不变，信用期延长
C. 折扣百分比不变，折扣期和信用期等量延长
D. 折扣百分比、信用期不变，折扣期延长

(2) 下列各项中，可用于计算狭义营运资金的算式有（　　）。
A. 非流动负债＋所有者权益－非流动资产
B. 流动资产总额－负债总额
C. 流动资产总额－流动负债总额
D. 速动资产总额－流动负债总额

(3) 运用成本模型确定企业最佳现金持有量时，现金持有量与持有成本之间的关系表现有（　　）。
A. 现金持有量越小，总成本越大
B. 现金持有量越大，机会成本越大
C. 现金持有量越小，短缺成本越大
D. 现金持有量越大，管理成本越大

(4) 甲公司采用随机模型确定最佳现金持有量，最优现金回归线水平为7 000元，现金存量下限为2 000元。公司财务人员的下列作法中，正确的有（　　）。
A. 当持有的现金余额为1 500元时，转让5 500元的有价证券
B. 当持有的现金余额为5 000元时，转让2 000元的有价证券
C. 当持有的现金余额为12 000元时，购买5 000元的有价证券
D. 当持有的现金余额为20 000元时，购买13 000元的有价证券

(5) 某企业按年利率10%从银行借入款项800万元，借款期为1年，银行要求按贴现法付息，则下列表述正确的有（　　）。
A. 借款的实际利率为10%
B. 年末应偿还借款额为800万元
C. 借款的实际利率为11.11%
D. 年末应偿还借款额为720万元

(6) 下列（　　）会使企业实际利率高于名义利率。
A. 存在补偿性余额　　B. 贴现法计息　　C. 利随本清法计息　　D. 加息法付息

(7) 随机模型建立在（　　）前提下，因此，计算出来的现金持有量比较保守。
A. 企业的现金未来需求总量不可预测
B. 企业的现金未来收支不可预测
C. 证券转换为现金或现金转换为证券的成本不可预测
D. 企业的现金最低控制线不可预测

(8) 一般而言，与短期筹资券和短期借款相比，商业信用融资的优点有（　　）。
A. 融资数额较大　　B. 融资条件宽松　　C. 融资机动权大　　D. 不需提供担保

(9) 企业在确定为应付紧急情况而持有现金的数额时，需考虑的因素有（   ）。
A. 企业销售水平的高低　　　　　　　　B. 企业临时举债能力的强弱
C. 金融市场投资机会的多少　　　　　　D. 企业现金流量预测的可靠程度

(10) 下列属于存货的变动储存成本的有（   ）。
A. 存货占用资金的应计利息　　　　　　B. 紧急额外购入成本
C. 存货的保险费用　　　　　　　　　　D. 存货采购的差旅费

3. 判断题

(1) 营运资金具有多样性、波动性、短期性、变动性和不易变现性等特点。（   ）

(2) 某公司存货周转期为160天，应收账款周转期为90天，应付款周转期为100天，则该公司现金周转期为150天。（   ）

(3) 根据期限匹配融资策略，固定资产比重较大的上市公司主要应通过长期负债、自发性流动负债和权益资本来筹集资金。（   ）

(4) 根据营运资金管理理论，短缺成本属于企业应收账款成本内容。（   ）

(5) 现金折扣是企业为了鼓励客户多买商品而给予的价格优惠，每次购买的数量越多，价格也就越低。（   ）

(6) 企业采用严格的信用标准，虽然会增加应收账款的机会成本，但能扩大商品销售额，从而给企业带来更多的收益。（   ）

(7) 与长期借款融资相比，短期借款融资的期限短、成本低，其偿债风险也相对较小。（   ）

(8) 运用随机模型、存货模型和成本分析模型计算最佳现金持有量，均会涉及现金的机会成本。（   ）

(9) 与存货有关的成本费用中，不影响经济订货批量的是专设采购机构的基本开支。（   ）

(10) 企业为满足交易动机而持有现金，所需考虑的主要因素是企业销售水平的高低。（   ）

4. 计算题

(1) 某企业全年需从外购入某零件1 200件，每批进货费用400元，单位零件的年储存成本6元，该零件每件进价10元。销售企业规定：客户每批购买量不足600件，按标准价格计算，每批购买量达到600件，价格优惠3%。

要求：① 计算该企业进货批量为多少时，才是有利的。
② 计算该企业最佳的进货次数。
③ 计算该企业最佳的进货间隔期为多少天？

(2) 某公司向银行借入短期借款100万元，支付银行贷款利息方式是：方案一：采用收款法付息，利息率为14%；方案二：采用贴现法付息，利息率为12%；方案三：利息率为10%，银行要求的补偿性余额比例为20%。请问：你选择哪种借款方式，并说明理由。

(3) 某企业因生产急需准备借款购进一批材料，供应商报价如下：
① 立即付款，价格为9 700元；
② 30天内付款，价格为9 800元；
③ 30~60天内付款，价格为10 000元。

假设银行的短期借款利率为15%，要求计算放弃折扣的机会成本，并确定对该企业最有利的付款日期和价格。

(4) 某公司拟制定下年度的信用政策，现有以下两个信用政策方案供选择。

方案A：信用标准比较严格，确定的坏账损失率为2%，信用条件是30天内全部付清，并采取积极的收账政策，预计全年的收账费用为10 000元。采用这种信用政策，预计全年可实现销售收入2 000 000元，预计平均收账期为45天。

方案B：信用标准相对宽松，确定的坏账损失率为4%，信用条件是"1/10，n/40"，采取一般的收账政策，预计全年的收账费用为 5 000 元。采取这种信用政策，预计全年可实现销售收入 2 400 000 元，40% 的款项会在折扣期内支付，预计平均收账期为 60 天。

该公司的销售利润率为 30%，变动成本率为 70%，有价证券利息率为 10%。

根据以上资料，选择较好的信用政策方案。

5. 思考题

(1) 成本分析模型、现金周转模型、存货模型和随机模型确定现金最佳持有量各有什么优缺点？

(2) 信用政策、应收账款成本与企业利润存在什么关系？

(3) 订货成本、购置成本、储存成本、缺货成本与订货批量大小存在什么关系？

(4) 企业短期借款、商业信用筹资对企业经营有什么利弊？

6. 案例分析

苏宁电器营运资金管理案例分析

作为中国家电连锁巨头之一，苏宁电器的扩张是"既赚规模又赚利润"的典型代表。主要得益于营运资金管理绩效的提升。利用本章现金周转期指标考察苏宁电器的营运资金管理绩效，可以发现 2004—2009 年，苏宁电器的现金周转期从 −1 天变到 −56 天，现金周转绩效有了很大提高，但并不是存货周转和应收账款周转加快的结果，主要是应付账款周转期延长的结果（如表 7−5）。

表 7−5 苏宁电器 2004—2009 年营运资金周转期

年 份	2004	2005	2006	2007	2008	2009
存货周转期	22	31	40	36	34	35
应收账款周转期	2	3	2	1	1	1
应付账款周转期	25	42	57	65	74	92
营运资金周转期	−1	−8	−15	−28	−39	−56

仅有表 7−5 结论是不够的，我们还需进一步分析苏宁电器 2004—2009 年采购渠道现金周转期、营销渠道现金周转期，如表 7−6 所示。

表 7−6 苏宁电器 2004—2009 年分渠道的营运资金周转期

年 份	2004	2005	2006	2007	2008	2009
采购渠道现金周转期	−14	−28	−44	−56	−66	−85
营销渠道现金周转期	20	32	41	34	31	32

由表 7−6 可以看出，苏宁电器采购渠道现金周转期 2004 年为 −14 天，2009 年为 −85 天，呈现逐年下降的趋势。根据对财务报表的分析，2004—2009 年苏宁电器在采购渠道营运资金中，应付账款和应付票据所占的比例最大，分别为 70.6%、78.0%、82.8%、90.5%、90.8%、66.7%。2004—2009 年苏宁电器应付款项、应付票据的规模一直居高不下，并且呈上升趋势，2009 年应付账款较 2008 年上升 51.1%，应付票据上升 97.27%。

由表 7−6 还可知，苏宁电器 2004—2009 年营销渠道现金周转期从 2004 年的 20 天变为 2009 年的 32 天，其间的增减变动幅度不大，特别是 2007 年以来，基本处于稳定状态。

在营销渠道的营运资金构成中，成品存货占有较大比重，各年均在 80% 以上，其占营业收入的比重也较高。2004—2009 年，苏宁电器成品存货占营业收入的比重分别为 8.40%、13.2%、13.0%、11.3%、9.80%、10.8%。大量的成品存货的存在导致苏宁电器 2004—2009 年现金周转期一直居高不下，这在一定程度上体现出苏宁电器营销渠道的营运资金管理尚有较大的改进空间。

［资料来源：郭晓莎，吕素萍．电器营运资金管理案例分析［J］．财务与会计（理财版），2011（5）：21-23.］

思考：

（1）本案例中，苏宁电器盈利的主要来源是上游供应商还是整个价值链的价值创造？

（2）家电连锁零售企业依靠其营运资金管理战略（other people's money，OPM），能将占用在存货和应收账款的资金及资金成本永远转嫁给供应商吗？

7. 课程实践

假定你是自己就读学校食堂的承包人，请根据你的调研资料拟定食堂营运资金管理方案。

第 8 章 财务预算

学习目标

知识要点	能力要求	关键术语
全面预算	（1）了解预算的本质、全面预算的组成内容、业务流程和具体分类 （2）明确全面预算的作用	预算；计划；全面预算
财务预算的意义和内容	（1）掌握财务预算的含义、组成内容 （2）理解财务预算在全面预算体系中的地位	财务预算；业务预算；专门决策预算
财务预算的编制方法	（1）理解各种预算编制方法的适用范围 （2）理解各种预算编制方法的编制原理 （3）掌握弹性预算、零基预算和滚动预算的编制方法	（1）固定预算；弹性预算 （2）增量预算；零基预算 （3）定期预算；滚动预算
财务预算的编制程序	（1）理解掌握业务预算、财务预算、专门决策预算的编制原理 （2）掌握销售预算、生产预算、直接材料采购预算及现金预算的编制程序	（1）销售预算；生产预算；材料采购预算；直接人工预算；制造费用预算；产品成本预算；销售及管理费用预算 （2）现金预算；预计损益表；预计资产负债表

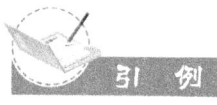

一个处于亏损状态的二级中医院，在几年之内竟然脱胎换骨：3 年多时间，业务总收入比托管前增长 3 倍，业务收支结余年均增速达 50%，年末存量资金增长 4 倍，净资产是托管前的 3.2 倍。这个奇迹发生在北京大兴区中医院（广安门医院南区），主要缘于中国中医科学院广安门医院对该医院的全面托管。其中财务管理的全面介入和全面预算管理的强力植入起到了重要支撑作用。"我们建立了'以成本为中心'的全面预算管理信息系统，依托信息化建设，重点把控成本费用，将预算指标横向分解到各费用项目，纵向分解到各个基层处（科）室，具体落实到每一笔开支上。"广安门医院总会计师樊俊芝在接受中国会计报记者采访时作了以上表述。

那么，全面预算的构成内容有哪些？财务预算在全面预算中的地位和作用是什么？如何编制财务预算？这些问题，都可在本章学习以后得到解决。

本章将从全面预算入手，重点阐述财务预算的含义、地位、编制程序和方法。

8.1 全面预算

8.1.1 预算的本质

人们常说：很少有企业计划去失败，而许多失败的企业却是因为没有计划。预算（budget）是指企业或个人未来的一定时期内经营、资本、财务等各方面的收入、支出、现金流的总体计划，目的是协调和控制一定时期内资源的获得、配置和使用。正如 Glenm A. Welsh 所说，企业预算乃是一种涵盖未来一定期间所有营运活动过程的计划，它是企业最高管理者为整个企业及其各部门设定之目标、战略及方案的正式表达，可以说预算是控制范围最广的技术，因为它关系到整个组织机构而不仅是其中的几个部门。因此，编制预算可以看成是将构成组织机构的各种利益整合成一个所有各方都同意的计划，并在试图达到目标的过程中，说明计划是可行的。

Charles T. Horngren 认为预算是行动计划的数量表达。但预算并不等同于计划。任何有意义的设想都可以称之为计划，如工作目标，实现目标的步骤和方法等，而预算则专指使用货币量度的计划。预算总是针对特定期间的，例如，一年或几年，也可能是某一事项的开始至结束，如某项工程的预算。预算的前提是企业已经确定了计划期的目标利润。为了达到和完成企业的总体目标，企业的销售、生产、供应、财务等职能部门必须相互配合、协调一致地开展工作，这就是预算的编制过程。因此，在企业的计划和控制中，预算是使用得最为广泛的工具之一。企业要想在激烈的市场竞争中立于不败之地，实现经济利益的最大化，就必须事先编制预算。

8.1.2 全面预算的内容

全面预算（comprehensive budget）是指企业对一定期间经营活动、投资活动、财务活动等做出的预算安排，是全部经济活动过程的正式计划的数量说明。它主要由业务预算（销售预算、生产预算、采购预算、销售及管理费用预算），财务预算（财务费用预算、现金预算、预计损益表、预计资产负债表），专门决策预算（资本支出预算、一次性专门决策预算）构成。可由此可见，全面预算是由一系列预算构成的，反映企业的整个经营目标是一个相互关联、不可分割的有机整体。总会计师或分管会计工作的负责人应当协助企业负责人负责企业全面预算管理工作的组织领导。各种预算之间的相互关系如图 8.1 所示。

上述各种预算间存在下列关系：销售预算是各种预算的起点，它是生产费用预算、销售及管理费用预算、现金预算和资本预算的编制基础；现金预算是销售预算、生产费用预算、期间费用预算和资本预算中有关现金收支的汇总；预算损益表要根据销售预算、生产费用预算、期间费用预算、现金预算编制，预计资产负债表要根据期初资产负债表和销售、生产费用、资本等预算编制。

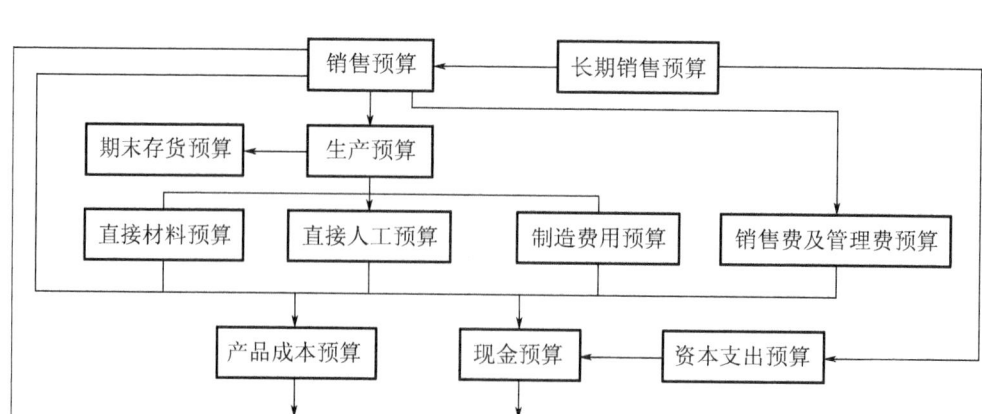

图 8.1 全面预算关系图

8.1.3 全面预算的分类

预算按照期限长短可分为长期预算和短期预算。通常长期与短期的划分以一年为限。长期预算（long-term budget）主要指预算期为一年以上的预算，主要包括资本支出预算（capital expenditure budgets）和长期销售预算。由于长期投资所需资金金额较大，影响期较长，故长期预算编制的好坏，会影响到一个企业的长期财务目标是否能如期实现，影响到企业今后若干年的经济效益，影响到短期预算的编制。短期预算（short-term budget）是指年度预算，或者时间更短的季度或月度预算，如直接材料预算、现金预算等。

全面预算按照涉及的内容分为总预算和专门预算。总预算（overall budget）是指预计利润表预算和预计资产负债表预算，它们反映企业的总体情况，是各种专门预算的综合。专门决策预算（special decision budget）是指反映企业某一方面经济活动的预算。

8.1.4 全面预算基本业务流程

企业全面预算业务的基本流程一般包括预算编制、预算执行和预算考核 3 个阶段。其中，预算编制阶段包括预算编制、预算审批、预算下达等具体环节；预算执行阶段设计预算指标分解和责任落实、预算执行控制、预算分析、预算调整等具体环节。这些业务环节相互关联、相互作用、相互衔接，周而复始地循环，从而实现对企业全面经济活动的控制。如图 8.2 所示。

8.1.5 全面预算的作用

全面预算是各层次、各部门工作的奋斗目标、沟通与协调工具、规划与控制标准、评价与激励依据，在企业的经营管理中发挥着重大作用。

1. 明确目标

预算是具体化的经营目标。通过全面预算的编制，有助于整个企业的内部各个职能部门中的全体职工了解本企业、本部门、本人在实现企业经营目标过程中的地位、作用和责任，促使他们想方设法去完成各自的责任目标和企业的总目标。

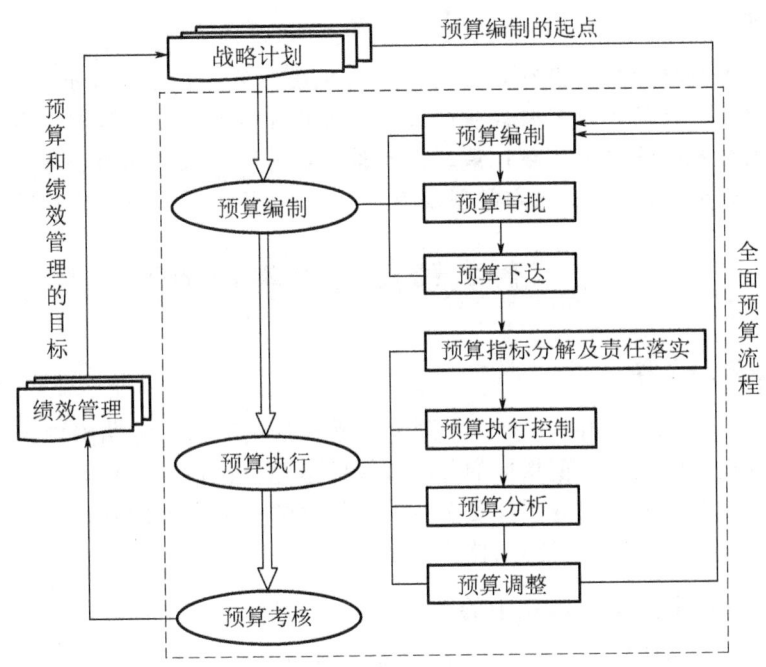

图 8.2　全面预算基本业务流程图

（资料来源：财政部会计司解读《企业内部控制应用指引第 15 号——全面预算》）

2. 沟通与协调工具

企业内部各部门间的工作既是分工负责，又是有机结合的，任何一个环节缺乏统一步调，都会导致整个企业顾此失彼、相互脱节，从而无法圆满完成企业的决策目标。全面预算围绕着企业的经营目标，把企业生产经营过程中各个环节、各个方面的工作严密地组织起来，使企业内部上下左右协调，保持平衡，减少和消除可能出现的各种矛盾冲突，从而使企业成为一个为完成其经营目标而顺利运转的有机整体。

3. 规划与控制标准

预算是一只"有形的手"，能够对企业资源进行规划与控制。预算的控制作用表现为 3 个方面：一是事前控制，即在编制预算前广泛征求各有关部门和人员的意见，分析和说明所提出的计划和应支出的金额是否合理，使预算真正落到实处；二是事中控制，即在预算的执行过程中对实际脱离预算的差异进行认真的分析，以便采取必要的措施加以纠正，保证预定目标的顺利实现；三是事后控制，即将企业经营活动的实际结果与预算进行对比，分析差异产生的原因，提出改进措施，为下期的预算编制提供依据。

4. 评价与激励依据

全面预算不仅是控制企业日常经济活动的主要依据，而且也是评价企业各部门、各职工的工作业绩的重要准绳。在生产经营过程中，把实际结果和预算加以比较，揭示出来的差异，可以考核各部门的工作业绩，同时也可用来检查预算编制的质量。

 **特别提示**

企业实行全面预算管理，至少应当关注下列风险：第一，不编制预算或预算不健全，可能导致企业经营缺乏约束或盲目经营；第二，预算目标不合理、编制不科学，可能导致企业资源浪费或发展战略难以实现；第三，预算缺乏刚性、执行不力、考核不严，可能导致预算管理流于形式。（《企业内部控制应用指引第15号——全面预算》第三条）

8.2 财务预算的内容和地位

8.2.1 财务预算的内容

财务预算（financial budget）是一系列专门反映企业未来一定期限内预计财务状况和经营成果，以及现金收支等价值指标的各种预算的总称。包括现金预算、预计利润表和预计资产负债表等内容。编制财务预算是企业财务管理的一项重要内容。财务预算必须服从企业决策目标的要求，使决策目标具体化、系统化和定量化。

8.2.2 财务预算在全面预算体系中的地位

全面预算是一种管理工具，也是一套系统的管理方法，是关于企业在一定的时期内（一般为一年或一个预算期间内）各项业务活动、财务表现等方面的总体预测。企业通过全面预算方法合理分配企业人、财、物等战略资源协助企业实现既定的战略目标，与相应的绩效管理配合以促进战略目标的实现，控制费用支出，并预测资金需求、利润和期末财务状况等。具体包括业务预算、专门决策预算和财务预算3大类。

（1）业务预算是指与企业日常经营活动直接相关的经营业务的各种预算，也是编制财务预算的基础。包括销售预算、生产预算、采购预算、直接人工预算、制造费用预算、生产成本预算、销售及管理费用预算等。这些预算相互勾稽，既有价值指标，又有实物指标，还有时点或时期指标。

（2）专门决策预算是反映企业某一方面经济活动的预算，实际上是一种方案评价和选择决策方法和过程，如资本支出预算，其编制依据可追溯到决策之前搜集到的有关资料。

（3）财务预算作为全面预算的最后环节，从价值方面总括地反映经营期专门决策预算与业务预算的结果，也称总预算，反映企业的总体情况，是各种专门预算的综合，能使全面预算目标具体化、系统化和定量化。其他预算编制服务于财务预算编制，构成财务预算编制的基础。因此，财务预算是全面预算的核心。

8.3 财务预算的编制方法

8.3.1 固定预算与弹性预算

编制预算的方法按业务量基础的数量特征不同，可分为固定预算和弹性预算。

1. 固定预算

1）固定预算的含义

固定预算（fixed budget）是指以一定的业务量水平为基础，根据预算期内正常的、可实现的某一业务量水平为基础来编制的预算。这种预算在编制时不考虑预算期内生产经营活动可能发生的变动对预算的影响,是预算编制的最基本的方法。

2) 固定预算的缺点

首先,固定预算过于机械呆板。固定预算是根据某一业务量水平为基础编制的,无论预算期内业务量水平是否发生变动,该方法均按事先确定的某一业务量水平作为编制预算的基础。

其次,固定预算可比性差。在市场经济体制下,企业的生产要根据市场需求安排,但由于市场变幻莫测,加之企业内部经常也会有意外的变化,以至于企业有时对经济业务量很难准确预算,往往出现实际完成的业务量与预算业务量不相吻合,甚至差距很大的情况,无法根据固定预算控制、考核和评价企业及各部门的预算执行情况。

3) 固定预算的应用范围

通常,对不随业务量变化而变化的固定成本采用固定预算进行编制。固定预算也适用于业务量较为稳定的企业或非营利组织。

2. 弹性预算

1) 弹性预算的含义

弹性预算(flexible budget)是在将成本划分为固定成本和变动成本的基础上,根据收入、成本同业务量之间的关系,按不同的预算期业务量水平标准编制的,并由一系列个别预算组成的预算。由于这种预算随着业务量的变化而变化,具有伸缩性,因而称之为弹性预算,又称变动预算。

编制弹性预算所依据的业务量可以是产量、销售量、直接人工工时、机器工时、材料消耗量等。

2) 弹性预算的优点

相对于固定预算,弹性预算主要具有以下优点。

首先,预算范围宽。弹性预算能够反映预算期一定相关范围内不同业务量水平下的相应预算额。即在相关范围内,弹性预算可随业务量变动而做相应调整的一组预算,预算的适用范围更为宽广。

其次,预算可比性强。在预算期内,当实际业务量与预计业务量不一致时,可将实际指标与实际业务量下的预算额进行比较,使预算执行情况的评价与考核建立在更加客观和可比的基础上,更好地发挥预算的控制作用。

3) 弹性预算的应用范围

由于未来业务量的变动会影响到成本费用和利润等各个方面,因此从理论上讲弹性预算适用于所有与业务量有关的预算。在实际工作中,弹性预算主要用于成本费用预算和利润预算的编制。

4) 弹性预算的编制

(1) 弹性成本费用预算的编制。弹性成本费用预算主要用于涉及各种间接费用的预算,如间接制造费用、销售及管理费用等预算。直接材料和直接人工是随产量成正比例变动的费用,可以通过标准成本进行控制和考核,不一定要编制弹性预算。

在编制弹性成本费用预算之前,首先需选择适当的业务量水平,并确定其可能的变动幅度（可按历史资料或正常生产能量的70%～110%确定）；其次，根据该业务量范围内有关成本费用项目之间的内在联系进行编制。

弹性成本费用预算的基本公式为：

成本费用预算＝固定成本预算＋销售量×单位变动成本预算

从上述公式可以发现，采用弹性预算的方法编制成本预算，关键在于将所有的成本划分为固定成本和变动成本两部分。变动成本主要根据单位业务量来进行控制，而固定成本则按总额来进行控制。

【例8-1】海利得公司本月预计生产甲产品5 000件，实际产量为5 500件。该月产品预算成本资料和实际成本资料见表8-1。

表8-1 固定预算和实际成本差异表

生产量		固定预算	实际	差异
		5 000件	5 500件	＋500件
成本项目	直接材料	50 000元	53 000元	＋3 000元
	直接人工	16 000元	18 000元	＋2 000元
	制造费用	30 000元	33 000元	＋3 000元
	合计	96 000元	104 000元	＋8 000元

从表8-1可以看出，将实际成本与固定预算进行比较，实际超过预算8 000元。但由于实际成本与固定预算所依据的生产量不同，难以说明企业生产经营活动的好坏。如果将实际成本与成本的弹性预算进行比较，结论就会清晰明了，见表8-2。

表8-2 弹性预算与实际成本差异表

生产量	弹性预算			实际	差异
		5 000件	5 500件	5 500件	
成本项目	单位成本/元	总成本/元	总成本/元	总成本/元	
直接材料	10.00	50 000	50 000	53 000	－2 000
直接人工	3.20	16 000	17 600	18 000	＋400
变动制造费用	2.50	12 500	13 750	13 200	－550
小计	15.7	78 500	86 350	84 200	－2 150
固定制造费用	3.5	17 500	17 500	19 800	＋2 300
合计	19.2	96 000	103 850	104 000	＋150

从表8-2中可以看出，就个别成本项目来看，有超支的，也有节约的，但总成本是超支的。可见，弹性预算比固定预算更真实地说明企业各个部门的工作质量与效果，正确地评价企业的各项工作，明确经济责任，有利于调动职工的积极性。

（2）弹性利润预算的编制。编制完成本的弹性预算以后，就可以编制利润的弹性预算。利润的弹性预算以预算期内预计的多种可能实现的销售收入作为出发点，按照成本的性态扣除相应的成本，借以分别确定基于不同销售量可能实现的损益。该预算反映了企业在预算期内各种业务量水平上应获得的利润。如例 8-1 中的 A 产品,假设 A 产品的销售单价为 30 元,固定销售管理费用为已知数,其他资料同前例。利润的弹性预算与实际利润的比较见表 8-3。

利润弹性预算的基本公式为:

利润预算=销售量×预计单位售价-固定成本-销售量×预计单位变动成本

表 8-3 利润弹性预算表

项 目	弹 性 预 算		实 际	差异/元
销售量/件	5 000	5 500	5 500	
销售收入/元	150 000	165 000	158 000	-7 000
变动成本/元	78 500	86 350	84 200	-2 150
边际贡献/元	71 500	78 650	73 800	-4 850
固定制造成本/元	17 500	17 500	19 800	+2 300
固定销售管理费/元	12 000	12 000	12 500	+500
税前利润/元	42 000	49 150	41 500	-7 650

注:固定销售管理费为假设数。

从表 8-3 可以看出,A 产品的税前利润总额实际数比预算数减少了 7 650 元,原因在于:A 产品的销售收入实际数比预算数减少了 7 000 元,而变动成本实际数比预算数节约了 2 150 元,故边际贡献实际比预算减少了 4 850 元;同时我们也可以发现,A 产品的固定成本没有控制好,固定成本总额实际比预算也超支了 2 800(2 300+500)元。因此,税前利润总额相应减少了 7 650(4 850+2 800)元。

8.3.2 增量预算与零基预算

编制成本费用预算的方法按其出发点的特征不同,可分为增量预算和零基预算。

1. 增量预算

1)增量预算的含义

增量预算(incremental budget)是以基期成本费用水平为基础,结合预算期业务量水平及有关降低成本的措施,通过调整有关原有费用项目而编制的预算。其基本计算原理与因素分析模式类似。

2)增量预算的缺点

增量预算在编制过程中是以过去的经验为基础的,假设企业原有的经营活动是正常的,原有的各项开支是合理的,基本上应予以保留。这种预算编制方法存在以下不足:

(1)导致不合理支出继续存在。该种预算在编制过程中,往往是不加分析地保留或接受原有预算项目,从而造成原有不合理开支继续存在,助长低效和浪费。

(2)造成预算编制简单化。预算编制人员在编制预算过程中,往往凭主观想象平均增加或削减预算费用,不利于调动各部门降低费用的积极性。

(3)没有考虑到企业的长远发展。增量预算实际上是过去的延续,没有考虑到企业未来发展的需要，未能对预算项目进行适当的删减和增加。

2. 零基预算

1）零基预算的含义

零基预算（Zero-Base Budgeting，ZBB），是指在编制预算时，对任何一种费用的开支数，不是以现有费用开支水平为基础的，即不考虑以往的水平，而是一切以零为起点，根据其必要性来确定预算期内费用支出数额的大小。

20世纪60年代美国佐治亚州的政府预算首先使用该方法，美国得州仪器公司于20世纪70年代开始使用，现在已为大多数企业所采用。

2）零基预算的编制程序

（1）确定预算目标。由企业提出总体目标，然后企业内部各有关部门根据企业的总目标和各部门的责任目标，详细讨论预算期内需要发生哪些费用项目，并对每一项费用具体说明其性质、目的、作用及所需要的支出数额。

（2）对费用开支进行分析。企业需成立预算审核委员会，按成本—效益原则逐项审核各项业务开支的必要性，将预算项目分为不可避免项目和可避免项目。对不可避免项目必须保证资金供应；对可避免项目采用对比的方法，即将其所费与所得进行对比，权衡各项费用开支的轻重缓急，并结合所需资金的多少分成等级，确定各项费用的优先顺序。

（3）分配资金，落实预算。在严格审核的基础上，根据企业预算期内可能获得的收入、实现的利润以及筹集资金的能力，按照（2）所确定的顺序分配资金，将预算落实。

3）零基预算的优点

（1）有助于压缩、节约预算开支。编制预算时不考虑过去支出的水平，所有支出均以零为起点进行观察、分析、衡量，不受现行预算的约束，这有助于压缩、节约开支。

（2）有助于提高资金的使用效果。零基预算要求对每项业务预算，都要进行成本—效益分析，从经济效益上考虑各项支出的必要性和数额，从而可以促进企业各基层单位精打细算，量力而行，合理使用资金，提高资金的使用效果。

（3）有助于企业的未来发展。零基预算对一切支出均以零为起点进行分析研究，无论是对原有预算项目，还是关系到企业未来发展的新增预算项目均做到一视同仁，和增量预算相比，有助于企业的未来发展。

4）零基预算的适用范围

零基预算在编制时以零为出发点进行分析研究，确定预算金额，因而编制的工作量较大、时间长，而且稍不注意，就会顾此失彼、重点不明。因此，零基预算主要应用于固定成本的预算。

【例8-2】假定海利得公司按照零基预算的编制方法编制下年度的销售及管理费用预算。

首先，经过企业销售部门和行政管理部门的全体职工根据下年度企业总体目标和本部门的责任目标，多次讨论研究，反复协商，一致认为计划期内需发生以下一些费用项目及其预计的开支水平：

产品包装费　　　　　　　5 000元

广告费　　　　　　　　　8 000元

销售管理人员培训费	3 000元
房屋租金	5 000元
差旅费	4 000元
办公费	3 000元

在上述费用中,房屋租金、差旅费和办公费被一致认为均属计划期内必不可少的费用支出,需全额得到保证。

其次,由销售部门有关人员根据历史资料,对产品包装费、广告费和销售管理人员技术培训费进行"成本—效益分析",其结果见表8-4。

表8-4 成本—效益分析结果表　　　　　　　　　　　　　　单位:元

项 目	成 本 金 额	收 益 金 额
产品包装费	1	17
广告费	1	15
销售管理人员培训费	1	8

最后,审计委员会对上述费用项目,按其性质和轻重缓急排列,分成3个等级。

第一等级,房屋租金、差旅费、办公费,总额为12 000元,必须全额保证资金需要。

第二等级,包装费、产品广告费。如果企业财力允许,应按原讨论结果安排预算;若企业财力有限,则可适当削减。

第三等级,销售管理人员技术培训费。这项费用属于智力方面的投资,在企业财力不允许的情况下,这项预算可做适当调整,如限制培训人员数量,或者减少培训项目等。

假定该企业在下年度对销售及管理费用可动用的财务资源只有20 000元,那么就根据以下排列的等级顺序分配资金,落实预算。

房屋租金、旅差费、办公费必须得到全额保证,资金合计为12 000元。

那么,尚可分配的资金为8 000元,应按成本收益率的比例在包装费、广告费、职工培训费之间进行分配。

包装费可分配的资金 = 8 000×17÷(17+15+8) = 3 400(元)
产品广告费可分配的资金 = 8 000×15÷(17+15+8) = 3 000(元)
销售管理人员培训费可分配的资金 = 8 000×8÷(17+15+8) = 1 600(元)

必须指出的是,由于不同的企业生产经营的特点不同,管理水平不同,因此,各企业分配资金的具体方法也会有所不同。

8.3.3 定期预算与滚动预算

编制预算的方法按照其选择预算期的时间特征不同,可分为定期预算和滚动预算。

1. 定期预算

1)定期预算的含义

定期预算(periodic budget),是指在编制预算时以固定的会计期间作为预算期的一种预算编制方法。该种预算的预算期间与会计期间相吻合,便于考核和评价预算的执行效果。

2) 定期预算的缺点

（1）远期指导性差。定期预算一般是在上一年末的最后一个季度或年初编制，因此它对预算年度的生产经营活动难以做出准确的预测，缺乏远期指导性。这给预算的执行带来诸多困难，不利于对企业的生产经营活动进行评价和考核。

（2）灵活性差。由于定期预算不能随客观情况变化及时调整，而当预算中所规划的经营活动发生重大变化时，就容易造成预算的滞后，失去预算的指导作用。

（3）连续性差。由于定期预算是人为划定预算期间，容易对经营管理者的决策造成时间上的断裂，缺乏前后各期的通盘考虑，不利于企业的长远发展。

2. 滚动预算

1) 滚动预算的含义

滚动预算（rolling forecast budget）又称连续预算或永续预算，是指在编制预算时，将预算期与会计年度脱离，随着预算的执行不断延伸补充预算，逐期向后滚动，使预算期永远保持为一个固定期间（如 12 个月）的一种预算编制方法。

滚动预算按其预算编制和滚动的时间单位不同可分为逐月滚动、逐季滚动和混合滚动 3 种方式。

2) 滚动预算的优点

与传统的定期预算方法相比，按滚动预算方法编制的预算具有以下优点。

（1）透明度高。预算不再是在预算年度之前编制，而是采取逐期滚动的方式，与企业的日常管理结合紧密，能够为企业从动态的角度规划未来，使预算的透明度增强。

（2）及时性强。预算能根据前期预算的执行情况及时修订本期或近期预算，使预算更切合实际，有助于发挥预算的指导和控制作用。

（3）连续性、完整性和稳定性突出。滚动预算不受日历年度限制，能够连续不断地规划企业未来的经济活动，可以动态地为企业规划未来一年内的总体规划和近期目标，确保企业日常工作的完整性和稳定性。

但这种方法也有其缺点，那就是预算工作量较大，加大了预算编制人员的工作强度，而且不一定能够保证信息的质量，同时，滚动预算也没有办法防止企业经理人员调整预算数据以适应计划的需要。

3) 滚动预算的方式

（1）逐月滚动方式。逐月滚动方式是指在预算编制过程中，以月为预算的编制和滚动单位，每月编制一次预算。

（2）逐季滚动方式。逐季滚动方式是指在预算编制过程中，以季为预算的编制和滚动单位，每季编制一次预算。逐季滚动预算和逐月滚动预算相比，工作量较小，但预算精确度较差。

（3）混合滚动方式。混合滚动方式是指在预算编制过程中，同时使用月和季为预算的编制和滚动单位来编制预算。这是一种折中的预算编制方式。在预算编制过程中，对近期预算需安排详尽，精确度高，应采用按月编制的方式；对远期经济活动，需适当安排，做到有计划、有部署，精确度相对较低，应采用按月编制的方式。这样，整个预算既突出重点，又详略得当，部分地简化了预算的编制工作。

8.4 财务预算的编制程序

财务预算的编制以业务预算和专门决策预算编制为基础,具体程序如下。

8.4.1 业务预算的编制

业务预算,也叫经营预算(operation budget),是反映企业日常发生的各项具有实质性的基本经济业务活动的预算。制造企业的业务预算涵盖企业的供应、生产、销售各项经济活动,包括销售预算、生产预算、直接材料采购预算、直接人工预算、制造费用预算、产品成本预算、销售费及管理费用预算等。

1. 销售预算

在市场经济条件下,企业的生产必须根据市场需求量,即销售量来决定。因此,销售预算就成了全面预算的基础,也是编制全面预算的关键。其他预算均以销售预算为基础。销售预算的编制适当与否,将直接影响整个预算体系的编制质量。

销售预算(sales budget)通常以产品销售数量和销售金额表示。编制销售预算时,首先要对本企业的销售历史资料进行分析并进行预测,确定有可能使企业经济效益达到最好的销售量和销售单价和货款的回收情况。由于赊销方式的存在,当期所取得的销售收入与同期的现金收入可能不一致。因此,在实际工作中,一般还要附加编制预计现金收入的计算表,来反映预算期内因销售而发生的现金收入,并作为今后编制现金预算的依据之一。

【例8-3】假定美能达公司在预算年度内只生产和销售一种产品,销售单价为100元,每季度的销售收入的60%于当季以现金收讫,40%于下一季度收回。20×7年第1、2、3、4季度的预计销售量分别为12 000件、14 000件、16 000件、20 000件。此外,年初应收账款为560 000元。现根据以上资料编制销售预算见表8-5。

表8-5 美能达公司销售预算

摘 要		第一季度	第二季度	第三季度	第四季度	全 年
预计销售量/件		12 000	14 000	16 000	20 000	62 000
销售价格/元		100	100	100	100	100
预计销售收入/元		1 200 000	1 400 000	1 600 000	2 000 000	6 200 000
预计现金收入计算表	期初应收账款/元	560 000				560 000
	第一季度销售收现/元	720 000	480 000			1 200 000
	第二季度销售收现/元		840 000	560 000		1 400 000
	第三季度销售收现/元			960 000	640 000	1 600 000
	第四季度销售收现/元				1 200 000	1 200 000
	现金收入合计/元	1 280 000	1 320 000	1 520 000	1 840 000	5 960 000

2. 生产预算

销售预算编制好以后，可以根据每季度的销售量按产品名称、数量分别编制生产预算，即生产预算（production budget）是用来反映预算期内有关产品的生产数量及其在各生产期间的分布情况。生产预算中的预计生产量可用下列公式计算：

预计生产量＝预计销售量＋预计期末产品存货量－预计期初产品存货量

在实际工作中，应根据产品销售的季节性特征，在销售量、生产量和库存量三者之间保持一定的比例关系，以避免储备不足、产销脱节或超储积压等情况出现。

【例8-4】承上例，美能达公司各季度期末的产成品存货为下期销售量的10%，预计年末的存货量为1 400件，则生产预算见表8-6。

表8-6 美能达公司生产预算   单位：元

项 目	第一季度	第二季度	第三季度	第四季度	全 年
预计销售量	12 000	14 000	16 000	20 000	62 000
加：期末存货	1 400	1 600	2 000	1 400	1 400
减：期初存货	1 200	1 400	1 600	2 000	1 200
预计生产量	12 200	14 200	16 400	19 400	62 200

从表8-6可以看出，由于预算期内各个季度的销售量不同，使得各个季度内的生产量也不相同。又由于期初、期末存货的影响，使各个季度的生产量和销售量不同，生产总量与销售总量也不相同。存货在销售量与生产量之间起调节作用，特别是当生产或销售具有一定季节性的情况下，存货起着明显的调节作用。

年度生产预算编制完毕以后，还应根据企业的实际情况排出生产进度日程表，组织好生产，使企业的生产能力得到充分有效的利用。由此可见，生产预算是编制直接材料采购预算、直接人工预算、制造费用预算的基础。

3. 直接材料采购预算

直接材料（direct raw materials purchase budget）采购预算是在生产预算的基础上编制的，是用来反映预算期内直接材料的采购数量、采购成本及预计由此产生的现金支出额。直接材料采购预算编制的主要依据是产品的预计生产量、单位产品的材料耗用量、预计期初与期末的库存量等。

直接材料预计采购量可按下面的公式计算确定：

直接材料预计采购量＝预计产量×单位产品材料耗用量＋
预计期末库存材料－预计期初库存材料

在实际工作中，材料采购预算一般附有预算期间的预计现金支出计算表，其中包括前期应付购料款的偿还以及本期材料款的支付。

【例8-5】假设例8-1中美能达公司单位产品的材料消耗定额为5千克，计划单价为10元/千克。每季度的购料款当季支付60%，其余在下一季度付讫。每季度材料期末库存量按下一季度生产需要量的20%计算，年初预计库存材料为12 200千克，年末预计库存材料为13 900千克。假设应付购料款年初余额为328 000元。根据以上资料，编制直接材料采购预算见表8-7。

表 8-7 直接材料采购预算

	摘　要	第一季度	第二季度	第三季度	第四季度	全　年
直接材料采购预算	预计生产量/件	12 200	14 200	16 400	19 400	62 200
	单耗/千克	5	5	5	5	5
	材料耗用量/千克	61 000	71 000	82 000	97 000	311 000
	加：期末存货/千克	14 200	16 400	19 400	13 900	13 900
	减：期初存货/千克	12 200	14 200	16 400	19 400	12 200
	预计材料采购量/千克	63 000	73 200	85 000	91 500	312 700
	单位采购成本/元	10	10	10	10	10
	预计材料采购金额/元	630 000	732 000	850 000	915 000	3 127 000
预计现金支出计算表	期初应付账款/元	328 000				328 000
	第一季度购料付现数/元	378 000	252 000			630 000
	第二季度购料付现数/元		439 200	292 800		732 000
	第三季度购料付现数/元			510 000	340 000	850 000
	第四季度购料付现数/元				549 000	549 000
现金支出合计/元		706 000	691 200	802 800	889 000	3 089 000

4. 直接人工预算

直接人工预算（direct labor budget）的编制与直接材料预算的编制相同，也是在生产预算的基础上编制的，主要用来确定预算期内生产车间人工工时的消耗水平、人工成本水平及相关现金支出额。

直接人工预算的编制包括以下几个步骤。

（1）确定直接人工总工时。根据生产预算中的预计生产量和单位产品直接人工工时，计算出预计直接人工总工时数。

（2）确定直接人工成本。根据计算出的直接人工总工时乘以小时工资率，计算出预计直接人工成本。

另外，如果产品的生产需要多个工种，则必须先按工种类别分别计算．然后加以汇总。

【例 8-6】承前例，假设美能达公司生产单位产品需用直接人工 1.5 小时，每小时直接人工成本 12 元。根据以上资料，编制直接人工预算见表 8-8。

表 8-8 直接人工预算

时间 项目	第一季度	第二季度	第三季度	第四季度	全　年
预计生产量/件	12 200	14 200	16 400	19 400	62 200
单位产品直接人工工时/小时	1.5	1.5	1.5	1.5	1.5
直接人工小时总数/小时	18 300	21 300	24 600	29 100	93 300
直接人工小时工资/元	12	12	12	12	12
直接人工成本总额/元	219 600	255 600	295 200	349 200	1 119 600

5. 制造费用预算

制造费用预算（overhead budget）是用来反映直接材料和直接人工预算以外的其他一切生产费用的预算。为编制预算，首先需要将制造费用按成本习性分为变动性制造费用和固定性制造费用两部分，然后分别编制变动性制造费用预算和固定性制造费用预算。

为了给编制现金预算提供必要的资料，在制造费用预算中也附有包括费用方面的现金支出预算表。众所周知，由于固定资产折旧不涉及现金支出，因此，在编制预计现金支出表时，应将折旧项目从中扣除。

【例 8-7】承前例，美能达公司变动性制造费用项目和固定性制造费用明细项目在表内列出，则编制的制造费用预算见表 8-9。

表 8-9 制造费用预算　　　　　　　　　单位：元

时间 项目	第一季度	第二季度	第三季度	第四季度	全年
变动性制造费用：					
间接人工	6 588	7 668	8 856	10 476	33 588
间接材料	6 588	7 668	8 856	10 476	33 588
维修费	17 568	20 448	23 616	27 936	89 568
水电费	13 176	15 336	17 712	20 952	67 176
小　计	43 920	51 120	59 040	69 840	223 920
固定性制造费用：					
管理人员工资	22 600	22 600	22 600	22 600	90 400
折　旧	36 775	36 775	36 775	36 775	147 100
维修费	4 000	4 000	4 000	4 000	16 000
保险费	3 000	3 000	3 000	3 000	12 000
财产税	3 600	3 600	3 600	3 600	14 400
小　计	69 975	69 975	69 975	69 975	279 900
合　计	113 895	121 095	129 015	139 815	503 820
减：折旧	36 775	36 775	36 775	36 775	147 100
预计现金支付的制造费用	77 120	84 320	92 240	103 040	356 720

6. 产品成本预算

产品成本预算（product cost budget）的编制依据为生产预算、直接材料采购预算、直接人工预算、制造费用预算。预算主要反映产品的单位成本和总成本的构成情况。单位产品成本的数据主要来自直接材料预算、直接人工预算、制造费用预算。生产量、期末存货量数据主要来自生产预算。销售量数据主要来自销售预算。

值得注意的是，库存商品的计价方法有很多，有先进先出法、加权平均法、个别计价法等，编制预算时可根据企业实际情况选择其中的一种加以运用。

【例 8-8】为说明问题方便起见，本例假定库存商品的期初和期末存货的单位成本一致，具体内容见表 8-10。

表 8-10 产品成本预算 单位：元

项目	单位成本 数量	单位成本 单价	单位成本 金额	生产成本 63 400 件	期末存货 1 400 件	销售成本 62 000 件
直接材料	5 千克	10	50	3 170 000	70 000	3 100 000
直接人工	1.5 工时	12	18	1 141 200	25 200	1 116 000
变动性制造费用	1.5 工时	2.4	3.6	228 240	5 040	223 200
固定性制造费用	1.5 工时	3	4.5	285 300	6 300	279 000
合计			76.1	4 824 740	106 540	4 718 200

7. 销售及管理费用预算

销售及管理费用预算（selling and administrative expense budget）指的是制造业务以外的产品销售及管理费用的预算。销售费用是指在产品销售过程中需要支出的有关费用，如销售人员的工资、广告费、运杂费、包装费等。管理费用是指企业一般性的行政管理费用，如行政管理人员工资、报纸杂志费、办公费等。销售及管理费用预算编制方法大体类似于制造费用预算，分变动性费用和固定性费用分别列示。

销售及管理费用的大部分属于现金支出，如果包括非付现项目，如折旧和无形资产摊销等，则需要从预算中加以扣除。因此，在编制销售及管理费用预算的同时，往往还附有预计销售及管理费用的现金支出计算表，以便为编制现金预算提供资料。

【例 8-9】承前例，假定美能达公司预算年度的销售及管理费用情况如下。变动性费用为销售收入的 6%，固定性费用 574 000 元，其中管理人员薪金 380 000 元，广告费 160 000 元，保险费用 10 000 元，计入管理费用的各项税费 10 400 元，折旧 8 000 元，各项杂费 5 600 元。

根据上述资料，美能达公司编制的销售及管理费用预算见表 8-11。

表 8-11 销售及管理费用预算 单位：元

项目\时间	第一季度	第二季度	第三季度	第四季度	全年
预计销售量（见表 8-5）	1 200 000	1 400 000	1 600 000	2 000 000	6 200 000
变动性销售及管理费用	72 000	84 000	96 000	120 000	372 000
固定性销售及管理费用					
管理人员薪金	55 000	55 000	55 000	55 000	220 000
广告费用	20 000	20 000	20 000	20 000	80 000
保险费	2 500	2 500	2 500	2 500	10 000
税费	2 600	2 600	2 600	2 600	10 400
折旧	2 000	2 000	2 000	2 000	8 000
杂费	1 400	1 400	1 400	1 400	5 600
小计	83 500	83 500	83 500	83 500	33 4000
合计	155 500	167 500	179 500	203 500	706 000
减：折旧	2 000	2 000	2 000	2 000	8 000
预计现金支付的销售及管理费用	153 500	165 500	177 500	201 500	698 000

8.4.2 专门决策预算的编制

专门决策预算（special-decision budget）是指企业为不经常发生的长期投资决策项目或一次性专门业务所编制的预算。专门决策预算一般分为资本支出预算和一次性专门业务预算两类。由于专门决策预算所涉及的决策事项不尽相同，因而没有统一的预算表格，企业可按需要自行设计。

1. 资本支出预算

1）资本支出预算的概念

资本支出预算（capital expenditure budgets），又称资本预算，主要反映企业在预算年度发生的长期投资项目的预算情况，该预算需详细列出该项目在寿命周期内各年度的现金流入和流出情况。

2）资本支出预算的特点

（1）资金量大。由于资本预算涉及固定资产投资，新产品投产和研发等项目。这些项目往往需要企业投入大量的资金。

（2）周期长。资本性支出的受益期间往往涉及多个会计期间，投资正确与否，直接影响到企业战略目标能否实现。

（3）风险大。由于资金量大、时间长，造成了投资的风险大，因此，在编制资本支出预算时，需充分考虑各种不确定的因素及资金时间价值。

3）资本支出预算的作用

（1）有利于对资本支出项目进行事前评价和筛选。在资本支出项目投入执行实施之前，分析各方案可能为企业带来的现金流入量和现金流出量，并根据风险程度，筛选出未来收益和风险相对称的方案，供企业决策者决策所需。

（2）有利于对预算执行情况进行事中控制。资本支出项目的资金投入往往是分批投入的，同时在预算执行过程中还会遇到许多意外问题，因此，在预算执行过程中必须依据预定标准，考虑突发问题，对资本支出项目进行控制，保证资本支出项目顺利完成。

（3）有利于对资本支出项目完成后的综合评价。资本预算的数据可作为资本项目完成后成功与否的评价标准，同时也可为企业今后相类似的资本支出项目的资本预算的编制提供资料。

4）资本支出预算的编制

【例8-10】承前例，假定美能达公司经董事会批准，在预算年度20×7年1月，以自有资金购置机器设备一台，价值400 000元，该设备预计可使用5年，按直线法计提折旧，使用期满预计残值为4 000元。采用新设备每年可为公司带来45 800元的净利润，根据上述资料编制的该公司的资本支出预算见表8-12。

表8-12 资本支出预算 单位：元

资本支出项目	购置日期	投资总额/元	使用年限/年	残值	资金来源	资金成本/%	现金净流量	回收期/年
购置设备	2007.1	400 000	5	0	自有	10%	125 000	3.2

$$\text{现金净流量} = \frac{400\,000 - 4\,000}{5} + 45\,800 = 125\,000(\text{元})$$

$$\text{回收期} = 400\,000 \div 125\,000 = 3.2(\text{年})$$

2. 一次性专门业务预算

企业为了提高资金的使用效率,需要对现金进行合理的安排,即对资金的投放、资金的筹措等其他财务决策一次性专门业务进行预算。

【例 8-11】承前例,假定美能达公司财务部门经过预测,根据税法规定,预算期间每季度季末支付所得税 45 000 元。又根据董事会决定预算期间每季度季末支付股东股利 20 000元。根据上述资料编制的该公司的其他现金支出预算见表 8-13。

表 8-13 其他现金支出预算　　　　　　　　　　　　　单位:元

专门业务名称	支付对象	第一季度	第二季度	第三季度	第四季度	全　　年
预付所得税	国税局	45 000	45 000	45 000	45 000	180 000
预付股利	股东	20 000	20 000	20 000	20 000	80 000

8.4.3 财务预算的编制

财务预算(financial budget)是反映预算期内有关现金收支、经营成果和财务状况的预算,主要由现金预算、预计利润表和预计资产负债表组成。由于企业的各项业务预算和专门决策预算的资料均可以金额反映在财务预算中,所以财务预算也可称为"总预算",而其他各种预算则称为"分预算"。在企业完成各项业务预算和专门决策预算后,便需要进一步汇总编制财务预算。

1. 现金预算

现金预算(cash budget)是用来反映预算期内企业现金流转状况的预算。这里所说的现金包括现金和银行存款等一切货币资金。编制现金预算的目的是为了合理地安排企业的现金收入和支出,并由此计算现金的盈余或不足,进而确定资金运用或筹措的方式、时间及金额,保证企业财务的正常运转。

1) 现金预算的内容

现金预算主要包括以下 4 个部分。

(1) 现金收入。包括期初的现金余额和预算期内可获得的现金收入,主要有现销收入、收回的应收账款、应收票据到期兑现和票据贴现等,该数据可从销售预算的预计现金收入表中获取。

(2) 现金支出。指预算期内的全部现金支出,主要有材料采购、工资、制造费用、销售及管理费用、税金、利润、固定资产投资支出等。

(3) 现金盈余或不足。指现金收入和现金支出相抵以后的余额。若余额为正数,则表示现金有盈余;若余额为负数,则表示现金不足。

(4) 资金的筹措与运用。当企业预算期内现金不足时,需向银行借款或发放短期商业票据来筹措资金;当企业预算期内现金有盈余时,可通过偿还借款、借款利息或进行短期投资来运用资金。

通过现金预算，可以了解企业在预算期内的现金流转现状。为加强对现金的管理，合理安排及筹措资金，现金预算的编制期愈短愈好。现金预算可以按年度、季度、月、旬编制，甚至还可以按周或逐日编制，但由于工作量的关系，一般情况下，还是按年度或季度进行编制。

2) 现金预算的编制

（1）现金预算表的基本格式。

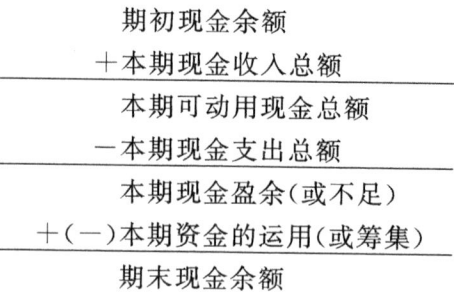

期初现金余额
＋本期现金收入总额
本期可动用现金总额
－本期现金支出总额
本期现金盈余（或不足）
＋（－）本期资金的运用（或筹集）
期末现金余额

（2）现金预算表的编制举例。

【例 8-12】承前例，假定美能达公司是按年度分季编制现金预算，该公司各季度末现金余额的最低限额为 100 000 元，最高限额为 200 000 元。假设从银行取得的借款为 1 000 元的整数倍。试根据以上各种预算中的有关资料编制现金预算表。现金预算见表 8-14。

表 8-14　现金预算　　　　　　　　　单位：元

项目＼时间	第一季度	第二季度	第三季度	第四季度	全年
期初现金余额	110 000	118 780	103 660	104 920	110 000
现金收入总额（见表 8-5）	1 280 000	1 320 000	1 520 000	1 840 000	5 960 000
本期可动用现金合计	1 390 000	1 438 780	1 623 660	1 944 920	6 070 000
现金支出					
直接材料采购（见表 8-7）	706 000	691 200	802 800	889 000	3 089 000
直接人工（见表 8-8）	219 600	255 600	295 200	349 200	1 119 600
制造费用（见表 8-9）	77 120	84 320	92 240	103 040	356 720
销售及管理费用（见表 8-11）	153 500	165 500	177 500	201 500	698 000
购置设备（见表 8-12）	400 000	—	—	—	400 000
支付所得税（见表 8-13）	45 000	45 000	45 000	45 000	180 000
支付股利（见表 8-13）	20 000	20 000	20 000	20 000	80 000
现金支出合计	1 621 220	1 261 620	1 432 740	1 607 740	5 923 320
现金盈余（或不足）	-231 220	177 160	190 920	337 180	146 680
资金的筹集与运用：					
从银行取得借款（期初）	350 000				350 000
偿还借款（期末）		70 000	80 000	200 000	350 000
支付利息（年利率10%）		3 500	6 000	20 000	29 500
期末现金余额	118 780	103 660	104 920	117 180	117 180

注：（1）第二季度支付利息 70 000×10%×6/12＝3 500（元）。

（2）第三季度支付利息 80 000×10%×9/12＝6 000（元）。

（3）第四季度支付利息 200 000×10%＝20 000（元）。

2. 预计损益表

预计损益表（budgeted income statement）是按照损益表的内容和格式编制，综合反映企业在预算期间利润目标的预算报表。预计损益表是财务预算中的一个重要环节，是编制预计资产负债表的基础。

预计损益表通常按照变动成本法进行编制，相关数据主要来源于销售预算、直接材料采购预算、直接人工预算、制造费用预算、产品成本预算、销售及管理费用预算、专门决策预算等。

【例 8-13】承前例，假定美能达公司预算年度预计损益表见表 8-15（按变动成本法编制）。

表 8-15　20×7 年度预计损益表　　　　　　　　　　　　　　　　单位：元

项　　目	全　　年
销售收入（见表 8-5）	6 200 000
变动成本	
变动生产成本（见表 8-10）	4 439 200
变动性销售及管理费用（见表 8-11）	372 000
变动成本小计	4 811 200
边际贡献	1 388 800
固定成本	
固定性制造费用（见表 8-10）	279 000
固定性销售及管理费用（见表 8-11）	334 000
固定成本小计	613 000
息税前利润	775 800
减：利息支出（见表 8-14）	29 500
税前利润	746 300
减：所得税（见表 8-13）	180 000
税后利润	566 300

另外，需要说明的是，预计损益表中的"所得税"是在利润规划时的估计数，来源于其他现金支出预算。这个数据不是根据利润和所得税税率计算而来的，它没有考虑诸多的纳税调整事项。

3. 预计资产负债表

预计资产负债表（budgeted balance sheet）是按照资产负债表的内容和格式编制的，综合反映企业在预算期期末的财务状况的预算报表。预计资产负债表是在上期期末资产负债表的基础上，根据前述诸预算提供的有关资料加以调整编制而成的。

编制预计资产负债表的目的是判断预算所反映的财务状况活动的稳定性和流动性。如果通过预计资产负债表的分析，发现企业的某些财务比率不理想，可科学修改有关预算，以改善企业的财务状况。

【例 8-14】承前例，假定美能达公司 20×6 年度资产负债表见表 8-16。试根据基期资产负债表编制 20×7 年度的预计资产负债表。美能达公司预算年度预计资产负债表见表 8-17。

表 8-16 美能达公司 20×6 年度资产负债表　　　　　　　　　　　单位：元

资产		负债及所有者权益	
项目	金额	项目	金额
流动资产：		流动负债：	
现金	110 000	应付账款	328 000
应收账款	560 000	流动负债合计	328 000
存货：		负债合计	328 000
原材料	122 000		
库存商品	91 320		
存货总计	213 320	所有者权益：	
流动资产合计	883 320	普通股股本	1 000 000
固定资产：		未分配利润	1 255 320
建筑物	1 200 000	所有者权益合计	2 255 320
设备	1 000 000		
累计折旧	500 000		
固定资产合计	1 700 000		
资产合计	2 583 320	负债及所有者权益合计	2 583 320

表 8-17 美能达公司 20×7 年度预计资产负债表　　　　　　　　　　单位：元

资产		负债及所有者权益	
项目	金额	项目	金额
流动资产：		流动负债：	
现金（见表 8-14）	117 180	应付账款（见表 8-7）	366 000
应收账款（见表 8-5）	800 000	流动负债合计	366 000
存货：		负债合计	366 000
原材料（见表 8-7）	139 000		
库存商品（见表 8-10）	106 540		
存货总计	245 540	所有者权益：	
流动资产合计	1 162 720	普通股股本	1 000 000
固定资产：		未分配利润	1 741 620③
建筑物	1 200 000	所有者权益合计	2 741 620
设备	1 400 000①		
累计折旧	655 100②		
固定资产合计	1 944 900		
资产合计	3 107 620	负债及所有者权益合计	3 107 620

注：① 由年初数 1 000 000 元加上预计购入设备（见表 8-12）400 000 元形成。
　　② 由年初数 500 000 元加上预计全年折旧额（见表 8-9，表 8-11）155 100(147 100＋8 000)元形成。
　　③ 由年初数 1 255 320 元加上本期利润（见表 8-15）566 300 元减去本期支付股利（见表 8-13）80 000 元形成。

 **特别提示**

美国著名杂志CFO公布的2002年调查资料表明,被调查企业都是将信息技术与预算管理有机融合,在信息系统的支持下进行预算管理,信息集成度对预算管理有较大的影响。17%的预算观察者一般采用分项预算,各个子系统之间处于非集成状态,主要用Excel作为预算管理的软件工具或建立系统;46%的预算跟随者部分业务子系统与预算集成,做到部分业务驱动预算,并有功能比较简单的预算管理系统;31%的预算早期采用者基本实现业务子系统与预算集成,做到部分业务驱动预算并进行动态预测;6%的预算领导者业务子系统与预算完全集成,做到业务驱动动态预算和预测,并有完善的预算管理系统的支持,同时有些企业实现核心企业预算与客户和供应商之间的集成。可以说,在信息时代只有将信息技术与预算管理有机融合,才能使预算管理发挥重要的作用。

 习 题

1. 单项选择题

(1) 某企业按百分比法编制弹性利润预算表,预算销售收入为100万元,变动成本为60万元,固定成本为30万元,利润总额为10万元;如果预算销售收入达到110万元,则预算利润总额为( )万元。

    A. 14   B. 11   C. 4   D. 1

(2) 某企业编制第四季度的直接材料消耗与采购预算,预计季初材料存量为500千克,季度生产需用量为2 500千克,预计期末存量为300千克,材料采购单价为10元,若材料采购货款有40%当期付清,另外60%在下季度付清,则该企业预计资产负债表年末"应付账款"项目为( )元。

    A. 10 800   B. 13 800   C. 23 000   D. 16 200

(3) 星光公司预计20×6年三、四季度销售产品分别为280件、350件,单价分别为3元、3.5元,各季度销售收现率为60%,其余部分下个季度收回,则星海公司第四季度现金收入为( )元。

    A. 826   B. 1 071   C. 1 239   D. 994

(4) 在成本习性分析的基础上,分别按一系列可能达到的预计业务量水平编制的能适应多种情况的预算,是( )。

    A. 定期预算   B. 弹性预算   C. 零基预算   D. 固定预算

(5) 在下列各项中,能够同时以实物量指标和价值量指标分别反映企业经营收入和相关现金收支的预算是( )。

    A. 现金预算   B. 销售预算   C. 生产预算   D. 产品成本预算

(6) 某公司预计计划年度期初应付账款余额为200万元,1至3月份采购金额分别为500万元、600万元和800万元,每月采购款当月支付70%,次月支付30%,则预计一季度现金支出额是( )。

    A. 2 100万元   B. 1 900万元   C. 1 860万元   D. 1 660万元

(7) 光明公司机床维修费为半变动成本,机床运行100小时的维修费为280元,运行150小时的维修费为360元,机床运行时间为120小时的维修费为( )元。

    A. 336   B. 312   C. 288   D. 368

(8) ABC公司10月份月初存货为200件,月末存货为400件,本月预计销售量为3 500件,则该企业10月份的预计生产量为( )件。

    A. 3 500   B. 3 600   C. 3 700   D. 3 900

(9) 以下有关预算工作组织的表述中,属于财务部门负责的工作是(   )。
A. 财务部门是企业预算的基本单位
B. 财务部门负责人参与企业预算委员会的工作,并对各部门预算执行结果承担责任
C. 财务部门对企业的预算管理工作负总责
D. 财务部门负责企业预算的跟踪管理,监督预算的执行情况

(10) 下列各项费用预算项目中,最适宜采用零基预算编制方法的是(   )。
A. 人工费　　　　　　B. 培训费　　　　　　C. 材料费　　　　　　D. 折旧费

2. 多项选择题

(1) 滚动预算的特点在于(   )。
A. 能使预算与实际情况更相适应　　　　B. 预算期始终保持为一个固定长度
C. 便于考核预算的执行结果　　　　　　D. 能够使预算期间与会计年度相配合

(2) 下列各项中,属于增量预算法前提条件的有(   )。
A. 原有的各项业务都是合理的
B. 现有的各项业务活动为企业必需的
C. 预算费用标准必需进行调整
D. 考虑到企业未来发展的需要,能对预算项目进行适当的删减和增加

(3) 下列表述中,不正确的有(   )。
A. 销售及管理费用预算编制方法大体类似于制造费用预算,分变动性费用和固定性费用分别列示
B. 变动制造费用和固定制造费用均以生产预算为基础来编制
C. "预计利润表"中的"所得税"项目的金额是根据预算的"利润总额"和预计所得税税率计算出来的,一般无须考虑纳税调整事项
D. 生产预算是在销售预算的基础上编制,因此生产预算中的各季度预计生产量等于各季度的预计销售量

(4) 与编制零基预算相比,编制增量预算的主要缺点有(   )。
A. 预算结果欠准确
B. 不利于调动各部门达成预算目标的积极性
C. 增加了预算编制的工作量,容易顾此失彼
D. 可能不加分析地保留或接受原有成本支出

(5) 下列关于全面预算的表述中,正确的有(   )。
A. 预计利润表、预计资产负债表属于财务预算
B. 业务预算与业务各环节紧密相关,因此属于总预算
C. 财务预算是关于资金筹措和使用的预算,主要是指短期的现金收支预算和信贷预算
D. 在全面预算中,生产预算是唯一没有按货币计量的预算

(6) 下列关于全面预算管理的说法正确的有(   )。
A. 全面预算管理应该覆盖整个公司
B. 全面预算管理涉及生产经营的所有活动
C. 全面预算不局限于事前控制和事后控制,也不局限于财务部门
D. 全面预算是一种管理制度和控制方略

(7) 预算编制的方法包括(   )。
A. 固定预算与弹性预算　　　　　　　　B. 零基预算与增量预算
C. 财务预算与资本预算　　　　　　　　D. 滚动预算与定期预算

(8) 与生产预算有直接联系的预算有(   )。
A. 直接材料预算　　　　　　　　　　　B. 变动制造费用预算
C. 销售及管理费用预算　　　　　　　　D. 直接人工预算

(9) 在编制生产预算时，计算某种产品预计生产量应考虑的因素包括（　　）。
A. 预计材料采购量　　　　　　　　B. 预计产品销售量
C. 预计期初产品存货量　　　　　　D. 预计期末产品存货量
(10) 下列关于预计资产负债表编制的说法中，正确的有（　　）。
A. 预计资产负债表期末数额面向未来，通常不需要以预期期初的资产负债表数据为基础
B. 企业应先编制预计利润表再编制预计资产负债表
C. 编制预计资产负债表的目的是判断预算反映的财务状况的稳定性和流动性
D. 预计资产负债表中的期末"应付账款"数据由材料采购预算中的相关数据计算所得

3. 判断题
(1) 企业实行预算的目的是限制花钱。　　　　　　　　　　　　　　　　　　（　　）
(2) 预算编制涉及企业每一个部门、每一个岗位，它需要企业每一个部门和每一位员工的参与和支持。　　　　　　　　　　　　　　　　　　　　　　　　　　　　　　　　　　（　　）
(3) 预算编制是预算管理循环的一个重要环节，预算编制质量的高低直接影响预算执行结果，也影响对预算执行者的业绩评价。　　　　　　　　　　　　　　　　　　　　　　　　（　　）
(4) 编制生产预算的目的是保证有充足的现金可以满足企业的需要，而且对多余现金可以有效利用。　　　　　　　　　　　　　　　　　　　　　　　　　　　　　　　　　　　　（　　）
(5) 预算编制是一种事前控制，预算分析与考评是一种事中控制，预算执行是一种事后控制。
　　　　　　　　　　　　　　　　　　　　　　　　　　　　　　　　　　　　　（　　）
(6) 专门决策预算主要反映项目投资与筹资计划，是编制现金预算和资产负债表预算的依据之一。
　　　　　　　　　　　　　　　　　　　　　　　　　　　　　　　　　　　　　（　　）
(7) 企业财务管理部门是企业预算的基本单位。　　　　　　　　　　　　　　（　　）
(8) 企业在编制零基预算时，需要以现有的费用项目为依据，但不以现有的费用水平为基础。
　　　　　　　　　　　　　　　　　　　　　　　　　　　　　　　　　　　　　（　　）
(9) 采用弹性预算法编制成本费用预算时，业务量计量单位的选择非常关键，自动化生产车间适合用机器工时作为业务量的计量单位。　　　　　　　　　　　　　　　　　　　　　（　　）
(10) 企业正式下达执行的预算，执行部门一般不得调整。但是，市场环境、政策法规等发生重大变化，将导致预算执行结果产生重大偏差时，可经逐级审批后调整。　　　　　　　（　　）

4. 计算题
(1) 光明公司只生产一种产品。相关预算资料如下：
资料一：预计每个季度实现的销售收入（含增值税）均以赊销方式售出，其中60%在本季度内收到现金，其余40%要到下一个季度收讫，假定不考虑坏账因素。部分与销售有关的数据资料如表8-18所示。

表8-18　部分与销售有关的数据资料　　　　　　　　　　　　　　　单位：元

项　　目	一季度	二季度	三季度	四季度
预计销售收入	234 000	234 000	257 400	257 400
期初应收账款	41 600			
第一季度销售当期收现额	A			
第二季度销售当期收现额		B		
第三季度销售当期收现额				
第四季度销售当期收现额				C
经营现金收现合计		234 000	248 040	257 400

资料二：预计每个季度所需要的直接材料均以赊购方式采购，其中50%于本季度内支付现金，其余50%将于下个季度付讫。假定不存在应付账款到期支付能力不足的情况。部分与直接材料采购预算有关的数据资料如表8-19所示。

表8-19 部分与直接材料采购预算有关的数据资料　　　　　　　　　　　　　　单位：元

项　目	一季度	二季度	三季度	四季度
预计材料采购成本	140 400	140 400	152 100	154 440
期初应付账款	10 000	70 200	E	F
第一季度采购当期支出额				
第二季度采购当期支出额				
第三季度采购当期支出额			76 050	G
第四季度采购当期支出额				H
材料采购现金支出合计	D			257 400

要求：① 根据资料一确定该表中用字母表示的数值。
② 根据资料二确定该表中用字母表示的数值。
③ 根据资料一和资料二，计算预算年度应收账款和度应付账款的年末余额。

(2) 东方公司计划生产和销售甲产品，预计每件甲产品的材料消耗定额为20千克，计划单价10元。为了保证生产的顺利进行，要求材料每季季初的存货量至少达到当季用量的25%。该公司20×7年1月1日的材料库存正好与要求相符，预计20×6年各季甲产品的销售量分别为12 000件、13 000件、11 000件和1 500件。假设该公司无在产品存货，其产成品存货各季末结存量应为下季销售量的30%，其年初产成品存货为3 600件，年末预计的产成品存货的数量为4 200件，年末预计库存材料的数量为70 000千克。

要求：① 编制东方公司20×6年甲产品的生产预算。
② 编制东方公司20×6年甲产品的直接材料采购预算。

(3) 东方公司着手编制20×6年10月份的现金预算。预计20×7年10月月初现金余额为18 000元；月初应收账款10 000元，预计月内可收回60%；本月销货250 000元，预计月内收款比例为50%。

要求：编制东方公司20×6年10月份的现金预算。

(4) 光明公司正在编制20×6年12月的预算，有关资料如下：
① 预计11月30日的资产负债表见表8-20。

表8-20 资产负债表　　　　　　　　　　　　　　单位：万元

资　产	金　额	负债及所有者权益	金　额
现金	30	应付账款	210
应收账款	84	应付利息	15
存货	180	银行借款	150
固定资产	906	实收资本	800
		未分配利润	25
资产总计	1 200	负债及所有者权益总计	1 200

② 销售收入预计：11月300万元，12月350万元；下年1月360万元。
③ 销售收现预计：销售当月收回70%，次月收回28%，其余2%无法收回（坏账），假设公司按月计提坏账准备。
④ 采购付现预计：销售商品的65%在前一个月购入，销售商品的35%在当月购入；所购商品的进货款项，在购买的次月支付；预计采购成本占销售收入比重的60%。
⑤ 预计12月份购置固定资产需支付100万元；全年折旧费240万元；除折旧外的其他管理费用均需用现金支付，预计12月份付现管理费用为32万元；12月末归还一年前借入的到期借款150万元。
⑥ 预计银行借款年利率10%，还款时支付利息。
⑦ 光明公司最低现金余额6万元；预计现金余额不足6万元时，在每月月初从银行借入，借款金额是1万元的整数倍，假设公司按月计提应计利息。

要求计算下列各项的12月份预算金额：
① 销售收回的现金、进货支付的现金、本月资金的筹措情况；
② 预计资产负债表中现金、应收账款、应付账款的金额。

5. 思考题
（1）财务预算、业务预算与专门决策预算有什么区别？
（2）分别比较弹性预算与固定预算、增量预算与零基预算、定期预算与滚动预算的差异。

6. 案例分析

大亚湾核电站预算管理案例分析

大亚湾核电站作为国家的第一座大型商用核电站，从开工建设以来就一直非常重视预算管理的运用。基建期设立投资预算管理机构进行专门预算管理，1994年进入商业运营期以后在电站推行预算管理，从1997年开始在全公司推行全面预算管理，至今已建立起一整套行之有效的以成本为中心的全面预算管理体制。推行预算管理在电站的管理工作中取得了巨大的经济效益，据统计，1997—2002年年平均节省资金9 232万元人民币。

1. 核电站采用的预算管理方法

针对核电站运行管理的特点，大亚湾核电站采用了"零基预算"的管理方法。这样做的优点是成本中心每年在预算申报时都需对以往的工作进行进一步的检查、讨论，同时亦可有效消除、减少"今年存在或开支的费用支出在下一年度就一定存在"的成本费用开支惯性心理，所有项目均需重新审视其开支的合理性。采用零基预算管理方法的难点是所有项目均需重新审视，工作量极大，而且效率低，时效性差，投入成本巨大。为了避免上述问题，充分发挥公司预算计划的作用，我们在设计公司预算运作模式的时候，采取"折中"模式，即对新的项目、重要的项目（5万美元以上）全部采用"零基预算"管理，对其他项目采用滚动预算进行管理，同时采取年度预算编制、年中预算调整、预算变更等具体的工作方式来使预算与实际工作相匹配，真正达到通过工作计划来编制预算，又通过预算来衡量指导工作计划的作用。

2. 预算管理的组织建设

预算管理功能通过设立各级成本中心组织来实现。成本中心责任管理体系是按照统一领导，分级管理的原则，并根据技术上的特点和管理上的要求而设置的。目前，在公司机构划分为决策、管理和执行三个层次的基础上，又将执行层划分为三级成本中心，即部级成本中心、处级成本中心和科级成本中心。各级成本中心负责人分别是部长、处长和科长，对各自成本中心的预算、成本及其他资源进行规划、申报、执行、控制和考核。成本中心基本单位一般以处为单位划分，但业务较多的处可以以科为单位设置；对于临时性的较大项目或跨处的工程项目，可设置单独的、临时的成本中心，项目经理为该成本中心的负责人。每个成本中心应指定一个专人为兼职预算员，协助成本中心负责人的日常预算管理或其他经济管理工作。预算管理的决策层是董事会、执委会，管理层是总经理部，执行层是各级职能部门。总经理部委托财务部实施公司预算归口管理。

3. 预算管理的制度建设

按照预算管理的要求，公司制定了各种程序、制度，从各方面对预算管理做出了明确规定。按照经济业务不同，分别制定了《生产预算编制与执行程序》《资本性预算编制与执行程序》《材料采购预算编制与执行程序》等专门规定来执行具体的预算管理，同时还颁布了《成本中心运作管理规定》来规范成本中心的职责、权力。

4. 预算管理循环

核电站的预算管理遵循"工作计划—预算编制—立项—承诺—支付—反馈—工作计划"的管理循环。

（1）工作计划。这是一切预算形成的基础，离开工作计划编制出来的预算不是真正的预算，是无法执行的预算。

（2）预算编制。每年8月，财务部向公司各级成本中心负责人下达下年度《预算编制计划大纲》并开展相关的在岗业务培训，各级成本中心负责人及预算协调员在接受在岗业务培训和阅读理解该大纲的基础上，开展年度预算的编制与申报工作；整个公司年度预算的编制工作是以各级预算成本中心为单位开展实施的，科级成本中心负责向处级成本中心申报，处级成本中心负责向部级成本中心或预算归口管理部门申报；各部级成本中心负责对所属下级成本中心所报预算进行综合审议后正式报送财务部；凡有归口管理部门的项目，应首先报送归口管理部门所在的科或处级预算成本中心，然后由归口管理部门所在的部级预算成本中心统一向财务部申报；预算编制过程中，财务部成本处及各部预算归口单位预算人员将按预算大纲中的协调计划进行预算编制协调工作，而各级成本中心在预算编制过程中也可与财务部成本处随时保持联络与沟通，以便财务部成本处能够掌握充足的信息，随时进行必要的协助。

（3）立项。所有项目实施前均应按《合同采购手册》等公司章程中的规定进行立项申请。在这一过程中各级成本中心的工作内容是：各级成本中心在填制立项申请单前首先应经过本成本中心预算协调员运用财务系统中的预算管理系统对其预算与立项情况进行检查，在保证确有预算后，对立项单进行编码并签字认可，然后送有关授权成本中心负责人批准。有归口管理的项目还需经归口管理部门审批，无归口管理成本中心的批准任何部门不得动用属于归口管理资源的预算。对于无预算的项目，各级成本中心预算协调员应先进行"预算变更申请单"的填制报批工作。各级成本中心预算协调员应对有关立项予以记录，并定期与预算管理计算机系统数据或与财务部成本处核对分析。

（4）承诺。在立项申请获得批准之后，公司商务部门将组织对外询价、签订合同的活动。商务部门申请的合同推荐除按程序逐步审批外，还须经过原申请立项的各部预算归口管理单位在"签订合同/订单推荐书"的预算控制栏签字认可。各部预算归口管理单位应对有关合同推荐予以记录并定期与预算管理计算机系统数据或与财务部成本处核对分析。

（5）支付。商务部门申请的合同支付除按程序逐步审批外，还须经过原申请立项的各部预算归口管理单位在"支付申请单"的预算控制栏签字认可。各部预算归口管理单位应对有关合同支付资料予以记录并定期与预算管理计算机系统数据或与财务部成本处核对分析。

（6）反馈。预算反馈包括对预算执行情况实行定期分析、报告与考核。财务部成本处每月汇总编制《预算执行情况及成本分析月报》，分析预算及成本的执行情况，揭示发展趋势及重大异常现象，汇总公司生产经营、财务状况的重要信息及各成本中心的运作状况，报财务部经理、总经理部审核批示。每年年终财务部成本处根据预算年度成本执行状况编制《年度预算执行情况分析表》和《预算年度成本与往年同期成本费用对比分析表》，对年度内预算管理工作进行考核，揭示成本控制工作的成绩与不足，并编制《年度预算控制回顾》报告，报财务部经理、总经理部审核批示。财务部成本处每月按成本中心提供预算监控报告，发送各级成本中心，以便各级成本中心掌握预算开支情况；了解各申请项目的具体执行情况，促使各项目按原计划日期及时完成并办理支付。

（7）公司制度规定，公司采购执行"没有预算不能立项，没有立项不能承诺，没有承诺不能支付"这一不可逆过程，同时通过预算系统的在线监控，保证公司业务按计划开展，促进公司目标的顺利实现。

5. 预算管理计算机系统

为了保证预算管理的顺利进行，必须建立计算机网络管理系统。公司将预算管理系统作为财务系统的一个管理子模块，将预算系统与财务系统紧密结合的一个显著优势就是预算系统能随时接受财务系统内的数据支持。通过分级授权控制技术和独立的数据库结构来保证会计数据与预算数据的独立性和安全性。目前预算系统分为三个子系统，即生产预算系统、更新改造预算系统和材料采购预算系统。每个子系统又包括预算书管理、预算编制、预算执行和报告四大模块。财务部于2003—2005年整合现有的预算系统为全面预算管理系统，内容包括生产预算系统（OBS）、更新改造预算系统（PBS）、材料采购预算系统（MBS）、财务预算系统（FBS）、人力资源预算系统（HBS）和管理信息系统。所有成本中心负责人及预算协调员可以通过网络，按财务部成本处预先授予的ID和密码，随时从预算管理系统中进行本成本中心相关信息的查询与维护。通过预算管理计算机系统，各级成本中心都能随时了解成本中心的预算、立项、承诺、支付数据，加强预算控制管理。

6. 预算管理发展方向

随着电价上网改革的实行以及西电东送工程的加快，三峡电力机组的投产，燃油、燃气发电机组的强势竞争，要保持核电的长远发展，体现核电的相对竞争优势，必须加大成本控制力度，优化现有核电成本，降低发电成本。而随着近十年的强势成本控制以及大力宣传，利用一般意义上的成本控制方法已经很难在成本控制方面有所突破，为此需要引进新的管理理念与方法。

通过研究、比较国内外电站的预算管理模式，公司决定引入作业预算（ABB）的预算管理方法，即将预算着眼于业务活动上，通过对活动链的控制、分析来加强公司成本控制，实现作业预算管理（ABBM），为公司最终实现作业管理（ABM）奠定基础。

（资料来源：中国会计网）

思考：

本案例给你什么启示？

7. 课程实践

HG公司是一家机械制造企业，常年生产A产品。目前该公司正准备编制20×6年的全面预算。全面预算以下列数据为基础进行编制：

（1）20×5年第四季度的总销售量为3 300台。

（2）20×6年度预计销售量如下：第一季度3 000台，第二季度3 400台，第三季度3 200台，第四季度3 500台。20×7年第一季度的预计销售量为3 100台。预计销售单价为3 500元，所有的销售均为赊销。当季收回60%的赊销款，余下的40%在下个季度收回，没有坏账。

（3）公司各季度的期末存货均按下一季度销售量的10%计算。

（4）假设每台产品需要耗用甲、乙、丙三种原材料，单位产品甲材料耗用量为25千克，乙材料耗用量为13千克，丙材料耗用量为12千克，甲、乙、丙三种原材料的每千克单价分别是40元、30元和50元。生产每台A产品需花费直接人工20小时，每小时直接人工成本15元。

（5）该企业通过赊购方式购买原材料，50%的货款在当季支付，剩余的50%在下一季度付清。20×6年1月初库存材料，在每季度末，甲、乙材料的库存为下季度所需原材料的30%，丙材料的库存为下季度所需原材料的20%。

（6）每季度的固定制造费用总额为996 360元，其中折旧费用为400 000元，除折旧费用以外的其他固定制造费用均以现金支付。固定制造费用分配率等于预计全年制造费用总额除以预计全年生产总量。

（7）变动制造费用预计为每小时10元，所有的变动制造费用在发生时均以现金支付。

（8）固定销售管理费用每季度预计为500 000元，其中折旧费用为200 000元；变动销售管理费用预计为每小时18元，所有的变动销售管理费用在发生当季均以现金支付。

（9）假定 HG 公司经董事会批准，在预算年度 20×6 年 1 月初，以自有资金购置机器设备一台，价值 3 500 000 元，该设备预计可使用 10 年，按直线法计提折旧，使用期满预计残值为 200 000 元。采用新设备每年可为公司带来 700 000 元的净现金流量，HG 公司的资金成本为 10%。

（10）HG 公司财务部门经过预测，根据税法规定，预算期间每季度季末支付所得税 500 000 元。又根据董事会决定预算期间每季度季末支付股东股利 550 000 元。

（11）假设 HG 公司是按年度分季编制现金预算，该公司各季度末现金余额的最低限额为 100 000 元，最高限额为 200 000 元。假设从银行取得的借款为 100 000 元的整数倍，借款均在季初，归还均在季末，且为连本带利一并归还，借款年利率为 10%。

（12）HG 公司 20×5 年年末有关账户余额如下：固定资产账户余额为 90 000 000 元，已计提的累计折旧总额为 22 000 000 元，股本账户余额为 30 000 000 元，未分配利润账户为 12 063 830 元，期初资产总额为 75 210 680 元。

要求：请用 Excel 表格为 HG 公司编制全面预算。

第9章 财务控制

学习目标

知识要点	能力要求	关键术语
财务控制的意义和基本方式	(1) 理解财务控制的含义和特征 (2) 掌握财务控制的基本内容和方式	(1) 财务控制 (2) 组织架构控制；授权批准控制；预算控制；资产保护控制；绩效考评控制；会计系统控制；内部审计控制
责任中心财务控制	掌握责任中心的类型	成本中心；利润中心；投资中心
责任预算与业绩考核	(1) 理解责任预算的编制方法 (2) 掌握各责任中心考评指标的应用	(1) 可控成本；责任成本；责任预算；责任报告 (2) 成本降低率；部门经理边际贡献；投资报酬率；剩余收益
责任结算	(1) 了解内部转移价格的作用 (2) 理解制定内部转移价格的原则 (3) 理解各种类型内部转移价格的制定方法	市场价格；协商价格；双重价格；变动成本加固定费用价格；全部成本转移价格

汉斯公司是总部设在德国的大型包装品供应商，它按照客户要求制作各种包装袋、包装盒等，业务遍及西欧各国。出于降低信息和运输成本、占领市场、适应各国不同税收政策等考虑，公司采用了在各国商业中心城市分别设厂，由一个执行部集中管理一国境内各工厂生产经营的组织和管理方式。由于各工厂资产和客户（即收益来源）的地区对应性良好，公司决定将每个工厂都作为一个利润中心，采用总部—执行部—工厂分级控制的财务控制方式。

那么，什么是财务控制？财务控制的内容和方式有哪些？为什么将每个工厂作为一个利润中心？其责任是什么？通过本章学习，你将会找到这些问题的初步答案。

财务控制是企业财务管理的重要内容，加强企业财务控制是一个经久不衰的论题，也是当今企业需要解决的重要问题。本章主要介绍财务控制的基本原理和方法。

9.1 财务控制的意义和方式

9.1.1 财务控制的含义和特征

控制是指掌握住对象不使其任意活动或超出范围，或使其按控制者的意愿活动。财务控制是指按照一定的程序与方法，对企业资金的投入及收益过程和结果进行衡量与校正，确保企业及其内部机构和人员全面落实和实现财务预算的过程。财务控制是内部控制的一个重要组成部分，是内部控制的核心，是内部控制在资金和价值方面的体现，与财务预测、财务决策、财务分析一起成为财务管理的重要环节之一。

财务控制具有以下特征。

(1) 以价值控制为手段。财务控制以实现财务预算为目标。财务预算所包括的现金预算、预计利润表、预计资产负债表等，都是以价值形式来反映的。财务控制必须借助价值手段进行。

(2) 以综合经济业务为控制对象。财务控制以价值为手段，可以将不同岗位、不同部门、不同层次的业务活动综合起来。

(3) 以控制日常现金流量为主要内容。加强现金流量控制是企业生存的基本要求，能够保证企业健康、稳定的发展，有效提高企业的竞争力。

9.1.2 财务控制的基本内容

1. 合理划分责任中心，明确责权范围

为实行责任会计，首先应根据企业的行政管理体制和内部管理的实际需要，把企业所属各部门、各单位划分为若干个分工明确、责权范围清晰的责任中心。在责任中心内，规定中心的负责人在企业授予的权力范围内独立、自主地履行职责，并向上一级中心承担相应的经济责任。在授予责任中心负责人权责的同时，注意将其经济利益与业绩直接挂钩。

2. 编制责任预算，确定考核标准

把企业生产经营的总目标进行指标分解，明确各责任中心的具体目标，进而编制责任预算，做到局部与整体的统一，使各责任中心在实现企业总体目标的过程中，明确各自的目标和任务，并将其作为控制经济活动的主要依据。这个用以衡量各责任中心的目标和任务就成为企业最高层管理者评价各责任中心的标准。

3. 建立跟踪系统，进行反馈控制

在责任预算确定以后，责任中心须建立一套完整、严密的关于责任预算的跟踪系统，即责任会计核算体系。该体系以责任中心为核算对象，围绕责任中心的成本、收入、利润、资金进行信息的收集、整理、记录、计算，收集有关责任预算的执行情况，并根据责任核算要求各责任中心正确、及时地编制责任报告，以便及时了解各责任中心开展生产经营活动的情况和结果，控制其经营活动并督促其及时采取有效措施改进工作。

4. 考评业绩，建立奖惩制度

为了充分调动各责任承担者的工作积极性，企业最高管理层必须制定一套科学合理的

奖惩制度，根据各责任中心实际完成情况进行评价考核，公平、公正、公开，奖优罚劣，督促各责任中心及时采取有效措施，扬长避短，不断降本增效。

5. 合理制定内部转移价格

在责任会计体系中，每个责任中心都是一个独立存在的个体。为了正确评价各责任中心的工作业绩，对于各责任中心之间相互提供产品或劳务的业务活动，必须由企业管理部门制定出适合本企业特点的内部转移价格。

制定合适的内部转移价格，既便于分清各责任主体的责任、调动各责任中心生产经营的主动性和积极性，又便于测定各责任中心的资金流量。

9.1.3 财务控制的方式

1. 组织架构控制

组织架构，是指企业按照国家有关法律法规、股东（大）会决议和企业章程，结合本企业实际，明确股东（大）会、董事会、监事会、经理层和企业内部各层级机构设置、职责权限、人员编制、工作程序和相关要求的制度安排。《企业内部控制应用指引第1号——组织架构》规定：企业在确定职权和岗位分工过程中，应当体现不相容职务相互分离的要求。不相容职务通常包括：可行性研究与决策审批；决策审批与执行；执行与监督检查等。根据财务控制的要求，单位在确定和完善财务组织架构的过程中，应当明确不相容职务相分离的要求，即一个人不能兼任同一部门财务活动中的不同职务。不相容职务包括：授权批准、业务经办、会计记录、财产保管、稽核检查等职务。如：有权批准采购的人员不能直接从事采购业务，从事采购业务的人员不得从事入库业务。

特别提示

企业至少应当关注组织架构设计与运行中的下列风险：第一，治理结构形同虚设，缺乏科学决策、良性运行机制和执行力，可能导致企业经营失败，难以实现发展战略。第二，内部机构设计不科学，权责分配不合理，可能导致机构重叠、职能交叉或缺失、推诿扯皮，运行效率低下。（《企业内部控制应用指引第1号——组织架构》）

应用案例 9-1

李某、文某贪污、挪用公款的机会

【案情简介】

××市××农经站的总账会计李某，负责农经站收支填报审核，并保管农经站负责人印章。本来会计李某和出纳文某是不相容职务，但是在金钱面前，两个人走到了一起，共谋将农经站的资金借给林某，以获取高额的利息回报，这是典型的串通舞弊案例。农经站和管委会的财务管理混乱让财务人员有机可乘，该单位账目极度混乱，私设小金库，财物凭证残缺不全，银行对账单和拆迁合同不论是纸张还是签名都漏洞百出。印章管理混乱，将出纳印章和会计印章放在同一人手上，日常检查也流于表面，年底对账竟连电话都不打。2016年12月23日，××中级人民法院就李某、文某贪污、挪用公款案做出一审判决，认定被告人李某、文某共同贪污4 850万元；李某、文某受林某指使，挪用公款4 280万元给林某经营使用，扣除已归还的钱款，尚有2 000余万元未退还。

【案情点评】

这个案例告诉我们，财务印章不能由一人保管，财务人员要定期或不定期轮岗，财务负责人要监督复核财务工作，财务流程的必须规范化、合规化，审计部或中介应参与财务审计等。

2. 授权批准控制

授权批准控制是规定各级员工的职责范围和业务处理权限。企业内部各级员工必须获得相应的授权，才能实施决策或执行业务，严禁越权办理。按照授权对象和形式的不同，授权分为常规授权和特别授权。常规授权一般针对企业日常经营管理过程中发生的程序性和重复性工作，可以在由企业正式颁布的岗（职）位说明书中予以明确，或通过制定专门的权限指引予以明确。特别授权一般是由董事会给经理层或经理层给内部机构及其员工授予处理某一突发事件（如法律纠纷）、做出某项重大决策、代替上级处理日常工作的临时性权力。企业的重大决策、重大事项、重要人事任免及大额资金支付业务等，应当按照规定的权限和程序实行集体决策审批或者联签制度。任何个人不得单独进行决策或者擅自改变集体决策意见。此项要求是我国部分企业优秀管理经验的总结，可以有效避免"一言堂""一支笔"现象。特别是，"三重一大"事项实行集体决策和联签制度有利于促进国有企业完善治理结构和健全现代企业制度。（财政部会计司解读《企业内部控制应用指引第1号——组织架构》）

3. 预算控制

预算控制是在西方比较流行的财务管理方式。企业办理采购与付款、销售与收款、成本费用、工程项目、对外投融资、研究与开发、信息系统、人力资源、安全环保、资产购置与维护等业务和事项，均应符合预算要求。涉及生产过程和成本费用的，还应执行相关计划、定额、定率标准。在我国以新兴铸管、宝钢为代表的一批企业都实践着以预算控制作为企业管理一种新的控制机制。企业预算管理工作机构应当加强与各预算执行单位的沟通，运用财务信息和其他相关资料监控预算执行情况，采用恰当方式及时向决策机构和各预算执行单位报告、反馈预算执行进度、执行差异及其对预算目标的影响，促进企业全面预算目标的实现。

4. 资产保护控制

资产管理贯穿于企业生产经营全过程，也就是通常所说的"实物流"管控。《企业内部控制应用指引第8号——资产管理》，着重对存货、固定资产和无形资产等资产提出了全面风险管控要求，旨在促进企业在保障资产安全的前提下，提高资产效能。企业应当按照内部控制规范提出的各项存货、固定资产和无形资产管理的要求，结合所在行业和企业的实际情况，建立健全各项资产管理措施。属于缺乏相关资产管理制度的，应当建立健全相关制度；属于现行管理制度不健全的，应当对现行制度予以补充完善；属于现行制度执行不到位的，应当加大制度执行力，避免形式主义作"表面文章"。在激烈的竞争时代，企业只有科学管理，强化管控措施，确保各项资产安全并发挥效能，才能防范资产风险，提升核心竞争力，实现发展目标。

5. 绩效考评控制

绩效考评是指对照工作目标或绩效标准，采用一定的考评方法，评定员工的工作任务完成情况、员工的工作职责履行程度和员工的发展情况，并将上述评定结果反馈给员工的过程。因此，绩效考评是绩效考核和评价的总称。《企业内部控制基本规范》第35条规定，绩效考评控制要求企业建立和实施绩效考评制度，科学设置考核指标体系，对企业内部各责任单位和全体员工的业绩进行定期考核和客观评价,将考评结果作为确定员工薪酬以及职务晋升、评优、降级、调岗、辞退等的依据。

6. 会计系统控制

会计系统控制要求企业严格执行国家统一的会计准则制度,设置会计机构,配备会计人员,加强会计凭证、会计账簿和财务会计报告的基础工作,明确会计凭证、会计账簿和财务会计报告的处理程序,保证会计资料真实、完整。

企业应当依法设置会计机构,配备会计从业人员。从事会计工作的人员,必须取得会计从业资格证书。会计机构负责人应当具备会计师以上专业技术职务资格。

大中型企业应当设置总会计师,以加强对财务与会计工作的领导。设置总会计师的企业,不得设置与其职权重叠的副职。

7. 内部审计控制

内部审计是指由被审计单位内部机构或人员,对其内部控制的有效性、财务信息的真实性和完整性以及经营活动的效率和效果等开展的一种评价活动。内部审计的内容十分广泛,一般包括内部财务审计和内部经营管理审计。内部审计控制就是确认、评价企业内部控制有效性的过程,包括确认和评价企业控制设计和控制运行缺陷和缺陷等级,分析缺陷形成原因,提出改进内部控制建议。内部审计不仅是财务控制的有效手段,也是保证会计资料真实、完整的重要措施。

9.2 责任中心财务控制

责任中心(responsibility)是指由特定人员承担经营管理责任,并行使相应职权的企业内部单位,其基本特征是责、权、利、效相统一。由此可见,责任中心必须具备4个条件:一要有责任者,即承担经济责任的主体;二要有资金运动,即确定经济责任的客观对象;三要有经营绩效指标,即考核经济责任的基本标准;四要有一定的职责与权利,即承担经济责任的基本条件。若不具备上述条件的单位,则不能称之为责任中心。

根据企业内部各责任中心的权限范围的大小及业务活动的特点不同,责任中心通常分为成本(费用)中心、利润中心与投资中心3类。

9.2.1 成本中心

1. 成本中心的概念

成本中心(cost center)是指没有或者有少量收入,但不成为主要的考核内容,仅考核所发生的成本或费用的责任单位。这类责任中心主要指产品生产部门、劳务提供部门以及给予一定费用指标的企业管理科室等。

2. 成本中心的类型

成本中心包括标准成本中心和费用中心两种类型。

标准成本中心(standard cost center)是指企业中的那些产品品种稳定、产品成本发生的数额经过技术分析可以相对可靠地计算出来的责任中心,其投入量与产出量之间存在密切关系。例如，产品生产过程中所发生的直接材料、直接人工、制造费用等，其发生额可以通过标准成本或弹性预算加以控制。该中心主要适用于制造业的工厂、车间班组等。其考核指标是既定产品质量和数量条件下的标准成本，不对生产能力利用程度负责。

费用中心（expense center）是指企业中的那些由部门经理决定其数额的成本项目，其投入量与产出量之间没有直接关系，以控制经营管理费用为主要责任的责任中心。主要包括各种管理费用和某些间接成本项目，如研究开发费、职工培训费等。对其控制应放在弹性预算编制时的审批上。该中心主要适用于企业的行政管理、工艺技术、财务、后勤等部门。通常采用费用预算来评价其成本控制业绩，但要结合费用中心的工作质量和服务水平做出有根据的评价。

应用案例 9-2

苹果成本控制调查：代工厂 1 根灯管用电也要省

【案情简介】

富可敌国——当苹果披露的现金及有价证券达 762 亿美元，超过美国联邦政府财政部账户时，人们这样感叹。大量的现金储备当然要归功于 iPad 和 iPhone 的畅销，同时，苹果的成本控制亦功不可没。调研机构 iSuppli 日前发报告称，iPad 的设备硬件零部件成本控制在业界远超其他竞争对手。该机构分析师韦恩·兰姆称，iOS 软件和 iPad 的硬件的结合可以使每台设备的硬件成本降至最低。

成本低，价格却不便宜，这让业界对苹果的"暴利"产生了疑问。但《每日经济新闻》记者对苹果一家代工厂调查发现，苹果对生产成本的控制的确有过人之处，甚至连一根灯管的用电成本也"不放过"。该工厂专门针对苹果设计的一份成本节约方案显示，其中一条是通过关闭工作桌上的灯管来节约成本。方案称，每个工作桌上原本有两根灯管，关闭一根后，每条生产线每个月可以节约 101.46 美元。

不难发现，给苹果代工似乎并不是一个好差事。但上述管理人员表示，"给苹果代工的部门效益最好，主要是量大。"

（资料来源：李潮文．每日经济新闻．2011.8.10.）

【案例点评】

这个案例告诉我们，成本控制必须着眼于产品的料、工、费三个方面，且必须与责任中心紧密结合，从小处做起。

3. 成本概念辨析

为了进一步了解成本中心的含义，还需把握下述成本的区别。

1）可控成本与责任成本

可控成本（controllable cost）是指在特定时期内，特定责任中心能够直接控制的成本。反之，为不可控成本。由此可见，成本的可控性是相对的，有时间和范围的限制。不同层次的责任中心，可控范围不同，对上层责任中心来说是可控成本的，对下一层责任中心来说就有可能为不可控成本项目。同一项成本费用，在不同的时间段，可控性也不相同。例如，某一项成本在消耗或支付的当期通常是可控的，而一旦发生或支付后就不再可控。从整个企业的空间范围和时间范围来看，所有成本的发生都是人们决策的结果，都是可控的，但针对某一特定的时间和空间范围，有些成本是可控的，有些成本是不可控的。

可控成本应具备以下条件。

(1) 成本能够直接计入某一责任中心。如直接材料、直接人工和生产单位零用的低值易耗品、机物料等。

(2) 责任中心能够对所发生的成本进行准确计量。

(3) 责任中心在发现成本偏差时，能够通过自己的行为对成本加以调节和控制。

凡不同时具备上述3个条件的成本通常为不可控成本，不可控成本一般不包括在成本中心的责任范围之内。属于某个成本中心的各项可控成本之和，就构成该中心的责任成本。

2) 产品成本与责任成本

要分清产品成本与责任成本，需要从两者之间的区别和联系来辨析。

两者之间有以下区别。

(1) 核算对象不同。产品成本的核算对象是产品；责任成本的核算对象是责任中心。

(2) 核算目的不同。核算产品成本是为了准确计量存货成本与期间损益；核算责任成本是为了评价责任中心的成本控制水平。

(3) 核算范围不同。产品成本的核算范围为产品的制造成本，包括直接材料、直接人工、制造费用等成本项目；责任成本的核算范围为该责任中心所发生的可控成本。

(4) 分配原则不同。产品成本是以该部门生产的产品作为归集和分配的对象，按照"谁受益，谁承担"的原则进行分配；责任成本是以责任中心作为成本归集和分配的对象，按照"谁负责，谁承担"的原则进行分配。两者之间的联系如下：从某一特定时期来看，整个企业的产品总成本与整个企业的责任成本之和是相等的。

9.2.2 利润中心

1. 利润中心的概念

利润中心（profit center）是指在发生费用的同时产生收入，既对成本负责，又对收入和利润负责的责任中心。利润中心的概念隐含以下3个基本假设。

(1) 利润中心责任人的决策能够影响该中心的利润。

(2) 利润中心的利润或边际贡献的增长对整个企业是有利的。

(3) 利润中心的各项经济活动不受其他部门制约，具有相对的自主权和独立性。

由此可见，并不是所有可以计算利润的责任部门都是责任中心，只有那些有权决定供货来源、有权选择市场的责任部门才能称为利润中心。利润中心一般是企业中较高层次的责任中心。例如，企业的分公司、分厂或事业部等。

2. 利润中心的类型

利润中心可以分为自然的利润中心和人为的利润中心两种类型。

(1) 自然的利润中心是指直接向企业外部出售产品提供劳务，给企业带来利润的责任中心。例如，实行事业部制的企业，事业部具有一定的独立性，各个事业部均有采购、生产、销售的职能，这样的事业部就是自然的利润中心。

(2) 人为的利润中心是指在企业内部按内部结算价格向企业内部各责任中心出售产品的责任中心。例如，大型企业内部分成若干个工序前后相关联的生产部门，这些生产部门的产品主要在企业内部转移，很少出现各部门直接对外出售的情况，即使需要大规模对外销售也由企业专设的销售机构完成，这样的生产部门就是人为的利润中心。

建立利润中心的真正目的是激励下级制定有利于整个企业的决策并使其努力工作。通俗地说，就是使企业内部各责任中心具有经营管理思想，在增产节约的同时加快半成品和产成品的流转，降低库存，提高资金的使用效率，努力实现企业的最优均衡生产。由此可见，利润中心的这些作用是成本中心无法比拟的。

9.2.3 投资中心

1. 投资中心的概念

投资中心（investment center）是指不仅要对成本、收入、利润等有关短期经营决策负责，而且要对投资规模、投资类型等长期投资决策负责的责任中心。投资中心的责任人不仅能控制除企业分摊管理费用以外的本中心的全部成本与收入，而且能控制其所占用的资产。

2. 投资中心、利润中心、成本中心之间的关系

从决策范围看，成本中心、利润中心、投资中心，决策范围依次扩大。其中投资中心是企业内部最高层次的责任中心，投资中心的负责人直接向企业的最高管理者负责。企业的高层管理者一般不过多干涉投资中心的日常活动，能够使投资中心享有较为充分的决策权。

从组织形式上看，成本中心一般不是独立的法人，利润中心则可能是、也可能不是独立的法人，而投资中心一般都是一个独立的法人。

总之，三者之间的关系是：成本中心就其可控成本向利润中心负责；利润中心就其利润向投资中心负责；投资中心就其占用资产和投资收益向企业最高管理层负责。

9.3 责任预算与业绩考核

9.3.1 责任预算

1. 责任预算的概念

责任预算（responsibility budget）是指以责任中心为对象，以其可以控制的成本、费用、收入和利润等为内容编制的预算。责任预算是对企业内部各责任中心应承担的实际责任的价值说明，它既是责任中心的努力目标和控制依据，又是考核各责任中心业绩的标准。编制责任预算的过程实际上就是把全面预算所确定的企业总体目标分解落实到各责任中心的过程。对于实行责任会计的企业来说，责任预算是企业总预算的落实和具体化。

2. 责任预算的编制

编制责任预算的方法一般有两种。一种是在企业总预算的基础上，从责任中心的角度对总预算进行层层分解，形成各责任中心的预算。这种自上而下、指标层层分解的方式是常用的责任预算的编制方法。其优点是使整个企业浑然一体，便于统一指挥和调度；其不足之处是可能会遏制责任中心的工作积极性和创造性。另一种是采取自下而上的方式，即先由各责任中心自行列示各自的预算指标，层层汇总，最后再由预算委员会等机构汇总、调整，编制成企业总预算。其优点是有利于发挥各责任中心的积极性；其缺点也显而易见，即容易使各责任中心只顾及本中心的情况，造成彼此协调差、支持少，很可能与企业

的总体目标不相符。同时，这种层层汇总的调整，工作量也很大。因此，第二种预算编制的方法不可取，在实际工作中应用较少。

1）成本预算的编制

成本中心编制的预算为责任成本预算，责任成本预算应根据各责任中心的可控成本的详细项目，按照成本标准，定期地分产品、分项目编制各责任中心的成本预算。

【例9-1】利奥公司的南林分厂下设生产部门共有一车间和二车间两个生产车间，生产部门及其下属的两个车间均为成本中心。其预算年度的成本预算见表9-1。

表9-1 南林分厂生产部门成本预算（20×5年） 单位：元

责任中心	责任单位	项目	责任预算	负责人
成本中心	一车间	变动生产成本： 　直接材料 　直接人工 　变动性制造费用 　变动生产成本小计	600 000 560 000 120 000 1 280 000	一车间主任
		固定生产成本： 　固定性制造费用 　固定生产成本小计	365 000 365 000	
		合　计	1 645 000	
成本中心	二车间	变动生产成本： 　直接材料 　直接人工 　变动性制造费用 　变动生产成本小计	280 000 706 400 138 000 1 124 400	二车间主任
		固定生产成本： 　固定性制造费用 　固定生产成本小计	297 000 297 000	
		合　计	1 421 400	
成本中心	生产部门	责任成本总计	3 066 400	生产部经理

注：(1) 车间发生的变动成本为本部门的可控成本，固定成本为不可控成本。
　　(2) 生产部门对车间发生的各项变动成本和固定成本为本部门的可控成本。

2）利润预算的编制

对于既要控制成本，又要控制收益的利润中心，应编制利润预算。编制利润预算时，可以按照企业的内部转移价格和与内部销售产品的数量或提供劳务的数量的乘积，确定该责任中心的销售收入，并以此收入与产品或劳务成本进行比较，计算出预计的内部目标利润，据以编制该责任中心的预计损益表，从而控制和考核实际利润的完成情况。

【例9-2】利奥公司的南林分厂为利润中心。该中心预算年度预计完成甲产品60 000件，内部结算价格为每件65元。该中心已编制本年度成本预算：单位变动生产成本为40元，单位变动管理费用为5元，固定生产成本为662 000元，固定管理费用为152 000元。

该中心编制预算年度利润预算见表9-2。

表9-2 南林分厂的利润预算（20×5年）　　　　　　　　　　单位：元

摘　　要	预　算　额
销售收入	3 900 000
变动成本：	
变动生产成本	2 400 000
变动管理费用	300 000
变动成本小计	2 700 000
边际贡献	1 200 000
固定成本：	
固定生产成本	662 000
固定管理费用	152 000
固定成本小计	814 000
税前净利	386 000

3）投资预算的编制

对于既要对成本、收入和利润负责，又要对资金使用情况负责的投资中心，应编制投资预算。如所属企业内部独立核算的分厂、分公司等，除应编制可控成本支出预算、预计利润或亏损表等财务预算外，还应计算各种资金占用额、预计资金利润率、投资报酬率，编制预计资产负债表等一整套财务预算。这种预算实际上类似于企业的全面预算，只是以责任中心为单位进行编制，以便对该责任中心进行全面的规划、控制和考核，使该责任中心的成本、利润和资金等指标能够全面完成，以保证企业全面预算的实现。

【例9-3】利奥公司为长江集团的一个投资中心，利奥下设南林、北林两分厂。该投资中心平均占用资产总额为1 480 000元。该中心除了编制成本预算、利润预算之外，还应编制投资预算，预算年度投资预算见表9-3。

表9-3 投资预算（20×5年）

摘　　要	预　算　额
销售收入/元	8 200 000
变动成本：	
变动生产成本/元	5 100 000
变动销售管理费用/元	590 000
变动成本小计/元	5 690 000
边际贡献/元	2 510 000
固定成本：	
固定生产成本/元	865 000
固定销售管理费用/元	317 000
固定成本小计/元	1 182 000
经营净收益/元	1 328 000
资产平均占用额/元	10 800 000
销售利润率/(%)	16.2
投资报酬率/(%)	12.3
剩余收益/元	248 400

注：假设该企业设定的最低投资报酬率为10%。

9.3.2 责任报告

责任报告（responsibility reporting）又称业绩报告或绩效报告，它是根据责任会计记录编制的、反映责任预算实际执行情况的会计报告。企业内部各个责任中心都要编制责任报告向上级管理部门汇报其责任预算的执行情况。

责任报告按其反映的经济业务内容，可分为成本报告与财务报告；按编制的时间，可分为日报、周报、旬报、季报和年报；按报告的形式，可分为书面报告、图表报告和口头报告。责任报告应根据责任会计记录，分栏列示各个项目的预算额、实际数和差异额3种金额。

由于责任报告是反映各责任中心履职情况的专门报告，因此，在揭示差异的同时，必须对重大差异进行分析，并提出改进建议，以供各责任中心和企业高层管理层加强控制。

以下分别列示成本预算、利润预算和投资预算的一般格式，见表9-4至表9-7。

表9-4 南林分厂生产部门一车间责任报告（20×5年）　　单位：元

项　　目	预算额	实际数	差异额
变动生产成本：			
直接材料	600 000	597 000	－3 000
直接人工	560 000	561 000	1 000
变动性制造费用	120 000	113 000	－7 000
变动生产成本小计	1 280 000	1 271 000	－9 000
固定生产成本：			
固定性制造费用	365 000	—	—
固定生产成本小计	365 000		
合　　计	1 645 000		

注：差异额中正数为不利差异，负数为有利差异。

表9-5 南林分厂生产部门责任报告（20×5年）　　单位：元

项　　目	预算额	实际数	差异额
变动生产成本：			
直接材料	880 000	891 000	11 000
直接人工	1 266 400	1 262 100	－4 300
变动性制造费用	258 000	256 500	－1 500
变动生产成本小计	2 404 400	2 409 600	5 200
固定生产成本：			
固定性制造费用	662 000	656 000	－6 000
固定生产成本小计	662 000	656 000	－6 000
合　　计	3 066 400	3 065 600	－800

表9-6 南林分厂利润预算责任报告（20×5年） 单位：元

摘要	预算额	实际数	差异额
销售收入	3 900 000	4 250 000	350 000
变动成本：			
变动生产成本	2 400 000	2 640 000	240 000
变动管理费用	300 000	330 000	30 000
变动成本小计	2 700 000	2 970 000	270 000
边际贡献	1 200 000	1 280 000	80 000
固定成本：			
固定生产成本	662 000	670 000	8 000
固定管理费用	152 000	150 000	−2 000
固定成本小计	814 000	820 000	6 000
税前净利	386 000	460 000	74 000

表9-7 利奥公司投资预算责任报告（20×5年）

摘要	预算额	实际数	差异额
销售收入/元	8 200 000	8 640 000	440 000
变动成本：			
变动生产成本/元	5 100 000	5 350 000	250 000
变动销售管理费用/元	590 000	610 000	20 000
变动成本小计/元	5 690 000	5 960 000	270 000
边际贡献/元	2 510 000	2 680 000	170 000
固定成本：			
固定生产成本/元	865 000	839 000	−26 000
固定销售管理费用/元	317 000	320 000	3 000
固定成本小计/元	1 182 000	1 159 000	−23 000
经营净收益/元	1 328 000	1 521 000	193 000
资产平均占用额/元	10 800 000	10 980 000	180 000
销售利润率/%	16.2	17.6	1.4
投资报酬率/%	12.3	13.85	1.55
剩余收益/元	248 000	423 000	175 000

9.3.3 业绩考核

1. 成本中心的业绩评价与考核

由于成本中心仅对产品生产或劳务提供过程中的生产耗费负责，因此其业绩的考核，应以产品质量和数量既定条件下的责任成本为重点，主要包括成本降低额和成本降低率两个指标。计算公式如下：

$$成本降低额 = 预算成本 - 实际成本$$
$$= 实际产量 \times 预计单位成本 - 实际产量 \times 实际单位成本$$
$$= 实际产量 \times (预计单位成本 - 实际单位成本)$$

$$成本降低率 = \frac{成本降低额}{预算成本} \times 100\% = \frac{成本降低额}{实际产量 \times 预计单位成本} \times 100\%$$

当成本降低额为正数时，即实际成本小于预算成本，为有利差异；反之，为不利差异。对差异额需分成本项目展开分析，找出原因，为以后编制责任成本预算提供经验教训。同时利用差异评判成本中心的业绩，结合奖惩制度，鞭策或激励成本中心更好地开展工作。

【例 9-4】承例 9-1，南林分厂下设的一车间主要生产 A 类产品，预计产量 40 000 件，预计单位变动成本 32 元，实际产量 41 000 件，实际单位变动成本 31 元。试对该车间的业绩进行考核。

$$成本降低额 = 41\,000 \times (32 - 31) = 41\,000(元)$$

$$成本降低率 = \frac{41\,000}{1\,312\,000} \times 10\% = 3.125\%$$

该成本中心的成本降低额为 41 000 元，成本降低率为 3.125%，均为有利因素。另外，在分析时，实际成本总额小于预算成本总额所形成的有利差异，可能是成本中心努力降低材料耗费，提高劳动效率的结果，也可能是实际产量低于预计产量所导致的总成本的降低。为防止有利差异评价结果的失真，需结合弹性预算指标进行双重控制。

2. 利润中心的业绩评价与考核

利润中心的业绩评价与考核主要是通过成本目标、销售目标同实际销售成本和实际销售收入的对比，分析实际实现的利润与预算（或目标）利润的差异，并对差异形成的原因和责任进行剖析，借以对其经营上的得失和有关人员的功过做出全面、正确的评价。因此，对利润中心的考评重点是边际贡献、可控边际贡献、部门边际贡献、部门税前利润，其计算公式为：

边际贡献 = 收入总额 - 变动成本总额
可控边际贡献 = 边际贡献 - 可控固定成本
部门边际贡献 = 可控边际贡献 - 不可控固定成本
部门税前利润 = 部门边际贡献 - 分配转入的公司管理费用

以边际贡献作为利润中心业绩评价依据不够全面，以部门税前利润评价利润中心业绩显然是不恰当的，以可控边际贡献作为利润中心业绩评价依据应当是最好的衡量部门经理业绩的指标，而部门边际贡献不适合对部门经理的评价，更适合评价该部门对企业利润和管理费用的贡献。

3. 投资中心的业绩评价与考核

投资中心是较高层的责任中心，业绩考评的基本内容除了有关责任中心的成本、收入和利润外，还要重点考核投资报酬率和剩余收益两项反映投资利用效果的评价指标。

1）投资报酬率

投资报酬率（Return On Investment，ROI）是指部门边际贡献与部门资产平均占用额的比率，其计算公式为：

$$投资报酬率 = \frac{部门边际贡献}{部门资产平均占用额} \times 100\%$$

【例 9-5】假设利奥公司（投资中心）预算期的部门边际贡献为 1 458 000 元，部门资产平均占用额为 10 800 000 元，试计算该投资中心的投资报酬率。

$$投资报酬率 = \frac{1\ 458\ 000}{10\ 800\ 000} \times 100\% = 13.5\%$$

投资报酬率反映了投资中心的投资效率，它是一个相对数指标，可用于企业内部不同规模投资中心之间的比较。但是该指标也存在缺陷，如部门经理会放弃高于资本成本而低于目前部门投资报酬率的机会，或者减少现有的投资报酬率较低但高于资本成本的某些资产，使部门业绩获得较好评价，造成投资中心为了自己的局部利益而放弃企业的整体发展目标。

2）剩余收益

剩余收益（residual value）是指部门边际贡献与部门资产平均占用额的机会成本的差额，计算公式为：

$$剩余收益 = 部门边际贡献 - 部门平均资产应计成本$$
$$= 部门边际贡献 - 部门平均资产 \times 资本成本$$

【例 9-6】承例 9-5，假设利奥公司的资本成本为 10%，试计算该投资中心的剩余收益。

$$剩余收益 = 1\ 458\ 000 - 10\ 800\ 000 \times 10\% = 378\ 000（元）$$

剩余收益反映了投资中心的投资效果，以该指标作为投资中心的考核指标可使投资中心的目标与企业的整体目标保持一致，引导部门经理采纳高于企业资本成本的决策，并使用不同风险调整资本成本，从而弥补投资报酬率的不足。但剩余收益指标是绝对数指标，不便于不同部门之间的比较，只有和投资报酬率指标结合使用，才能对投资中心进行较为全面、客观的评价。

9.4　责任结算

9.4.1　内部转移价格

内部转移价格（transfer pricing）是企业内部各责任中心之间相互提供产品或劳务时所选用的一种计价标准。一个责任中心转出的中间产品往往是另一个责任中心的投入。企业内部的许多中间产品或劳务并不对外销售，因此这些内部转移价格就没有独立的法律上的意义。内部转移价格的变动不会直接影响到企业的税利，因此，也不会引起国家财税部门的干预。企业内部各责任中心之间相互提供产品或劳务按内部转移价格进行结算的目的是正确地评价和考核各责任中心的经营业绩。制定内部转移价格是建立责任会计制度后必须配备的一种机制。

1. 内部转移价格的意义和作用

内部转移价格为各责任中心之间购销中间产品制定了一个科学合理的计算标准。内部转移价格给各责任中心提供了购销价格标准，表明各中心在既定的购销差价条件下，所能获得的内部利润。这样，各责任中心如果想获得更大的利润空间，必须从各方面降低经营成本，提高内部经营管理水平。

1）有助于明确各责任中心的经济责任

划分企业内部各责任中心的经济责任，是实行责任会计制度的目的之一，而制定合理的内部转移价格,又是划分经济责任不可缺少的手段之一。因为划清各责任中心的经济责任,首先就要确定有关的责任中心之间发生业务联系、进行经济往来时所使用的结算价格,只有这样,才能较好地维护彼此间的经济权益,明确划分经济责任。

2) 有助于企业管理者客观、公正地对各责任中心的业绩进行评价和考核

内部转移价格不仅为各责任中心的奖惩提供了一个公正且易于计量的基础,而且提供了反映各责任中心的生产经营业绩的内部利润,使各责任中心的业绩考评工作能够顺利地进行。

3) 有助于保证各责任中心与企业的经营目标保持一致

由于现代化企业经营规模的扩大化与经营权力的分散化同时存在,企业最高经营决策层越来越不能及时、有效地集中处理各种各样、千变万化的信息,不得不把经营决策权力适当地分散到各部门,而各部门在进行经营决策时又理所当然地要追求自身利益最大化。内部转移价格使企业能根据各责任中心提供的相关信息资料,结合企业的最优生产经营计划,使企业的资源得到有效利用,从而达到整个企业经济利益的最大化。

2. 制定内部转移价格的原则

1) 一致性原则

一致性原则是制定内部转移价格的最基本的原则。一致性原则要求各责任中心的分部利益与企业的整体利益必须保持一致,以保证企业利益最大化目标的实现。

2) 激励性原则

企业制定的内部转移价格应具有激励性,它既能调动各责任中心的工作积极性,又能使各责任中心从彼此转移产品过程中感到有利可图,能够客观公正地反映各责任中心的经营业绩,使他们的努力工作与所获得的利益相适应。

3) 自主性原则

在要求各责任中心的分部利益与企业的整体利益必须保持一致的前提下,承认各责任中心的相对独立、自主经营,就必须给予各责任中心相对独立的自主经营权。企业制定的内部转移价格作为各责任中心转移中间产品的计价标准,必须被购销双方所接受,如果有一方不接受,则该内部转移价格就不成立。

9.4.2 内部转移价格的类型

1. 市场价格

以市场价格(market based transfer prices)为基础的内部转移价格是指将外部市场价格扣除必要的对外销售费用(如广告费、包装费和运输费等)后作为企业的内部转移价格。党的二十大报告指出,为"着力推动高质量发展",需构建高水平的社会主义市场经济体制,充分发挥市场在资源配置中的决定性作用。市场价格是制定内部转移价格的最好依据,只有通过市场竞争所确定的价格才是被社会所承认的价格。企业以市场价格作为内部转移价格,有利于在企业内部创造竞争性的经营环境,从而使各责任中心成为真正意义上的独立经营者。采用这种结算价格的责任中心,应该是独立核算的利润中心,其有权决定产品的产销数量、购销对象及相应的价格。

在以市场价格为内部转移价格时,内部交易双方一般应遵循以下原则:

(1) 若卖方对内销售，售价不高于市场价格且质量与市场产品相当时，则买方有购买的义务，不得拒绝购买。

(2) 若卖方的售价高于市场价格或质量达不到买方要求时，则买方有向外购买的自由。

(3) 卖方有选择对内还是对外销售的自由。

西方国家一般认为，市场价格是制定内部转移价格的最好依据。原因是只有通过市场竞争所确定的价格，才是被社会所承认的价格。企业以这样的价格作为内部转移价格，有利于在企业内部创造竞争性的市场环境，从而使各责任中心成为真正意义上的独立经营者。以市场价格为基础的内部转移价格适用于完全竞争市场条件下，即企业的中间产品存在正常的市场价格的情况。但我们知道，企业内部很难存在真正意义上的完全竞争市场，因此，这也限制了以市场价格为基础的内部转移价格的运用。

2. 协商价格

协商价格（negotiated transfer prices）是指有关责任中心以市场价格为基础，共同协商确定一个双方均愿意接受的价格，作为内部转移价格。协商价格一般是在以市场价格扣除必要的销售费用后的价格为上限、以单位变动成本为下限的范围内，通过协商共同确定的。它适用于企业的中间产品存在非完全竞争的市场条件下。虽然这种方法在协商过程中会牵扯双方大量的时间和精力，但由于其价格有一定的弹性，所以在实际工作中运用范围较广。

【例 9-7】假设某企业生产的自制半成品（中间产品）的市场价格为 75 元，该自制半成品的单位变动成本为 38 元，单位固定成本为 12 元，应分摊的销售费用 8 元，试确定该自制半成品协商价格的范围。

分析：协商价格的上限 = 75 - 8 = 67（元）

协商价格的下限 = 单位变动成本 = 38 元

据分析可知：该自制半成品协商价格应在 38 元与 67 元之间，由双方协商确定。

另外，在协商定价时，需注意两个问题：一是该种中间产品应存在外部市场，内部交易双方可以选择接受或拒绝某一价格；二是当内部交易双方协商相持不下时，上级部门应在公平的前提下进行适当的干预，帮助确定价格。

3. 双重价格

双重价格（dual transfer pricing）就是对买方责任中心和卖方责任中心分别采用不同的转移价格作为计价基础的内部转移价格。例如，对于存在内部交易的两个责任中心，销售方可按市场价格计价，而购买方可按销售方的单位变动成本计价，其差额由会计部门调整。这种双重定价，有利于自制半成品接受部门正确地进行经营决策，防止因内部定价过高而向外部进货，进而使内部供货方的生产能力发生闲置，影响其从事生产经营活动的积极性和主动性。

这种以双重价格为企业内部转移价格的结算方法适用于各责任中心的中间产品有外部市场，存在内部交易的责任中心生产能力不受限制，且变动成本低于市场价格的情况，这种情况下，企业的整体经济效益才能得到提高。

4. 变动成本加固定费用价格

变动成本加固定费用价格由单位变动成本和固定费用两部分组成，卖方除向买方收取变动成本部分的价款外,还向买方收取一定的固定费用作为长期低价供应产品的补偿。在这种定价方式下,无论买方进货量如何变动,卖方固定费用均保持不变,因此买方承担了较大的市场风险。显而易见,该种方法对买方不公平,买卖双方应共同承担市场风险。

5. 全部成本转移价格

全部成本转移价格(cost based transfer prices)是指以全部成本(单位变动成本、分摊的固定成本)或全部成本加上一定比例的利润所形成的内部转移价格。这种价格确定的方法与财务会计观点相符,计量方便。但是这种定价方法,既不是业绩评价的良好尺度,也不能引导责任中心负责人做出有利于企业的决策,是上述几种定价方法中最不宜采用的一种,有以下原因。

(1) 该种方法以各责任中心的成本为基础,加上一定百分比作为利润,缺乏理论说服力。一是以当前成本为基础,会变相鼓励责任中心负责人维持较高成本水平,并获得更多的利润;若是降低成本,则会造成下一期转移价格下降,从而降低利润水平。二是成本加成率的确定也缺乏科学依据。

(2) 在连续式生产企业中,随着产品在各责任中心之间流转,产品成本也在不断累加,使用相同的成本加成率,也会使后序责任中心的利润明显大于前序责任中心,造成利润分布失衡。

综上所述,只有在其他形式的内部转移价格无法采用时,才考虑使用全部成本转移价格。

习 题

1. 单项选择题

(1) 某生产车间是一个标准成本中心。为了对该车间进行业绩评价,应确认的责任成本范围是( )。

A. 该车间的全部可控成本
B. 该车间的直接材料、直接人工、变动性制造费用和固定性制造费用
C. 该车间的直接材料、直接人工、变动性制造费用
D. 该车间的直接材料、直接人工、固定性制造费用

(2) M部门是一个利润中心。下列财务指标中,( )是最适合用来评价该部门经理业绩的。

A. 边际贡献   B. 可控边际贡献   C. 部门边际贡献   D. 部门税前利润

(3) 下列关于制定企业内部转移价格的表述中,错误的是( )。

A. 按全部成本加成制定转移价格,适用于无法采用其他形式确定转移价格时
B. 协商价格一般是在以市场价格扣除必要的销售费用后的价格为上限、以单位变动成本为下限的范围内,通过协商共同确定的。它适用于企业的中间产品存在非完全竞争的市场条件下
C. 如果中间产品存在非完全竞争市场,应基于市场价格制定协商转移价格
D. 如果中间产品存在完全竞争市场,理想的转移价格是市场价格

(4) 属于某成本中心的各项( )之和,成为该成本中心的责任成本。

A. 可控成本   B. 不可控成本   C. 变动成本   D. 固定成本

(5) 企业在制定内部转移价格时,如果中间产品或劳务有不同市价,则卖方以最高价格计价,买方以最低价格计价,此时所用的制定内部转移价格的方法是( )。

A. 双重价格   B. 全部成本转移价格   C. 协商价格   D. 市场价格

(6) 企业某部门本月销售收入1 000 000元,销售产品的变动成本是400 000元,部门可控固定间接

费用为 200 000 元，不可控固定间接费用为 150 000 元，分配给该部门的企业管理费用 30 000 元，最能反映该部门真实贡献的金额是（ ）。

A. 600 000　　　B. 400 000　　　C. 250 000　　　D. 220 000

(7) 对成本中心而言，下列各项中，不属于该类中心特点的是（ ）。

A. 只考核本中心的责任成本　　　B. 只对本中心的可控成本负责
C. 只对责任成本进行控制　　　　D. 只对直接成本进行控制

(8) 某投资中心的投资额为 20 万元，最低投资报酬率为 15%，剩余收益为 3 万元，则该中心的投资利润率为（ ）。

A. 15%　　　B. 20%　　　C. 25%　　　D. 30%

(9) （ ）具有全面的产品销售权、价格制定权、材料采购权及生产决策权。

A. 成本中心　　　B. 投资中心　　　C. 人为利润中心　　　D. 自然利润中心

(10) 若企业的生产部门、采购部门都是成本中心，由于材料质量不合格造成的生产车间超过消耗定额成本差异部分应由（ ）负责。

A. 生产车间　　　B. 采购部门　　　C. 企业总部管理部门　　　D. 生产车间和采购部门共同

2. 多项选择题

(1) 完全的自然利润中心应具有（ ）。

A. 材料采购权　　　B. 生产决策权　　　C. 产品销售权　　　D. 人事任免权

(2) 下列有关成本责任中心的说法中，正确的有（ ）。

A. 成本责任中心具有生产设备购置决策权
B. 成本中心是指没有或者有少量收入，但不成为主要的考核内容，仅考核所发生的成本或费用的责任单位
C. 成本责任中心应严格执行产量计划，不应超产或减产
D. 成本责任中心不对固定成本负责

(3) 下列各项中，适合作为费用中的有（ ）。

A. 行政管理部门　　　B. 医院检验放射科　　　C. 企业研究开发部门　　　D. 企业广告宣传部门

(4) 下列有关可控成本表述正确的有（ ）。

A. 成本的可控与否是相对的，而不是绝对的
B. 某责任中心有权决定是否使用某种资源，该责任中心就应对这种资产的成本负责
C. 不直接决定某项成本的人员，若对该项成本的支出施加了重要影响，也应对该项成本承担责任
D. 低层次责任中心的不可控成本，对于较高层次责任中心来说，有可能是可控的

(5) 费用中心的业绩，可以通过（ ）来考核。

A. 剩余收益指标　　　B. 标准成本指标　　　C. 费用预算　　　D. 零基预算

(6) 下列成本中，属于生产车间可控成本的有（ ）。

A. 由于管理不善导致的废品损失　　　B. 生产车间发生的间接材料成本
C. 按照资产比例分配给生产车间的管理费　　　D. 按直线法提取的机器设备折旧费

(7) 剩余收益是评价投资中心业绩的重要指标。下列有关剩余收益指标的说法中，正确的有（ ）。

A. 剩余收益可以引导部门经理采取与企业总体利益一致的决策
B. 计算剩余收益时，对不同部门可以使用不同的资本成本
C. 剩余收益指标可以直接用于不同部门之间的业绩比较
D. 剩余收益可以根据现有财务报表资料直接计算

(8) （ ）是业绩考评系统的两个核心要素。

A. 评价主体的选择　　　B. 评价客体的选择　　　C. 评价指标体系的构建　　　D. 激励机制的选择

(9) 在组织形式上看，（ ）一般都不是独立的法人。

A. 成本中心　　　B. 收入中心　　　C. 利润中心　　　D. 投资中心

(10) 以下关于内部转移价格的表述中，正确的有（　　）。
A. 在中间产品存在完全竞争市场时，市场价格是理想的转移价格
B. 如果中间产品没有外部市场，则不宜采用内部协商转移价格
C. 采用变动成本加固定费作为内部转移价格时，供应部门和购买部门承担的市场风险是不同的
D. 采用全部成本加上一定利润作为内部转移价格，可能会使部门经理做出不利于企业整体的决策

3. 判断题

(1) 对一家企业或一个成本中心而言，变动成本和直接成本大多是可控成本，而固定成本和间接成本大多是不可控成本。（　　）

(2) 由于要对企业内部各责任中心的业绩进行考评，因此企业内部各部门之间相互提供产品或劳务时所采用的内部转移价格必须一致。（　　）

(3) 剩余收益指标弥补了以投资利润率作为考核标准导致局部目标和整体目标不一致的缺陷，并且该指标具有横向可比性。（　　）

(4) 责任中心的业绩报告必须按年、季、月编制。（　　）

(5) 一项对于较高层次的责任中心来说属于可控的成本，对于其下属的较低层次的责任中心来说，可能就是不可控成本；同样，较低层次责任中心的可控成本，则也有可能是其所属的较高层次责任中心的不可控成本。（　　）

(6) 为实行责任会计，首先应根据企业的行政管理体制和内部管理的实际需要，把企业所属各部门、各单位划分为若干个分工明确、责权范围清晰的责任中心。（　　）

(7) 财务控制特征是以价值控制为手段，以综合经济业务为对象，以日常现金流量控制为主要内容。（　　）

(8) 企业职工个人不能构成责任实体，因而不能成为责任控制体系中的责任中心。（　　）

(9) 在其他因素不变的条件下，一个投资中心的剩余收益的大小与企业投资人要求的最低报酬率呈反向变动。（　　）

(10) 利润中心是指既对成本负责又对收入和利润负责的责任中心，它不仅要绝对地降低成本，而且更要寻求收入的增长，并使之超过成本的增长。（　　）

4. 计算题

(1) 假设 HG 公司下设的某投资中心，2015 年的有关资料如下：该投资中心的资产总额为 20 000 万元，部门边际贡献为 6 000 万元。现有一个投资项目，投资报酬率为 15%，投资额为 8 000 万元，每年部门边际贡献为 1 200 万元，假设该企业的资金成本率为 10%。
要求：① 计算该投资中心当前的投资报酬率；
　　　② 说明该投资中心是否应该接受该项投资。

(2) 2016 年光明有限责任公司的有关资料如表 9-8 所示。

表 9-8　甲乙分部有关产品资料

项　目	预算数	实　际　数		
		A 投资中心	B 投资中心	C 投资中心
销售收入	2000	1800	2200	2000
营业利润	180	190	200	180
营业资产	1000	900	1000	1000

2016 年年末绩效考核时，公司董事会对这三个投资中心的评价发生了分歧。有人认为 C 投资中心全面完成了预算，业绩最好；有人认为 B 投资中心收入和利润都超出预算，业绩最好；有人认为 A 投资中

心超出预算并节约了资金,业绩最好。

要求:假设该公司资本成本是15%,对三个公司进行评价。

(3) 盐工公司下设甲、乙两个投资中心,甲投资中心的投资额为200万元,投资利润率为15%;乙投资中心的投资利润率为17%,剩余收益为20万元,盐工公司要求的平均最低投资报酬率为10%。盐工公司决定追加投资100万元,若投向甲投资中心,每年可增加利润20万元;若投向乙投资中心,每年可增加利润15万元。要求:

① 计算追加投资前甲投资中心的剩余收益。
② 计算追加投资前乙投资中心的投资额。
③ 计算追加投资前盐工公司的投资利润率。
④ 若甲投资中心接受追加投资,计算其剩余收益。
⑤ 若乙投资中心接受追加投资,计算其投资利润率。

(4) 假设某企业下设甲、乙两个分部,甲分部生产的半成品可以对外销售,也可以对内销售给乙分部继续加工。假设甲分部在不影响对外销售的基础上,还有剩余生产能力对内销售,有关资料见表9-9。

表9-9 甲乙分部有关产品资料

项 目	甲分部	乙分部
完工半成品或产成品单位市场售价/元	50	90
单位变动成本/元		
直接材料	18	
加工费用	16	16
销售费用	4	6
固定费用/元	60 000	15 000
预计产量/件	10 000	1 000

要求:计算确定甲、乙两个分部均认为合理的内部转移价格,并说明理由。

5. 思考题

(1) 财务控制的方式有哪些?
(2) 成本中心、利润中心和投资中心之间的关系怎样?
(3) 什么是责任预算? 为什么要编制责任预算?
(4) 成本中心、利润中心和投资中心的业绩评价与考核方法有什么不同?
(5) 内部转移价格有几种? 它们的使用范围如何?

6. 案例分析

汉斯公司的财务控制制度

[基本案情]

汉斯公司是总部设在德国的大型包装品供应商,它按照客户要求制作各种包装袋、包装盒等,其业务遍及西欧各国。出于降低信息和运输成本、占领市场、适应各国不同税收政策等考虑,公司采用了在各国商业中心城市分别设厂,由一个执行部集中管理一国境内各工厂生产经营的组织和管理方式。由于各工厂资产和客户(即收益来源)的地区对应性良好,公司决定将每个工厂都作为一个利润中心,采用总部—执行部—工厂两层次、三级别的财务控制方式。

各工厂作为利润中心,独立地进行生产、销售及相关活动。公司对它们的控制主要体现在预算审批、内部报告管理和协调会三个方面。

预算审批是指各工厂的各项预算由执行部审批,执行部汇总后的地区预算交由总部审批。审批意见依据历史数据及市场预测,做出在尊重工厂意见的基础上体现公司的战略意图。

第9章 财务控制

内部报告及其管理是公司实施财务控制最主要的手段。内部报告包括损益表、费用报告、现金流量报告和顾客利润分析报告。前三者每月呈报一次,顾客利润分析报告每季度呈报一次;公司通过内部报告能够全面了解各工厂的业务情况,并且对照预算做出相应的例外管理。

费用报告按制造费用、管理费用、销售费用等项目进行核算。偏离分析及相应措施机偏高额的大小而由不同层级决定,偏高额度较小的由工厂做出决定、执行部提出相应意见,较大的由执行部做出决定、总部提出相应意见;额度大小的标准依费用项目的不同而有所差别。

顾客利润分析报告,列出了各工厂所拥有的最大的10位客户的情况,其排列次序以工厂经营所获得的利润为准。

其中,产品类型和批量是为了了解客户的主要需求,批量固定成本是指生产的准备成本和运输成本等,按时交货率和产品质量评级从客户处取得。针对每个客户,还要算出销售利润率。最后,报告将记载最大的10位客户的营业利润占总营业利润的百分比。由此,公司可以掌握各工厂的成本发生与利润取得情况,以便有针对性地加以控制;同时也掌握了其主要客户的结构和需求情况,以便实时调整生产以适应市场变化。

根据以上的内部报告,公司执行部每月召开一次工厂经理协调会,处理部分预算偏差,交换市场信息和成本降低经验,发现并解决本执行部存在的主要问题。公司每季度召开一次执行部总经理会议,处理重大预算偏离或做出相应的预算修改,对近期市场进行预测,考察重大投资项目的执行情况,调剂内部资源。同时,总部要对各执行部业绩按营业利润的大小做出排序,并与其营业利润的预算值和上年同期值作比较,其格式如下。

其中,去年同期排序反映了该执行部去年同期在营业利润排序中的位置。比较的主要目的,是考察各执行部的预算完成情况和其自身的市场地位变化。

汉斯公司的财务控制制度具有以下两个特点。

第一,实现了集权与分权的巧妙结合,散而不乱,统而不死。各工厂直接面对客户,能够迅速地根据当地市场变化做出经营调整;作为利润中心,其决策权相对独立,避免了集权形式下信息在企业内部传递可能给企业带来的决策延误,分权经营具有反应的适时性和灵活性。公司通过预算审批、内部报告管理和协调会,使得各工厂的经营处于公司总部的控制之下,相互间可以共享资源、协调行动,以发挥企业整体的竞争优势。其中,执行部起到了承上启下的作用,它处理了一国境内各工厂的大部分相关事务,加快了问题的解决,减轻了公司总部的工作负担;同时,相对于公司总部来说,它对于各工厂的情况更了解,又只需掌握一国的市场情况与政策法规,因而决策更有针对性,实施更快捷。另外,协调会对防止预算的僵化、提高公司的反应灵活性也起到了关键性作用。

第二,内部报告的内容突破了传统财务会计数据的范围,将财务指标和业务指标有机地结合起来。在顾客利润分析报告中,引入了产品类型、按时交货率、产品质量评级等反映顾客需要及满意程度的非财务指标;在费用报告中也加入了偏离分析、改进措施及相应意见等内部程序和业务测评要素。这使得各工厂在追求利润目标的同时要兼顾顾客需要(服务的时效、质量)和内部组织运行等业务目标;既防止了短期行为,又提高了企业的综合竞争力。财务指标离开了业务基础将只是数字的抽象,并且可能对工厂行为产生误导;只有将两者有机地结合起来,才能真正发挥财务指标应有的作用。

实践证明,汉斯公司的财务控制制度是切实有效的。其下属工厂在各自所处的商业中心城市的包装品市场上均占有较大的份额,公司的销售收入和利润呈现稳定增长的态势。公司总部也从烦琐的日常管理中解脱出来,主要从事战略决策、公共关系、内部资源协调、重大筹资投资等工作,公司内部的资源在科学地调配下发挥了最大的潜能。

思考:
汉斯公司的财务控制制度给我们什么启示?

7. 课程实践

胜利石油机械有限责任公司有一阀门分部,制造和销售铝合金阀门。该阀门分部年生产能力为1 000 000

只，对外售价 200 元/只，单位变动成本 100 元/只，基于生产能力的单位固定成本 20 元/只。

胜利石油机械有限公司另有一个加油机制造分部，其中一款加油机要用到该厂所产的阀门。该加油机生产分部以前每年以 185 元的价格从国外进口该种阀门 100 000 只。

要求：

（1）假设阀门制造部门有足够的闲置生产能力以满足加油机制造分部对阀门的需求。两分部之间的内部转移价格的合理范围是多少？

（2）假设阀门制造部门能对外销售它所能生产的全部阀门。两分部之间的内部转移价格的合理范围是多少？

（3）假设阀门制造部门能对外销售它所能生产的全部阀门，还假设在公司内部转移时，由于销售成本的减少，内部转移的阀门可减少 20 元的变动成本，则两分部之间的内部转移价格的合理范围是多少？

第10章 收入与分配管理

学习目标

知识要点	能力要求	关键术语
收入管理	(1) 了解销售数量的预测方法 (2) 掌握销售定价的方法 (3) 熟悉销售定价策略	(1) 营销员判断法；专家判断法；产品生命周期判断法；趋势预测分析法；因果预测分析法 (2) 全部成本费用加成定价法；保本点定价法；目标利润法；变动成本定价法；需求价格弹性系数定价法；边际分析定价法 (3) 商业折扣策略；心理定价策略；组合定价策略；寿命周期定价策略
利润的构成及分配	(1) 理解利润总额的构成 (2) 掌握利润分配的内容和顺序	(1) 利润总额、营业利润；税后利润；可供分配利润 (2) 主营业务收入；其他业务收入；经营费用；财务费用；管理费用；营业外收入；营业外支出；利得；损失
股利政策、类型及发放	(1) 了解股利政策的基本理论 (2) 熟悉影响股利政策的因素 (3) 理解股利政策的概念及其内容、股利的发放程序 (4) 掌握几种常用的股利政策、股利的类型 (5) 理解股票分割、股票回购的财务影响	(1) "在手之鸟"理论；信号传递理论；代理理论；MM理论；税收效应理论 (2) 剩余股利政策；固定股利政策；固定股利支付率政策；低定额加额外股利政策 (3) 现金股利；股票股利 (4) 股利宣告日；股权登记日；除权除息日；股利发放日 (5) 股票分割；股票回购

引 例

格力电器发布2016年年报披露，公司将向全体股东每10股派发现金18元（含税），共计派发现金108.28亿元，占公司2016年全年净利润的70.22%，分红金额创出历史新高。格力电器掌门人董明珠持股为4 431.85万股，在不考虑税收因素的情况下，她本次就可获得7 977万元的分红。

本案例让人们不禁思考如下问题：格力电器大手笔分红的背后靠什么支撑？股利政策是什么？遵循什么理论？股利发放受哪些因素约束？股价上涨与股利政策是否相关等？通过本章学习，相信你对这些问题会有一个初步的认识。

从整个企业的财务管理来说，收入和利润分配管理是企业财务管理系统的子系统，从流程上来看，企业在生产经营中通过销售商品、提供劳务、转让资产等取得收入，扣除相应的成本费用，即得到当期的利润，将实现的利润用于弥补亏损、分配股利等，即完成了利润分配，收入的实现和利润的形成、分配过程是企业生产经营过程中首尾相接的不可分割的连续的过程。因此，对收入和利润分配进行管理是整个财务管理非常重要的内容，对于维护企业与各相关利益主体的财务关系、提升企业价值具有重要的意义，是整个企业财务管理的核心。

10.1 收入管理

根据《企业会计准则》规定，收入是指企业在日常活动中形成的，会导致所有者权益增加的、与所有者投入资本无关的经济利益的总流入，一般包括销售商品收入、提供劳务收入和让渡资产使用权收入等，企业的收入主要来自于生产经营活动，企业正常的经营活动主要包括销售商品、提供劳务、让渡本企业资产使用权等。销售收入是企业收入的主要构成部分，是企业能够持续经营的基本条件，销售收入的影响因素主要是销售数量和销售价格，因此，销售数量的预测和销售价格的确定成为收入管理的主要内容。

10.1.1 销售数量的预测分析

销售数量预测分析是指通过市场调查，以有关的历史资料和各种信息为基础，运用科学的预测方法或管理人员的实际经验，对企业产品在计划期间的销售量做出预计或估量的过程。企业在进行销售数量预测时，应充分研究和分析企业产品销售的相关资料，诸如产品价格、产品质量、售后服务、推销方法等；此外，对企业所处的市场环境、物价指数、市场占有率及经济发展趋势等情况也应进行研究分析。销售预测的方法有很多种，主要包括定性分析法和定量分析法。

1. 销售数量预测的定性分析法

定性分析法，即非数量分析法，是指由专业人员根据实际经验，对预测对象的未来情况及发展趋势做出预测的一种分析方法。该方法一般适用于预测对象的历史资料不完备或无法进行定量分析时，主要包括营销员判断法、专家判断法和产品生命周期分析法。

1）营销员判断法

营销员判断法，又称意见汇集法，是由企业熟悉市场情况或相关变化信息的营销人员对市场进行预测，再将各种判断意见加以综合分析、整理，并得出预测结论的方法。企业营销人员能充分了解市场现状以及本企业的生产、销售情况，因此也就在一定程度上保证了预测的准确性。这种方法的优点在于用时短、成本低、比较实用。但是这种方法单纯依靠营销人员的主观判断，带有较多的主观因素和较大的片面性。

2）专家判断法

专家判断法，是由专家根据他们的经验和判断能力对特定产品的未来销售量进行判断和预测的方法。主要有以下 3 种不同形式。

（1）个别专家意见汇集法，即分别向每位专家征求对本企业产品未来销售情况的个人意见，然后将这些意见再加以综合分析，确定预测值。

（2）专家小组法，即将专家分成小组，运用专家们的集体智慧进行判断预测的方法。此方法的缺陷是预测小组中专家意见可能受权威专家的影响，客观性易受影响。

（3）德尔菲法（delphi method），又称函询调查法，是采用背对背的通信方式征询专家小组成员的预测意见，经过几轮征询，使专家小组的预测意见趋于集中，最后做出符合市场未来发展趋势的预测结论。

3）产品生命周期分析法

企业不能期望其产品永远地畅销，因为一种产品在市场上的销售情况和获利能力并不是一成不变的，而是随着时间的推移发生变化，这种变化经历了产品的初创、成长、成熟和衰退的过程，就像生物的生命历程一样，所以称之为产品生命周期，其产品销售量的变化呈一条曲线，称为产品生命周期曲线。产品生命周期分析法是利用产品销售量在不同生命周期阶段的变化趋势，进行销售预测的一种定性分析方法，它是对其他预测分析方法的补充。

判断产品所处的生命周期阶段，可根据其销售增长率指标进行。新产品投入市场，便进入了初创期，顾客对产品还不了解，除了少数追求新奇的顾客外，几乎没有人实际购买该产品。在此阶段产品生产批量小，制造成本高，广告费用大，产品销售价格偏高，销售量极为有限，甚至没有销售收入，增长率不稳定；销售取得成功之后，便进入了成长期，需求量和销售额迅速上升，生产成本大幅度下降，利润迅速增长；随着供应商增多，市场需求也趋于饱和，产品便进入了成熟期阶段。此时，销售增长速度缓慢直至转而下降，由于竞争的加剧，导致广告费用再度提高，利润下降；随着科技的发展、新产品和替代品的出现以及消费习惯的改变等原因，产品从而进入了衰退期。产品的需求量和销售量迅速下降，同时市场上出现替代品和新产品，使顾客的消费习惯发生改变。此时成本较高的企业就会由于无利可图而陆续停止生产，该类产品的生命周期也就陆续结束，以致最后完全撤出市场。（见图 10.1）了解产品所处的生命周期阶段，有助于正确选择预测方法，如：初

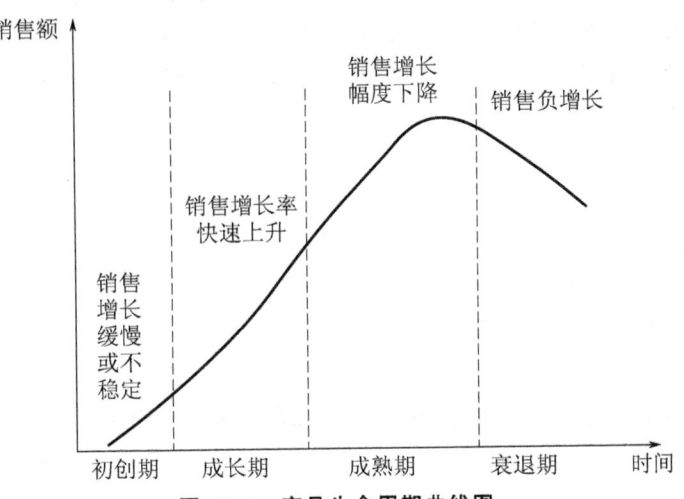

图 10.1　产品生命周期曲线图

创期历史资料缺乏,可以运用定性分析法进行预测;成长期可运用回归分析法进行预测;成熟期销售量比较稳定,运用趋势预测分析法进行预测。

2. 销售数量预测的定量分析法

销售数量预测的定量分析法,一般包括趋势预测分析法和因果预测分析法两大类。

1) 趋势预测分析法

趋势预测分析法主要包括算术平均法、加权平均法、移动平均法和指数平滑法等。

(1) 算术平均法。算术平均法是指将若干历史时期的实际销售量或销售额作为样本值,求出其算术平均数,并将该平均数作为下期销售量的预测值。其计算公式为:

$$Y = \frac{\sum X_i}{n}$$

式中:Y——预期值;

X_i——第 i 期的实际销售量;

n——期数。

算术平均法适用于每期销售量波动不大的产品销售预测。

【例10-1】某公司20×5年1~8月份的产品销售量资料如表10-1所示。

表10-1 产品销售量表　　　　　　　　　　单位:千克

月份	1	2	3	4	5	6	7	8
销售量	500	520	530	560	580	550	600	630

要求:根据以上资料,用算术平均法预测公司20×5年9月的销售量。

根据算术平均法的计算公式,公司20×5年9月的预测销售量为

$$Y = \frac{\sum X_i}{n} = \frac{500+520+530+560+580+550+600+630}{8} = 558.75(千克)$$

(2) 加权平均法(适用市场变化较大的情况)。加权平均法是指将若干历史时期的实际销售量或销售额作为样本值,将各个样本值按照一定的权数计算得出加权平均数,并将该平均数作为下期销售量的预测值。一般地,由于市场变化较大,离预测期越近的样本值对其影响越大,而离预测期越远的则影响越小,所以权数的选取应遵循"近大远小"的原则。其计算公式为:

$$Y = \sum_{i=1}^{n} W_i X_i$$

式中:Y——预期值;

W_i——第 i 期的权数($0 < W_i < 1$,且$\sum W_i = 1$);

X_i——第 i 期的实际销售量;

n——期数。

加权平均法较算术平均法更为合理,计算也较方便,因而在实践中应用较多。

【例10-2】沿用例10-1的资料,假设20×5年1~8月份各期数据的权数如表10-2所示。

表 10-2　20×5 年 1～8 月份销售量及其权数表　　　　　　单位：千克

月　份	1	2	3	4	5	6	7	8
销售量/千克	500	520	530	560	580	550	600	630
权　数	0.03	0.05	0.08	0.10	0.16	0.18	0.19	0.21

要求：根据以上资料，用加权平均法预测公司 20×5 年 9 月的销售量。

根据加权平均法的计算公式，公司 20×5 年 9 月的预测销售量为：

$$Y = \sum_{i=1}^{n} W_i X_i = 500 \times 0.03 + 520 \times 0.05 + 530 \times 0.08 + 560 \times 0.10 \\ + 580 \times 0.16 + 550 \times 0.18 + 600 \times 0.19 + 630 \times 0.21 = 577.5(千克)$$

（3）移动平均法。移动平均法是指从 n 期的时间数列销售量中选取 m 期（m 数值固定，且 $m < n/2$）数值作为样本值，求其 m 期的算术平均数，并不断向后移动计算观测其平均值，以最后一个 m 期的平均数作为未来第 $n+1$ 期销售预测值的一种方法。这种方法假设预测值主要受最近 m 期销售量的影响。

其计算公式为：

$$Y_{n+1} = \frac{X_{n-(m-1)} + X_{n-(m-2)} + \cdots + X_{n-1} + X_n}{m}$$

为了能使预测值更能反映销售量变化的趋势，可以对上述结果按趋势值进行修正，其计算公式为：

$$\overline{Y_{n+1}} = Y_{n+1} + (Y_{n+1} - Y_n)$$

【例 10-3】沿用例 10-1 的资料，相关数据资料如表 10-3 所示。

表 10-3　产品销售量表　　　　　　单位：千克

月　份	1	2	3	4	5	6	7	8
销售量	500	520	530	560	580	550	600	630

要求：（1）用移动平均法预测公司 20×5 年 9 月的销售量。

（2）用修正的移动平均法预测公司 20×5 年 9 月的销售量。（假设样本期为 3 期）

① 根据移动平均法的计算公式，公司 20×5 年 9 月的预测销售量为：

$$Y_{n+1} = \frac{X_{n-(m-1)} + X_{n-(m-2)} + \cdots + X_{n-1} + X_n}{m}$$

$$= \frac{550 + 600 + 630}{3} = 593.33(千克)$$

② 根据修正的移动平均法计算公式，公司 20×5 年 9 月份的销售量：

上期（20×5 年 8 月）的移动预测值 $= \frac{580 + 550 + 600}{3} = 576.67(千克)$

20×5 年 9 月修正后的预测销售量＝本期移动预测值＋（本期移动预测值－上期移动预测值）

即修正后的预测销售量＝593.33＋（593.33－576.67）＝609.99（千克）

由于移动平均法只选用了 n 期数据中的最后 m 期作为计算依据，故而代表性较差。此法适用于销售量略有波动的产品预测。

（4）指数平滑法。指数平滑法实质上是一种加权平均法，是以事先确定的平滑指数 a 及 $(1-a)$ 作为权数进行加权计算，预测销售量的一种方法。其计算公式为：

$$Y_{n+1}=aX_n+(1-a)Y_n$$

式中：Y_{n+1}——未来第 $n+1$ 期的预测值；

Y_n——第 n 期预测值，即预测前期的预测值；

X_n——第 n 期的实际销售量，即预测前期的实际销售量；

a——平滑指数；

n——期数。

一般地，平滑指数的取值通常为 $0.3\sim0.7$，其取值大小决定了前期实际值与预测值对本期预测值的影响。采用较大的平滑指数，预测值可以反映样本值新近的变化趋势；采用较小的平滑指数，则反映了样本值变动的长期趋势。因此，在销售量波动较大或进行短期预测时可选择较大的平滑指数；在销售量波动较小或进行长期预测时用，可选择较小的平滑指数。

【例 10-4】沿用例 10-1 的资料：假设原（即 20×5 年 8 月）的预测销售量为 576.67 千克，平滑指数为 0.5。

要求：用指数平滑法预测公司 20×5 年 9 月的销售量。

根据指数平滑法的计算公式，公司 20×5 年 9 月份的预测销售量为

预测销售量 $Y_{n+1}=aX_n+(1-a)Y_n=0.5\times630+(1-0.5)\times576.67=603.34$（千克）

指数平滑法运用比较灵活，适用范围较广，但在平滑指数的选择上具有一定的主观随意性。

2）因果预测分析法——回归分析

因果预测分析法是指通过影响产品销售量（因变量）的相关因素（自变量）以及它们之间的函数关系，并利用这种函数关系进行产品销售预测的方法。因果预测分析法最简单的方法是回归直线法。

回归直线法，也称一元回归分析法。它假定影响预测对象销售量的因素只有一个，根据直线方程 $y=a+bx$，按照最小二乘法原理，来确定一条误差最小的，能正确反映自变量 x 和因变量 y 之间关系的直线，其常数项 a 和系数 b 的计算公式为：

$$b=\frac{n\sum XY-\sum X\sum Y}{n\sum X^2-(\sum X)^2} \qquad a=\frac{\sum Y-b\sum X}{n}$$

待求出 a、b 的值后，代入 $y=a+bx$，结合自变量 x 的取值，即可求得预测对象 y 的预测销售量或预售额。

【例 10-5】假定某企业产品销售量只受广告费支出大小的影响，2009—2016 年有关销售量和广告费支出资料如表 10-4 所示。

表 10-4 某企业产品销售量与广告费支出表

年　　度	2009	2010	2011	2012	2013	2014	2015	2016
销售量/千克	3 250	3 300	3 150	3 350	3 450	3 500	3 400	3 600
广告费/万元	100	105	90	125	135	140	140	150

要求：用回归直线法预测 2017 年的产品销售量。

根据上述资料，列表计算如表 10-5 所示。

表 10-5 回归直线法计算表

年度	广告费支出 X /万元	销售量 Y /吨	XY	X²	Y²
2009	100	3 250	325 000	10 000	10 562 500
2010	105	3 300	346 500	11 025	10 890 000
2011	90	3 150	283 500	8 100	9 922 500
2012	125	3 350	418 750	15 625	11 222 500
2013	135	3 450	465 750	18 225	11 902 500
2014	140	3 500	490 000	19 600	12 250 000
2015	140	3 400	476 000	19 600	11 560 000
2016	150	3 600	540 000	22 500	12 960 000
n=8	ΣX=985	ΣY=27 000	ΣXY=3 345 500	ΣX²=124 675	ΣY²=91 270 000

$$\sum X=985, \sum Y=27\ 000, \sum XY=3\ 345\ 500, \sum X^2=124\ 675$$

$$b=\frac{n\sum XY-\sum X\sum Y}{n\sum X^2-(\sum X)^2}=\frac{8\times 3\ 345\ 500-985\times 27\ 000}{8\times 124\ 675-985^2}=6.22$$

$$a=\frac{\sum Y-b\sum X}{n}=\frac{27\ 000-6.22\times 985}{8}=2\ 609.16$$

将 a 和 b 代入公式，得出结果，即 2017 年的产品预测销售量为

$$y=a+bx=2\ 609.16+6.22x=2\ 609.16+6.22\times 155=3\ 573.26(吨)$$

如果销售量影响因素较多，可建立多元回归模型，预测产品销售量，具体方法由计量经济学课程讲授。

10.1.2 销售定价管理

企业销售各种产品必须合理确定产品销售价格。这是因为，产品价格的高低直接影响到销售量的大小，进而影响企业的盈利水平。单价过高，导致销售量降低，如果达不到保本点销售量，企业就会亏损；单价过低，虽然会起到促销作用，但单位毛利降低，企业的盈利水平就会下降。因此，产品销售价格的高低，价格策略运用得恰当与否，都会影响到企业正常的生产经营活动，甚至影响到企业的生存和发展。进行良好的销售定价管理，可以使企业的产品更富有吸引力，扩大市场占有率，提高企业的竞争力。

1. 销售定价管理

销售定价管理就是指在调查分析的基础上，选用合适的产品定价方法，为销售产品制定最为恰当的售价，并根据具体情况运用不同价格策略，以实现经济效益最大化的过程。

产品定价方法包括以成本为基础的定价法和以市场需求为基础的定价法两大类。

1) 以成本为基础的定价方法

（1）全部成本费用加成定价法。全部成本费用是指企业为生产、销售一定数量的产品所发生的所有成本和费用总额，包括制造成本和管理费用、销售费用及财务费用等各种期

间费用。在全部成本费用基础上制定价格,既可以保证企业简单再生产的正常进行,又可以使劳动者为社会劳动所创造的价值得以全部实现。

全部成本费用加成定价法就是在全部成本费用的基础上,加合理利润来定价。合理利润的确定,在工业企业一般是根据成本利润率,而在商业企业一般是根据销售利润率。在考虑税金的情况下,有关计算公式为:

① 成本利润率定价:成本利润率 $=\dfrac{\text{预测利润总额}}{\text{预测成本总额}} \times 100\%$

$$\text{单位产品价格} = \dfrac{\text{单位成本} \times (1+\text{成本利润率})}{1-\text{适用税率}}$$

② 销售利润率定价:销售利润率 $=\dfrac{\text{预测利润总额}}{\text{预测销售总额}} \times 100\%$

$$\text{单位产品价格} = \dfrac{\text{单位成本}}{1-\text{销售利润率}-\text{适用税率}}$$

上述公式中,单位成本是指单位全部成本费用,可以用单位制造成本加上单位产品负担的期间费用来确定。

【例 10-6】 某企业生产 A 产品,预计单位产品的制造成本为 120 元,计划销售 8 000 件,计划期的期间费用总额为 640 000 元,若该产品适用的消费税税率为 20%,成本利润率必须达到 18%,根据上述资料,运用全部成本费用加成定价法测算单位产品的价格。

单位 A 产品的价格应为:

$$\text{单位 A 产品的价格} = \dfrac{\left(120+\dfrac{640\ 000}{8\ 000}\right) \times (1+18\%)}{1-20\%} = 295(\text{元})$$

全部成本费用加成定价法可以保证全部生产耗费得到补偿,但它很难适应市场需求的变化,往往导致定价过高或过低。并且,当企业生产多种产品时,间接费用难以准确分摊,从而会导致定价不准确。

(2) 保本点定价法。保本点定价法的基本原理,是按照能够保本的原理来制定产品销售价格,采用这一方法确定的价格是最低销售价格,其计算公式为:

$$\text{单位产品价格} = \dfrac{\text{单位固定成本}+\text{单位变动成本}}{1-\text{适用税率}} = \dfrac{\text{单位完全成本}}{1-\text{适用税率}}$$

【例 10-7】 某企业生产 B 产品,本期计划销售量为 8 000 件,固定成本总额为 240 000 元,单位产品变动成本为 60 元,适用的消费税税率为 20%。

要求:根据上述资料,运用保本点定价法测算单位 B 产品的价格。

单位 B 产品的价格应为:

$$\text{单位 B 产品的价格} = \dfrac{\dfrac{240\ 000}{8\ 000}+60}{1-20\%} = 112.5(\text{元})$$

(3) 目标利润定价法。目标利润定价法是根据预期目标利润和产品销售量、产品成本、适用税率等因素来确定产品销售价格的方法,其计算公式为:

$$\text{单位产品价格} = \dfrac{\text{目标利润总额}+\text{完全成本总额}}{\text{产品销量} \times (1-\text{适用税率})}$$

$$或 = \frac{单位目标利润 + 单位完全成本}{1 - 适用税率}$$

【例 10-8】某企业生产 C 产品,本期计划销售量为 8 000 件,目标利润总额为 240 000 元,完全成本总额为 400 000 元,适用的消费税税率为 20%,根据上述资料,运用目标利润法测算单位 C 产品的价格。

$$单位 C 产品的价格 = \frac{240\,000 + 400\,000}{8\,000 \times (1 - 20\%)} = 100(元)$$

(4) 变动成本定价法。变动成本定价法是指企业在生产能力有剩余的情况下增加生产一定数量的产品,这些增加的产品可以不负担企业的固定成本,只负担变动成本,在确定价格时产品成本仅以变动成本计算。此处所指变动成本是指完全变动成本,包括变动制造成本和变动期间费用。其计算公式为:

$$单位产品价格 = \frac{单位变动成本 \times (1 + 成本利润率)}{1 - 适用税率}$$

【例 10-9】某企业生产 D 产品,设计生产能力为 10 000 件,计划生产 8 000 件,预计单位产品的变动成本为 200 元,计划期的固定成本费用总额为 800 000 元,该产品适用的消费税税率为 20%,成本利润率必须达到 18%。假定本年度接到一额外订单,订购 1 000 件 D 产品,单价 320 元。请问:该企业计划内产品单位价格是多少?是否应接受这一额外订单?

根据上述资料,企业计划内生产的单位 D 产品的价格为:

$$计划内单位 D 产品的价格 = \frac{\left(\frac{800\,000}{8\,000} + 200\right) \times (1 + 18\%)}{1 - 20\%} = 442.5(元)$$

追加生产 1 000 件的变动成本为 200 元,则:

$$计划外单位 D 产品的价格 = \frac{200 \times (1 + 18\%)}{1 - 20\%} = 295(元)$$

因为额外订单单价(320 元)高于其按变动成本计算的价格(295 元),故应接受这一额外订单。

2) 以市场需求为基础的定价方法

以成本为基础的定价方法,只关注成本状况而未考虑市场需求,其确定的产品价格不一定满足企业销售收入最大化或利润最大化的要求。最优价格应是企业取得最大销售收入或利润时的价格。以市场需求为基础的定价方法可以契合这一要求,主要有需求价格弹性系数定价法和边际分析定价法等。

(1) 需求价格弹性系数定价法。产品在市场上的供求变动关系,实质上体现在价格的刺激和制约作用上。需求增大导致价格上升,刺激企业生产;而需求减少,则会引起价格下降,从而制约了企业的生产规模。从另一个角度看,企业也可以根据这种关系,通过价格的升降来作用于市场需求。在其他条件不变的情况下,某种产品的需求量随其价格的升降来作用于市场需求。在其他条件不变的情况下,某种产品的需求量随其价格的升降而变动的程度,就是需求价格弹性系数。

其计算公式为:

$$E = \frac{\Delta Q / Q_0}{\Delta P / P_0}$$

式中：E——某种产品的需求价格弹性系数；
　　　P_0——基期单位产品价格；
　　　Q_0——基期需求量；
　　　ΔQ——需求变动量；
　　　ΔP——价格变动量。

根据需求价格弹性指数，进一步确定产品的销售价格，其计算公式为：

$$P=\frac{P_0 Q_0^{1/|E|}}{Q^{1/|E|}}$$

式中：P_0——基期单位产品价格；
　　　Q_0——基期销售数量；
　　　E——某种产品的需求价格弹性系数；
　　　P——单位产品价格；
　　　Q——预计销售数量。

【例 10-10】某企业生产销售 E 产品，2016 年前 3 个月，实际销售价格和销售数量见表 10-6。若企业 4 月要完成 3 000 台的销售任务，那么销售价格应定为多少？

表 10-6　某企业 1～3 月销售价格和销售数量表

项　　目	1月	2月	3月
销售价格/元	680	720	700
销售数量/台	3 060	2 880	2 960

根据上述资料，采用需求价格弹性系数法，E 产品的销售价格计算为：

$$E_1=\frac{(2\,880-3\,060)/3\,060}{(720-680)/680}=-1.00$$

$$E_2=\frac{(2\,960-2\,880)/2\,880}{(700-720)/720}=-1.00$$

$$E=\frac{E_1+E_2}{2}=\frac{-1-1}{2}=-1$$

$$|E|=1$$

$$P=\frac{P_0 Q_0^{1/|E|}}{Q^{1/|E|}}=\frac{700\times 2\,960^{1/1}}{3\,000^{1/1}}=690.67(元)$$

即 4 月要完成 3 000 台的销售任务，其单位产品的销售价格为 690.67 元。

(2) 边际分析定价法。边际分析定价法，是指基于微分极值原理，通过分析不同价格与销售量组合下的产品边际收入、边际成本和边际利润之间的关系，进行定价决策的一种定量分析方法。

边际是指每增加或减少一个单位所带来的差异。那么，产品边际收入、边际成本和边际利润就是指销售量每增加或减少一个单位所增加或减少的收入、成本和利润。

① 公式法。公式法是指当收入和成本函数均为可微函数时，可直接通过对利润函数求一阶导数，进而求得最优售价的方法。当收入函数和成本函数均可微时，可采用公式法，直接对利润函数求一阶导数，即可得到最优售价。

【例 10-11】 某产品售价 P 与销量 q 的关系式为：$P=10-q/5$；成本函数为：$C=50+2q$，求：收入最大和利润最大时的产品价格。

【解】

第一，收入函数为 $R(q)=10q-q^2/5$

边际收入 $R'(q)=10-2q/5$

令 $R'(q)=0$，解得 $q=25$，$R'(25)=-2/5<0$，因此，$q=25$ 时的收入最大，其单价为 $P=10-25/5=5$，即当企业按单价为 5，销售 25 件产品时，可实现总收入最大。

第二，利润函数为 $L(q)=(10q-q^2/5)-(50+2q)=8q-q^2/5-50$

求导数，$L'(q)=8-2q/5$，解得驻点 $q=20$，$R'(20)=-2/5<0$，因此，销售量为 20 时，利润最大为 30，其单价为 $P=10-20/5=6$，即当企业按单价为 6，销售 20 件产品时，可实现利润最大。

此法的优点是：以微分极值原理为理论依据，可直接对收入与成本函数求导，计算结果比较精确。缺点在于售价与销量的函数关系以及总成本函数关系不容易确定，另外只有可微函数才能求导，对于非连续函数则无法用公式法，只能借助列表法才能求得最优售价。

② 列表法。当收入函数或成本函数为离散型函数时，可以通过列表法，分别计算各种价格和销售量组合下的边际利润，那么，在边际利润大于或等于零的组合中，边际利润最小时的价格就是最优售价。

【例 10-12】 某产品当前售价 10 元，每月销售 120 只，单位变动成本 5 元，固定成本 5 000 元。如果价格逐步下降到 9.5 元、9 元、8.5 元、8 元、7.5 元、7 元，预计销售量分别增加为 1 600 只、2 000 只、2 400 只、2 800 只、3 200 只、3 600 只，问应定价为多少，使企业利润最高？

【解】 依据上述资料，可编制表 10-7。

表 10-7 某产品边际利润变动表　　　　　　　　　　　　单位：元

单价	10	9.5	9	8.5	8	7.5	7
销售量	1 200	1 600	2 000	2 400	2 800	3 200	3 600
销售收入	12 000	15 200	18 000	20 400	22 400	24 000	25 200
边际收入		3 200	2 800	2 400	2 000	1 600	1 200
销售成本	11 000	13 000	15 000	17 000	19 000	21 000	23 000
边际成本		2 000	2 000	2 000	2 000	2 000	2 000
销售利润	1 000	2 200	3 000	3 400	3 400	3 000	2 200
边际利润		1 200	800	400	0	-400	-800

在表 10-7 中，边际收入是指增加销售数量所增加的收入，即销售增加数量×单价，边际成本是指增加销售数量所增加的成本，即销售增加数量×单位变动成本，边际利润是指增加一定销售量净增的利润数，即销售增加数量×（单价－单位变动成本）。

当销售价格变动时，边际利润是正数，表示价格变动是有利的。如上例从 10 元下降到 9.5 元，从 9.5 元下降到 9 元，从 9 元下降到 8.5 元，都是有利的。如果边际利润等于零，表示降价没有意义，既不增加利润，也不减少利润。如表10-7从8.5元下降到8元，利润没有变化。如果边际利润等于负数，表示降价没有是不利的。如上例从8元下降到7.5元，从7.5元下降到7元，都是不利的。由此可知，销售价格下降的最大限度是边际收入等于边际成本，价格应该是最接近边际利润等于零的点。本例价格以每0.5元为一档，属于离散型概率分布，最佳点是边际利润等于零或最接近于零的价格。本例中的价格为8.5元时，预计销售量可达2 400只，利润3 400元为最佳点。

2. 价格运用策略

市场占有率的大小是衡量产品市场竞争能力的主要指标。除了提升产品质量之外，根据具体情况合理运用不同的价格策略，可以有效地提高产品的市场占有率和企业的竞争能力。其中，主要的价格运用策略有以下几种。

1) 商业折扣策略

商业折扣策略是指在一定条件下，为增加产品销售量，以降低产品的销售价格来刺激需求的策略。商业折扣一般表现为数量折扣、推广折扣和季节折扣等形式。数量折扣，即按照购买者购买数量的多少而给予的价格折扣，购买数量越多，则折扣越大，如购买10件以内，单价100元，购买11~20件，单价90元；购买21件以上，单价80元；推广折扣，是指企业为了鼓励中间商帮助推销本企业产品而给予的价格优惠；季节折扣，即企业为鼓励购买者购买季节性产品而给予的价格优惠，这样可以鼓励购买者提早采购，减轻企业的仓储压力，加速资金周转。但无论是推广折扣还是季节折扣都应当与数量折扣相结合，以鼓励客户多购货、早购货。

2) 心理定价策略

心理定价策略是指针对购买者的心理特点而采取的一种定价策略，主要有声望定价法、尾数定价法、分档定价法、招徕定价法等。声望定价，是指企业按照其产品在市场上的知名度和在消费者中的信任程度来制定产品价格的一种方法。一般地，声望越高，价格越高，这就是产品的"名牌效应"，不少高级名牌产品和稀缺产品，如豪华轿车、高档手表、名牌时装、名人字画、珠宝古董等，在消费者心目中享有极高的声望价值；尾数定价，大多数消费者在购买产品时，尤其是购买一般的日用消费品时，乐于接受尾数价格。如0.99元、9.98元等。消费者会认为这种价格经过精确计算，购买不会吃亏，从而产生信任感；分档定价，是指把同类商品比较简单分成几档，每档定一个价格，以简化交易手续，节省顾客时间。例如，经营鞋袜、内衣等商品，就是从××号到××号为一档，一档一个价格。招徕定价，是适应消费者"求廉"的心理，将产品价格定得低于一般市价，个别的甚至低于成本，以吸引顾客、扩大销售的一种定价策略。采用这种策略，虽然几种低价产品不赚钱，甚至亏本，但从总的经济效益看，由于低价产品带动了其他产品的销售，企业还是有利可图的。

3) 组合定价策略

对于一些既可单独购买，又可成套购买的商品，实行成套优惠价格，称组合定价。对于具有互补关系的相关产品，可以采取降低部分产品价格而提高互补产品价格，以促进销售，提高整体利润，如消费者对购买次数较少的商品价格较为敏感，对价值高的商品价格也较为敏感，反之不大在意。利用这一心理，采取对相关商品中购买次数少、价值相对大的商品价格定得低一些,而对购买次数多、价值相对小的商品价格定的高一些。组合定价策略可以扩大销售量、节约流通费用,有利于企业整体效益的提高。

4) 寿命周期定价策略

寿命周期定价策略是根据产品生命周期,分阶段确定不同的定价策略。初创期产品需要获得消费者的认同,逐步扩大市场占有率,应采用低价促销策略;成长期的产品有了一定的知名度,市场占有率稳步上升,可以采用中等价格策略;成熟期的产品市场知名度处于最佳状态,可以采用高价促销,但由于市场需求接近于饱和,竞争厂商不断加入,定价时必须考虑供给和需求状况,以保持市场占有率不下降;衰退期的产品市场竞争力下降,销售量下滑,应该降价促销或维持现价并辅之以折扣等其他手段,同时,积极开发新产品,保持企业的市场竞争优势。

10.2 利润分配管理

利润是企业在一定期间内全部收入抵减全部费用后的余额。它是生产经营活动的最终成果。

10.2.1 利润的构成

利润有税前利润 (Earnings Before Tax, EBT) 和税后利润 (Earnings After Tax, EAT) 之分。税前利润即利润总额,是指扣除所得税前的利润,它由营业利润、直接记入当期损益的利得和损失等构成,即:

$$利润总额 = 营业利润 + 利得 - 损失$$

税后利润是利润总额扣除所得税后的净利润,即:

$$净利润 = 利润总额 - 所得税费用$$

而企业可供分配的利润除包括当年实现的净利润外,还包括以前年度实现的、截止到上年末累计未分配的利润,还包括其他转入的,这里的其他转入主要指盈余公积转入,当企业本年度没有净利润,年初未分配利润又不足时,为了让股东对企业保持信心,企业会在遵守法规的前提下,将盈余公积转入参加利润分配。

即:

$$可供分配利润 = 净利润 + 年初未分配利润 + 其他转入$$

1. 营业利润

营业利润是企业从事日常生产经营活动所实现的利润,它是企业利润总额的主要构成内容。营业利润是企业日常活动中实现的收入、收益减去费用、损失后的净额,用公式可表示为:

$$\begin{aligned}营业利润 = &主营业务收入 + 其他业务收入 - 主营业务成本 - 其他业务成本 \\ &- 营业税金及附加 - 销售费用 - 管理费用 - 研发费用 - 财务费用 \\ &- 资产减值损失 + 公允价值变动收益 + 投资收益(损失以"-"填列)\end{aligned}$$

上式中各项的解释分别如下。

(1) 主营业务收入是指企业经常性的、主要业务所产生的收入,如制造业的销售产品和提供工业性劳务作业的收入；商品流通企业的商品销售收入；旅游服务业的门票收入、客户收入、餐饮收入等。

（2）其他业务收入是指企业除主营业务以外的其他附带业务所取得的收入，如材料销售收入、无形资产使用权转让收入、以经营租赁方式出租固定资产收入、代购代销、包装物出租收入等。

（3）主营业务成本是指公司生产和销售与主营业务有关的产品或服务所必须投入的直接成本，主要包括原材料、人工成本（职工薪酬）和固定资产折旧等。

（4）其他业务成本是指除主营业务以外的其他销售或其他业务所发生的支出，是指企业取得其他业务收入相应发生的成本，是"其他业务收入"的对称。包括其他业务的销售成本，提供劳务所发生的相关成本、费用等。

（5）营业税金及附加是指企业日常应负担的税金及附加，包括营业税、消费税、城市维护建设税、资源税、土地增值税和教育费附加等。

（6）销售费用是指企业在销售过程中所发生的费用，如运输费、装卸费、包装费、保险费、展览费、销售佣金、委托代销手续费、广告费、租赁费和销售服务费用、专设销售机构费用等。

（7）管理费用是指企业行政管理部门为管理组织经营活动而发生的各项费用，包括公司经费、工会经费、职工教育经费、劳动保险费、待业保险费、董事会费、咨询费、审计费、诉讼费、排污费、绿化费、印花税、车辆购置税、土地使用税等相关税金、技术转让费、技术开发费、无形资产摊销、业务招待费、聘请中介机构费、矿产资源补偿费以及其他管理费用。

（8）研发费用反映企业进行研究与开发过程中发生的费用化支出。

（9）财务费用是指企业在生产经营过程中为筹集资金而发生的各项费用。包括企业生产经营期间发生的利息支出（减利息收入）、汇兑净损失、金融机构手续费，以及筹资发生的其他财务费用（如债券印刷费、国外借款担保费等）。

（10）资产减值损失是指各项资产由于减值可能发生的损失。我国《会计准则第8号——资产减值》规定，资产减值损失一经确认，在以后会计期间不得转回。因此，企业在会计核算中通常只会产生由于计提资产减值准备的损失，一般不会产生转回已计提的资产减值准备的收益。

（11）公允价值变动收益是指某些按照公允价值计价的资产，由其公允价值变动所产生的收益减去所产生的损失后的净额。比如按企业会计准则规定，对交易性金融资产期末要采用公允价值计量，对公允价值与其账面价值的差额应计入当期损益，即计入公允价值变动损益。

（12）投资收益是指企业对外投资所取得的收益扣除所发生的损失后的净额。如企业转让交易性金融资产、长期股权投资、持有到期投资等获得的价款高于或低于其账面价值的差额等。

2. 利得和损失

利得和损失是日常交易活动以外发生的经济利益的流入和流出。利得和损失不同于日常经营活动中的收入和费用。首先，收入和费用是与日常的经营活动有关的，具有经常性；而利得和损失是由偶发的交易或事项产生的，具有偶然性。其次，收入和费用具有一定的配比关系。即企业一定会计期间的收入总是与一定的费用相匹配，费用是为取得收入而发生的，不可能只有收入，没有费用。而利得和损失并没有配比关系，也没有因果关系。

企业的利得和损失有两类：一类是不计入当期损益而直接计入所有者权益的利得和损失；另一类是直接计入当期损益的利得和损失。

不计入当期损益而直接计入所有者权益的利得和损失，就是计入"资本公积——其他"的金额。如采用权益法核算的长期股权投资，被投资单位除净损益以外所有者权益的其他变动；以权益结算的股份支付；存货或自用房地产转为投资性房地产，公允价值大于账面价值的差额以及可供出售金融资产公允价值的变动等。

计入当期损益的利得是指企业发生的与其经营活动无直接关系的各项净收入，主要包括处置非流动资产（处置固定资产、无形资产等）利得、非货币性资产交换利得、债务重组利得、罚没利得、政府补助利得，确实无法支付而按规定程序经批准后转作营业外收入的应付款项。计入当期损益的损失是指企业发生的与其经营活动无直接关系的各项净支出，主要包括处置非流动资产损失、非货币性资产交换损失、债务重组损失、罚款支出、捐赠支出和非常损失等。

10.2.2 利润分配管理的意义

利润分配管理作为现代企业财务管理的重要内容之一，对于维护企业与各相关利益主体的财务关系，提升企业价值具有重要意义，具体而言，表现在以下 3 个方面。

1. 利润分配管理集中体现了企业所有者、经营者与劳动者之间的利益关系

企业所有者是企业权益资金的提供者，按照谁出资、谁受益的原则，其应得的投资收益须通过企业的收益分配来实现，而获得投资收入的多少取决于企业盈利状况及利润分配政策。通过收益分配，投资者能实现预期的收益，提高企业的信誉程度，有利于增强企业未来融通资金的能力。企业的债权人在向企业投入资金的同时也承担了一定的风险。企业的收入分配中应体现出对债权人利益的充分保护，不能伤害债权人的利益。除了按时支付到期本金、利息外，企业在进行收益的分配时也要考虑债权人未偿付本金的保障程度，否则将在一定程度上削弱企业的偿债能力，从而降低企业的财务弹性。职工是价值的创造者，是企业收入和利润的源泉。通过薪资的支付以及各种福利的提供，可以提高职工的工作热情，为企业创造更多价值。因此，为了正确、合理地处理好企业各方利益相关者的需求，就必须对企业所实现的收入进行合理分配。

2. 利润分配管理是企业再生产的条件以及优化资本结构的重要措施

企业在生产经营过程中所投入的各类资金，随着生产经营活动的进行不断地发生消耗和转移，形成成本费用，最终构成商品价值的一部分。销售收入的取得，为企业成本费用的补偿提供了前提，为企业简单再生产的正常进行创造了条件。通过收入与分配，企业能形成一部分自行安排的资金，可以增强企业生产经营的财力，有利于企业适应市场需要扩大再生产。

留存收益，是企业重要的权益资金来源。留存收益的多少，影响企业积累的多少，从而影响权益和负债的比例，即资本结构。企业价值最大化的目标要求企业的资本结构最优，而收入与分配便成为优化资本结构、降低资本成本的重要措施。

3. 利润分配管理是国家建设资金的重要来源之一

在企业正常的生产经营活动中,企业不仅为自己创造了价值,还为社会创造了一定的价值,即利润。利润代表企业的新创财富,是企业收入的重要构成部分。除了满足企业自身的生产经营性积累外,通过利润分配,国家税收也能够集中一部分企业利润,由国家有计划地分配使用,实现国家政治职能和经济职能,发展能源、交通和原材料基础工业,为社会经济的发展创造良好条件。

10.2.3 利润分配的顺序

利润分配关系着国家、企业及所有者等各方面的利益。按照我国《公司法》的有关规定,公司净利润分配应按照下列顺序进行,并构成了利润分配管理的主要内容。

1. 弥补以前年度亏损

企业在提取法定公积金之前,应先用当年利润弥补以前年度亏损。企业的年度亏损,可以用下一年度的税前利润弥补,下一年度不足弥补的,可以在5年之内用税前利润弥补,连续5年未弥补完的亏损则用税后利润弥补。因此,企业应根据本年净利润(或亏损)与年初未分配利润(或亏损)、其他转入的金额(如盈余公积弥补的亏损)等项目,首先计算可供分配的利润,如果可供分配的利润为负数(即累计亏损),则不能进行后续分配;如果可供分配利润为正数(即累计盈利),则可进行后续分配。

2. 提取法定盈余公积

按照《公司法》的有关规定,公司应当按照当年净利润(抵减年初累计亏损后)的10%提取法定盈余公积,提取的法定盈余公积累计额超过注册资本50%时,可以不再提取。法定公积金提取后,根据企业需要,可以弥补亏损或转增资本,但企业用法定公积金转增资本后,法定公积金余额不得低于转增前公司注册资本的25%。

3. 提取任意盈余公积

我国《公司法》规定,公司从税后利润中提取法定公积金后,经股东会决议,还可以从税后利润中提取任意公积金,法定盈余公积金和任意盈余公积金都是公司从税后利润中提取的积累资本,是公司用于防范和抵御风险,提高经营能力的重要资本来源。提取任意盈余公积金的目的是为了让更多的利润留存于公司,用于公司今后发展的需要,另外它也能起到限制普通股利的分配,平衡各年股利分配的作用。任意盈余公积金的计提比例没有法定要求,可由公司董事会提出方案,经股东会审议通过后实施。

盈余公积金可以用于弥补亏损、扩大生产经营或者转增公司股本,但转增股本后,所留存的法定盈余公积金不得低于转增前公司注册资本的25%。《公司法》第二百一十四条规定,公积金弥补公司亏损,应当先使用任意公积金和法定公积金;仍不能弥补的,可以按照规定使用资本公积金。

4. 向投资者分配利润(或股利)

企业可供分配的利润扣除提取的盈余公积后,形成可供投资者分配的利润,即:

可供投资者分配的利润=可供分配的利润-提取的盈余公积,公司可根据股利政策向股东分配股利。企业可采用现金股利、股票股利和财产股利等形式向投资者分配利润（或股利）。《公司法》第二百一十二条规定，股东会作出分配利润的决议的，董事会应当在股东会决议作出之日起六个月内进行分配。

10.2.4 利润分配的原则

企业的利润分配（profit distribution）一般是指税后净利的分配，是公司财务管理的重要内容，涉及职工、债权人、投资者的近期利益和企业的长远利益。这些不同利益主体之间的利益并不一致，甚至互相冲突。因此，税后利润的分配制度应当能够平衡这些利益冲突，保障各方的利益。我国《公司法》对可供分配的利润范围、分配原则、分配顺序等做出了具体而明确的规定，体现了国家为保护上述主体利益而对公司事务的介入和干预。

税后利润分配应遵循以下原则。

1. 依法分配原则

为规范企业的利润分配行为，国家制定和颁布了若干法规，这些法规规定了企业利润分配的基本要求、一般程序和分配比例。企业的利润分配必须依法进行，这是正确处理企业各项财务关系的关键。

2. 无盈余不得分配原则

《公司法》第117条第5款规定："公司弥补亏损和提取公积金、法定公益金后所余利润，有限责任公司按照股东的出资比例分配。"因此，当企业出现亏损，特别是出现连续亏损时，企业不得分配股利或进行投资分红，无盈余不得分配原则的目的是维护公司的财产基础及其信用能力。但在特殊条件下，也可用以前年度积累进行分配，但必须要有一定的比例限制。例如，某公司的利润在2014—2016年均为亏损，但2014—2016年3年却均提前支付红利分配给股东，这就违反了公司向股东分配股利应遵循的基本准则——无盈余不得分配原则的规定。

3. 同股同权、同股同利原则

企业在对投资者分红时，必须坚持同股同权、同股同利的原则，在利益的天平上做到不偏不倚，不得以损害其他投资者利益为代价来提高部分投资者的收益，也不得"以权谋私"，利润分配方案要提交股东大会讨论并决议，并充分尊重中小股东的意见，利润分配要做到"公平、公正、公开"，维护投资者的权益。因此，同股同权、同股同利不仅是公开发行股份时应遵循的原则，同时也是公司向股东分配股利应遵守的原则。

4. 分配与积累并重原则

企业进行利润分配时，要正确处理长期利益和近期利益这两者的关系，坚持分配与积累并重。企业除按规定提取法定盈余公积金以外，可适当留存一部分利润作为积累，这部分未分配利润仍归企业所有者所有。这部分积累的净利润不仅可以为企业扩大生产筹措资金，增强企业发展能力和抵抗风险的能力，同时，还可以供未来年度进行分配，起到以丰补亏、平抑利润分配数额波动、稳定投资报酬率的作用，但也不能只注重积累，而不进行分配，从而忽视中小股东的利益，这也是我国上市公司存在的比较普遍的现象。

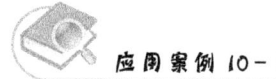

A上市公司分配预案引起不满

【案情简介】

A上市公司2000年度分配预案一公布,许多中小股东对此分配预案颇为不满,随后即有宋毅等投资者委托北京君之创证券投资咨询有限公司代为出席股东大会,行使股东权利,建议公司修改2000年度"不进行分配,也不实施公积金转增股本"的预案。

A上市公司2001年1月18日发布董事会公告:公司2000年度的分配预案为不进行分配,也不实施公积金转增股本,并定于2001年2月20日提交股东大会审议。对此分配预案,中小股东为什么纷纷提出异议,我们回顾一下A上市公司的情况。

A上市公司1998年上市,当年每10股派1.25元(含税),1999年每10股转增5股,2000年为不分配,不转增。公司财务报表显示,公司2000年每股净利润1.60元,每股净资产6.60元,净资产收益率24.09%,截至2000年年底,公司未分配利润为1 356 607 152.17元,按1999年年底总股本48 000万股计算,平均每股未分配利润2.83元,每股公积金2.17元。

一些投资者认为,既然积累了如此多的未分配利润,没有道理连续两年不给股东以现金回报,而且还要以较高的股价配股;公司现金流量充足,用此作为投资足矣,没必要再从股东的口袋中掏钱。

【案例点评】

A上市公司违背了分配与积累并重的利润分配原则,忽视了中小股东的利益,未能真正把给股东回报这一点放在首位。

5. 持有的本公司股份不得分配原则

我国《公司法》第167条规定:"公司持有的本公司股份不得分配利润。"公司应在利润分配方案中明确说明对公司持有的本公司股份不分配利润,无需对该部分股份计提应付股利。这是公司法修改之后新增的,这与公司法中关于公司股份回购的相关规定相配合。

10.2.5 利润分配的影响因素

1. 法律因素

国家有关法规如《公司法》对企业利润分配的限制主要有:资本保全约束、资本积累约束、偿债能力约束和超额累积利润约束。

(1) 资本保全约束。资本保全是企业财务管理应遵循的一项重要原则,它要求企业所发放的股利或投资分红不得来源于原投资额(或股本),而只能来源于企业的各种保留盈余或当期利润。该约束还要求企业在股利分配政策上,贯彻"无利不分"的原则,即当企业出现年度亏损时,一般不得分配利润。

(2) 资本积累约束。资本积累约束要求企业在投资并取得收益时,必须按一定的比例和基数提取各种公积金留存企业。

(3) 偿债能力约束。这是规定企业在分配股利时,必须保持充分的偿债能力。企业分配股利不能只看利润表上净利润的数额,还必须考虑企业的现金是否充足。

(4) 超额累积利润约束。对于股份公司而言,由于投资者接受股利交纳的所得税要高于进行股票交易的资本利得税,许多公司就通过积累利润使股价上涨的方式来帮助股东避税。西方各国税法都注意到这一点，从而在法律上明确规定公司不得超额累积利润，一旦公司保留盈余超过法律认可的水平，将被加征额外税款。我国目前对此尚未作出规定。

2. 公司因素

公司出于长期发展和短期经营需要，应综合考虑以下因素。

（1）现金流量。企业在经营活动中，必须有充足的现金，否则就会发生支付困难。公司在分配现金股利时，必须考虑到现金流量，过多地分配现金股利会减少公司的现金持有量，影响未来的支付能力，甚至会出现财务困难。

（2）举债能力。举债能力是企业在制定股利分配政策时应考虑的一个重要方面。如果企业的举债能力较强，在企业缺乏资金时，能够较容易地从资本市场上筹集到资金，则可采取较宽松的股利政策；反之，则应采取比较紧缩的股利政策，少发放现金股利。

（3）投资机会。利润分配政策要受到企业未来投资机会的影响。主要表现在，当企业未来有良好的投资机会，且投资收益率大于投资者的期望收益率时，企业就应当考虑少发放现金股利，增加留存利润，用于再投资，这样可以加速企业的发展，增加企业未来的收益，这种股利政策往往也易于为股东所接受。反之，在企业没有良好的投资机会时，往往倾向于多发放现金股利。

（4）资金成本。资金成本是企业选择筹资方式的基本依据。把税后收益用于再投资，同发行新股和举借债务相比，具有成本低、隐蔽性好的优点。合理的股利政策实际上是要解决分配与留用的比例关系以及如何合理、有效地利用留用利润的问题。如果企业一方面大量发放现金股利，另一方面又要通过资本市场筹集较高资本的资金，这无疑有悖于财务管理的基本原则。因此，在制定股利政策时，应当充分考虑到企业对资金的需求以及企业承担的资金成本等问题。

3. 股东因素

股东在稳定收入、股权稀释、税赋等方面的要求也会对公司的股利政策产生影响。

（1）稳定收入和避税。企业的股东，有的要求支付稳定的股利，比如一些退休者，他们靠公司发放的现金股利维持生活，因此，他们要求公司能够定期地支付稳定的股利，反对公司留利过多。同时，我国税法规定，股东从公司分得股息和红利，应按20%的税率缴纳个人所得税，因此，对于一些高收入阶层的股东而言，出于避税的考虑，往往反对公司发放过多的现金股利，对他们而言，股票价格上涨获得的收益比分得股息、红利更具吸引力。

（2）控制权的稀释。所有者权益由资本金、资本公积和留存收益等组成。如果公司发放了大量的现金股利，留存收益将减少，就可能造成企业未来经营资金的短缺，企业将来依靠增加投资、发行股票等方式筹资的可能性加大，而追加投资和发行新股意味着公司的控制权有旁落他人或其他公司的危险。因此，他们宁愿少分现金股利，也不愿看到自己的控制权被稀释，当他们拿不出足够的现金认购新股时，就会对分配现金股利的方案投反对票。

4. 其他因素

（1）债务契约。一般来说，股利支付水平越高，留存收益越少，公司的破产风险加大，就越有可能损害债权人的利益。因此，为了保证自己的利益不受侵害，债权人通常都会在债务契约、租赁合同中加入关于借款公司股利政策的限制条款。

（2）通货膨胀。通货膨胀会导致货币购买力水平下降，固定资产重置资金不足，此时，企业往往不得不考虑留用一定的利润，以便弥补由于购买力下降而造成的固定资产重置缺口。因此，在通货膨胀时期，企业一般会采取偏紧的利润分配政策。

10.2.6 股利政策

1. 股利政策的基本理论

股利政策是有关公司是否发放股利、发放多少股利、以何种形式发放以及何时发放等的方针策略。长期以来，股利政策对公司的股价或企业价值是否有影响，一直是人们探讨的内容。长期探讨的结果，形成了一系列股利政策的基本理论。股利政策的基本理论主要有"在手之鸟"理论、信号传递理论、代理理论、MM理论、税收效应理论等。

1）"在手之鸟"理论

"在手之鸟"理论（bird-in-the-hand theory）认为，用留存收益再投资带给投资者的收益具有很大的不确定性，并且随着时间的推移，投资风险将不断加大，因此，投资者更喜欢现金股利，而不太喜欢将利润留存公司。该理论认为，公司分配的股利越多，公司的市场价值也就越大。

2）信号传递理论

信号传递理论（signal transferring theory）认为，在信息不对称的情况下，公司可以通过股利政策向市场传递有关公司未来盈利能力的信息。一般来说，如果公司连续保持较为稳定的股利支付率，那么，投资者就可能对公司未来的盈利能力与现金流量抱有较为乐观的预期。不过，公司以支付现金股利的方式向市场传递信息，通常也要付出较为高昂的代价，包括：①较高的所得税负担；②一旦公司因分派现金股利造成现金流量短缺，就有可能被迫重返资本市场发行新股，摊薄每股收益，对公司的市场价值产生不利影响；③如果公司因分派现金股利造成投资不足，并丧失有利的投资机会，还会产生一定的机会成本。

需要注意的是，股利信号的作用取决于它的性质而非变化方向。例如，我国上市公司2001年年报一个突出的特点是非良性现金分红的公司增多。有的公司将利润分光吃光，超能力派现，如承德露露（每股收益0.38元，每股派现0.66元）；有的公司为了支付高额派现，于派现当年推出再融资方案，如盐田港A（中期每10股配3股，年末每股派现0.5元）。这显然片面地理解了股利信号的作用。市场更加关注的是股利信号的性质而不是股利变化的方向。

3）代理理论

代理理论（agency theory）的中心任务是研究在利益相冲突和信息不对称的环境下，委托人如何设计最优契约激励代理人。代理理论认为，股利政策相当于是协调股东与管理者之间代理关系的一种约束机制。高水平的股利支付政策将有助于降低企业的代理成本，但同时也增加了企业的外部融资成本。因此，最优的股利政策应使两种成本之和最小化。

4）MM理论

MM理论（MM Theory），也称股利无关理论，是由美国财务管理学家莫迪格利尼（Modigliani）和米勒（Miller）于1958年创建的。MM理论认为，在完全资本市场的条件下,股利发放多少完全取决于投资项目留用盈余后的剩余,投资者对于盈利的留存或发放股利毫无偏好。

5) 税收效应理论

税收效应是指政府课税所引起的各种经济反应。税收效应理论认为,在考虑税赋因素,并且是在对股利和资本收益征收不同税率的假设下,公司选择不同的股利支付方式,不仅会对公司的市场价值产生不同的影响,而且也会使公司(及个人)的税收负担出现差异。考虑到纳税的影响,企业应采用低股利政策。

2. 股利政策的类型

股利政策是关于公司是否发放股利、发放多少股利以及何时发放股利等方面的方针和策略。股利政策受多种因素的影响,并且,不同的股利政策也会对公司的股票价格产生不同的影响,股利政策的核心问题是确定分配与留利的比例,即股利支付比率问题。长期以来,股份公司常用的股利政策主要包括:剩余股利政策、固定股利政策、固定股利支付率政策和低正常股利加额外股利政策等。

1) 剩余股利政策

剩余股利政策(residual dividend policy),是指在企业有良好投资机会时,根据目标资本结构测算出投资所需的权益资本,先从盈余当中留用,然后将剩余的盈余作为股利予以分配,即净利润首先满足公司的资金需求,如果还有剩余,就派发股利;如果没有,就不派发股利。剩余股利政策的理论依据是股利无关理论,根据股利无关理论,在完全理想的资本市场中,公司的股利政策与普通股每股市价无关,故而股利政策只需随着公司投资、融资方案的制定而自然确定。因此,采用剩余股利政策时,公司要遵循以下基本步骤。

(1) 设定目标资本结构,即确定股权资本与债务资本的比例。在此资本结构下,综合资本成本将达到最低水平。

(2) 确定公司的最佳资本预算,并根据公司的目标资本结构预计资金需求中所需增加的权益资本数额。

(3) 最大限度地使用留存收益来满足资金需求中所需增加的权益资本数额。

(4) 留存收益在满足公司权益资本增加需求后,若还有剩余再用来发放股利。

【例 10-13】某企业 2015 年税后净利润为 1 500 万元,2016 年的投资计划需要资金 1 200 万元,公司的目标资本结构为权益资本占 55%,债务资本占 45%。按照目标资本结构的要求,2016 年投资方案所需的权益资本额为:

$$1\,200 \times 55\% = 660(万元)$$

公司当年可用于分派的盈利为 1 500 万元,除了满足上述投资方案所需的权益资本数额外,还有剩余可用于发放股利。2015 年,公司可以发放的股利额为:

$$1\,500 - 660 = 840(万元)$$

采用剩余股利政策,存在以下几方面的优点:留存收益优先满足再投资的需要,有助于降低再投资的资金成本,保持最佳的资本结构,实现企业价值的长期最大化。

剩余股利政策的缺陷是:股利发放额每年随投资机会和盈利水平的波动而波动,不利于投资者安排收入与支出,也不利于公司树立良好的形象。剩余股利政策一般适用于公司初创阶段。

2) 固定股利政策

固定股利（regular dividend）政策是将每年派发的股利额固定在某一水平上并在较长的时期内不变，只有当公司认为未来盈余会显著地、不可逆转地增长时，才提高年度的股利发放额。

固定股利政策的主要目的是避免出现由于经营不善而削减股利的情况。这种股利政策存在以下优点：一是稳定的股利向市场传递着公司正常发展的信息，有利于树立公司良好的形象，有利于稳定公司股票价格，增强投资者对公司的信心；二是稳定的股利额有利于投资者安排收入与支出，特别是那些对股利有很高依赖性的股东更希望采用这种股利政策。其主要缺陷表现为：①公司股利支付与公司盈余相脱离，造成投资的风险与投资的收益不对称；②固定的股利支付可能会给公司造成较大的财务压力，甚至可能侵蚀公司留存利润和公司资本。固定股利政策一般适用于经营比较稳定或正处于成长期、信誉一般的公司。

3) 固定股利支付率政策

固定股利支付率（constant payout ratio）政策，是公司确定一个股利与盈余的比率，长期按此比率支付股利的政策。在固定股利支付率政策下，各年度发放的股利额随着经营业绩的变动而上下波动，它适应企业的财务支付能力。

采用固定股利支付率政策的优点：①使股利分配与企业盈余紧密结合，以体现多盈多分、少盈少分、不盈不分的原则；②保持股利与利润间的一定比例关系，体现了投资风险与投资收益的对称性。不足之处表现为：①收益不稳定导致股利的波动，所传递的信息，造成公司的不利影响；②容易使公司面临较大的财务压力；③合适的固定股利支付率的确定难度比较大。固定股利支付率政策只能适用于稳定发展的公司和公司财务状况较稳定的阶段。

4) 低定额加额外股利政策

低定额加额外股利政策是企业在一般年份只支付一个固定的、数额通常低于正常水平的股利，在盈利较多或不需要较多留存收益的年份，向股东增发部分额外的股利。但额外股利并不固定化，它完全视经营理财的实际情况而定。

这里需要说明的是，已经计提的盈余公积正常情况下不得用于以后年度的额外利润分配，主要用于企业未来的经营发展，经投资者审议后也可以用于转增股本（实收资本）和弥补以前年度经营亏损。

这种股利政策的优点是股利政策具有较大的灵活性。当公司盈余较少或投资需用较多资金时，可维持设定的较低但正常的股利，股东不会有股利跌落感，而当盈余有较大幅度增加时，则可适度增发股利，使股东增强对公司的信心，有利于稳定股票的价格，同时，这种股利政策可使那些依靠股利度日的股东每年至少可以得到虽然较低，但比较稳定的股利收入，从而吸引住这部分股东。正常股利加额外股利政策，既可以维持股利的一定稳定性，又有利于优化资本结构，使灵活性与稳定性较好地结合。其缺点是：①股利派发缺乏稳定性；②如果公司较长时期一直发放额外股利，股东就会误认为这是"正常股利"，一旦取消，容易给投资者造成公司"财务状况"逆转的负面印象，从而导致股价下跌。这种股利政策对那些盈利随着经济周期而波动较大的公司或者盈利与现金流量很不稳定时，低正常股利加额外股利政策也许是一种不错的选择。

10.2.7 股利的发放

1. 股利的支付形式

股份有限公司支付股利的形式一般有现金股利、股票股利、财产股利和负债股利等，后两种形式应用较少，我国有关法律规定股份公司只能采用现金股利和股票股利两种形式。

1) 现金股利形式

现金股利（cash dividend）形式是指股份公司以现金的形式发放给股东的股利。现金股利是股份有限公司最常用的股利分配形式。发放现金股利的多少主要取决于公司的股利政策和经营业绩。上市公司发放现金股利主要出于3个原因：投资者偏好、减少代理成本和传递公司的未来信息。现金股利的发放会对股票价格产生直接的影响，在股票除息日之后，一般来说，股票价格会下跌。

公司采用现金股利形式时，必须具备两个基本条件：第一，公司要有足够的未指明用途的留存收益（未分配利润）；第二，公司要有足够的现金。

现金股利形式会导致公司现金流出，减少公司的资产和所有者权益规模，降低公司内部筹资的总量，既影响所有者权益内部结构，又影响整体资本结构。

2) 股票股利形式

股票股利（stock dividend）形式是指企业以股票形式发放的股利，即按股东股份的比例发放股票作为股利的一种形式。可以用于发放股票股利的，除了当年可供分配的利润外，还有公司的盈余公积金和资本公积金。它不会引起公司资产的流出或负债的增加，不影响公司的资产、负债及所有者权益总额的变化，不直接增加股东的财富，而只涉及股东权益内部结构的调整，即将未分配利润转为股本（面值）或资本公积（超面值溢价）。但是股票股利会增加市场上流通的股票数量，因此发放股票股利会使股票价格相应下降。

对于企业来说，分配股票股利不会增加其现金流出量，因此如果企业现金紧张或者需要大量的资金进行投资，可以考虑采用股票股利形式。但是应当注意的是，一直实行稳定的股利政策的企业，因发放股票股利而扩张了股本，如果以后继续维持原有的股利水平，势必会增加未来的股利支付，这实际上向投资者暗示本企业的经营业绩在今后将大幅度增长，从而会导致股价上扬。但是如果不久后这种业绩增长的预期未能实现，则每股利润会因股本扩张而被摊薄，这样就可能导致股价下跌。

发放股票股利的优点主要有：①可将现金留存公司用于追加投资，同时减少筹资费用；②股票变现能力强，易流通，股东乐于接受；③可传递公司未来经营绩效的信号，增强经营者对公司未来的信心；④便于今后配股融通更多资金和刺激股价。

2. 股利的发放程序

股份公司分配股利必须遵循法定的程序，先由董事会提出分配预案，然后提交股东大会决议，股东大会决议通过分配预案之后，向股东宣布发放股利的方案，并确定股利宣告日、股权登记日、除息日（除权日）和股利支付日等。

(1) 股利宣告日（dividend declaration date）。即股东大会决议通过利润分配预案并由董事会宣布发放股利的日期。在宣布分配方案的同时，应明确股利分配的年度、分配的范围、股利分配的形式、分配现金股利的金额或股票股利的数量，并公布股权登记日、除息日和股利发放日。

（2）股权登记日（registration date）。股权登记日是有权取得本期股利的股东资格登记截止日期。由于股票是经常流动的，股权登记日是确定股东能否领取股利的日期界限。只有在股权登记日及之前在公司股东名册上有名的股东，才有权分享股利。而在股权登记日之后登记在册的股东，即使在股利发放之前取得股票，也无权领取本次分配的股利。

（3）除息日（除权日）（ex-dividend date）。是指股利所有权与股票本身分离的日期，即将股票中含有的股利分配权利予以解除。从除息日起购买公司普通股票的投资者将不能取得公司上一个宣告日公布的股利。对于公司股票来说，有普通股和优先股之分，普通股可以获得股利，优先股则只能获得优先股息。一般来说，除权（XR）日是针对普通股而言的，而除息（XD）日则是针对优先股的，由于两者具有相同的内涵，通常将二者统称为除权除息日。除息日对股票的价格有明显的影响，在除息日之后的股票价格中不再包含本次股利，所以股价会下降。

（4）股利支付日（dividend payment date）。股利发放日，也称付息日，即向股东发放股利的日期。

【例10-14】某股份有限公司2016年6月18日公布2015年度红利分配实施公告：本公司董事会、监事会及其董事、监事、高级管理人员保证本报告所载资料不存在任何虚假记载、误导性陈述或者重大遗漏，并对其内容的真实性、准确性和完整性承担个别及连带责任。

重要内容提示：
每10股派发现金红利0.5元（含税）
扣税前每股现金红利0.05元；扣税后每股现金红利0.045元
股权登记日：2016年6月23日
除息日：2016年6月24日
现金红利发放日：2016年6月29日

本例中，2016年6月18日为C公司的股利宣告日；2016年6月23日为其股权登记日；2016年6月24日为除权除息日；2016年6月29日则为其股利支付日。

10.2.8 股票分割与股票回购

1. 股票分割

股票分割（share split）又称拆股，是将面额较高的股票交换成面额较低的股票，是公司管理当局将其股票分割或拆细的行为。

股票分割会导致发行在外的股票股数增加，使得每股面额降低，每股盈余和每股市价下降；但公司价值不变，资本结构不会改变，股东权益总额、权益各项目的金额及其相互间的比例也不会改变。

【例10-15】A公司原发行面额2元的股票100 000股，若按1股换成2股的比例进行股票分割，分割前、后的股东权益项目见表10-8和表10-9。

表 10-8 股票分割前的股东权益

普通股（面额 2 元，已发行 100 000 股）	200 000
资本公积	400 000
未分配利润	2 000 000
股东权益合计	2 600 000

表 10-9 股票分割后的股东权益

普通股（面额 1 元，已发行 200 000 股）	200 000
资本公积	400 000
未分配利润	2 000 000
股东权益合计	2 600 000

分割前、后的每股盈余计算如下。

假定公司本年净利润 220 000 元，那么股票分割前的每股收益为 2.2（220 000÷100 000）元。

假定股票分割后公司净利润不变，分割后的每股收益为 1.1 元，每股市价也会因此而下降。

股票分割不属于股利分配，但与股票股利在效果上有一些相似之处：①公司通过实行股票分割达到增加股票股数，降低每股市价，从而促进股票流通和交易的目的；②股票分割一般是成长中公司的行为，实行股票分割，有利于树立公司形象，有助于公司并购政策的实施，增加对被并购方的吸引力；③股票分割虽会导致每股收益下降，但只要股票分割后每股现金股利的下降幅度小于股票分割幅度，股东仍能多获现金股利，因此股票分割可能增加股东的现金股利，使股东感到满意。

股票分割与发放现金股利都能达到降低公司股价的目的，但一般情况下，只有在公司股价暴涨且预期难以下降时，才采用股票分割的办法来降低股价；而在公司股价上涨幅度不大时，往往通过发放股票股利将股价维持在理想的范围之内。

2. 股票回购

1）股票回购的含义与方式

股票回购（stock repurchases），是指上市公司出资将其发行的流通在外的股票以一定价格购买回来予以注销或作为库藏股的一种资本运作方式。公司在股票回购完成后可以将所回购的股票注销，但在绝大多数情况下，公司将回购的股份作为"库藏股"保留，仍属于发行在外的股份，但不参与每股收益的计算和收益分配。库藏股日后可移作他用（如雇员福利计划、发行可转换债券等），或在需要资金时将其出售。

股票回购的方式主要有 3 种：一是在市场上直接购买；二是向股东标购；三是与少数大股东协商购买。

2）股票回购的法律规定

我国公司法规定，公司不得收购本公司股份，但有下列情形之一的除外。

（1）减少公司注册资本。

（2）与持有本公司股份的其他公司合并。

（3）将股份用于员工持股计划或者股权激励。
（4）股东因对股东大会做出的公司合并、分立决议持异议，要求公司收购其股份的。
（5）将股份用于转换上市公司发行的可转换为股票的公司债券。
（6）上市公司为维护公司价值及股东权益所必需。

3）股票回购的动机

在证券市场上，股票回购的动机主要有以下几点。

（1）现金股利的替代。对公司来讲，派发现金股利会对公司产生未来的派现压力，而股票回购属于非正常股利政策，不会对公司产生未来的派现压力。对股东来讲，需要现金的股东可以选择出售股票，不需要现金的股东可以选择继续持有股票。因此，当公司有富余资金，但又不希望通过派现方式进行分配的时候，股票回购可以作为现金股利的一种替代。

（2）提高每股收益。由于财务上的每股收益指标是以流通在外的股份数作为计算基础的，有些公司为了自身形象、上市需求和投资人渴望高回报等原因，采取股票回购的方式来减少实际支付股利的股份数，从而提高每股收益指标。

（3）改变公司的资本结构。股票回购可以改变公司的资本结构，提高财务杠杆水平。

（4）传递公司的信息以稳定或提高公司的股价。由于信息不对称和预期差异，证券市场上的公司股票价格可能被低估，而过低的股价将会对公司产生负面影响。因此，如果公司认为公司的股价被低估时，可以进行股票回购，以向市场和投资者传递公司真实的投资价值，稳定或提高公司的股价。

（5）巩固既定控制权或转移公司控制权。许多股份公司的大股东为了保证其所代表股份公司的控制权不被改变，往往采取直接或间接的方式回购股票，从而巩固既有的控制权。

（6）防止敌意收购。股票回购有助于公司管理者避开竞争对手企图收购的威胁，因为它可以使公司流通在外的股份数变少，股价上升，从而使收购方要获得控制公司的法定股份比例变得更为困难。

（7）满足认股权的行使。在企业发行可转换债券、认股权证或实行经理人员股票期权计划及员工持股计划的情况下，采取股票回购的方式既不会稀释每股收益，又能满足认股权的行使。

（8）满足企业兼并与收购的需要。在进行企业兼并与收购时，产权交换的实现方式包括现金购买及换股两种。如果公司有库藏股，则可以用公司的库藏股来交换被并购公司的股权，这样可以减少公司的现金支出。

4）股票回购的影响

（1）股票回购对上市公司的影响。

① 股票回购需要大量资金支付回购的成本，容易造成资金紧张，资产流动性降低，影响公司的后续发展。

② 公司进行股票回购，无异于股东退股和公司资本的减少，在一定程度上削弱了对债权人利益的保障。

③ 股票回购可能使公司的发起人、股东更注重短期利润的兑现，而忽视公司长远的发展，损害公司的根本利益。

④ 股票回购容易导致公司操纵股价。公司回购自己的股票，容易导致其利用内幕消息进行炒作，或操纵财务信息，加剧公司行为的非规范化，使投资者蒙受损失。

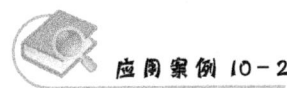

申能股份资本运作

【案情简介】

1999年12月,申能股份利用溢余的现金向母公司申能集团定向协议回购10亿股国有法人股,回购股数占申能股份总股本的37.98%,回购单价为每股净资产2.51元,共计25亿元的回购资金来源全部为公司自有资金。企业利用溢余的现金进行股份回购有什么意义呢?我们通过表10-10所示的存量现金状况和表10-11所示的每股收益对比就可以得到答案。

表10-10 1998—1999年回购前后申能股份存量现金状况 单位:百万元

	1998年中报	占总资产比重	1998年年报	占总资产比重	1999年中报	占总资产比重	1999年年报	占总资产比重
货币资金	596	6%	1 478	14%	1 404	13%	924	7%
短期投资	1 829	18%	2 106	20%	2 416	22%	887	7%
合计	2 425	24%	2 253	34%	3 820	36%	1 811	14%

表10-11 申能股份回购前后股本及每股收益变动对照表

	总股本/亿元	国有法人股/(%)	社会法人股/(%)	社会公众股/(%)	1999年每股收益/元
回购前	26.33	80.25	10.22	9.53	0.31
回购后	16.33	68.16	16.47	15.37	0.51

【案例点评】

通过对比回购前后的每股收益变化,每股收益增加近50%,股东价值提高了。并且,由于货币资金占比大幅度下降,资产结构得到优化,总资产收益率也有较大提高。

(2)股票回购对股东的影响。对于投资者来说,与现金股利相比,股票回购不仅可以节约个人税收,而且具有更大的灵活性。因为股东对公司派发的现金股利没有是否接受的可选择性,而对股票回购则具有可选择性,需要现金的股东可选择卖出股票,而不需要现金的股东则可继续持有股票。如果公司急于回购相当数量的股票,而对股票回购的出价太高,以至于偏离均衡价格,那么结果会不利于选择继续持有股票的股东,因为回购行动过后,股票价格会出现回归性下跌。

10.2.9 股权流通对价

所谓股权流通对价,是指非流通股股东为获取流通权而付出的一种代价,对价的方式基本有四种:送股、送现金、送权证和缩股,前三种对价形式对股权分置改革的上市公司既没有导致经济利益流入,也没有导致经济利益流出,对上市公司本身的注册资本、股本总额和资产、负债、所有者权益总额及其内部结构没有影响。而缩股对价则将使上市公司本身的注册资本和总股本减少。

习 题

1. 单项选择题

(1) 甲公司生产 B 产品,本期计划销售量为 30 000 件,应负担的固定成本总额为 570 000 元,单位产品变动成本为 280 元,适用的消费税税率为 5%,根据上述资料,运用保本点定价法测算的 B 产品的单位价格应为( )元。

 A. 341.72　　　　B. 286　　　　C. 314.74　　　　D. 296.82

(2) A 公司只生产销售甲产品,该产品的单位完全成本为 8.4 元,单位变动成本为 5.6 元。若本月产量为 2 500 件,则该产品的固定成本为( )元。

 A. 7 000　　　　B. 8 650　　　　C. 9 150　　　　D. 4 860

(3) 甲公司 2012 年实际销售量为 3 500 吨,原预测销售量为 2 250 吨,平滑指数 $a=0.3$,则用指数平滑法预测甲公司 2013 年的销售量为( )吨。

 A. 2 250　　　　B. 2 625　　　　C. 2 540　　　　D. 3 500

(4) 相对于其他股利政策而言,既可以维持股利的稳定性,又有利于优化资本结构的股利政策是( )。

 A. 剩余股利政策　　　　　　　　　　B. 固定股利政策
 C. 固定股利支付率政策　　　　　　　D. 低正常股利加额外股利政策

(5) 下列股利政策中,根据股利无关理论制定的是( )。

 A. 剩余股利政策　　　　　　　　　　B. 固定股利支付率政策
 C. 稳定增长股利政策　　　　　　　　D. 低正常股利加额外股利政策

(6) 某公司现有发行在外的普通股 1 000 万股,每股面值 1 元,资本公积 6 000 万元,未分配利润 8 000 万元,每股市价 20 元;若按 5% 的比例发放股票股利并按市价折算,公司资本公积的报表列示将为( )。

 A. 7 000 万元　　B. 5 050 万元　　C. 6 950 万元　　D. 300 万元

(7) 下列各项中,受企业股票分割影响的是( )。

 A. 每股股票价值　B. 股东权益总额　C. 企业资本结构　D. 股东持股比例

(8) 企业在分配收益时,必须按一定的比例和基数提取各种公积金,这一要求体现的是( )。

 A. 资本保全约束　　　　　　　　　　B. 资本积累约束
 C. 偿债能力约束　　　　　　　　　　D. 超额累积利润约束

(9) 一般而言,固定股利政策适用于( )。

 A. 公司的初创阶段
 B. 经营比较稳定或正处于成长期、信誉一般的公司
 C. 盈利波动较大的公司
 D. 盈利较高但投资机会较多的公司

(10) 某公司 2009 年税后净利润为 2 000 万元,2010 年投资计划需要资金 2 200 万元。如果该公司采用剩余股利政策,2009 年发放的股利为 680 万元,则该公司目标资本结构中权益资本所占的比例为( )。

 A. 40%　　　　B. 50%　　　　C. 60%　　　　D. 68%

2. 多项选择题

(1) 影响股利政策的法律因素包括( )。

 A. 资本保全约束　　　　　　　　　　B. 资本确定约束
 C. 资本积累约束　　　　　　　　　　D. 偿债能力约束

(2) 股利支付形式主要包括( )。

 A. 现金股利　　　　　　　　　　　　B. 财产股利
 C. 负债股利　　　　　　　　　　　　D. 股票股利

(3) 下列各项中，属于上市公司股票回购动机的有（ ）。
A. 替代现金股利 B. 改变公司的资本结构
C. 传递公司信息 D. 规避经营风险
(4) 下列各项中，属于发放股票股利导致的结果的有（ ）。
A. 股东权益内部结构发生变化 B. 股东权益总额发生变化
C. 每股利润下降 D. 股份总额发生变化
(5) 股票分割的主要作用包括（ ）。
A. 降低股票价格
B. 巩固现有股东控制权
C. 促进股票的流通和交易
D. 向市场和投资者传递"公司发展前景良好"的信号
(6) 下列各项中，属于剩余股利政策优点有（ ）。
A. 保持目标资本结构 B. 降低再投资资本成本
C. 使股利与企业盈余紧密结合 D. 实现企业价值的长期最大化
(7) 下列各项中，属于盈余公积金用途的有（ ）。
A. 弥补亏损 B. 转增股本 C. 偿还债务 D. 分配股利
(8) 下列关于发放股票股利的表述中，正确是有（ ）。
A. 不会导致公司现金流出 B. 会增加公司流通在外的股票数量
C. 会改变公司股东权益的内部结构 D. 会对公司股东权益总额产生影响
(9) 股东在决定公司收益分配政策时，通常考虑的主要因素有（ ）。
A. 筹资成本 B. 偿债能力约束
C. 防止公司控制权旁落 D. 避税
(10) 下列关于销售预测的趋势分析法的表述中，不正确的有（ ）。
A. 算数平均法适用于每月销售量波动不大的产品的销售预测
B. 加权平均法中权数的选取应该遵循"近小远大"的原则
C. 移动平均法适用于销售量波动较大的产品预测
D. 指数平滑法实质上是一种加权平均法

3. 判断题

(1) 产品寿命周期分析法是利用产品销售量在不同寿命周期阶段上的变化趋势，进行销售预测的一种定性分析方法，是对其他方法的有效补充。（ ）
(2) 运用寿命周期定价策略，在产品的成长期，可以采用中等价格；在产品的成熟期，可以采用高价促销。（ ）
(3) 利用平滑指数法预测销量时，在销售量波动较小或进行长期预测时，可选择较大的平滑指数。（ ）
(4) 营销员判断法的优点在于用时短、成本低、比较实用，但是这种方法客观性较差。（ ）
(5) 根据"在手之鸟"理论，公司向股东分配的股利越多，公司的市场价值越大。（ ）
(6) 处于衰退期的企业在制定收益分配政策时，应当优先考虑企业积累。（ ）
(7) 在股利支付程序中，除息日是指领取股利的权利与股票分离的日期，在除息日购买股票的股东有权参与当次股利的分配。（ ）
(8) 在除息日之前，股利权利从属于股票；从除息日开始，新购入股票的投资者不能分享本次已宣告发放的股利。（ ）
(9) 在其他条件不变的情况下，股票分割会使发行在外的股票总数增加，进而降低公司资产负债率。（ ）

(10) 股票回购会改变公司的资本结构,而股票分割后股东权益总额及其内部结构都不会发生任何变化。( )

4. 计算题

(1) 某公司 2008—2016 年的产品销售量资料见表 10-12。

表 10-12 2008—2016 年的产品销售量

年 度	2008	2009	2010	2011	2012	2013	2014	2015	2016
销售量	1 950	1 980	1 890	2 010	2 070	2 100	2 040	2 260	2 110
权 数	0.03	0.05	0.07	0.08	0.1	0.13	0.15	0.18	0.21

要求:

① 根据以上相关资料,用算术平均法预测公司 2017 年的销售量(样本期为 9 年)。

② 根据上述相关资料,用加权平均法预测公司 2017 年的销售量(样本期为 9 年)。

③ 要求分别用移动平均法和修正的移动平均法预测公司 2017 年的销售量(假设样本期为 4 期)。

④ 若平滑指数 $a=0.6$,要求利用指数平滑法预测公司 2017 年的销售量(假设移动平均样本期为 4 期)。

(2) 某公司 2012 年税后净利润为 1 000 万元,2013 年的投资计划需要资金 1 200 万元,公司的目标资本结构为权益资本占 60%,债务资本占 40%。

要求:

① 采用剩余股利政策,公司 2012 年度将要支付的股利为多少?

② 假设该公司 2012 年流通在外的普通股为 1 000 万股,那么,每股股利为多少?

(3) 某上市公司在 2016 年年末资产负债表上的股东权益账户情况见表 10-13。

表 10-13 2016 年年末资产负债表上的股东权益账户情况   单位:万元

普通股(面值 10 元,发行在外 1 000 万股)	10 000
资本公积	10 000
盈余公积	5 000
未分配利润	8 000
股东权益合计	33 000

要求:

① 假设股票市价为 20 元,该公司宣布发放 10% 的股票股利,即现有股东每持有 10 股即可获赠 1 股普通股。发放股票股利后,股东权益有何变化?每股净资产是多少?

② 假设该公司按照 1∶2 的比例进行股票分割。股票分割后,股东权益有何变化?每股净资产是多少?

(4) 某公司成立于 2010 年 1 月 1 日。2010 年度实现的净利润为 1 000 万元,分配现金股利 550 万元,提取盈余公积 450 万元(所提盈余公积均已指定用途)。2011 年度实现的净利润为 900 万元(不考虑计提法定盈余公积的因素)。2012 年计划增加投资,所需资金为 700 万元。假定公司目标资本结构为自有资金占 60%,借入资金占 40%。

要求:

① 在保持目标资本结构的前提下,计算 2012 年投资方案所需的自有资金金额和需要从外部借入的资金金额。

② 在保持目标资本结构的前提下,如果公司执行剩余股利政策,计算 2011 年度应分配的现金股利。

③ 在不考虑目标资本结构的前提下,如果公司执行固定股利政策,计算 2011 年应分配的现金股利、可用于 2012 年投资的利润留存和需要额外筹集的资金额。

5. 思考题

(1) 营业利润、利润总额、净利润三者之间是什么关系?
(2) 比较不同股利政策的特点,并分析其优点和缺点。
(3) 现金股利与股票股利对企业财务有什么影响?
(4) 股票分割与股票回购的区别是什么?

6. 案例分析

西宁特钢缘何高额派现

【基本案情】

西宁特殊钢铁股份有限公司(简称西宁特钢)是经营特殊钢冶炼及压延加工、机械设备制造和来料加工的 A 股上市公司。2003 年 2 月 18 日,该公司公布 2002 年年报,其中的股利分配方案(每 10 股派现 5.2 元)作为重大利好迅速推动西宁特钢股价上涨。但是这一超常派现额度大大超过了该公司当年的每股收益,因此也引起了较多的猜测和质疑。

(1) 公司近 3 年的主要财务指标见表 10-14。

表 10-14 公司近 3 年的主要财务指标

项 目	单 位	2002 年	2001 年	2000 年
加权平均每股收益	元	0.1953	0.1534	0.1435
扣除非经常性损益的每股收益	元	0.1881	0.1368	0.1035
加权平均净资产收益率	%	7.80	6.59	6.88
扣除非经常性损益的加权平均净资产收益率	%	7.52	5.88	5.13

(2) 报告期内公司财务状况及经营成果分析见表 10-15。

表 10-15 报告期内公司财务状况及经营成果分析

名 称	2002 年度/元	2001 年度/元
总资产	2 952 283 129.79	2 724 555 950.97
长期负债	30 000 000.00	200 000 000.00
股东权益	1 210 822 317.53	1 399 886 334.77
净利润	113 690 382.76	89 332 106.54

说明:

① 本期末总资产较上期末增长 8.36%,主要原因:一是本期负债增加;二是本期实现的净利润增加。
② 本期末长期负债较上期末减少 85%,主要原因系本期归还到期债券以及部分长期借款将于一年内到期。
③ 本期末股东权益较上期末减少 13.51%,主要原因系本期拟向股东分配现金红利所致。

(3) 利润分配事项及说明。

① 公司本年度利润分配预案。

经审计,公司2002年度共实现净利润11 369.04万元,按10%提取法定公积1 136.90万元,按5%提取法定公益金568.45万元,未分配利润为9 663.68万元。加上以前年度未分配利润21 184.81万元,总计可供分配的利润为30 848.49万元。公司董事会决定以2002年12月31日公司股本总数58 222万股为基数,向全体股东每10股派送现金红利5.2元(含税),共分配302 754 400.00元,剩余5 730 485.31元结转2003年度。

② 利润分配政策差异的说明。

公司在2001年年度报告中预计本年度不进行利润分配,但同时董事会保留调整利润分配政策的权利,主要是考虑公司2002年度在连续式轧机工程上有资金投入的要求,资金来源不能完全确定。本年度进行利润分配,主要是因为市场供需及价格发生较大变化,公司的经营业绩取得了较大幅度增长,并且公司连续式轧机工程的前期资金投入问题得到了解决。同时,进行利润分配,既是对广大股东的回报,也有利于增强广大股东对本公司的信心。

(4) 西宁特钢2002年度现金流量表见表10-16。

表 10-16 现金流量表(摘要) 单位:人民币元

一、经营活动生产的现金流量:	
经营活动生产的现金流量净额	121 623 834.10
二、投资活动产生的现金流量:	
投资活动产生的现金流量	(219 312 204.28)
三、筹资活动产生的现金流量:	
借款所收到的现金	551 850 000.00
偿还债务所支付的现金	374 850 000.00
分配股利、利润或偿付利息所支付的现金	43 515 708.85
筹资活动产生的现金流量净额	133 484 291.15
四、汇率变动对现金的影响额	—
五、现金及现金等价物净增加额	35 795 920.97

(5) 西宁特钢2003年度现金流量表见表10-17。

表 10-17 现金流量表(摘要) 单位:人民币元

一、经营活动生产的现金流量:	
经营活动生产的现金流量净额	164 902 419.88
二、投资活动产生的现金流量:	
投资活动产生的现金流量净额	(307 348 988.60)
三、筹资活动产生的现金流量:	
发行债券所收到的现金	490 000 000.00
借款所收到的现金	871 800 000.00
偿还股利、利润或偿付利息所支付的现金	751 850 000.00
分配股利、利润或偿付利息所支付的现金	346 971 318.27
支付的其他与筹资活动有关的现金	20 187 017.97
筹资活动产生的现金流量净额	242 791 663.76
四、汇率变动对现金的影响额	—

(6) 2003年西宁特钢发行可转换公司债券公告。

经中国证监会（证监公司字〔2003〕88号）文件批准，本公司于2003年8月11日发行了4.9亿元可转换公司债券，并于2003年8月26日在上海证券交易所上市。证券简称：西钢转债，证券代码：100117。西钢转债每张面值100元，共490万张，期限为5年，即2003年8月11日至2008年8月10日，其中2004年2月11日至2008年8月10日为转股期。

思考：

（1）试分析西宁特钢的现金流是否能够支撑2002年度股利分配方案，并从遵守法律规范、兼顾股东利益与企业未来发展等方面评价该分配方案。

（2）该分配预案影响西宁特钢哪些主要财务指标，结合西宁特钢2003年的经营情况，试分析管理层提出该方案的深层次动机，并进一步分析我国上市公司股利分配存在的问题。

7. 课程实践

选择一家上市公司，假定你是该公司CFO，请根据该公司上年度会计报告及其他相关资料，设计利润分配预案，以便提交股东大会批准（假定该公司本年度没有新的固定资产项目投资）。

附录 资金时间价值系数表

附表一 1元复利终值表

期数	1%	2%	3%	4%	5%	6%	7%	8%	9%	10%
1	1.0100	1.0200	1.0300	1.0400	1.0500	1.0600	1.0700	1.0800	1.0900	1.1000
2	1.0201	1.0404	1.0609	1.0816	1.1025	1.1236	1.1449	1.1664	1.1881	1.2100
3	1.0303	1.0612	1.0927	1.1249	1.1576	1.1910	1.2250	1.2597	1.2950	1.3310
4	1.0406	1.0824	1.1255	1.1699	1.2155	1.2625	1.3108	1.3605	1.4116	1.4641
5	1.0510	1.1041	1.1593	1.2167	1.2763	1.3382	1.4026	1.4693	1.5386	1.6105
6	1.0615	1.1262	1.1941	1.2653	1.3401	1.4185	1.5007	1.5809	1.6771	1.7716
7	1.0721	1.1487	1.2299	1.3159	1.4071	1.5036	1.6058	1.7138	1.8280	1.9487
8	1.0829	1.1717	1.2668	1.3686	1.4775	1.5938	1.7182	1.8509	1.9926	2.1436
9	1.0937	1.1951	1.3048	1.4233	1.5513	1.6895	1.8385	1.9990	2.1719	2.3579
10	1.1046	1.2190	1.3439	1.4802	1.6289	1.7908	1.9672	2.1589	2.3674	2.5937
11	1.1157	1.2434	1.3842	1.5395	1.7103	1.8983	2.1049	2.3316	2.5804	2.8531
12	1.1268	1.2682	1.4258	1.6010	1.7959	2.0122	2.2522	2.5182	2.8127	3.1384
13	1.1381	1.2936	1.4685	1.6651	1.8856	2.1329	2.4098	2.7196	3.0658	3.4523
14	1.1495	1.3195	1.5126	1.7317	1.9799	2.2609	2.5785	2.9372	3.3417	3.7975
15	1.1610	1.3459	1.5580	1.8009	2.0789	2.3966	2.7590	3.1722	3.6425	4.1772
16	1.1726	1.3728	1.6047	1.8730	2.1829	2.5404	2.9522	3.4259	3.9703	4.5950
17	1.1843	1.4002	1.6528	1.9479	2.2920	2.6928	3.1588	3.7000	4.3276	5.0545
18	1.1961	1.4282	1.7024	2.0258	2.4066	2.8543	3.3799	3.9960	4.7171	5.5599
19	1.2081	1.4568	1.7535	2.1068	2.5270	3.0256	3.6165	4.3157	5.1417	6.1159
20	1.2202	1.4859	1.8061	2.1911	2.6533	3.2071	3.8697	4.6610	5.6044	6.7275
21	1.2324	1.5157	1.8603	2.2788	2.7860	3.3996	4.1406	5.0338	6.1088	7.4002
22	1.2447	1.5460	1.9161	2.3699	2.9253	3.6035	4.4304	5.4365	6.6586	8.1403
23	1.2572	1.5769	1.9736	2.4647	3.0715	3.8197	4.7405	5.8715	7.2579	8.2543
24	1.2697	1.6084	2.0328	2.5633	3.2251	4.0489	5.0724	6.3412	7.9111	9.8497
25	1.2824	1.6406	2.0938	2.6658	3.3864	4.2919	5.4274	6.8485	8.6231	10.835
26	1.2953	1.6734	2.1566	2.7725	3.5557	4.5494	5.8074	7.3964	9.3992	11.918
27	1.3082	1.7069	2.2213	2.8834	3.7335	4.8823	6.2139	7.9881	10.245	13.110
28	1.3213	1.7410	2.2879	2.9987	3.9201	5.1117	6.6488	8.6271	11.167	14.421
29	1.3345	1.7758	2.3566	3.1187	4.1161	5.4184	7.1143	9.3173	12.172	15.863
30	1.3478	1.8114	2.4273	3.2434	4.3219	5.7435	7.6123	10.063	13.268	17.449
40	1.4889	2.2080	3.2620	4.8010	7.0400	10.286	14.794	21.725	31.408	45.259
50	1.6446	2.6916	4.3839	7.1067	11.467	18.420	29.457	46.902	74.358	117.39
60	1.8167	3.2810	5.8916	10.520	18.679	32.988	57.946	101.26	176.03	304.48

附录 资金时间价值系数表

续表

期数	12%	14%	15%	16%	18%	20%	24%	28%	32%	36%
1	1.1200	1.1400	1.1500	1.1600	1.1800	1.2000	1.2400	1.2800	1.3200	1.3600
2	1.2544	1.2996	1.3225	1.3456	1.3924	1.4400	1.5376	1.6384	1.7424	1.8496
3	1.4049	1.4815	1.5209	1.5609	1.6430	1.7280	1.9066	2.0872	2.3000	2.5155
4	1.5735	1.6890	1..7490	1.8106	1.9388	2.0736	2.3642	2.6844	3.0360	3.4210
5	1.7623	1.9254	2.0114	2.1003	2.2878	2.4883	2.9316	3.4360	4.0075	4.6526
6	1.9738	2.1950	2.3131	2.4364	2.6996	2.9860	3.6352	4.3980	5.2899	6.3275
7	2.2107	2.5023	2.6600	2.8262	3.1855	3.5832	4.5077	5.6295	6.9826	8.6054
8	2.4760	2.8526	3.0590	3.2784	3.7589	4.2998	5.5895	7.2058	9.2170	11.703
9	2.7731	3.2519	3.5179	3.8030	4.4355	5.1598	6.9310	9.2234	12.166	15.917
10	3.1058	3.7072	4.0456	4.4114	5.2338	6.1917	8.5944	11.806	16.060	21.647
11	3.4785	4.2262	4.6524	5.1173	6.1759	7.4301	10.657	15.112	21.199	29.439
12	3.8960	4.8179	5.3503	5.9360	7.2876	8.9161	13.215	19.343	27.983	40.037
13	4.3635	5.4924	6.1528	6.8858	8.5994	10.699	16.386	24.759	36.937	54.451
14	4.8871	6.2613	7.0757	7.9875	10.147	12.839	20.319	31.691	48.757	74.053
15	5.4736	7.1379	8.1371	9.2655	11.974	15.407	25.196	40.565	64.359	100.71
16	6.1304	8.1372	9.3576	10.748	14.129	18.488	31.243	51.923	84.954	136.97
17	6.8660	9.2765	10.761	12.468	16.672	22.186	38.741	66.461	112.14	186.28
18	7.6900	10.575	12.375	14.463	19.673	26.623	48.039	86.071	148.02	253.34
19	8.6128	12.056	14.232	16.777	23.214	31.948	59.568	108.89	195.39	344.54
20	9.6463	13.743	16.367	19.461	27.393	38.338	73.864	139.38	257.92	468.57
21	10.804	15.668	18.822	22.574	32.324	46.005	91.592	178.41	340.45	637.26
22	12.100	17.861	21.645	26.186	38.142	55.206	113.57	228.36	449.39	866.67
23	13.552	20.362	24.891	30.376	45.008	66.247	140.83	292.30	593.20	1178.7
24	15.179	23.212	28.625	35.236	53.109	79.497	174.63	374.14	783.02	1603.0
25	17.000	26.462	32.919	40.874	62.669	95.396	216.54	478.90	1033.6	2180.1
26	19.040	30.167	37.857	47.414	73.949	114.48	268.51	613.00	1364.3	2964.9
27	21.325	34.390	43.535	55.000	87.260	137.37	332.95	784.64	1800.9	4032.3
28	23.884	39.204	50.066	63.800	102.97	164.84	412.86	1004.3	2377.2	5483.9
29	26.750	44.693	57.575	74.009	121.50	197.81	511.95	1285.6	3137.9	7458.1
30	29.960	50.950	66.212	85.850	143.37	237.38	634.82	1645.5	4142.1	10143
40	93.051	188.83	267.86	378.72	750.38	1469.8	5455.9	19427	66521	*
50	289.00	700.23	1083.7	1670.7	3927.4	9100.4	46890	*	*	*
60	897.60	2595.9	4384.0	7370.2	20555.	56348.	*	*	*	*
		*)99999								

附表二　1元复利现值表

期数	1%	2%	3%	4%	5%	6%	7%	8%	9%	10%
1	.9901	.9804	.9709	.9615	.9524	.9434	.9346	.9259	.9174	.9091
2	.9803	.9712	.9426	.9246	.9070	.8900	.8734	.8573	.8417	.8264
3	.9706	.9423	.9151	.8890	.8638	.8396	.8163	.7938	.7722	.7513
4	.9610	.9238	.8885	.8548	.8227	.7921	.7629	.7350	.7084	.6830
5	.9515	.9057	.8626	.8219	.7835	.7473	.7130	.6806	.6499	.6209
6	.9420	.8880	.8375	.7903	.7462	.7050	.6663	.6302	.5963	.5645
7	.9327	.8606	.8131	.7599	.7107	.6651	.6227	.5835	.5470	.5132
8	.9235	.8535	.7874	.7307	.6768	.6274	.5820	.5403	.5019	.4665
9	.9143	.8368	.7664	.7026	.6446	.5919	.5439	.5002	.4604	.4241
10	.9053	.8203	.7441	.6756	.6139	.5584	.5083	.4632	.4224	.3855
11	.8963	.8043	.7224	.6496	.5847	.5268	.4751	.4289	.3875	.3505
12	.8874	.7885	.7014	.6246	.5568	.4970	.4440	.3971	.3555	.3186
13	.8787	.7730	.6810	.6006	.5303	.4688	.4150	.3677	.3262	.2897
14	.8700	.7579	.6611	.5775	.5051	.4423	.3878	.3405	.2992	.2633
15	.8613	.7430	.6419	.5553	.4810	.4173	.3624	.3152	.2745	.2394
16	.8528	.7284	.6232	.5339	.4581	.3936	.3387	.2919	.2519	.2176
17	.8444	.7142	.6050	.5134	.4363	.3714	.3166	.2703	.2311	.1978
18	.8360	.7002	.5874	.4936	.4155	.3503	.2959	.2502	.2120	.1799
19	.8277	.6864	.5703	.4746	.3957	.3305	.2765	.2317	.1945	.1635
20	.8195	.6730	.5537	.4564	.3769	.3118	.2584	.2145	.1784	.1486
21	.8114	.6598	.5375	.4388	.3589	.2942	.2415	.1987	.1637	.1351
22	.8034	.6468	.5219	.4220	.3418	.2775	.2257	.1839	.1502	.1228
23	.7954	.6342	.5067	.4057	.3256	.2618	.2109	.1703	.1378	.1117
24	.7876	.6217	.4919	.3901	.3101	.2470	.1971	.1577	.1264	.1015
25	.7798	.6095	.4776	.3751	.2953	.2330	.1842	.1460	.1160	.0923
26	.7720	.5976	.4637	.3604	.2812	.2198	.1722	.1352	.1064	.0839
27	.7644	.5859	.4502	.3468	.2678	.2074	.1609	.1252	.0976	.0763
28	.7568	.5744	.4371	.3335	.2551	.1956	.1504	.1159	.0895	.0693
29	.7493	.5631	.4243	.3207	.2429	.1846	.1406	.1073	.0822	.0630
30	.7419	.5521	.4120	.3083	.2314	.1741	.1314	.0994	.0754	.0573
35	.7059	.5000	.3554	.2534	.1813	.1301	.0937	.0676	.0490	.0356
40	.6717	.4529	.3066	.2083	.1420	.0972	.0668	.0460	.0318	.0221
45	.6491	.4102	.2644	.1712	.1113	.0727	.0476	.0313	.0207	.0137
50	.6080	.3715	.2281	.1407	.0872	.0543	.0339	.0213	.0134	.0085
55	.5785	.3365	.1968	.1157	.0683	.0406	.0242	.0145	.0087	.0053

附录　资金时间价值系数表

续表

期数	12%	14%	15%	16%	18%	20%	24%	28%	32%	36%
1	.8929	.8772	.8696	.8621	.8475	.8333	.8065	.7813	.7576	.7353
2	.7972	.7695	.7561	.7432	.7182	.6944	.6504	.6104	.5739	.5407
3	.7118	.6750	.6575	.6407	.6086	.5787	.5245	.4768	.4348	.3975
4	.6355	.5921	.5718	.5523	.5158	.4823	.4230	.3725	.3294	.2923
5	.5674	.5194	.4972	.4762	.4371	.4019	.3411	.2910	.2495	.2149
6	.5066	.4556	.4323	.4104	.3704	.3349	.2751	.2274	.1890	.1580
7	.4523	.3996	.3759	.3538	.3139	.2791	.2218	.1776	.1432	.1162
8	.4039	.3506	.3269	.3050	.2660	.2326	.1789	.1388	.1085	.0854
9	.3606	.3075	.2843	.2630	.2255	.1938	.1443	.1084	.0822	.0628
10	.3220	.2697	.2472	.2267	.1911	.1615	.1164	.0847	.0623	.0462
11	.2875	.2366	.2149	.1954	.1619	.1346	.0938	.0662	.0472	.0340
12	.2567	.2076	.1869	.1685	.1373	.1122	.0557	.0517	.0357	.0250
13	.2292	.1821	.1625	.1452	.1163	.0935	.0610	.0404	.0271	.0184
14	.2046	.1597	.1413	.1252	.0985	.0779	.0492	.0316	.0205	.0135
15	.1827	.1401	.1229	.1079	.0835	.0649	.0397	.0247	.0155	.0099
16	.1631	.1229	.1069	.0980	.0709	.0541	.0320	.0193	.0118	.0073
17	.1456	.1078	.0929	.0802	.0600	.0451	.0259	.0150	.0089	.0054
18	.1300	.0946	.0808	.0691	.0508	.0376	.0208	.0118	.0068	.0039
19	.1161	.0829	.0703	.0596	.0431	.0313	.0168	.0092	.0051	.0029
20	.1037	.0728	.0611	.0514	.0365	.0261	.0135	.0072	.0039	.0021
21	.0926	.0638	.0531	.0443	.0309	.0217	.0109	.0056	.0029	.0016
22	.0826	.0560	.0462	.0382	.0262	.0181	.0088	.0044	.0022	.0012
23	.0738	.0491	.0402	.0329	.0222	.0151	.0071	.0034	.0017	.0008
24	.0659	.0431	.0349	.0284	.0188	.0126	.0057	.0027	.0013	.0006
25	.0588	.0378	.0304	.0245	.0160	.0105	.0046	.0021	.0010	.0005
26	.0525	.0331	.0264	.0211	.0135	.0087	.0037	.0016	.0007	.0003
27	.0469	.0291	.0230	.0182	.0115	.0073	.0030	.0013	.0006	.0002
28	.0419	.0255	.0200	.0157	.0097	.0061	.0024	.0010	.0004	.0002
29	.0374	.0224	.0174	.0135	.0082	.0051	.0020	.0008	.0003	.0001
30	.0334	.0196	.0151	.0116	.0070	.0042	.0016	.0006	.0002	.0001
35	.0189	.0102	.0075	.0055	.0030	.0017	.0005	.0002	.0001	*
40	.0107	.0053	.0037	.0026	.0013	.0007	.0002	.0001	*	*
45	.0061	.0027	.0019	.0013	.0006	.0003	.0001	*	*	*
50	.0035	.0014	.0009	.0006	.0003	.0001	*	*	*	*
55	.0020	.0007	.0005	.0003	.0001	*	*	*	*	*
	*〈.0001									

附表三　1元年金终值表

期数	1%	2%	3%	4%	5%	6%	7%	8%	9%	10%
1	1.0000	1.0000	1.0000	1.0000	1.0000	1.0000	1.0000	1.0000	1.0000	1.0000
2	2.0100	2.0200	2.0300	2.0400	2.0500	2.0600	2.0700	2.0800	2.0900	2.1000
3	3.0301	3.0604	3.0909	3.1216	3.1525	3.1836	3.2149	3.2464	3.2781	3.3100
4	4.0604	4.1216	4.1836	4.2465	4.3101	4.3746	4.4399	4.5061	4.5731	4.6410
5	5.1010	5.2040	5.3091	5.4163	5.5256	5.6371	5.7507	5.8666	5.9847	6.1051
6	6.1520	6.3081	6.4684	6.6330	6.8019	6.9753	7.1533	7.3359	7.5233	7.7156
7	7.2135	7.4343	7.6625	7.8983	8.1420	8.3938	8.6540	8.9228	9.2004	9.4872
8	8.2857	8.5830	8.8923	9.2142	9.5491	9.8975	10.260	10.637	11.028	11.436
9	9.3685	9.7546	10.159	10.583	11.027	11.491	11.978	12.488	13.021	13.579
10	10.462	10.950	11.464	12.006	12.578	13.181	13.816	14.487	15.193	15.937
11	11.567	12.169	12.808	13.486	14.207	14.972	15.784	16.645	17.560	18.531
12	12.683	13.412	14.192	15.026	15.917	16.870	17.888	18.977	20.141	21.384
13	13.809	14.680	15.618	16.627	17.713	18.882	20.141	21.495	22.953	24.523
14	14.947	15.974	17.086	18.292	19.599	21.015	22.550	24.214	26.019	27.975
15	16.097	17.293	18.599	20.024	21.579	23.276	25.129	27.152	29.361	31.772
16	17.258	18.639	20.157	21.825	23.657	25.673	27.888	30.324	33.003	35.950
17	18.430	20.012	21.762	23.698	25.840	28.213	30.840	33.750	36.974	40.545
18	19.615	21.412	23.414	25.645	28.132	30.906	33.999	37.450	41.301	45.599
19	20.811	22.841	25.117	27.671	30.539	33.760	37.379	41.446	46.018	51.159
20	22.019	24.297	26.870	29.778	33.066	36.786	40.995	45.752	51.160	57.275
21	23.239	25.783	28.676	31.969	35.719	39.993	44.865	50.423	56.765	64.002
22	24.472	27.299	30.537	34.248	38.505	43.392	49.006	55.457	62.873	71.403
23	25.716	28.845	32.453	36.618	41.430	46.996	53.436	60.883	69.532	79.543
24	26.973	30.422	34.426	39.083	44.502	50.816	58.177	66.765	76.790	88.497
25	28.243	32.030	36.459	41.646	47.727	54.863	63.249	73.106	84.701	98.347
26	29.526	33.671	38.553	44.312	51.113	59.156	68.676	79.954	93.324	109.18
27	30.821	35.344	40.710	47.084	54.669	63.706	74.484	87.351	102.72	121.10
28	32.129	37.051	42.931	49.968	58.403	68.528	80.698	95.339	112.97	134.21
29	33.450	38.792	45.219	52.966	62.323	73.640	87.347	103.97	124.14	148.63
30	34.785	40.568	47.575	56.085	66.439	79.058	94.461	113.28	136.31	164.49
40	48.886	60.402	75.401	95.026	120.80	154.76	199.64	259.06	337.88	442.59
50	64.463	84.579	112.80	152.67	209.35	290.34	406.53	573.77	815.08	1163.9
60	81.670	114.05	163.05	237.99	353.58	533.13	813.52	1253.2	1944.8	3034.8

续表

期数	12%	14%	15%	16%	18%	20%	24%	28%	32%	36%
1	1.0000	1.0000	1.0000	1.0000	1.0000	1.0000	1.0000	1.0000	1.0000	1.0000
2	2.1200	2.1400	2.1500	2.1600	2.1800	2.2000	2.2400	2.2800	2.3200	2.3600
3	3.3744	3.4396	3.4725	3.5056	3.5724	3.6400	3.7776	3.9184	3.0624	3.2096
4	4.7793	4.9211	4.9934	5.0665	5.2154	5.3680	5.6842	6.0156	6.3624	6.7251
5	6.3528	6.6101	6.7424	6.8771	7.1542	7.4416	8.0484	8.6999	9.3983	10.146
6	8.1152	8.5355	8.7537	8.9775	9.4420	9.9299	10.980	12.136	13.406	14.799
7	10.089	10.730	11.067	11.414	12.142	12.916	14.615	16.534	18.696	21.126
8	12.300	13.233	13.727	14.240	15.327	16.499	19.123	22.163	25.678	29.732
9	14.776	16.085	16.786	17.519	19.086	20.799	24.712	29.369	34.895	41.435
10	17.549	19.337	20.304	21.321	23.521	25.959	31.643	38.593	47.062	57.352
11	20.655	23.045	24.349	25.733	28.755	32.150	40.238	50.398	63.122	78.998
12	24.133	27.271	29.002	30.850	34.931	39.581	50.895	65.510	84.320	108.44
13	28.029	32.089	34.352	36.786	42.219	48.497	64.110	84.853	112.30	148.47
14	32.393	37.581	40.505	43.672	50.818	59.196	80.496	109.61	149.24	202.93
15	37.280	43.842	47.580	51.660	60.965	72.035	100.82	141.30	198.00	276.98
16	42.753	50.980	55.717	60.925	72.939	87.442	126.01	181.87	262.36	377.69
17	48.884	59.118	65.075	71.673	87.068	105.93	157.25	233.79	347.31	514.66
18	55.750	68.394	75.836	84.141	103.74	128.12	195.99	300.25	459.45	770.94
19	63.440	78.969	88.212	98.603	123.41	154.74	244.03	385.32	607.47	954.28
20	72.052	91.025	102.44	115.38	146.63	186.69	303.60	494.21	802.86	1298.8
21	81.699	104.77	118.81	134.84	174.02	225.03	377.46	633.59	1060.8	1767.4
22	92.503	120.44	137.63	157.41	206.34	271.03	469.06	812.00	1401.2	2404.7
23	104.60	138.30	159.28	183.60	244.49	326.24	582.63	1040.4	1850.6	3271.3
24	118.16	158.66	184.17	213.98	289.49	392.48	723.46	1332.7	2443.8	4450.0
25	133.33	181.87	212.79	249.21	342.60	471.98	898.09	1706.8	3226.8	6053.0
26	150.33	208.33	245.71	290.09	405.27	567.38	1114.6	2185.7	4260.4	8233.1
27	169.37	238.50	283.57	337.50	479.22	681.85	1383.1	2798.7	5624.8	11198.0
28	190.70	272.89	327.10	392.50	566.48	819.22	1716.1	3583.3	7425.7	15230.3
29	214.58	312.09	377.17	456.30	669.45	984.07	2129.0	4587.7	9802.9	20714.2
30	241.33	356.79	434.75	530.31	790.95	1181.9	2640.9	5873.2	12941	28172.3
40	767.09	1342.0	1779.1	2360.8	4163.2	7343.2	22729	69377	*	*
50	2400.0	4994.5	7217.7	10436	21813	45497	*	*	*	*
60	7471.6	18535	29220	46058	*	*	*	*	*	*

*〉99999

附表四　1元年金现值表

期数	1%	2%	3%	4%	5%	6%	7%	8%	9%
1	0.9901	0.9804	0.9709	0.9615	0.9524	0.9434	0.9346	0.9259	0.9174
2	1.9704	1.9416	1.9135	1.8861	1.8594	1.8334	1.8080	1.7833	1.7591
3	2.9410	2.8839	2.8286	2.7751	2.7232	2.6730	2.6243	2.5771	2.5313
4	3.9020	3.8077	3.7171	3.6299	3.5460	3.4651	3.3872	3.3121	3.2397
5	4.8534	4.7135	4.5797	4.4518	4.3295	4.2124	4.1002	3.9927	3.8897
6	5.7955	5.6014	5.4172	5.2421	5.0757	4.9173	4.7665	4.6229	4.4859
7	6.7282	6.4720	6.2303	6.0021	5.7864	5.5824	5.3893	5.2064	5.0330
8	7.6517	7.3255	7.0197	6.7327	6.4632	6.2098	5.9713	5.7466	5.5348
9	8.5660	8.1622	7.7861	7.4353	7.1078	6.8017	6.5152	6.2469	5.9952
10	9.4713	8.9826	8.5302	8.1109	7.7217	7.3601	7.0236	6.7101	6.4177
11	10.3676	9.7868	9.2526	8.7605	8.3064	7.8869	7.4987	7.1390	6.8052
12	11.2551	10.5753	9.9540	9.3851	8.8633	8.3838	7.9427	7.5361	7.1607
13	12.1337	11.3484	10.6350	9.9856	9.3936	8.8527	8.3577	7.9038	7.4869
14	13.0037	12.1062	11.2961	10.5631	9.8986	9.2950	8.7455	8.2442	7.7862
15	13.8651	12.8493	11.9379	11.1184	10.3797	9.7122	9.1079	8.5595	8..0607
16	14.7179	13.5777	12.5611	11.6523	10.8378	10.1059	9.4466	8.8514	8.3126
17	15.5623	14.2919	13.1661	12.1657	11.2741	10.4773	9.7632	9.1216	8.5436
18	16.3983	14.9920	13.7535	12.6896	11.6896	10.8276	10.0591	9.3719	8.7556
19	17.2260	15.6785	14.3238	13.1339	12.0853	11.1581	10.3356	9.6036	8.9601
20	18.0456	16.3514	14.8775	13.5903	12.4622	11.4699	10.5940	9.8181	9.1285
21	18.8570	17.0112	15.4150	14.0292	12.8212	11.7641	10.8355	10.0168	9.02922
22	19.6604	17.6580	15.9369	14.4511	13.4886	12.3034	11.0612	10.2007	9.4424
23	20.4558	18.2922	16.4436	14.8568	13.4886	12.3034	11.2722	10.3711	9.5802
24	21.2434	18.9139	16.9355	15.2470	13.7986	12.5504	11.4693	10.5288	9.7066
25	22.0232	19.5235	17.4131	15.6221	14.0939	12.7834	11.6536	10.6748	9.8226
26	22.7952	20.1210	17.8768	15.9828	14.3752	13.0032	11.8258	10.8100	9.9290
27	23.5596	20.7059	18.3270	16.3296	14.6430	13.2105	11.9867	10.9352	10.0266
28	24.3164	21.2813	18.7641	16.6631	14.8981	13.4062	12.1371	11.0511	10.1161
29	25.0658	21.8444	19.1885	16.9837	15.1411	13.5907	12.2777	11.1584	10.1983
30	25.8077	22.3965	19.6004	17.2920	15.3725	13.7648	12.4090	11.2578	10.2737
35	29.4086	24.9986	21.4872	18.6646	16.3742	14.4982	12.9477	11.6546	10.5668
40	32.8347	27.3555	23.1148	19.7928	17.1591	15.0463	13.3317	11.9246	10.7574
45	36.0945	29.4902	24.5187	20.7200	17.7741	15.4558	13.6055	12.1084	10.8812
50	39.1961	31.4236	25.7298	21.4822	18.2559	15.7619	13.8007	12.2335	10.9617
55	42.1472	33.1748	26.7744	22.1086	18.6335	15.9905	13.9399	12.3186	11.0140

续表

期数	10%	12%	14%	15%	16%	18%	20%	24%	28%	32%
1	0.9091	0.8929	0.8772	0.8696	0.8621	0.8475	0.8333	0.8065	0.7813	0.7576
2	1.7355	1.6901	1.6467	1.6257	1.6052	1.5656	1.5278	1.4568	1.3916	1.3315
3	2.4869	2.4018	2.3216	2.2832	2.2459	2.1743	2.1065	1.9813	1.8684	1.7663
4	3.1699	3.0373	2.9173	2.8550	2.7982	2.6901	2.5887	2.4043	2.2410	2.0957
5	3.7908	3.6048	3.4331	3.3522	3.2743	3.1272	2.9906	2.7454	2.5320	2.3452
6	4.3553	4.1114	3.8887	3.7845	3.6847	3.4976	3.3255	3.0205	2.7594	2.5342
7	4.8684	4.5638	4.2882	4.1604	4.0386	3.8115	3.6046	3.2423	2.9370	2.6775
8	5.3349	4.9676	4.6389	4.4873	4.3436	4.0776	3.8372	3.4212	3.0758	2.7860
9	5.7590	5.3282	4.9164	4.7716	4.6065	4.3030	4.0310	3.5655	3.1842	2.8681
10	6.1446	5.6502	5.2161	5.0188	4.8332	4.4941	4.1925	3.6819	3.2689	2.9304
11	6.4951	5.9377	5.4527	5.2337	5.0286	4.6560	4.3271	3.7757	3.3351	2.9776
12	6.8137	6.1944	5.6603	5.4206	5.1971	4.7932	4.4392	3.8514	3.3868	3.0133
13	7.1034	6.4235	5.8424	5.5831	5.3423	4.9095	4.5327	3.9124	3.4272	3.0404
14	7.3667	6.6282	6.0021	5.7245	5.4675	5.0081	4.6106	3.9616	3.4587	3.0609
15	7.6061	6.8109	6.1422	5.8474	5.5755	5.0916	4.6755	4.0013	3.4834	3.0764
16	7.8237	6.9740	6.2651	5.9542	5.6685	5.1624	4.7296	4.0333	3.5026	3.0882
17	8.0216	7.1196	6.3729	6.0472	5.7487	5.2223	4.7746	4.0591	3.5177	3.0971
18	8.0216	7.2497	6.4674	6.1280	5.8178	5.2732	4.8122	4.0799	3.5294	3.1039
19	8.3649	7.3658	6.5504	6.1982	5.8775	5.3162	4.8435	4.0967	3.5386	3.1090
20	8.5136	7.4694	6.6231	6.2593	5.9288	5.3527	4.8696	4.1103	3.5458	3.1129
21	8.6487	7.5620	6.6870	6.3125	5.9731	5.3837	4.8913	4.1212	3.5514	3.1158
22	8.7715	7.6446	6.7429	6.3587	6.0113	5.4099	4.9094	4.1300	3.5558	3.1180
23	8.8832	7.7184	6.7921	6.3988	6.0442	5.3421	4.9245	4.1371	3.5592	3.1197
24	8.9847	7.7843	6.8351	6.4338	6.0726	5.4509	4.9371	4.1428	3.5619	3.1210
25	9.0770	7.8431	6.8729	6.4641	6.0971	5.4669	4.9476	4.1474	3.5640	3.1220
26	9.1609	7.8957	6.9061	6.4906	6.1182	5.4804	4.9563	4.1511	3.5656	3.1227
27	9.2372	7.9426	6.9352	6.5135	6.1364	5.4919	4.9636	4.1542	3.5669	3.1233
28	9.3066	7.9844	6.9607	6.5335	6.1520	5.5016	4.9697	4.1566	3.5679	3.1237
29	9.3696	8.0218	6.9830	6.5509	6.1656	5.5098	4.9747	4.1585	3.5687	3.1240
30	9.4269	8.0552	7.0027	6.5660	6.1772	5.5166	4.9789	4.1601	3.5693	3.1242
35	9.6442	8.1755	7.0700	6.6166	6.2153	5.5386	4.9915	4.1644	3.5708	3.1248
40	9.7791	8.2438	7.1050	6.6418	6.2335	5.5482	4.9966	4.1659	3.5712	3.1250
45	9.8628	8.2825	7.1232	6.6543	6.2421	5.5523	4.9986	4.1664	3.5714	3.1250
50	9.9148	8.3045	7.1327	6.6605	6.2463	5.5541	4.9995	4.1666	3.5714	3.1250
55	9.9471	8.3170	7.1376	6.6636	6.2482	5.5549	4.9998	4.1666	3.5714	3.1250

参 考 文 献

[1] 中国注册会计师协会. 财务成本管理 [M]. 北京：经济科学出版社，2017.
[2] 财政部会计资格评价中心. 财务管理 [M]. 北京：中国财政经济出版社，2017.
[3] 财政部会计司. 企业内部控制规范讲解 [M]. 北京：经济科学出版社，2010.
[4] 中国注册会计师协会. 会计 [M]. 北京：经济科学出版社，2017.
[5] 张先治，陈友邦. 财务分析 [M]. 大连：东北财经大学出版社，2014.
[6] 朱学义. 财务分析教程 [M]. 北京：北京大学出版社，2014.
[7] 张维. 证券投资学 [M]. 北京：高等教育出版社，2015.
[8] [美] 斯蒂芬 A. 罗斯（Stephen A. Ross）. 公司理财（原书第 9 版）[M]. 吴世农，译. 北京：机械工业出版社，2012.
[9] 中国注册会计师协会. 公司战略与风险管理 [M]. 北京：经济科学出版社，2017.
[10] 温兆文. 全面预算管理：让企业全员奔跑 [M]. 北京：机械工业出版社，2015.
[11] 王大海等. Excel 在财务管理中的应用 [M]. 上海：上海财经大学出版社，2015.
[12] 孙茂竹. 管理会计学 [M]. 7 版. 北京：中国人民大学出版社，2015.
[13] [美] 查尔斯·T. 亨格瑞等. 管理会计教程（原书第 15 版）[M]. 北京：机械工业出版社，2012.
[14] 马忠. 公司财务管理案例 [M]. 北京：机械工业出版社，2015.
[15] [美] W. 卡尔·凯斯特（W. Carl Kester）. 财务案例（原书第 12 版）[M]. 北京：北京大学出版社，2009.
[16] 王棣华. 财务管理案例精选 [M]. 北京：中国市场出版社，2014.
[17] 罗福凯. 财务理论专题 [M]. 北京：经济管理出版社，2004.
[18] 邵军. 财务管理案例分析 [M]. 上海：立信会计出版社，2015.
[19] 石人瑾，钱嘉福. 英汉·汉英会计词典 [M]. 上海：立信会计出版社，1994.
[20] 中国会计网-财务管理. http://www.canet.com.cn/caiguan/.
[21] 中国会计报. 2010—2018.